매일 읽고 뽑아 푸는 초등 한국사

SD에듀
시대교육(주)

읽으면서 배우는 스토리 한국사를

여러분~ 그동안 한국사 공부는 외우기만 한다고 생각했나요? 그렇다면 땡!

선생님이 여러분을 위해서 중요한 주제만 쏙쏙 골라
재밌고 쉬운 스토리로 소개할 거예요.
이야기를 듣는 것처럼 쓱 읽기만 하면 개념이 머릿속으로 쏙!

그리고 매일 워크북을 하나씩 쏙 뽑아 개념을 정리하고
한국사능력검정시험 기본 기출문제를 싹 풀어 실력도 확인할 수 있어요.
모두 준비가 되면 시험을 직접 볼 수도 있답니다.

이 모든 공부가 30일 만에 끝! 정말 재밌겠죠?
자, 그럼 우리 함께 한국사 스토리를 읽으러 출발해 볼까요?

쓱 읽고 쏙 뽑아 싹 푸는 활용법

 **읽기** 스토리북을 쓱 읽으며 자연스럽게 한국사 개념 키우기!

한눈에 보는 연표
이야기를 시작하기 전에 연표를 통해 어떤 사건이 있었는지 알아볼 수 있어요.

고대 사람들은 어떻게 살았을까?

만화로 먼저 보는 한국사
빛나와 세찬이의 이야기를 만화로 먼저 보고 각 단원에서 어떤 것을 배울지 생각해 볼 수 있어요.

어휘 쏙쏙
오른쪽 페이지에는 어려운 단어의 뜻을 쉽게 설명했어요. 읽다가 모르는 단어가 나오면 찾아 보세요.

주제 13

7일차 후삼국의 성립과 고려의 통일

역사 용어
왼쪽 페이지에는 주제별 역사 용어를 풀이했어요. 모르는 역사 용어는 어떤 뜻인지 찾아 보세요.

간단 퀴즈
간단한 퀴즈로 공부한 내용을 확인해 봐요.

32

읽으면서 배우는 스토리 한국사를

쏙 뽑기 하루에 하나씩 쏙 뽑는 워크북으로 재미있게 실력 키우기!

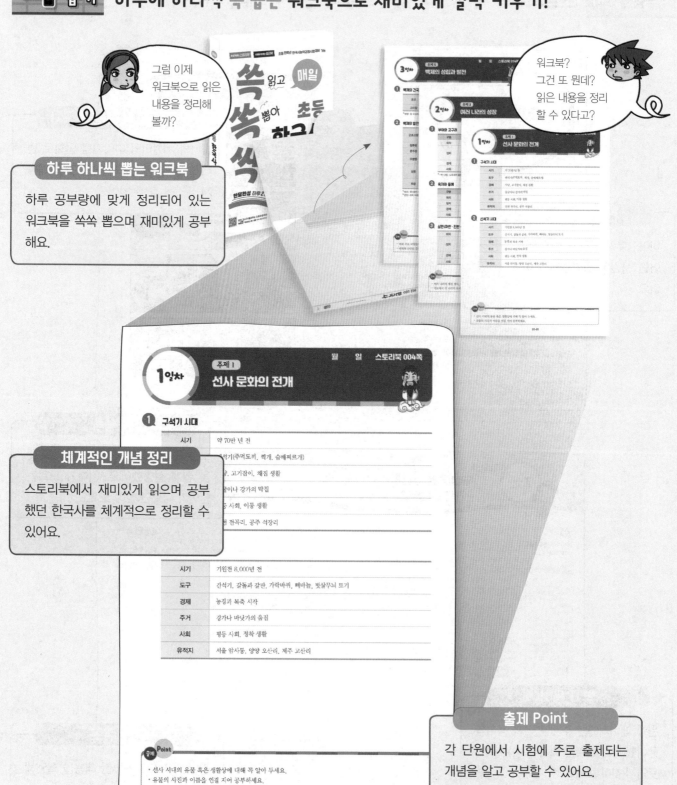

그럼 이제 워크북으로 읽은 내용을 정리해 볼까?

워크북? 그건 또 뭔데? 읽은 내용을 정리할 수 있다고?

하루 하나씩 뽑는 워크북
하루 공부량에 맞게 정리되어 있는 워크북을 쏙쏙 뽑으며 재미있게 공부해요.

체계적인 개념 정리
스토리북에서 재미있게 읽으며 공부했던 한국사를 체계적으로 정리할 수 있어요.

주제 1		월 일 스토리북 004쪽

1일차 선사 문화의 전개

❶ 구석기 시대

시기	약 70만 년 전
도구	석기(주먹도끼, 찍개, 슴베찌르개)
경제	사냥, 고기잡이, 채집 생활
주거	동굴이나 강가의 막집
사회	평등 사회, 이동 생활
유적지	연천 전곡리, 공주 석장리

시기	기원전 8,000년 전
도구	간석기, 갈돌과 갈판, 가락바퀴, 뼈바늘, 빗살무늬 토기
경제	농경과 목축 시작
주거	강가나 바닷가의 움집
사회	평등 사회, 정착 생활
유적지	서울 암사동, 양양 오산리, 제주 고산리

출제 Point
• 선사 시대의 유물 혹은 생활상에 대해 꼭 알아 두세요.
• 유물의 사진과 이름을 연결 지어 공부하세요.

출제 Point
각 단원에서 시험에 주로 출제되는 개념을 알고 공부할 수 있어요.

01-01

쓱 읽고 쏙 뽑아 싹 푸는 **활용법**

 **싹 풀기** 스토리북과 워크북에서 공부한 개념으로 기출문제 싹 풀기!

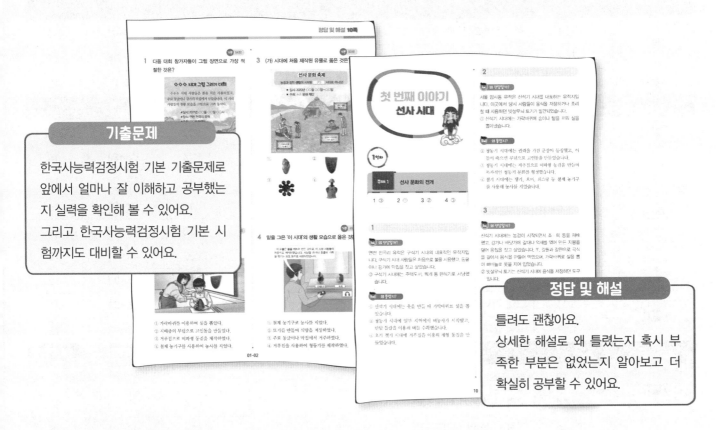

기출문제

한국사능력검정시험 기본 기출문제로 앞에서 얼마나 잘 이해하고 공부했는지 실력을 확인해 볼 수 있어요. 그리고 한국사능력검정시험 기본 시험까지도 대비할 수 있어요.

정답 및 해설

틀려도 괜찮아요. 상세한 해설로 왜 틀렸는지 혹시 부족한 부분은 없었는지 알아보고 더 확실히 공부할 수 있어요.

한국사능력검정시험은 무엇일까요?

한국사능력검정시험은 한국사에 관한 유일한 국가자격 시험으로 한 나라의 국민으로서 가져야 하는 기본적인 역사적 능력을 평가하고, 역사에 대한 전 국민적 공감대를 형성하기 위한 시험이에요. 국가기관인 교육부 직속 국사편찬위원회에서 직접 주관·시행하고 있답니다.

한국사능력검정시험의 종류는?

시험 종류	심화	기본
인증 등급	1급(80점 이상)	4급(80점 이상)
	2급(70~79점)	5급(70~79점)
	3급(60~69점)	6급(60~69점)
문항 수	50문항(5지 택1형)	50문항(4지 택1형)
시험 시간	80분	70분

※ 시험 관련 정보와 자세한 사항은 국사편찬위원회 한국사능력검정시험 홈페이지(www.historyexam.go.kr)에서 확인하시기 바랍니다.

쓱 읽고 쓱 뽑아 싹 푸는 초등 한국사

스토리북과 워크북의 차례

첫 번째 이야기
선사 시대

초등 교육 과정

- 구석기 시대의 문화
- 신석기 시대의 문화
- 고조선의 건국과 변화
- 여러 나라의 성장

들어가기에 앞서

역사책에서 제일 처음 등장하는 내용은 선사 시대입니다! 선사 시대는 문자가 만들어지기 이전의 시대를 말합니다. 대표적으로 구석기 시대와 신석기 시대가 있지요. 신석기 시대에서 청동기 시대로 넘어가면 우리나라 최초의 국가인 고조선이 등장합니다. 이후 고조선은 철기 시대를 맞이하며 성장하게 되는데요! 과연 고조선은 어떤 나라였을까요?

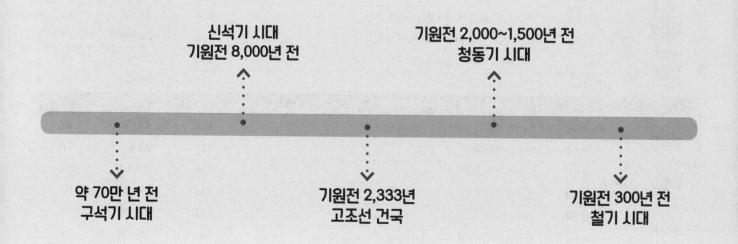

신석기 시대
기원전 8,000년 전

기원전 2,000~1,500년 전
청동기 시대

약 70만 년 전
구석기 시대

기원전 2,333년
고조선 건국

기원전 300년 전
철기 시대

선사 시대 사람들은 어떻게 살았을까?

주제 1

1일차 선사 문화의 전개

학습 목표

구석기 시대와 신석기 시대의 특징을 알아봐요.

역사 용어

토테미즘
특정한 동식물을 숭배하는 종교 형태

애니미즘
해, 비, 구름 등 자연물에 영혼이 있다고 믿는 세계관

선사 시대의 시작

오늘은 선사 시대를 알아볼게요! 선사 시대란 문자가 만들어지기 이전의 시대입니다. 대표적으로 구석기 시대와 신석기 시대가 있지요. 헉! 문자가 없다니, 그럼 선사 시대의 모습을 알 수 없는 걸까요? 다행히 선사 시대 사람들은 문자 대신 돌, 조개, 그림 등으로 자신들의 생활을 보여 주고 있답니다. 오늘 그들이 살았던 시대로 여행을 떠나 볼까요?

이동 생활을 했던 구석기 시대의 사람들

돌을 도구로 사용하던 구석기 시대를 살펴 볼게요. 자! 사람에게 가장 중요한 것은 무엇일까요? 바로 먹는 것이에요. 하지만 안타깝게도 구석기 시대의 사람들은 농사짓는 방법을 몰랐기 때문에 사냥, 고기잡이, 채집* 활동을 했습니다. 열심히 물고기와 동물을 잡았는데 이걸 그냥 먹기가 힘드니 손질이 필요했겠죠? 그때 그들은 주변에 널린 돌을 발견합니다.

뭉툭한 돌을 바닥에 던져서 깨트리거나 떼어서 뾰족하게 만들어요! 이렇게 떼어 낸 돌로 만든 도구를 뗀석기라고 합니다. 대표적인 뗀석기로는 주먹도끼, 찍개, 슴베찌르개가 있어요. 그리고 이들은 사냥감을 따라 이동하는 이동 생활을 했기 때문에 정성스럽게 집을 짓지 않았습니다. 우리가 캠핑을 가면 텐트를 치고 자는 것처럼 구석기 시대 사람들은 빠르게 만들 수 있는 막집을 짓거나 동굴에서 생활했습니다.

그들이 생활했던 동굴에서는 재밌는 그림이 발견되기도 해요. 알타미라 동굴 벽에는 들소가 많이 그려져 있는데요, 왜 들소를 그렸을까요? 아마 사

▲ 주먹도끼

Q 1 문자가 만들어지기 이전의 시대를 (선사 / 역사) 시대라고 한다.

Q 2 다음 중 구석기 시대의 유물이 <u>아닌</u> 것을 고르시오.　　　(　　)

① 찍개　　② 찌르개　　③ 주먹도끼　　④ 가락바퀴

냥에 실패하고 동굴로 온 사람들이 '다음에는 소를 많이 보게 해 주세요.'라는 소원을 담아 벽에 그림을 그린 것은 아닐까요? 우리가 보고 싶은 사람을 일기에 그려 보는 것처럼 말이에요!

농사를 시작한 신석기 시대 사람들

이번에는 농사를 시작하고 가축을 길렀던 신석기 시대로 가 볼게요! 농사를 짓게 되었다는 것은 식량을 찾아 돌아다니지 않아도 된다는 거겠죠? 신석기 시대부터는 농사에 꼭 필요한 물이 있는 강가 주변에 움집을 만들고 정착 생활을 시작합니다. 앗! 그런데 강 주변이라 그런지 좀 추워요. 그래서 가락 바퀴와 뼈바늘을 활용해 옷을 만들어 입었습니다.

사람들은 함께 농사를 짓고 오순도순 모여 살면서 더 큰 가족을 만들어 부족 사회를 형성했어요. 농사 지은 것을 수확할 때 뭉툭한 뗀석기는 불편했습니다. 그래서 돌을 더 날카롭게 간 간석기를 만들었어요. 이후 간석기를 활용해 곡식을 수확한 뒤 남은 곡식을 보관하기 위해 빗살무늬 토기*라는 그릇도 만들었지요. 이 그릇은 강가 주변의 물렁한 땅에서도 쓰러지지 않도록 밑을 뾰족하게 만든 뒤 땅에 박아 사용했고 그릇에 빗살무늬도 그렸어요. '농사가 잘됐으면 좋겠다!'는 마음을 담은 토테미즘*, 애니미즘*의 종교가 나타났고 더 많은 생산물을 바라는 의미를 담아 조개껍데기 가면, 조개 팔찌 같은 액세서리를 만들기도 했답니다.

어휘 쓱쓱

채집
찾아다니며 얻거나 캐서 잡아 모으는 일
토기
원시 시대에 사용하던 흙으로 만든 그릇

Q 3 다음에서 ( ) 안에 들어갈 알맞은 말을 찾아 쓰시오.

이동   정착   토테미즘   빗살무늬 토기

① 신석기 시대 사람들은 농사를 시작하면서 ( ) 생활을 하게 되었다.

② ( )은/는 신석기 시대에 사용된 대표적인 그릇이다.

▲ 빗살무늬 토기

1일차 청동기 시대에 등장한 우리나라 최초의 국가 고조선

학습 목표

청동기·철기 시대의 모습과 고조선 사회를 이해할 수 있다.

역사 용어

8조법
고조선의 8개 조항으로 된 법률(현재는 3개의 조항만 전해진다.)

한 무제
중국 한의 7대 황제

계급이 등장한 청동*기 시대

구석기·신석기 시대가 지나가고 청동기 시대가 등장했어요. 청동기 시대에는 신석기 시대를 이어받아 농사 기술이 더욱 발전하고, 벼농사도 시작되었어요. 많은 곡식을 얻었고 새로운 그릇인 민무늬 토기도 만들었어요. 하지만 사람마다 수확물의 양이 달랐기 때문에 점점 부유한 사람과 가난한 사람의 차이가 생기게 돼요. 사람들의 생활이 비슷할 때는 재산의 차이가 없었지만, 이제는 더 많이 가진 자가 군장이라는 지배자가 됩니다. 이렇게 계급이 발생했고 불평등한 사회가 시작됐어요.

그렇다면 청동은 어디에 사용되었을까요? 청동은 재료도 비싼데 단단하지도 않아서 만들기 어려웠기 때문에 비파형 동검과 거친무늬 거울 같은 제사용 도구나 장신구로 활용되었답니다. 그럼 당시에 비파형 동검을 가진 사람은 지배층이라고 생각할 수 있겠네요. 지배층은 죽어서도 자신들의 힘을 과시하듯 고인돌을 만들었어요. 청동기 시대를 대표하는 고인돌은 돌로 만든 무덤인데요, 큰 것은 4m에 이르는 것도 있습니다. 기술이 발달하지 않았던 시대에 사람들에게 크고 무거운 돌로 무덤을 만들게 했다는 것은 지배층의 힘이 강력했다는 것을 다시 한번 알려 줍니다.

여기서 잠깐! 청동은 비싸고 무르기 때문에 농사에는 여전히 돌로 만든 도구를 사용합니다. 그중 청동기 시대를 대표하는 농기구는 반달 돌칼이에요. 돌을 반달 모양으로 만든 칼인데요, 벼농사가 확대되면서 곡식의 이삭을 자르는 데 적합했답니다.

▲ 고인돌

Q1 청동기 시대에 대한 설명으로 맞으면 ○표, 틀리면 ×표 하시오.

① 청동기 시대에 계급이 발생했다. (　　)

② 청동을 활용해 튼튼한 농기구를 만들 수 있었다. (　　)

③ 청동기 시대를 대표하는 무덤은 고인돌이다. (　　)

단단한 철을 사용한 철기 시대

청동기 시대 이후, 철기 시대가 등장합니다. 철기 시대는 철로 도구를 만들어 사용했던 시대입니다. 철은 청동보다 만들기도 쉽고 훨씬 단단했기 때문에 튼튼한 농기구와 무기를 만들 수 있었어요. 더 많은 곡식을 생산하고 단단한 무기를 가지고 다른 나라와 많이 싸우기도 했답니다. 철기 시대를 대표하는 무덤은 독무덤, 널무덤이에요. 엇? 이제는 청동이 사용되지 않냐고요? 아니에요! 여전히 청동은 비싸고 만들기 힘들었기 때문에 지배층이 자신들의 힘을 과시할 때나 제사 의식용으로 청동 장신구를 만들었어요. 대표적으로 세형 동검, 잔무늬 거울이 있답니다.

어휘 쑥쑥

청동
구리와 주석을 녹이고 섞어서 만든 금속

노동력
생산품을 만드는 데 사용되는 사람의 정신적·육체적인 능력

노비
옛날, 남의 집에 살면서 천한 일을 하던 사람

최초의 국가, 고조선 등장!

고조선은 청동기 시대에 등장한 우리나라 최초의 국가입니다. 단군 이야기를 들어 봤나요? 하늘신의 아들인 환웅이 인간 세상에 내려와 웅녀와 결혼해서 낳은 아들이 단군왕검이지요! 신의 아들인 단군왕검이 세운 나라가 바로 고조선입니다. 고조선에는 8개의 법 조항인 8조법*이 있었어요. 이는 범금 8조라고도 하는데요, 이 법을 보고 당시 고조선 사회의 모습을 추측할 수 있답니다.

'사람을 죽인 자는 즉시 죽인다.', '남에게 상처를 입힌 자는 곡식으로 갚는다.'라는 조항을 통해 고조선은 사람의 생명과 노동력*을 중시했던 사회라는 것을 알 수 있어요. 또, '도둑질을 한 자는 노비*로 삼는다.'라는 조항을 통해 고조선에는 계급이 존재했다는 것을 알 수 있습니다. 우리나라 최초의 국가인 고조선은 청동기 시대에 등장해 철기 시대에 활발히 성장했지만 중국 한 무제*의 공격으로 멸망하게 되었답니다.

Q 2 다음 빈칸 안에 들어갈 알맞은 말을 쓰시오.

① □□ 시대의 대표적인 무덤은 독무덤과 널무덤이다.

② 고조선은 □조법이 존재했다.

▲ 세형 동검

2일차 주제 3 여러 나라의 성장

학습 목표

철기 시대에 등장한 여러 나라의 모습을 비교할 수 있다.

역사 용어

대가
각 지방의 우두머리인 족장

사출도
수도를 중심으로 지방을 동·서·남·북으로 나눈 것

제천 행사
하늘에 감사하는 마음으로 제사를 지내는 행사

만주에서 성장한 부여와 고구려

철기 문화를 바탕으로 여러 나라가 성장합니다. 고조선 다음으로 건국된 부여를 볼게요! 부여에는 왕이 있었지만, 왕의 힘이 강력하지 못했어요. 그래서 대가*들이 왕과 함께 부여를 다스렸답니다. 우리가 교실에서 각자 역할을 나눈 것처럼요. 왕은 중앙을 다스리고 대가들은 각자 사출도*를 담당해 다스렸어요. '잘 먹고 잘 살게 해 주셔서 감사합니다.'라는 마음을 담아 하늘에 제사를 지내는 제천 행사*를 열었는데요, 부여는 12월에 영고라는 이름의 제천 행사를 열었답니다.

고구려도 초반에는 강력한 왕이 없어서 나라를 5부로 나누어 왕과 대가들이 맡은 영역을 각각 자율적으로 통치했습니다. 고구려는 산악 지대가 많아 농사를 짓기 어려웠어요. 대신 뛰어난 무술 실력으로 주변에 있는 약한 나라를 공격하며 식량을 확보했답니다.

고구려는 10월에 동맹이라는 제천 행사를 열었습니다. 왜 10월이었을까요? 주변의 약한 나라들이 추수*가 끝난 10월이 되면 고구려에 곡식을 바쳤기 때문이지요. 고구려에는 서옥제라는 결혼 제도가 있었어요. 서옥제란, 남자가 결혼한 여자 집에 서옥이라는 작은 집을 만들어 살다가 둘 사이의 아이가 성장하면 남자의 집으로 가는 결혼 제도입니다. 서옥에서 사는 동안 남자는 여자의 집을 위해 일해야 했어요. 이것은 고구려가 노동력을 중시하는 사회라는 것을 보여 주지요!

왕이 없는 나라, 옥저와 동예

맛있는 해산물이 가득한 동해안 지역에는 옥저와 동예가 등장해요. 옥저

Q 1 서로 관련 있는 것을 선으로 바르게 연결하시오.

① 부여의 제천 행사 이름은 무엇일까요? ● ● 영고

② 고구려의 대표적인 결혼 제도는 무엇일까요? ● ● 사출도

③ 부여에서 대가들이 다스리는 영역의 이름은 무엇일까요? ● ● 서옥제

와 동예는 바로 위에 있는 고구려의 압박으로 크게 성장하지 못했어요. 그래서 두 나라는 왕 대신 지배자인 군장(읍군, 삼로)이 각 나라를 다스렸답니다.

옥저에는 민며느리제라는 결혼 제도가 있었는데요, 여자가 어렸을 때 혼인을 약속한 남자 집에서 살다가 어른이 되면 결혼하는 제도입니다. 참! 옥저는 다른 나라들과 다르게 제천 행사는 열지 않았답니다.

반면에 동예는 다른 나라처럼 10월에 무천이라는 제천 행사를 열었어요. 각 부족의 생활 공간을 침범하면 노비와 소, 말 등으로 보상해 줘야 하는 책화 제도도 있었습니다. 예를 들어 1반 친구가 허락 없이 3반에 들어갔다면 3반 친구에게 연필, 공책으로 보상하는 것과 비슷해요.

연맹*의 끝판왕! 삼한

남부 지방에서 성장한 작은 나라들은 주변 국가와 힘을 합쳐 연맹체를 형성해요! 그 결과 마한·진한·변한이 생기는데요, 이를 합쳐서 삼한이라고 부릅니다.

삼한의 특징은 정치적 지배자와 종교적 지도자가 구분되어 있다는 거예요. 신지, 읍차라고 불린 지배자가 정치를 했고 천군으로 불린 지도자가 제사를 지냈어요! 특히 천군은 소도라는 곳에 거주하고 있었습니다. 나쁜 죄를 저시른 사람이라도 소도로 도밍가면 신지와 읍치도 잡을 수 없을 만큼 신성한 공간이었어요.

남부 지방은 농사가 잘되는 곳이기에 풍년*이 많았답니다. 그래서인지 삼한은 1년에 2번, 씨를 뿌리는 5월과 수확하는 10월에 제천 행사를 지냈어요.

어휘 쑥쑥

추수
가을에 익은 곡식을 거두는 것

연맹
같은 목적을 가진 국가가 함께 행동할 것을 약속함

풍년
곡식이 잘 자라서 평소보다 수확이 많은 해

Q 2 동예는 각 부족의 생활 공간을 침범하면 노비와 소, 말 등으로 보상해 줘야 하는 (무천 / 책화) 제도가 있었다.

Q 3 삼한의 종교적 지배자를 (천군 / 신지)(이)라고 불렀다.

두 번째 이야기
고대

들어가기에 앞서

고구려, 백제, 신라는 서로 경쟁하기도 하고 협력하기도 하면서 발전했습니다. 전성기를 맞은 신라는 중국 당과 연합해 백제와 고구려를 차례로 무너뜨리고 삼국을 통일했어요! 이로써 통일 신라가 탄생합니다. 한편! 고구려의 옛 땅에서는 고구려의 정신을 계승한 발해가 등장하게 되는데요. 과연! 당시 한반도에서는 어떤 일들이 발생했을까요?

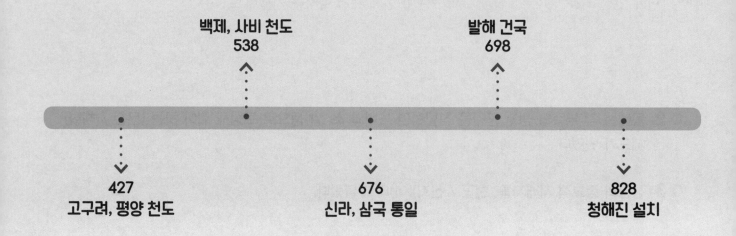

백제, 사비 천도 538		발해 건국 698	

| 427 고구려, 평양 천도 | 676 신라, 삼국 통일 | 828 청해진 설치 |

고대 사람들은 어떻게 살았을까?

주제 4

고구려의 성립과 발전

학습 목표

고구려의 발전 과정을 시기별로 나누어 설명할 수 있다.

역사 용어

진대법
흉년과 재난으로 어려움을 겪는 백성에게 곡식을 빌려주는 제도

태학
고구려에서 설립한 국립 대학

최초의 복지 제도 등장!

고구려의 고국천왕은 왕권을 강력하게 만들기 위해 능력에 따라 관리를 등용했고, 평범한 농민이었던 을파소가 국무총리인 국상이 됩니다. 이에 보답하듯 을파소는 우리나라 최초의 복지 제도인 진대법*을 만들었어요. 가난한 농민들은 봄에 먹을 것이 없자 귀족들에게 높은 이자를 주고 곡식을 빌렸거든요. 이를 안타깝게 생각한 을파소는 진대법을 만들어 먹을 것이 없는 봄에 곡식을 빌려주고 추수하는 가을에 빌린 만큼만 갚도록 한 것이지요. 더 이상 농민들은 귀족들에게 높은 이자를 주고 곡식을 빌리지 않아도 됐습니다.

준비된 사람에게만 오는 기회!

세력을 키우던 고구려에 위기가 찾아옵니다. 백제와의 전쟁으로 고구려의 고국원왕이 죽고 말았어요. 슬퍼할 틈도 없이 고국원왕의 아들인 소수림왕이 고구려를 이끌기 시작합니다. 아버지의 복수를 위해 당장 백제로 쳐들어가고 싶은 마음을 꾹 참은 소수림왕은 새로운 준비를 시작합니다.

소수림왕은 먼저 부처님의 말씀을 따르는 불교를 수용하여 백성들의 마음을 하나로 모았어요. 이때 '왕은 부처님이랑 똑같아!'라는 이야기를 함께 퍼트려서 모든 사람이 불교를 믿는 것과 동시에 부처님과 같은 왕의 말을 따를 수 있었습니다. 또한, 나라의 법인 율령을 만들어요. 이전에는 지역마다 법이 달라서 혼란스러웠기 때문에 제대로 정리된 법을 만들게 된 거지요. 마지막으로 똑똑한 사람을 키우기 위해 태학*이라는 학교를 만들어요. 학교에서 열심히 공부한 학생들은 이후 나라에 꼭 필요한 사람으로 성장했답니다.

Q 1 다음 설명이 맞으면 ○표, 틀리면 ×표 하시오.

① 을파소는 어려운 농민들을 위해 진대법을 만들었다. (   )

② 소수림왕은 유교를 수용하여 백성들의 마음을 하나로 모았다. (   )

광대한 영토를 차지한 광개토 대왕!

소수림왕 덕분에 고구려는 강력한 나라로 성장할 수 있었어요. 완벽히 준비된 고구려에서 광개토 대왕이 등장합니다. 광개토 대왕은 이름처럼 활발한 정복 활동*을 시작했어요. 고구려는 동서남북으로 영토를 넓혀 옛 고조선의 땅까지 차지했답니다.

이후 백제와 일본의 공격을 받은 신라 왕이 광개토 대왕에게 도움을 요청하자 광개토 대왕은 신라를 도와주기도 하지요. 이를 증명하듯 호우명 그릇이 신라에서 발견됩니다. 호우명 그릇은 광개토 대왕의 아들인 장수왕이 '광개토 대왕 진짜 멋져!'라는 글을 새긴 기념품 그릇이에요. 이 그릇이 신라에서 발견됐다니, 두 나라의 긴밀한 관계를 짐작할 수 있겠죠?

그 아버지에 그 아들! 장수왕

광개토 대왕의 뒤를 이은 장수왕은 아버지처럼 고구려의 영토를 더 확장하고 수도*를 국내성에서 평양으로 옮깁니다. 국내성은 산이 너무 많아서 농사를 짓기도 어려웠거든요. 넓은 평야와 나라의 중앙이 되는 평양으로 천도*한 뒤 본격적으로 남쪽을 향해 진격합니다. 이후 한강을 차지하며 주변 국가에 강력한 고구려의 힘을 보여 줄 수 있었답니다. 그리고 장수왕은 아버지인 광개토 대왕의 업적을 후세에 널리 알리고 싶었어요. '우리 아빠 최고야!'라는 내용을 새긴 비석인 광개토 대왕릉비를 세웠어요. 또, 남진 정책을 추진한 후에는 한반도 중부 지방에 충주 고구려비를 세우기도 했답니다.

어휘 쏙쏙

정복 활동
다른 나라를 힘으로 빼앗고 복종시키는 활동

수도
나라의 중앙 정부가 있는 도시

천도
수도를 옮김

Q2 다음에서 (   ) 안에 들어갈 알맞은 말을 찾아 쓰시오.

| 평양 | 국내성 | 호우명 그릇 | 광개토 대왕릉비 |

① 고구려와 신라의 긴밀한 관계를 알 수 있는 유물은 (   )이다.

② 장수왕은 수도를 (   )(으)로 옮겼다.

▲ 호우명 그릇

3일차 백제의 성립과 발전

백제의 발전 과정을 시기별로 나누어 설명할 수 있다.

역사 용어

22담로
백제의 22개의 지방 행정 구역

무령왕릉
백제 무령왕과 왕비의 무덤

가장 먼저 한강을 차지한 백제

백제는 고구려와 신라보다 먼저 한강 유역*을 차지한 나라입니다. 교통의 중심이 되는 한강을 차지하면서 백제는 다른 나라와 활발하게 교류*할 수 있었어요. 나라의 중요한 일은 정사암 회의라는 귀족 회의에서 결정했습니다.

백제 전성기에 등장한 근초고왕은 왕권 강화와 나라 발전에 힘을 쏟았습니다. 먼저 왕의 자리를 아들에게 물려주도록 정했어요. 이전에는 왕의 자리를 형제한테 물려줬기 때문에 형제 간 싸움이 일어날 수 있었어요. 아빠가 아들에게 왕의 자리를 물려주면서 안정적인 나라가 되었고, 이는 왕권 강화로 이어졌어요. 왕권 강화를 이룬 근초고왕은 전쟁을 시작했습니다. 특히 고구려와의 전쟁에서 고구려의 왕인 고국원왕을 죽이며 백제의 강력한 힘을 보여 줬습니다.

중국, 일본과 활발하게 교류하며 여러 문화를 수용하기도 하고 백제의 문화를 전해 주기도 했답니다. 특히 일본과의 활발한 교류를 증명하는 유물이 있어요! 바로 칠지도입니다. 칠지도는 일곱 개의 가지가 달린 칼인데요, 이것은 근초고왕 때 백제가 일본에 선물한 것이에요. 이를 통해 당시 일본과 활발히 교류하던 백제의 모습을 상상할 수 있겠죠?

이렇게 멋지고 자랑스러운 백제의 모습을 기록하고 싶었던 근초고왕은 고흥에게 『서기』라는 역사책을 만들도록 지시하기도 했습니다.

▲ 칠지도

Q1 근초고왕에 대한 설명으로 맞으면 ○표, 틀리면 ×표 하시오.

① 왕의 자리를 형에게 물려줬다. ( )

② 고구려와의 전쟁에서 승리했다. ( )

③ 『서기』라는 역사책을 만들도록 지시했다. ( )

위기를 극복하는 무령왕!

오르막길이 있으면 내리막길도 있듯, 언제나 백제가 강력한 힘을 가졌던 것은 아닙니다. 고구려 장수왕의 남진 정책으로 백제는 한강을 빼앗겼고, 수도를 위례성에서 고구려의 공격을 막기 유리한 웅진(공주)으로 옮깁니다.

위기를 극복하기 위해 무령왕은 각 지방에서 날뛰는 귀족을 제압하고자 했어요. 중요한 지방 22곳에 담로를 설치하고 22담로*의 관리자로 왕의 가족을 보내 각 지방의 귀족을 감시하며 지방을 다스리게 했어요. 마치 왕이 각 지방에 CCTV를 설치한 것과 비슷하지요. 이를 통해 지방 귀족의 힘은 약화되고 왕의 영향력은 강해졌어요.

그뿐만 아니라 무령왕은 중국, 일본 등 다른 나라와 다시 활발하게 교류했습니다. 무령왕의 무덤인 무령왕릉*의 무덤 양식, 시신을 묻은 관, 무령왕릉 속 유물을 통해 중국의 영향을 받았다는 것을 보여 주고 있답니다.

다시 백제를 일으킨 성왕!

성왕은 웅진(공주)에서 넓고 개방적인 사비(부여)로 수도를 옮기고, '우리는 부여를 계승한 나라야! 다시 고구려랑 싸워 보자!'라는 뜻을 가진 남부여로 나라의 이름을 고쳐요.

이후 백제는 신라 진흥왕과 연합해 고구려를 공격한 뒤 사이좋게 한강을 나눠 한강 하류를 갖게 되었습니다. 하지만 신라가 백제를 배신하고 한강 하류를 빼앗았어요. 이에 백제는 신라와의 전쟁을 시작하지만 관산성에서 성왕은 신라에 붙잡혀 죽고 말아요. 이제 백제의 원수가 고구려에서 신라로 바뀌는 순간이 온 것이지요.

어휘 쑥쑥

유역
강물이 흐르는 주변의 땅
교류
문화 등을 서로 주고받는 것을 의미

Q2 서로 관련 있는 것을 선으로 바르게 연결하시오.

① 22담로를 설치하고 왕족을 파견했다. ● ● 성왕

② 수도를 사비로 옮기고 한강 하류를 차지했다. ● ● 무령왕

신라의 성립과 발전

학습 목표

신라의 발전 과정을 시기별로 나누어 설명할 수 있다.

역사 용어

마립간
'말뚝의 왕'이라는 뜻으로, 내물왕 때 사용

율령
나라의 총 법률을 의미

순수비
'순수'란 왕이 나라를 살피며 돌아다니는 것을 의미 → 따라서 '순수비'란 왕이 돌아다니며 세운 비석이다.

외딴곳에 있었던 신라

우리나라의 동남쪽에 있던 신라는 외딴곳에 있어서 다른 나라와 교류하기 쉽지 않았지요. 그래서 신라는 고구려와 백제보다 늦게 발전했습니다. 내물왕 때는 백제와 일본의 공격을 받아 고구려의 광개토 대왕에게 도움을 요청하기도 했어요. 광개토 대왕의 도움으로 신라는 백제와 일본의 공격을 막아낼 수 있었지만, 고구려의 간섭을 받게 되었답니다.

지증왕 때부터, 독도는 우리 땅이야!

지증왕 때부터 신라는 눈부시게 성장해요. 우선 지증왕은 처음으로 왕이라는 호칭을 사용합니다. 그전에는 왕이라고 부르지 않고 마립간*이라고 불렀는데, 더 높은 칭호인 왕을 사용했던 것이지요. 그리고 나라의 이름을 신라라고 정합니다. 이전에는 신라를 부르는 이름이 다양했거든요. 이제는 확실하게 이름을 정한 거예요.

또한, 소를 활용해 농사를 짓는 우경*을 실시해 백성들은 더 많은 곡식을 얻을 수 있었습니다. 힘을 강화한 지증왕은 이사부 장군을 보내 현재의 울릉도인 우산국을 정벌하게 했어요. 이때 이사부는 울릉도와 함께 독도를 정벌해 신라의 땅으로 만듭니다.

Q 1 지증왕은 처음으로 (왕 / 마립간)의 칭호를 사용했다.

Q 2 서로 관련 있는 것을 선으로 바르게 연결하시오.

① 소를 활용해 농사짓는 방법을 장려했다. ●   ● 우경

② 지증왕은 우산국을 정벌하도록 했다. ●   ● 이사부

법을 만든 법흥왕!

법흥왕은 이름에서도 알 수 있듯이 국가의 법인 율령*을 만들어 신라의 질서를 세우고 안정적인 나라를 만들었습니다.

그런데 법흥왕이 크게 화가 나는 일이 발생했어요. 이차돈이라는 신하가 왕의 허락도 없이 절을 짓는다는 소문 때문이에요. 법흥왕은 이차돈을 잡아 사형에 처했는데 놀라운 일이 벌어져요. 이차돈의 목에서 흰색 피가 솟구쳐 오르는 것이 아니겠어요? 신비로운 일이 벌어지자 법흥왕은 불교를 공인*하고 스스로를 부처님과 같은 사람이라고 말하며 왕권을 강화했습니다.

법흥왕은 탄탄한 나라를 만든 이후 금관가야를 완전히 정복했어요. 이는 앞으로 신라가 본격적인 전쟁을 일으킨다는 것을 암시했지요.

드디어 한강을 차지한 진흥왕!

법흥왕의 뒤를 이은 진흥왕은 화랑도를 국가적 단체로 만들었어요. 화랑도는 청소년 군사 훈련 단체인데요, 무술 훈련과 함께 건강한 마음을 갖는 훈련도 했어요. 체력과 마음을 수련한 청소년들이 훌륭한 어른으로 성장했겠죠? 바로 이들이 신라가 삼국을 통일하는 데 큰 활약을 하게 됩니다.

철저히 준비한 진흥왕은 백제와 연합해 고구려를 공격하고 드디어 한강 상류를 차지합니다. 하지만 진흥왕은 백제를 배신하고 한강 전체를 확보해요. 진흥왕은 신라의 힘을 전국에 자랑하고 싶었겠죠? 그래서 전국을 돌아다니며 '여기도 신라 땅이야!'라는 의미를 담아 비석을 세웠어요. 이러한 비석을 진흥왕 순수비*라고 합니다.

Q 3 다음 빈칸 안에 들어갈 알맞은 말을 쓰시오.

① 법흥왕은 이차돈의 순교를 계기로 □□를 공인했다.

② 진흥왕은 청소년 군사 훈련 단체인 □□□를 국가 조직으로 정비했다.

4일차

가야의 성립과 발전

학습 목표

가야의 발전 과정을 시기 별로 나눠 설명할 수 있다.

역사 용어

변한
삼한 중 하나로서, 4세기까지 낙동강 하류에 있었던 국가

구지가
만든 사람과 만든 연도를 알 수 없는 고대 가요

낙랑
중국 한이 위만 조선을 멸망시키고 설치한 행정 구역

김수로의 가야!

변한*에 사는 최고 어른들은 하늘에서 살며시 들려오는 목소리를 듣고 구지가*라는 노래를 불렀어요. 그러자 하늘에서 황금 상자가 내려오는 것이 아니겠어요? 황금 상자를 열어 보니 여섯 개의 알이 들어 있었습니다. 그중 알 하나가 깨지며 아이가 등장했는데요, 그 아이가 김해에 금관가야를 세운 김수로입니다. 이후 나머지 알에서 태어난 5명의 아이도 각각 다양한 이름을 가진 가야를 세워요. 6개의 가야는 힘을 합쳐 가야 연맹을 결성하지요. 그중 김수로가 건국한 금관가야가 전기 가야 연맹을 이끌었어요!

풍부한 철을 생산한 가야

가야 연맹은 질 좋은 철을 많이 생산했어요. 일본, 중국, 낙랑*에서도 철을 구매하기 위해 가야를 찾아왔지요. 또 가야는 해상 무역에 유리한 위치에 있었기 때문에 풍부한 철을 수출하며 성장할 수 있었답니다. 특히 낙랑과 일본의 중간에서 무역을 도와 이익을 챙겼지요.

Q 1 사진과 관련된 것을 찾아 기호를 쓰시오.

| ㉠ 철로 만든 투구와 갑옷 | ㉡ 권력자를 위해 만들어진 왕관 |
| ㉢ 말의 머리를 보호하는 역할을 한 말 투구 | ㉣ 주요 수출품이자 화폐처럼 사용 |

① 금동관
(   )

② 철제 투구와 갑옷
(   )

③ 말머리 가리개
(   )

④ 덩이쇠
(   )

가야는 질 좋은 철로 다양한 철제 도구도 많이 만들었어요. 대표적으로는 화폐처럼 사용한 덩이쇠와 얇은 철판을 이어 만든 철제 판갑옷, 말의 머리를 보호하는 역할을 한 말머리 가리개, 철제 투구, 금동관이 있습니다.

어휘 쑥쑥

병합
둘 이상의 나라가 하나로 합쳐진 것

위기의 금관가야

가야에는 강력한 왕이 없어서 나라가 성장하는 데 한계가 있었어요. 더구나 금관가야는 고구려의 공격까지 받습니다. 신라의 요청을 받아 일본을 쫓아간 고구려는 일본인이 숨어 있는 금관가야까지 공격했기 때문이지요. 세력이 약해진 금관가야는 더 이상 가야 연맹을 이끌 수 없었어요.

가야 연맹을 이끈 대가야

약해진 금관가야 대신 대가야가 후기 가야 연맹을 이끌었어요. 대가야도 질 좋은 철을 많이 생산해 경제력을 키워 나갔지요. 하지만 신라가 크게 성장한 뒤 백제와 대립하면서 대가야의 세력은 약화되었어요. 신라와 백제가 서로 가야를 차지하기 위해 경쟁했기 때문이지요.

금관가야는 신라 법흥왕에 의해 멸망하고 대가야는 신라 진흥왕에 의해 멸망하면서 가야 연맹의 힘은 약화되었고, 결국 가야는 신라에 병합*되었답니다.

비록 가야는 신라에 병합되었지만 뛰어난 인재가 등장한 나라예요. 삼국 통일의 큰 공을 세운 김유신도 가야 출신이었고, 가야금을 만든 우륵도 가야 사람이랍니다.

Q 2 금관가야는 (백제 / 고구려)의 공격으로 세력이 약해졌다.

Q 3 서로 관련 있는 것을 선으로 바르게 연결하시오.

① 금관가야를 멸망시켰다. ●　　　　　　　　　　　　● 법흥왕

② 대가야를 멸망시켰다. ●　　　　　　　　　　　　● 진흥왕

삼국의 대외 항쟁과 신라의 삼국 통일

학습 목표

삼국의 대외 항쟁과 신라의 삼국 통일 과정을 말할 수 있다.

역사 용어

수
당 이전에 존재했던 나라

도독부·도호부
중국이 정벌한 국가에 세운 통치 기관

유민
망해서 없어진 나라의 백성

신라와 당의 연합 작전

승승장구하던 신라는 백제의 공격으로 위기에 처합니다. 신라 김춘추는 고구려를 찾아가 함께 백제를 물리치자며 도움을 요청했어요. 하지만 당시 고구려의 실권자*인 연개소문은 다음과 같은 조건을 내밀어요.

'내가 도와줄게, 대신에 한강 내놔.'

'아니…! 신라가 어렵게 획득한 한강을…?!'

중요한 한강 지역을 절대 빼앗길 수 없었던 신라는 고구려와의 연합을 포기하고 중국 당과 연합을 시도합니다.

당은 신라의 제안을 받아들여요. 왜냐하면 중국은 고구려와의 싸움에서 자꾸만 패배했거든요. 이전에 수*도 을지문덕 장군에게 살수 대첩에서 패배했고, 당은 안시성 전투에서 패배했어요. 당은 이 기회에 눈에 거슬리던 고구려를 물리치기 위해 신라와 연합하기로 합니다.

백제와 고구려의 멸망

나당 연합의 공격으로 백제와 고구려는 차례로 멸망해요. 하지만 멸망한 백제와 고구려를 일으키려는 부흥* 운동이 발생합니다. 백제에서는 복신·도침·흑치상지가, 고구려에서는 검모잠과 안승이 부흥 운동을 전개해요. 하지만 두 운동 모두 지도자들의 내분*으로 성공하지는 못했답니다.

Q 1 서로 관련 있는 것을 선으로 바르게 연결하시오.

① 백제의 부흥 운동을 전개했다. ●   ● 김춘추

② 고구려의 부흥 운동을 전개했다. ●   ● 검모잠

③ 당에 신라와의 연합을 제안했다. ●   ● 흑치상지

영원한 약속은 없다?!

백제와 고구려가 멸망한 뒤 신라와 당 사이에 싸한 기운이 맴돌아요. 원래 신라는 도움을 받은 대가로 당에게 대동강 북쪽 지역을 주기로 했거든요? 그런데 당은 옛 백제와 고구려 땅에 웅진도독부*, 안동도호부*를 세워 감시를 시작하고, 심지어 신라 땅에도 계림도독부를 세워 감시했어요. 당이 한반도 전체를 차지하려는 욕심을 내보이기 시작한 것이지요.

신라의 삼국 통일!

이로 인해 신라와 당 사이에 전쟁이 발생합니다. 막상 신라와 당이 싸우니 백제와 고구려의 유민*은 신라를 도왔어요. 마치 내가 우리 가족과 싸우는 것은 괜찮지만 다른 사람이 우리 가족을 욕하면 싫은 것처럼 중국이 신라를 통치하는 것은 더욱 싫었으니까요.

전쟁 결과 신라는 매소성 전투와 기벌포 전투에서 승리해 당을 물리쳐요. 당을 물리친 신라는 676년, 삼국 통일을 완성하게 되지요. 비록 옛 영토의 모든 땅을 통일하지 못하고 일부는 당에 줬지만, 전쟁을 통해 신라와 백제·고구려 유민이 함께 당을 몰아냈다는 것은 삼국이 하나의 민족이라는 의식을 만들어 냈어요!

어휘 쑥쑥

실권자
실질적인 권력을 가지고 있는 사람

부흥
쇠퇴했던 것이 다시 일어나는 것

내분
특정 조직이나 단체의 내부에서 자기편끼리 일으킨 분쟁

Q 2 삼국 통일에 대한 설명으로 맞으면 ○표, 틀리면 ×표 하시오.

① 당은 신라에 계림도독부를 세웠다. ( )

② 신라는 매소성 전투에서 당에 패배했다. ( )

③ 당을 물리친 고구려는 삼국을 통일했다. ( )

5일차 통일 신라의 발전과 사회 변화

학습 목표

통일 신라의 발전 과정을 시기별로 나누어 설명할 수 있다.

역사 용어

반란
왕이나 지도자에 반대해 일으킨 큰 싸움

농민 봉기
농민들이 벌떼처럼 떼 지어 일어남

뚝딱뚝딱! 통치 체제*를 정비*하는 통일 신라

삼국을 통일한 신라는 이전보다 넓어진 영토와 많은 인구를 다스리기 위해 통치 체제를 정비하기 시작해요. 특히 신문왕의 노력이 엄청났답니다!

먼저 신문왕은 왕권을 강화하기 위해 눈엣가시인 진골 귀족의 세력을 억누르고 싶었어요. 그래서 자신의 장인이자 대표적인 진골 귀족인 김흠돌이 일으킨 난*을 가차 없이 진압하면서 왕권을 강화합니다. 이후 넓어진 통일 신라의 지역을 다시 나누어야 했어요. 지금도 서울시, 경기도, 강원도 등으로 행정* 구역*이 나뉜 것처럼 말이지요. 따라서 삼국의 옛 땅을 각각 3개의 주로 차별하지 않고 나누었습니다. 이로써 통일 신라는 전국이 9개의 주로 나뉘어 왕의 통치를 받았답니다.

한쪽에 치우친 수도를 보완하기 위해 지방의 주요 지역을 5개의 작은 수도인 소경으로 설정하고 각 소경에 신라인과 옛 백제·고구려인이 함께 어울려 살도록 했어요. 이런 지방 통치 제도를 9주 5소경이라고 합니다. 그리고 신라인, 옛 고구려인, 옛 백제인, 말갈인을 함께 중앙군으로 구성해 모든 민족을 차별하지 않고 융합하려고 노력했지요. 이렇게 만들어진 중앙군을 9서당이라고 합니다.

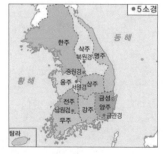

▲ 9주 5소경

Q 1 다음 빈칸 안에 들어갈 알맞은 말을 쓰시오.

① 신문왕은 □□□의 난을 진압해 왕권을 강화했다.

② 신문왕은 통치 체제로 □주 □소경을 만들었다.

22

흔들리는 신라 사회!

통일 신라 말, 사회가 흔들리기 시작합니다. 소수 귀족이 권력*을 독점하고 제대로 정치하지 않았어요. 특히 어린 혜공왕이 왕이 되자, 진골 귀족 사이에 왕위를 둘러싼 다툼이 계속 발생합니다. 김헌창은 신라의 왕위 계승에 불만을 품고 난을 일으켰어요. 이처럼 혼란스러운 상황을 틈타 지방에서도 많은 반란*이 발생해요.

이때 호족과 6두품이 새로운 세력으로 등장하게 됩니다. 완도에 청해진을 근거지*로 삼은 장보고는 막강한 군사력을 가지고 김우징이 신라의 왕이 될 수 있도록 도움을 줬어요! 도움을 주면 장보고의 딸을 왕의 아들과 혼인시켜 준다고 약속했거든요. 하지만 왕이 약속을 지키지 않자 이에 장보고의 난이 발생합니다. 한편 6두품 출신인 최치원은 당에서 유학하고 빈공과에 합격해 관리 생활을 하다가 신라로 돌아왔어요. 최치원은 신라의 상황이 어지럽고 정치가 제대로 이루어지지 않자 진성 여왕에게 나라의 방향을 제시하는 시무 10여 조를 지어 올렸지만 받아들여지지 않았습니다.

중앙 정부는 권력 욕심에 눈이 멀어 백성을 제대로 돌보지 않았고, 귀족들은 농민들에게 많은 쌀과 돈을 빼앗아 갔어요. 가뜩이나 굶어 가는 백성에게 진성 여왕이 세금*을 독촉하자 원종과 애노의 난이 발생했고, 이후 농민 봉기*는 너욱 확대됩니다. 붉은 바지를 입고 쳐들어와 적고적이라고 불렸던 도적은 신라의 수도까지도 쳐들어왔으니까요. 신라는 지방의 반란, 농민 봉기를 제대로 통제하지 못해 힘을 잃어 갔어요.

어휘 쏙쏙

통치 체제
지역과 나라를 다스리는 방법

정비
흐트러진 체계를 정리해 제대로 갖춤

난
어지럽게 일어난 사건

행정
정치나 사무를 행하는 것

행정 구역
행정 기관의 힘이 미치는 일정한 구역

권력
남을 복종시킬 힘

근거지
어떤 활동의 중심이 되는 중요한 지역

세금
국가가 국민에게 강제로 걷는 돈

Q 2 (김헌창 / 혜공왕)은 왕위 계승에 불만을 품고 반란을 일으켰다.

Q 3 서로 관련 있는 것을 선으로 바르게 연결하시오.

① 진성 여왕이 세금을 독촉하자 발생한 농민 봉기이다. ●　　　　　● 적고적의 난

② 붉은 바지를 입고 신라의 수도까지 쳐들어온 도적이다. ●　　　　　● 원종과 애노의 난

발해의 성립과 발전

발해의 등장

나당 연합에게 고구려가 멸망하자 고구려 사람들은 당으로 끌려갔어요. 그런데 때마침 거란족의 반란으로 당에 혼란이 생기자 고구려 출신 대조영은 고구려 유민들을 데리고 탈출합니다. 대조영은 동모산에서 고구려의 정신을 계승한 나라인 발해를 건국했어요! 발해의 등장으로 북쪽에는 발해가, 남쪽에는 통일 신라가 공존하는 남북국 시대가 펼쳐지게 된 것이지요.

강력한 힘을 가진 발해

발해는 얼마 되지 않아 활발하게 정복 활동을 하며 강력한 힘을 드러냅니다. 무왕 때는 당과 전쟁에서 이길 정도로 세력이 커지자, 당은 발해를 정식 국가로 인정합니다. 또한, 무왕은 인안이라는 독자적인 연호*를 사용해 발해가 당과 대등한 관계라는 것을 강조했어요. 발해는 외교 활동에도 뛰어난 능력을 갖췄는데, 특히 문왕은 당과 친한 관계를 맺고 수도를 3번이나 옮기며 다른 나라와의 교류에 몰두합니다. 처음에는 수도를 동모산에 두었다가 세력을 확장하면서 중경 현덕부, 상경 용천부, 동경 용원부 등으로 옮겼어요.

문왕은 신라도, 거란도, 영주도, 일본도 등을 만들어 상인과 사신들이 이동하는 교통로로 사용했어요. 이를 통해 문왕이 다른 나라와의 교류를 얼마나 중시했는지 알 수 있겠지요? 발해는 목축도 발달했어요. 특히 행정 구역 중 하나인 솔빈부의 말을 특산물*로 여러 나라에 수출까지 했답니다.

Q1 서로 관련 있는 것을 선으로 바르게 연결하시오.

① 동모산에서 발해를 건국했다. ●   ● 무왕

② 독자적 연호로 인안을 사용했다. ●   ● 대조영

이렇게 성장한 발해는 선왕 때 최대 영토를 확보하고 주변 국가들로부터 해동성국이라는 별명을 얻어요. 이는 당에서 붙여 준 이름입니다. 해동성국이란 바다 동쪽에 강성하고 번성*한 나라라는 의미로, 선왕 때 발해 최고의 전성기를 맞이하게 된 것입니다.

고구려의 영향을 받은 발해

발해는 고구려를 계승한 국가답게 고구려 문화의 영향을 받은 흔적이 많이 남아 있어요. 먼저 발해는 고구려와 같이 온돌 생활을 했습니다. 또한, 발해 문왕의 딸인 정혜 공주 무덤 양식이 고구려의 대표적 무덤 양식인 모줄임천장 구조를 하고 있습니다. 심지어 치미*와 막새*의 모양까지도 고구려와 같아요!

발해 스스로도 중국과 다른 우리 민족의 독자적 나라임을 강조했습니다. 발해를 세운 대조영은 고구려 사람이었으며, 무왕도 일본에 보내는 문서에 스스로 고려 국왕이라고 이야기했으니까요! 또, 발해는 당시 중국과 다른 독자적인 연호를 사용했어요. 발해가 중국의 땅이었다면 중국의 연호를 사용해야 했겠지요. 소중한 우리 역사인 발해, 이제는 잘 알 수 있겠죠?!

어휘 쑥쑥

연호
연도의 이름으로, 왕이 즉위한 해에 붙이던 칭호

특산물
지역에서 생산되는 특별한 물건

번성
세력이 확장됨

치미
지붕 용마루의 양쪽 끝에 올려놓는 장식 기와

막새
기와지붕의 끝부분을 마무리하는 동그란 기와

Q 2 고구려의 영향을 받은 발해 문화를 찾아 맞으면 ○표, 틀리면 ×표 하시오.

① 치미
(   )

② 정혜 공주 무덤 양식
(   )

③ 막새
(   )

④ 온돌 터
(   )

6일차

고대 경제와 사회

학습 목표

고대의 경제 상황을 이해하고 설명할 수 있다.

역사 용어

수조권
토지에 부과된 세금을 걷을 수 있는 권리

평범한 사람들의 모습을 볼 수 있는 민정 문서

통일 신라에 살았던 평범한 백성들의 삶을 볼 수 있는 문서가 있습니다. 바로 민정 문서인데요, 마을의 크기와 가구의 수, 그리고 남자·여자·어린아이가 몇 명인지도 세세하게 적혀 있어요. 또, 소와 말은 얼마나 소유하고 있는지, 맛있는 열매를 맺는 나무는 몇 그루나 있는지 기록되어 있답니다.

그렇다면 나라에서는 왜 민정 문서를 작성하게 했을까요? 이는 각 집안의 재산과 일할 수 있는 노동력을 파악해 세금을 잘 거두기 위해 작성한 것이에요!

신라 시대 경제 상황과 국제 무역*

지증왕 때 기존의 시장을 정리해 동시를 만들고 이를 감독하는 관청으로 수도에 동시전을 설치했어요. 동시전은 시장을 관리하면서 상인 간의 분쟁 해결, 시장의 열고 닫는 시간 등의 업무를 처리했어요. 그 옛날에도 시장이 있었다니 놀랍죠?

통일 신라 때는 당항성과 울산항이 국제 무역 거점*으로 발달했어요. 여기에서 다양한 나라들과 교류했지요. 잠깐! 김우징을 도와 왕으로 만들어 준 장보고 기억하죠? 장보고는 완도에 청해진을 설치하고 신라 사람을 괴롭히는 해적을 모두 물리친 뒤, 청해진을 중심으로 당·일본·신라를 잇는 국제 무역을 주도했습니다. 이렇게 장보고는 국제 무역을 통한 경제력을 바탕으로 강력한 군사력을 가질 수 있었어요.

▲ 민정 문서

Q1 다음 설명이 맞으면 ○표, 틀리면 ×표 하시오.

① 민정 문서를 통해 남자·여자·어린아이의 수를 파악할 수 있다.
( )

② 장보고는 완도에 청해진을 설치했다.
( )

③ 청해진은 발해의 국제 무역항이다.
( )

월급 대신 받은 세금을 걷을 수 있는 권리

통일 신라 관리는 녹읍을 받았어요. 녹읍은 수조권*과 함께 토지에 있는 사람들의 노동력도 마음대로 활용할 수 있는 권리예요. 즉, 관리들은 토지에서 세금도 걷어 가고 그 땅에 있는 사람을 데려가서 자기 집의 일을 시키거나 개인 군사로 사용하기도 했어요. 관리들은 좋겠지만 백성들은 정말 싫었을 거예요. 그래서 신문왕은 관료전을 지급하고 녹읍을 폐지하기로 합니다.

관료전은 녹읍 대신 관리에게 준 토지예요. 관료전을 받은 관리들은 녹읍과 마찬가지로 해당 토지에서 세금을 걷을 수 있었습니다. 단! 오직 토지세만 걷을 수 있었고, 노동력을 가져갈 수는 없었지요. 관리들의 특권이었던 녹읍을 폐지하고 관료전을 시행한 것을 보면 당시 신문왕의 힘이 얼마나 강했는지 예측할 수 있습니다.

삼국의 귀족 회의와 골품 제도

삼국 시대에는 나라에 중요한 일이 생기면 귀족 회의를 열어 결정했어요. 고구려는 제가 회의, 백제는 정사암 회의, 신라는 화백 회의가 열렸어요. 이는 오래전 부족장 회의가 중앙 집권* 국가가 될 때까지 이어져 귀족 회의가 된 것입니다.

신라에는 독특한 신분 제도가 있었는데 바로 골품 제도예요. 골품 제도의 최상위층에 있는 신분은 성골이었는데요, 초반에는 성골만 왕을 할 수 있었어요. 또, 골품에 따라 관직도 달라지며 살 수 있는 집의 크기와 옷도 달랐답니다. 한편 골품 중 6두품은 능력이 있어도 올라갈 수 있는 관직에 제한이 있었기 때문에 항상 불만이 많았고, 통일 신라 때는 골품 제도에 저항하며 새로운 세력으로 성장하게 돼요.

어휘 쏙쏙

무역
서로 물건을 사고파는 일

거점
어떤 활동의 근거지가 되는 지점

집권
권세나 정권을 잡음

Q 2 서로 관련 있는 것을 선으로 바르게 연결하시오.

① 오직 토지세만 걷을 수 있다. ● ● 녹읍

② 토지세와 노동력을 함께 가져갈 수 있다. ● ● 관료전

등급	관등명	공복	진골	6두품	5두품	4두품
1	이벌찬	자색				
2	이찬					
3	잡찬					
4	파진찬					
5	대아찬					
6	아찬	비색				
7	일길찬					
8	사찬					
9	급벌찬					
10	대나마	청색				
11	나마					
12	대사	황색				
13	사지					
14	길사					
15	대오					
16	소오					
17	조위					

▲ 신라의 골품제

주제 12

고대 불교와 문화유산

삼국 시대에 유행한 불교

삼국 시대 사람들이 믿었던 대표적 종교는 평등을 강조하며 등장한 불교입니다. 불교의 기본적 교리*는 열심히 공부해서 깨달음을 얻은 뒤 해탈*하면 부처님이 되어서 극락*에 갈 수 있다는 믿음이었어요.

따라서 삼국에는 불교 유물이 많습니다. 신라 진흥왕은 황룡사, 백제 무왕은 미륵사라는 절을 지었어요. 안타깝게도 지금은 그 모습을 볼 수 없고 절을 세웠던 흔적만 남아 있지요. 하지만 삼국 시대의 불교 유물을 볼 수 있는 탑이 있답니다. 백제의 대표적인 탑인 익산 미륵사지 석탑과 부여 정림사지 오층 석탑이 있어요. 석탑의 '석'은 돌을 의미해요. 즉, 미륵사와 정림사에서 돌로 만든 탑이라는 뜻이에요! 그런데 절 이름 옆에 '지'가 붙어 있으면 지금은 절이 남아 있지 않고 절 터만 있다는 뜻입니다.

석탑뿐 아니라 나무로 만든 목탑도 있었어요. 특히 신라 때 만든 경주 황룡사 구층 목탑이 대표적이지요. 신라는 탑을 9층으로 만들어 주변에 있는 9개의 나라가 신라에 항복하기를 바랐어요. 하지만 고려 시대 때 몽골의 침입으로 황룡사 구층 목탑이 불타 버립니다.

통일 신라, 더욱 발달한 불교 문화

통일 신라 때는 귀족 중심의 불교가 발달합니다. 귀족들은 자신의 힘을 과시하기 위해 크고 화려한 절과 탑을 세웠어요! 대표적인 것은 불국사와 석굴암입니다. 불국사는 통일 신라를 대표하는 절이에요. 불국사에는 석가탑이

▲ 부여 정림사지 오층 석탑

Q1 다음 빈칸 안에 들어갈 알맞은 말을 쓰시오.

① 백제 무왕은 □□□라는 절을 지었다.

② 신라 진흥왕은 □□□라는 절을 지었다.

③ □□ □□□ □□ □□은 고려 시대에 몽골의 침입으로 불타버렸다.

라고 불리는 경주 불국사 삼층 석탑이 있어요. 이 탑에서 귀중한 유물이 발견됩니다. 무구정광대다라니경이에요. 이는 기독교의 성경과 같은 불교의 경전*입니다. 그런데 이 경전은 나무를 깎아 글을 인쇄한 목판 인쇄술* 방식으로 만들었어요. 놀랍게도 무구정광대다라니경은 세계에서 가장 오래된 목판 인쇄물이랍니다!

더 많은 사람에게 불교를 알리자!

불교를 귀족 말고도 평범한 사람들에게 알리고자 노력한 원효와 의상이 등장합니다. 원효는 모든 것이 마음먹기에 달려 있다는 깨달음을 얻었어요. 이후 평민에게도 불교를 전파하는데, 특히 어려운 불교의 내용을 쉽게 이해하도록 노래로 만든 「무애가」를 불렀어요. 또, 불교 경전 읽기를 어려워하는 백성들에게 경전을 공부하지 않아도 나무아미타불만 외우면 된다고 하며 많은 백성에게 불교를 보급하는 데 힘썼습니다.

의상은 중국에서 불교를 공부하고 온 유학파예요. 의상은 신라에 돌아와 화엄종*이라는 새로운 불교 종파를 세웠습니다. 부석사라는 절을 세우고 모든 존재의 조화로움을 강조했어요! 의상도 백성들에게 불교를 쉽게 알려 주려 했어요. 따라서 관세음보살만 외치면 부처님의 보호를 받을 수 있다고 했답니다.

어휘 쑥쑥

교리
종교적인 원리

해탈
사람이 생각의 괴로움이나 고통스러움에서 벗어나 자유롭게 되는 상태

극락
안락하고 편안해서 아무런 걱정이 없는 상태(유의어: 천국)

경전
종교의 교리를 담은 책

Q 2 다음 중 무구정광대다라니경이 발견된 탑으로 옳은 것을 고르시오.
( )

① 익산 미륵사지 석탑　　② 경주 불국사 삼층 석탑

③ 경주 황룡사 구층 목탑　　④ 부여 정림사지 오층 석탑

Q 3 (원효 / 의상)은/는 화엄종이라는 새로운 불교 종파를 세웠다.

▲ 석굴암 본존불

세 번째 이야기
고려

들어가기에 앞서

고려는 후삼국을 통일하고, 유교를 바탕으로 정치했어요. 고려의 지배층으로는 문벌 귀족, 무신 정권, 권문세족, 신진 사대부가 차례로 등장했습니다. 또한, 고려는 거란·여진·몽골과 대립하며 많은 위기를 겪기도 했어요. 하지만 고려는 귀족적이고 불교적인 문화를 만들고 주변 국가와 활발하게 교류하던 활기찬 나라였답니다!

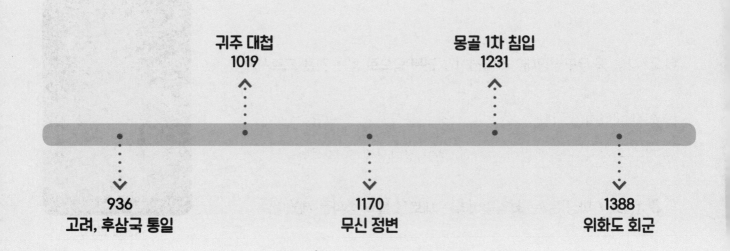

귀주 대첩
1019

몽골 1차 침입
1231

936
고려, 후삼국 통일

1170
무신 정변

1388
위화도 회군

고려는 어떤 모습일까?

후삼국의 성립과 고려의 통일

역사 용어

공산 전투
팔공산에서 벌어진 고려와 후백제의 싸움으로 신숭겸이 죽는 등 고려군이 크게 패배함

고창 전투
고창에서 벌어진 고려와 후백제의 싸움으로 견훤의 세력이 타격을 크게 받음

일리천 전투
일리천에서 벌어진 고려와 후백제의 싸움으로 이 전투에서 왕건은 견훤의 아들 신검을 물리치고 후삼국을 통일함

후삼국의 성립

통일 신라 말, 왕위를 둘러싼 싸움과 지방의 반란으로 나라가 혼란스러울 때 호족이 등장합니다. 호족은 지방에서 대토지*를 소유한 사람들이에요. 이들은 빵빵한 경제력을 바탕으로 개인 군사도 가지고 있었어요. 호족은 신라의 꼴이 엉망이 되자 이런 생각을 하게 됩니다.

"음, 그냥 내가 정치해 볼까?"

그래서 각 지방의 호족들은 직접 나라를 세울 만큼 세력을 키웁니다. 군인이었던 견훤은 호족의 지원을 받아 후백제를 건국했어요. 신라의 왕족 출신인 궁예는 세력을 키워 후고구려를 건국합니다. 이후 궁예는 후고구려의 수도를 철원으로 옮기고 나라의 이름을 태봉으로 바꾸기도 했어요. 이제 다시 예전처럼 신라, 후백제, 후고구려가 함께 있는 후삼국 시대가 등장하게 된 것이지요.

고려의 등장

후고구려를 세웠던 궁예는 점차 포악*한 정치를 합니다. 스스로 부처라고 하고 사람의 마음을 읽을 수 있다며 죄 없는 사람을 죽이기도 합니다. 이런 궁예의 행동은 호족의 심기*를 건드렸고 송악 호족 출신이었던 왕건이 다른 호족들의 지원을 받아 궁예를 몰아내고 왕이 됩니다. 새로운 왕이 등장했으니 나라의 이름도 바꿔야겠지요? 왕건은 고구려를 계승한다는 의미로 나라의 이름을 고려라고 합니다!

Q 1 서로 관련 있는 것을 선으로 바르게 연결하시오.

① 후백제를 건국한 인물 • • 견훤

② 후고구려의 이름을 태봉으로 바꾼 인물 • • 호족

③ 지방에서 대토지를 소유하며 강력한 경제력과 군사력을 가진 세력 • • 궁예

후삼국을 통일한 고려!

이제 고려의 목표는 후삼국을 통일하는 것이었습니다. 고려는 신라와 좋은 관계를 맺었고 후백제와 많은 전쟁을 했는데 927년의 공산 전투*에서는 후백제에 졌지만 930년의 고창 전투*에서 고려가 크게 승리했어요! 고창 전투의 승리는 고려가 후삼국을 통일할 것이라는 예고편이기도 했습니다.

그러던 중 견훤이 고려에 투항했어요. 왕건의 라이벌인 견훤이 투항을 하다니, 이게 무슨 일일까요? 견훤에게는 아들이 많이 있었어요. 그중 넷째 아들 금강에게 자신의 자리를 물려주고 싶어 했는데, 이 사실을 안 첫째 아들 신검이 견훤을 금산사라는 절에 가둔 거예요. 간신히 탈출한 견훤은 하는 수 없이 왕건에게 몸을 맡기게 돼요.

한편 신라를 유지할 수 없을 만큼 약해진 경순왕은 나라를 통째로 고려에 넘겨줍니다. 신라까지 통합한 고려에 남은 것은 후백제였어요. 고려는 후백제가 왕위 다툼으로 혼란스러운 틈을 타 벌인 일리천 전투*에서 승리하고 후백제까지 통합했답니다. 이로써 고려는 후삼국을 통일할 수 있었지요! 거란에 멸망한 발해의 유민들까지 받아들이면서 고려는 더더욱 성장합니다.

하지만 후삼국을 통일한 고려는 큰 고민에 빠지게 됩니다. 왕건도 고려를 세울 때 호족의 지원을 받았잖아요? 즉, 호족의 힘이 너무 강력하다는 것이 있어요. 이제 고려의 왕은 이 문제를 어떻게 해결할까요?

어휘 쏙쏙

대토지
어마어마하게 크고 넓은 땅

포악
사납고 폭력적이며 악함

심기
마음으로 느끼는 기분

Q 2 다음에서 ( ) 안에 들어갈 알맞은 말을 찾아 쓰시오.

| 공산 | 고창 | 경애왕 | 경순왕 |

① (   )은 신라를 고려에 넘겨줬다.

② (   ) 전투에서 고려는 후백제에 큰 승리를 거뒀다.

▲ 팔공산

33

7일차 고려 초기 통치 체제 정비

학습 목표

고려 초기 통치 체제의 정비 과정을 이해할 수 있다.

호족을 향한 당근과 채찍 정책

고려를 세운 태조 왕건은 호족의 힘이 너무 강력해 고민한 끝에 호족에게 당근과 채찍을 번갈아서 주기로 합니다. 우선 호족을 왕의 편으로 만들기 위해 유력*한 호족의 딸들과 결혼해요. 그래서 태조의 부인은 무려 29명이었답니다!

반대로 호족을 견제하는 정책도 펼쳤어요. 대표적인 것이 사심관 제도입니다. 호족에게 사심관이라는 직책*을 주고 지방을 직접 다스리도록 해요. 좋은 것 아니냐고요? 아닙니다. 직책을 주는 대신 호족이 도맡은 지방에서 생기는 문제는 다 스스로 책임지도록 했어요. 이뿐만이 아니에요. 기인 제도를 실시해 호족의 자식을 왕 옆에서 일하게 했답니다. 이는 사실 호족이 지방에서 딴 생각하지 못하도록 자식을 인질*로 삼은 것이나 마찬가지였어요.

태조는 평양(서경)을 중요하게 여겨 북쪽으로 진출하는 북진 정책을 실시했어요. 이밖에도 훈요 10조, 『정계』, 『계백료서』를 남겨 후손들과 관리들이 따라야 할 방향과 지침*을 남겨 놨답니다.

빛나거나, 미치거나! 광종의 등장!

광종은 본격적으로 호족의 힘을 제압하기 시작했어요. 당시 노비는 호족의 중요한 재산이었고, 불법적으로 노비를 늘려 일을 시키거나 개인 군사로도 훈련시켰어요. 이에 광종은 억울하게 노비가 된 사람을 조사해서 다시 양민으로 돌려놓는 정책인 노비안검법을 실시했어요. 호족의 힘을 제압한 광종은 왕권을 강화하기 위해 왕을 황제라고 부르는 칭제 건원을 시행하고 독자적 연호인 광덕, 준풍을 사용했어요.

Q1 다음 중 사심관 제도를 시행한 왕을 고르시오. ( )

① 태조 　　 ② 정종 　　 ③ 광종 　　 ④ 성종

광종은 후주 출신 쌍기의 건의에 따라 과거제라는 시험을 통해 관리를 뽑았습니다. 이전에는 호족이 모든 정치권력을 꽉 잡고 있었거든요. 하지만 이제는 과거 시험 문제를 왕이 주관해서 출제해요! 즉, 관리가 되려면 호족에게 잘 보이는 것이 아니라 왕에 대한 충성심과 유교적인 지식을 갖춰야 했어요. 이제 관리들은 왕에 충성하는 자들로 가득 차게 되고 호족의 힘은 약화되었답니다.

고려의 통치 체제를 정비한 성종

광종의 정치로 인해 고려 왕의 힘은 강력해지고 안정적인 사회가 지속됩니다. 따라서 성종은 차분히 고려의 통치 체제를 정비할 수 있었어요. 우선 당의 제도를 수용해 중앙에는 2성 6부 제도를 마련했습니다. 또한, 전국에서 교통이 편리한 주요 지역에 12목을 설치하고 지방관을 파견*해 지방에 대한 통제를 강화했어요.

성종은 신하들에게 나라를 잘 다스리기 위한 계획을 제출하라고 합니다. 그중 최승로는 나라를 잘 다스리기 위한 28가지 방법을 제출했는데, 이를 시무 28조라고 해요. 성종은 시무 28조를 수용해 고려의 통치 체제를 정비해요. 특히 유교를 근본적인 정치 이념*으로 삼고 다양한 제도를 마련했답니다.

어휘 쏙쏙

유력
힘과 재산이 있음

직책
직업에서의 책임

인질
약속 이행의 조건으로 잡아 두는 사람

지침
행동의 방향이나 규칙

파견
일정한 임무를 주어 사람을 보냄

이념
이상적이라고 여겨지는 생각

Q 2 광종에 대한 설명으로 맞으면 ○표, 틀리면 ×표 하시오.
① 광종은 노비안검법을 시행했다. ( )
② 광종은 과거제를 폐지했다. ( )

Q 3 다음 빈칸 안에 들어갈 알맞은 말을 쓰시오.
성종은 □□□의 시무 28조를 받아들였다.

▲ 과거 시험 합격증(홍패)

주제 15

8일차 거란·여진의 침입과 극복

학습 목표

고려 전기의 대외 관계를 설명할 수 있다.

역사 용어

송
중국의 5대 10국을 통일한 왕조

여진
만주의 동북쪽에서 살던 민족

강동 6주
현재 평안북도 지방에 있는 지역

세계 최강의 말솜씨를 가진 서희!

몽골 초원에서 등장한 거란은 고려를 괴롭히기 시작했어요. 당시 거란은 중국까지 세력을 넓히면서 송*과 경쟁하고 있었습니다. 반면 고려는 송과 친하게 지내고 있었는데, 이를 탐탁하게 생각하지 않았던 거란이 고려를 공격한 것이지요.

거란은 80만이 넘는 군대를 이끌고 고려를 침략했어요. 이것이 바로 거란의 첫 번째 침략이에요. 고려는 발칵 뒤집혔고 혼란스러운 이때, 서희가 등장합니다. 서희는 거란의 침입에 분명 원인이 있다고 생각했어요. 서희는 직접 거란의 장군을 만나 담판*을 짓기로 해요. 거란 장군 소손녕은 신라를 계승한 고려가 왜 옛 고구려 땅도 가지고 있냐며 불만을 표현했어요. 그런데 이야기를 들을수록 거란은 고려가 송과 손을 잡고 거란을 공격할까 봐 겁을 먹고 있는 것처럼 보였어요! 즉, 거란이 정말 원하는 것은 고려가 아닌 송이었던 거예요. 거란의 의도를 파악한 서희는 소손녕을 뛰어난 말솜씨로 설득합니다.

'무언가 오해하고 있는 것 같은데, 원래 고려는 고구려를 계승한 나라입니다. 즉, 우리가 옛 고구려 땅에 있는 것은 전혀 문제가 안 되지요. 그리고 우리도 송 말고 거란이랑 친하게 지내고 싶습니다. 그런데 여진*이 우리 사이를 가로막고 있단 말이에요. 여진만 쫓아 주면 당연히 거란과 친하게 지내지요!'

이 말을 들은 거란은 수긍했고 둘 사이를 가로막던 여진을 쫓아낸 뒤, 압록강 동쪽의 일부 땅까지 돌려주었어요! 이로써 고려는 아무도 다치지 않고 거란을 물리친 것도 모자라 강동 6주*까지 획득했답니다.

Q1 서로 관련 있는 것을 선으로 바르게 연결하시오.

① 소손녕과 담판을 벌인 사람 •   • 서희

② 거란의 첫 번째 침입 결과, 고려가 획득한 땅 •   • 강동 6주

강감찬의 귀주 대첩

거란의 기대와는 다르게 고려는 여전히 송과 친한 관계를 유지했어요. 화가 난 거란은 고려를 다시 공격했어요. 거란의 세 번째 침입이 시작되자 고려는 강감찬을 앞세웠어요. 강감찬은 귀주에서 거란과 큰 싸움을 시작합니다. 살벌한 싸움 중, 바람이 거란을 향해 불 때 고려 군대는 많은 화살을 쐈고 바람을 탄 화살은 거란을 향해 더 거세게 날아갔지요! 바람의 방향까지 계산했던 강감찬은 귀주에서 큰 승리를 거뒀어요. 강감찬이 활약한 이날의 전쟁을 귀주 대첩이라고 합니다.

오랜 전쟁으로 지친 고려와 거란은 더는 싸우지 않기로 약속했어요. 하지만 혹시 모르잖아요?! 고려는 천리장성*을 세워 거란의 침입에 대비했답니다.

여진의 침입도 문제없어! 별무반이 있으니까!

거란을 물리쳤더니 12세기에는 여진이 스트레스를 줍니다. 여진은 원래 고려를 부모님처럼 생각하면서 아주 깍듯했어요. 그런데 세력이 커지자 고려의 백성을 야금야금 괴롭히기 시작합니다. 이에 고려는 윤관을 앞세워 여진을 혼내 주러 갔지요. 세상에! 고려는 무시했던 여진에게 패배하고 말았어요. 두 발로 뛰면서 싸우던 고리 병사들은 말을 타고 싸우는 여진 병사들에게 쉽게 공격당했던 것이지요.

따라서 윤관은 별무반이라는 특별한 군사를 따로 만들었습니다. 별무반은 신기군*, 신보군*, 항마군*으로 구성되어 있었어요. 즉, 말을 타고 싸우는 병사도 훈련했던 것이지요. 이후 윤관은 별무반을 이끌고 여진과 싸워 승리했으며 여진을 쫓아낸 자리에 동북 9성*을 세울 수 있었답니다.

역사 용어

천리장성
거란과 여진의 침입을 대비해 압록강에서 도련포까지 쌓은 장성

신기군
말을 타고 싸우는 부대

신보군
걸어서 싸우는 부대

항마군
승려로 구성된 부대

동북 9성
여진을 물리치고 동북쪽 지역에 세운 9개의 성

어휘 쑥쑥

담판
대립하는 관계가 서로 협의해 옳고 그름을 판단함

Q **2** 다음 빈칸 안에 들어갈 알맞은 말을 쓰시오.

① 강감찬은 □□ 대첩에서 크게 승리했다.

② 윤관은 □□□을 구성해 여진을 물리쳤다.

▲ 별무반

주제 16

이자겸의 난과 묘청의 서경 천도 운동

학습 목표

이자겸의 난과 묘청의 서경 천도 운동에 대해 알 수 있다.

역사 용어

문벌
가문 대대로 내려오는 그 집안의 사회적 신분이나 지위

외할아버지가 아니라 장인어른이라니!

고려 전기의 대표적인 지배층은 문벌* 귀족입니다. 문벌 귀족은 고려를 세우는 데 큰 공을 세운 가문*이에요! 이들은 왕실과 결혼하며 강력한 힘을 유지하는 귀족이었답니다. 특히 경원 이씨는 대표적인 문벌 귀족이었지요.

그중 이자겸은 자신의 딸을 고려의 왕 예종과 결혼시켰어요. 예종의 아들 인종의 입장에서는 이자겸이 외할아버지죠? 그런데 이번에는 이자겸이 자신의 딸을 인종에게 시집보내요. 하루아침에 외할아버지였던 이자겸이 장인어른으로 변해 버린 것이에요. 다른 말로 이야기하면 어제는 인종의 이모였던 사람이 오늘은 아내가 된 것입니다. 당시 이자겸의 세력이 얼마나 강했는지 알겠지요?

어른이 된 인종은 장인이자 외할아버지인 이자겸을 제거하려는 계획을 세웠어요! 이를 눈치 챈 이자겸은 난을 일으킵니다. 그리고 스스로 왕이 되기로 결심하지요. 하지만 이자겸의 난은 성공하지 못했어요. 이 사건으로 고려 왕실의 권위*가 떨어지고 문벌 귀족 사회는 흔들리게 되었답니다.

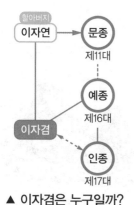

▲ 이자겸은 누구일까?

Q 1 다음에서 ( ) 안에 들어갈 알맞은 말을 찾아 쓰시오.

무신	이자겸	김부식	문벌 귀족

① 고려 전기의 대표적인 지배층은 ( )이다.

② ( )은 인종의 외할아버지이자, 장인이 되었다.

서경에 가면 좋은 일만 생길 거예요!

이자겸의 난으로 왕실의 권위가 하락하자 인종은 문벌 귀족을 견제하고 왕의 힘을 강화하려 합니다. 그래서 인종은 새로운 인재를 뽑았고, 이때 등장한 대표적인 사람이 승려 묘청이었어요.

묘청은 인종에게 수도를 서경(평양)으로 옮기자고 이야기합니다. 원래 고려의 수도는 개경이었거든요. 그런데 묘청이 풍수지리설* 이론을 들어 개경 땅의 기운이 이상해서 자꾸 안 좋은 일만 생긴다고 주장하는 거예요! 땅의 기운이 좋은 서경으로 천도하면 여진이 세운 나라인 금도 고려에 복종할 것이고 좋은 일만 생길 것이라고 이야기했지요.

하지만 이러한 주장에 문벌 귀족은 가만히 있지 않았어요. 지금도 수도를 옮긴다고 하면 아마 난리가 날 거예요. 중요한 기관, 회사들은 다 수도에 모여 있으니까요. 고려 시대에도 개경에 자리를 잡은 귀족들이 크게 반발합니다. 귀족의 반발을 이기지 못한 인종은 결국 서경 천도 계획을 취소해요. 하지만 묘청은 이를 인정하지 못했나 봅니다. 스스로 대위라는 나라를 만들고 서경에서 난을 일으킵니다. 이를 묘청의 서경 천도 운동이라고 부릅니다. 묘청의 난은 김부식이 이끄는 군대에 의해 1년 만에 진압되어 실패로 돌아갔지만, 문벌 귀족의 권력 독점으로 인한 문제점을 가장 잘 나타낸 사건이었답니다.

어휘 쑥쑥

가문
가족으로 이루어진 공동체

권위
남을 지휘해서 따르게 하는 힘

풍수지리설
지형에 따라 인간의 운이 좋고 나쁨이 결정됨

▲ 묘청의 서경 천도 운동

Q 2 다음 빈칸 안에 들어갈 알맞은 말을 쓰시오.

① 묘청은 풍수지리설을 근거로 ☐☐ 천도를 주장했다.

② 묘청의 난은 ☐☐☐에 의해 진압되었다.

무신 정변과 농민 봉기

학습 목표

무신 정변의 발생 과정을
설명할 수 있다.

역사 용어

명학소
공주에 속했던 특별 행정
구역(고려에 차별 받은 지역)

차별은 절대 참을 수 없어!

고려의 관리들은 크게 문신과 무신으로 나눌 수 있어요. 문신은 학문 실력으로, 무신은 무술 실력으로 관리가 됐습니다. 그런데 고려는 문신을 더 좋아해 무신을 차별했어요. 세상에서 제일 서러운 게 차별받는 것인데 말이에요. 군대의 최고 지휘관도 무신이 아닌 문신만 할 수 있었어요. 우리가 잘 아는 서희, 윤관, 강감찬 모두 문신이었답니다. 무신은 능력이 뛰어나도 승진에 제한을 받았고 월급도 제대로 받지 못했어요.

당시 고려의 왕인 의종은 걸핏하면 연회(파티)를 열었어요. 화려한 연회 비용은 백성들의 소중한 세금으로 메웠어요. 연회 중 무신들은 잠도 못 자고 밥도 못 먹으며 의종과 문신의 경호원 역할을 했지요.

지속되는 차별을 참을 수 없었던 무신들은 정중부와 이의방을 중심으로 문신을 제거해 버리는 무신 정변*을 일으킵니다. 그 결과 무신들이 왕보다 더 강한 힘을 가지게 되는 무신 정권이 시작되었고, 이는 약 100년간 지속되었어요. 처음 무신들은 정권을 장악한 뒤 서로 대장이 되려고 치열하게 싸웠습니다. 하지만 최충헌이 무신의 우두머리로 집권하면서 최씨 집안이 고려의 정치를 주도하게 됩니다.

무신 정권에서는 힘이 센 사람이 최고가 될 수 있었기 때문에 지도자들은 항상 불안했어요. 더 힘센 사람이 등장해서 자리를 빼앗을 수 있으니까요. 그래서 최충헌은 나랏일 전반을 관리하는 교정도감을 설치하고 자신은 교정도감의 우두머리인 교정별감이 되어 자기 사람들을 중요한 관직에 두었어요. 그의 아들인 최우는 삼별초라는 특수 군대를 만들어 강력한 군사적 기반*을 확립합니다. 이를 바탕으로 최씨 집안은 60년 넘게 권력을 장악했어요.

Q 1 고려는 (문신 / 무신)을 차별했다.

Q 2 최충헌은 (삼별초 / 교정도감)을/를 설치해 나랏일 전반을 관리했다.

분노하는 농민과 천민들!

무신 정변 이후 무신들이 정권을 장악했지만, 백성들의 삶은 하나도 나아지지 않았어요. 오히려 문벌 귀족보다 백성들의 토지를 더 많이 빼앗고 더 많은 세금을 거뒀습니다. 무신들은 문벌 귀족과는 다르게 정치를 할 것이라 생각했던 백성들은 큰 배신감을 느꼈어요.

그러던 중 미천한 출신이었던 이의민이 무신 정권의 최고 지도자가 되는 것을 본 뒤, 백성들 사이에서 농민과 천민도 신분 상승을 할 수 있다는 기대감이 슬금슬금 생겼어요. 이렇게 무신들의 나쁜 정치와 신분 상승에 대한 기대감이 합쳐져 농민들과 천민의 봉기*가 발생합니다.

공주 명학소*에서는 망이·망소이 형제를 중심으로 봉기가 발생합니다. 이곳 사람들은 평민인데도 불구하고 천민 취급을 받았거든요. 가혹한 탄압과 많은 세금에 견디다 못한 주민들이 봉기를 일으켰고, 이를 명학소의 난 또는 망이·망소이의 난이라고 합니다.

천민들은 신분 해방을 주장하는 봉기를 일으키기도 했어요! 특히 최충헌의 노비였던 만적은 '신분에 상관없이 누구나 관리, 장군이 될 수 있어!'라고 주장하며 만적의 난을 일으켰어요. 비록 만적의 난은 성공하지 못했지만 이후 노비들의 신분 해방 운동은 지속해서 발생했답니다.

어휘 쏙쏙

정변
비합법적인 수단으로 생긴 정치 변동

기반
기초가 되는 바탕

봉기
벌떼처럼 떼 지어 세차게 일어남

Q 3 서로 관련 있는 것을 선으로 바르게 연결하시오.

① 명학소 주민들이 일으킨 봉기 • • 만적의 난

② 최충헌의 노비가 일으킨 신분 해방 운동 • • 이의민

③ 미천한 출신이지만 무신 정권의 최고 지도자가 된 인물 • • 망이·망소이의 난

41

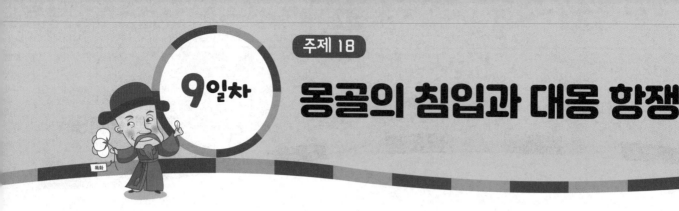

주제 18
9일차 몽골의 침입과 대몽 항쟁

학습 목표

고려의 대몽 항쟁 과정을 정리할 수 있다.

역사 용어

처인성
경기도 용인시 처인구에 있는 김윤후와 관련된 성곽

초조대장경
고려 현종 때 처음 만든 대장경

고려를 침입한 몽골

무신 정권 때 몽골 제국이 등장합니다. 몽골은 전 세계를 갖기로 결심이라도 한 듯, 무서운 속도로 주변 국가를 정복하기 시작했어요. 여기에 고려도 예외는 아니었지요. 당시 무신들은 몽골에 맞서 싸우기로 했습니다!

무신들은 수도를 강화도로 옮기고 몽골의 공격을 막았어요. 몽골은 말을 타고 싸우는 기술이 훌륭했거든요. 따라서 바다로 둘러싸인 강화도에서 몽골과 싸운다면 고려에 조금 더 유리할 거라고 생각했어요. 그런데 여기서 한 가지 의문점이 들어요. 강화도에 가지 못하고 육지에 남아 있는 백성들은 어떻게 되었을까요? 남겨진 백성들은 몽골군에 의해 큰 피해를 당했어요. 더는 가만히 있을 수 없던 백성들은 스스로 자기와 가족을 지키려고 노력했어요.

처인성 전투를 승리로 이끈 김윤후

몽골군은 육지에 있던 백성들을 마구 공격했어요. 그런데 몽골 장군 살리타가 처인성을 공격했을 때 놀라운 일이 발생합니다! 승려 김윤후가 처인성* 주민들과 함께 몽골군의 공격을 막아 낸 것이지요. 심지어 김윤후가 쏜 화살에 몽골군의 최고 지휘관인 살리타가 죽었고, 지휘관을 잃은 몽골군은 당황하며 처인성을 떠났어요.

몽골은 이날의 치욕을 잊지 못하고 또 한 번 충주성을 공격했어요. 하지만 김윤후는 충주성에 있던 노비 문서를 불태우며 '자! 이제 노비는 없어! 죽기 살기로 싸운 뒤 평민으로 살아 보자!'라고 말하며 노비를 독려했습니다. 이렇게 똘똘 뭉친 그들은 몽골의 침입을 한 번 더 막아 낼 수 있었습니다.

Q1 고려 정부는 몽골의 침입에 대항해 수도를 (서경 / 강화도)(으)로 옮겼다.

Q2 (김윤후 / 강감찬)은/는 처인성에서 몽골군의 공격을 막아 냈다.

팔만대장경을 빨리 완성시키자!

계속되는 몽골과의 전투로 백성들은 크게 상심*했어요. 또한, 국가에 크게 실망했지요. 국가는 백성의 마음을 위로하고 부처의 힘으로 몽골군을 물리치기 위해 팔만대장경을 만들기로 합니다. 예전에 거란이 침입했을 때도 초조대장경*을 만들었더니 거란이 그냥 돌아갔던 경험이 있었거든요!

대장경은 부처님의 좋은 말씀이 담긴 경전이에요. 고려는 경전을 만들기 위해 나무판에 글자를 새기기 시작합니다. 대장경의 내용이 8만여 개의 목판에 새겨집니다. 팔만대장경 목판을 세로로 세우면 백두산보다 더 높아요. 사람들은 목판에 한 글자를 새기고 3번 절을 했다고 해요. 15억 번 이상 절을 하면서까지 정성스럽게 팔만대장경을 만들었던 것이지요. 부처님의 힘을 빌려서 몽골군을 물리치고 싶었던 고려의 간절한 마음이 잘 나타납니다.

끝까지 항쟁하는 삼별초

몽골과의 긴 싸움으로 지친 고려는 앞으로 몽골의 간섭을 각오하고 화해합니다. 이로써 무신 정권도 끝났어요. 고려 정부는 수도를 강화도에서 개경으로 다시 옮기고 삼별초에 해산* 명령을 내렸어요. 하지만 삼별초는 해산하지 않고 항쟁*합니다. 삼별초는 근거지를 진도에서 제주도로 옮겨 가면서 끝까지 싸웠어요. 특히 제주도의 항파두리성에서 끝까지 저항했지만 결국 고려 정부와 몽골군의 연합 공격으로 3년 동안 이어진 삼별초의 항쟁도 끝이 납니다.

어휘 쑥쑥

상심
슬픔과 걱정으로 속상한 마음

해산
모였던 사람이 흩어짐

항쟁
맞서 싸움

Q 3 다음에서 (   ) 안에 들어갈 알맞은 말을 찾아 쓰시오.

거문도	제주도	초조대장경	팔만대장경

① 고려는 부처의 힘을 빌려 몽골을 물리치기 위해 (   )을/를 만들었다.

② 삼별초의 항쟁은 진도와 (   )(으)로 이어졌다.

▲ 팔만대장경판

10일차

원의 간섭과 공민왕의 개혁 정치

학습 목표

공민왕의 개혁을 이해하고 설명할 수 있다.

역사 용어

변발
남자의 머리를 뒷부분만 남기고 나머지 부분을 깎은 머리 모양

원의 끊임없는 간섭

중국을 정복하고 원을 세운 몽골은 고려에 수많은 간섭을 합니다. 고려의 왕자들은 어렸을 때 원에서 공부했고 왕이 되면 원의 공주와 결혼했어요. 또, 원의 풍습인 변발*을 요구했습니다. 변발은 원 사람들이 하는 머리 모양인데요, 이를 고려의 왕과 신하들에게까지 요구했던 것이지요. 이뿐만 아니라 고려 왕 이름 앞에 충성할 '충'을 붙여서 원에 충성하게 했어요.

한편 원은 일본 정벌을 목표로 고려에 정동행성이라는 군사령부*를 설치했어요. 이후 일본에 대한 공격이 실패로 돌아갔을 때도 정동행성을 폐지하지 않고 이 기구를 통해 고려의 정치에 간섭했습니다.

원은 이에 그치지 않고 고려의 일부 영토를 직접 다스리기 위해 철령* 이북*에 쌍성총관부를, 황해도 이북에 동녕부를, 제주도에는 탐라총관부를 설치했어요. 게다가 고려는 '바치다'라는 의미의 '공'자를 쓴 공녀, 즉 젊은 여성을 원에 강제로 보내야 했어요. 공녀로 끌려간 여자들은 말도 통하지 않는 나라에서 비참한 삶을 살아야 했답니다.

우리 가족은 권세를 누리고 있어!

원 간섭기에 누군가는 비참한 삶을 살았지만, 권력을 누리며 행복한 삶을 산 사람들도 있었어요. 이들은 바로 새로운 지배 세력으로 떠오른 권문세족이에요.

원이 간섭하던 시기에 잘 먹고 잘 살았다면 원과 친하게 지낸 사람들이었겠지요? 즉, 권문세족이란 원의 힘에 기대 지배 세력으로 성장한 가문을 말해요.

Q 1 서로 관련 있는 것을 선으로 바르게 연결하시오.

① 원에 강제로 보낸 고려 여성 ●   ● 공녀

② 고려 원 간섭기의 대표적인 지배 세력 ●   ● 권문세족

이들은 고려의 많은 관직을 독점했고 백성의 토지를 무작정 빼앗아 거대한 농장*을 만들었어요. 거대한 농장을 운영하려면 사람이 필요했겠지요? 따라서 일반 평민을 노비로 만들어 농장을 운영하게 했어요. 권문세족의 땅이 얼마나 넓은지 하나의 마을 전체가 다 권문세족의 땅인 경우도 많았답니다.

공민왕의 등장으로 시행된 새로운 개혁!

영원한 것은 절대 없다는 말 들어 봤나요? 전 세계를 통일할 것만 같았던 원의 힘도 점차 약해집니다. 이때 고려의 공민왕이 등장하지요. 공민왕은 먼저 몽골식 풍습을 다 금지해요. 몽골이 강제로 하게 했던 변발도 금지했지요. 그리고 몽골이 직접 다스린다고 했던 쌍성총관부를 공격해 원래 우리의 영토를 회복했고 정동행성의 역할을 축소했답니다.

또, 원을 등에 업고 나쁜 짓만 행하던 권문세족을 혼내 주기로 했어요. 신돈을 등용해 전민변정도감을 설치하게 합니다. 공민왕과 신돈은 전민변정도감을 통해 권문세족이 백성들에게 강제로 빼앗은 땅을 원래 주인에게 돌려주고 억울하게 노비가 된 사람을 다시 양인으로 해방시켰어요. 이를 통해 권문세족의 힘을 약화시킬 수 있었답니다.

어휘 쑥쑥

군사령부
군사령관이 지휘하는 군의 중심 본부

철령
함경도와 강원도 사이에 있는 고개

이북
어떤 지점의 북쪽

농장
농사를 짓기 위한 땅

Q2 다음 빈칸 안에 들어갈 알맞은 말을 쓰시오.

① □□□은 쌍성총관부를 공격해서 영토를 회복했다.

② □□□□□□을 설치해 권문세족이 백성들에게 강제로 빼앗은 땅을 주인에게 돌려주고 억울하게 □□가 된 사람을 다시 양인으로 해방시켜 주었다.

▲ 공민왕의 쌍성총관부 공격

학습 목표

신진 사대부가 추구했던 개혁의 방향을 설명할 수 있다.

역사 용어

성리학
유학의 한 갈래로 우주의 질서와 인간의 마음을 연구함

홍건적
중국에서 원나라에 대항해 등장한 농민 반란군

화통도감
화약과 화통을 만드는 일을 도맡아 하던 관아

신진 사대부의 성장!

공민왕의 개혁 과정에서 새로운 정치 세력인 신진 사대부가 등장했어요! 신진 사대부는 성리학*을 공부한 뒤, 과거 시험을 통해 관리로 진출했어요. 이들은 권문세족의 비리*를 비판하며 새로운 지배층으로 성장합니다.

신흥 무인 세력의 등장!

한편 고려 말에는 무술을 잘하는 세력이 새롭게 등장해 힘을 키웠어요. 북쪽에서는 홍건적*이 침입해 고려를 괴롭히고, 쓰시마섬에 근거지를 둔 일본 해적 집단은 남쪽을 자꾸 공격했거든요. 고려는 배로 세금을 운반했는데 일본 해적들이 고려의 바다를 공격하고 물건을 훔쳐 가니 고려의 피해가 컸지요.

이때 최무선은 화통도감* 설치를 건의해 대포와 화약을 만들었어요. 일본 해적들이 쳐들어오자 배를 대포로 무장*하고 적을 물리쳤는데 이것이 유명한 진포 대첩이에요. 또, 최영과 이성계는 육지에서 일본 해적들을 물리친 홍산 대첩과 황산 대첩에서 큰 공을 세워요. 이토록 성가신 홍건적과 왜구*를 물리친 것을 계기로 신흥 무인 세력은 백성의 사랑과 존경을 받았습니다. 그중 가장 인기가 많은 신흥 무인 세력이 바로 이성계였습니다.

Q1 서로 관련 있는 것을 선으로 바르게 연결하시오.

① 중국에서 원에 대항해 등장한 농민 반란군 •　　　　　• 홍건적

② 고려 말, 왜구의 침입을 물리치며 새롭게 등장한 무인 세력 •　　• 신진 사대부

③ 고려 말, 성리학을 공부하고 과거를 통해 중앙으로 진출한 세력 •　• 신흥 무인 세력

고려는 끝났어! 군대를 돌려라!

중국에서는 명이 원을 누르고 새로운 강대국으로 등장합니다. 명은 세력을 넓히며 조선에 철령 이북 지방의 땅을 요구했어요. 이에 분노한 고려 우왕과 최영 장군은 얄미운 명을 먼저 공격하기로 해요. 하지만 이성계는 요동 정벌 계획에 반대해요! 왜냐하면 고려 군대가 요동에 간 틈을 타서 일본 해적들이 고려를 공격할 것 같았고, 무더운 여름인데다가 장마철도 겹쳐서 전염병이 생길 것을 우려했던 것이지요. 하지만 우왕의 명령으로 요동 정벌은 결국 강행*되었어요. 힘들게 군대를 이끌고 간 이성계는 위화도에서 움직이지 않고 약 2주 동안을 가만히 있었어요.

결국 이성계는 위화도에서 군사들을 설득해 요동을 넘지 않고 군대를 고려로 돌려요! 이를 위화도 회군*이라고 합니다. 왕의 명령을 어긴 이성계는 고려로 돌아가 우왕과 최영을 몰아냈어요.

조선을 건국할 준비를 하다!

위화도 회군으로 권력을 잡은 이성계는 과전법을 정해 토지 제도를 개혁해요. 이전에는 관리들에게 먼 지역 땅의 수조권도 줬거든요. 그랬더니 토지를 받은 관리들이 나쁜 행동을 해도 너무 멀리 있어 왕이 제대로 파악할 수 없었어요. 그래서 과전법의 큰 특징은 관리들에게 수조권을 주는 토지를 경기도로 한정시킨 것이었어요! 이는 왕 가까이에서 왕에게 충성하는 사람에게만 땅을 준다는 의미도 있었답니다. 그리고 관리가 죽으면 받았던 땅을 다시 국가에 반납해야 했어요. 이렇게 토지 제도를 정비한 이성계는 신진 사대부와 함께 조선을 건국했습니다!

어휘 쏙쏙

비리
바른 취지에서 벗어난 것

무장
전쟁에 필요한 장비를 갖춤

왜구
13~16세기에 우리나라와 중국 해안에서 약탈하던 일본의 해적

강행
위험을 무릅쓰고 함

회군
군사를 돌이켜서 돌아옴

Q 2 다음 중 조선에 철령 이북의 땅을 요구한 나라를 고르시오. (　　　)

① 수　　　② 당　　　③ 송　　　④ 명

Q 3 이성계는 (요동 / 위화도)에서 군대를 돌려 고려로 돌아왔다.

▲ 위화도 회군

고려의 경제와 사회

학습 목표

고려의 경제와 사회 모습을 설명할 수 있다.

푸른 물결이 넘실대는 벽란도!

세계 최고의 인싸라면 고려의 벽란도에 한번은 올 정도로 벽란도는 고려 시대의 대표적인 무역항*이었답니다. 많은 외국 상인들은 나라의 특산물을 가득 싣고 와서 무역을 했어요. 특히 송의 상인들이 많이 왔으며 심지어는 저 멀리 동남아와 아라비아 상인들도 벽란도를 찾아왔습니다! 특히 아라비아 상인들은 자기 나라로 돌아가 고려를 코리아라고 부르며 고려의 존재를 알렸어요. 이때부터 외국에서 우리나라를 코리아라고 부르기 시작했답니다.

나라의 보물! 고려 시대의 화폐

고려의 상업*이 활발해지자 동전 화폐가 등장해요. 대표적인 고려의 동전 화폐는 건원중보와 해동통보가 있습니다. 그런데 꼭 동전 이름 뒤에 '보'라는 글자가 붙지요? 이는 보물이라는 뜻이에요. 당시 동전이 보물처럼 귀했다는 것을 알 수 있네요!

이뿐만 아니라 고액 화폐도 발행되었어요. 지금은 오만 원권이 가장 고액 화폐이지만 고려는 이보다 더 값비싼 화폐인 은병을 만들었어요. 은병은 은으로 만든 화폐예요! 화폐가 병 모양이었기 때문에 은병이라고 불렀고 은병의 입구 모양이 활짝 열린 것처럼 넓어서 활구라고도 불렀답니다. 하지만 은병은 고액 화폐라 실제 시장에서 쓰기는 힘들었어요.

▲ 아라비아 상인
(출처: 한국역사연구회)

Q 1 고려 경제에 대한 설명으로 맞으면 ○표, 틀리면 ×표 하시오.

① 벽란도는 중국 상인들만 오는 항구였다. ( )

② 고려의 대표적인 동전 화폐는 건원중보이다. ( )

③ 고려의 고액 화폐는 은병 또는 활구라고 불렸다. ( )

고려의 사회 모습

백성들은 봄에 곡식이 떨어져서 먹을 게 부족하면 귀족에게 곡식을 빌렸어요. 그런데 귀족은 곡식을 갚을 때 너무 많은 이자를 받았고 갚지 못한 사람을 자신의 노비로 만들었어요. 이런 문제를 해결하고자 고려는 의창을 설치했습니다. 국가에서 곡식이 다 떨어진 봄에 가난한 농민에게 곡식을 빌려주고 가을에 추수하면 갚도록 했어요! 이로써 백성들은 비싼 이자를 주고 곡식을 빌리지 않아도 됐답니다. 앞에서 배웠던 고구려의 진대법과 내용이 비슷하지요?

또, 조선과는 다른 고려의 특징이 있습니다. 고려에서는 가정 안에서 여자와 남자의 지위가 거의 동등했어요. 조선에서 남자가 여러 명의 아내를 두던 것과 다르게 남자와 여자는 똑같이 한 명과 결혼했답니다. 심지어 박유라는 관리는 왕에게 많은 여자랑 결혼하는 일부다처제를 하자고 이야기했다가 부인을 포함한 동네 여자들에게 혼쭐이 났어요.

그리고 호적*에 이름을 올릴 때도 남자와 여자를 구분하지 않고 태어난 순서대로 올렸어요. 제사도 여자와 남자가 돌아가면서 지냈기 때문에 부모님의 재산도 똑같이 나눠 가졌답니다. 우리가 볼 때는 당연하다고 여길 수 있지만 조선 시대와 비교하면 고려 시대는 여성의 권위가 낮지 않았다는 것을 알 수 있지요!

하지만 시대의 한계라고 할까요? 여성과 남성의 동등한 지위는 딱! 가정 안에서만 가능했습니다. 눈 씻고 찾아봐도 여성 관리를 찾아볼 수 없었으니까요.

어휘 쑥쑥

무역항
다른 나라의 배가 들어와 무역을 할 수 있도록 허가 받은 곳

상업
물건을 사고팔아 이익을 얻는 일

호적
지금의 가족 관계 등록부와 비슷한 문서

Q 2 다음 빈칸 안에 들어갈 알맞은 말을 쓰시오.

① 고려는 □□을 설치해 가난한 백성들에게 곡식을 빌려주었다.

② 고려에서는 가정 안에서 □□와 남자의 지위가 거의 동등했다.

▲ 은병

주제 22

고려의 불교와 문화유산

불교를 개혁하자!

고려 시대의 불교는 국가의 지원을 받아 크게 번성합니다. 하지만 시간이 흐르자 불교는 점차 타락*한 모습을 보입니다. 절은 거대한 토지를 갖고 있기도 하고 술을 팔기도 했지요. 불상을 금과 은으로만 만드는 등 절의 사치도 심해졌어요.

이때 더 이상 망가지는 불교를 볼 수 없던 스님이 등장합니다. 바로 지눌이에요. 지눌은 불교의 문제점을 비판하며 예전의 모습으로 돌아가고자 불교 개혁을 시도합니다. 그런데 개혁도 혼자보다 여럿이 하는 게 좋겠지요? 따라서 수선사라는 절에 같은 마음을 가진 스님들을 모아서 단체를 맺었어요! 이런 단체를 결사라고 합니다. 수선사에 모인 스님들은 매일 불교 경전을 읽으며 원래의 바른 모습으로 돌아가려고 했습니다.

지눌의 불교 개혁을 수선사 결사 운동이라고 합니다. 지눌은 불교의 교리를 공부하는 것보다는 실천하는 것을 강조했어요. 즉, 올바른 게 무엇인지 깨닫고 깨달은 것을 꾸준히 실천해야 한다는 돈오점수, 참선*과 교리를 함께 수양해야 하는 정혜쌍수를 주장했습니다. '위험한 상황에 있는 어린이를 도와주자!'라고 깨달았다면 실제로도 위험한 상황에 있는 어린이를 도와줘야 한다는 것이에요! '말만 하지 말고 행동으로 보여 줘!'라는 말이 있지요? 지눌은 이 말을 가장 잘 실천했습니다.

▲ 지눌

Q 1 고려 시대 불교에 대한 설명으로 맞으면 ○표, 틀리면 ×표 하시오.

① 고려 말 불교는 점차 타락했다. ( )

② 지눌은 수선사 결사 운동을 주도했다. ( )

③ 지눌은 실천보다 경전 공부를 더 중요하게 여겼다. ( )

삼국 시대를 기록한 역사서

고려 시대에는 대표적인 역사서가 등장합니다. 삼국 시대까지의 역사를 기록한 『삼국사기』와 『삼국유사』입니다!

『삼국사기』는 고려 왕 인종의 명령에 따라 김부식이 쓴 역사책입니다. 김부식이라는 이름이 낯설지 않지요? 바로 묘청의 난을 진압했던 문벌 귀족입니다. 다시 본래 내용으로 돌아와서, 김부식은 왕의 명령으로 책을 썼기 때문에 최대한 사실 위주로 글을 쓰려고 했어요. 그래서 건국 신화*, 재미있는 전설* 등은 기록하지 않았어요. 따라서 단군왕검 이야기와 백성들의 평범한 이야기도 빠져 있습니다. 『삼국사기』는 사건을 순서대로 기록하지 않고, 왕의 업적을 담은 본기와 시대별로 유명한 사람을 담은 열전으로 구성했어요. 마치 책의 내용이 인물별, 주제별로 구성된 것과 비슷합니다. 이러한 형식을 기전체*라고 합니다.

『삼국유사』는 일연이라는 스님이 쓴 책입니다. 개인이 편찬*했기 때문에 『삼국사기』보다는 훨씬 자유롭게 책을 쓸 수 있었어요. 따라서 『삼국유사』는 건국신화, 전설, 백성들의 재미있는 이야기 등이 가득 담겨 있어요. 그리고 『삼국사기』에서는 볼 수 없었던 단군왕검의 이야기도 들어 있지요! 또, 스님이 편찬했기 때문에 불교적 관점에서 책이 쓰였습니다.

두 책은 같은 듯 다른 특징을 가지고 있네요. 하지만 확실한 것은 『삼국사기』와 『삼국유사』가 남아 있어서 지금 우리가 삼국 시대의 모습을 잘 알 수 있다는 것입니다. 따라서 소중한 두 책을 한 번쯤 읽어 보는 것은 어떨까요?

어휘 쏙쏙

타락
올바른 길에서 벗어나 잘못된 길로 빠짐

참선
올바른 것을 스스로 수행하는 것

신화
신비스러운 이야기

전설
옛날부터 전하여 내려오는 이야기

편찬
다양한 자료를 모으고 정리하여 책을 만듦

Q2 다음에서 ( ) 안에 들어갈 알맞은 말을 찾아 쓰시오.

불교	유교	기전체	편년체

① 『삼국사기』는 ( ) 형식으로 쓰였다.

② 『삼국유사』는 ( )적 관점에서 쓰였다.

▲ 삼국사기

네 번째 이야기
조선 전기

들어가기에 앞서

   이성계는 조선을 건국한 뒤 수도를 한양으로 정하고 통치 체제를 정비했습니다. 훈구와 사림의 대립으로 사화가 발생하고 임진왜란으로 여러 번 위기를 겪기도 했으나 조선의 백성들은 힘을 모아 문제를 해결하는 지혜를 보였습니다. 훈민정음을 창제하는 등 아름다운 문화를 꽃피우기도 했지요. 과연 조선은 어떤 나라였을까요?

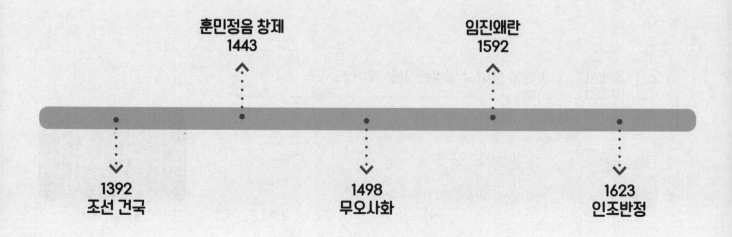

훈민정음 창제 1443	임진왜란 1592

1392 조선 건국	1498 무오사화	1623 인조반정

조선 전기는 어떤 모습일까?

조선의 건국과 통치 체제 정비

학습 목표

조선의 건국과 통치 체제 정비 과정을 설명할 수 있다.

역사 용어

유교
공자의 사상이나 가르침을 근본으로 삼는 학문인 유학을 종교적 관점에서 바라봄

의정부
조선 시대 최고 통치 기관

수령
왕의 명령에 따라 지역의 일을 다스리던 지방관

조선을 건국한 이성계!

1392년 조선을 건국한 태조 이성계는 한강이 흐르는 한양을 수도로 정한 뒤 경복궁을 짓고 유교*를 바탕으로 조선을 다스리기 시작합니다. 여기서 잠깐! 어디서 많이 들어본 이름이죠? 긴 역사를 이어 온 나라임을 내세우기 위해 단군왕검이 세운 고조선과 같은 이름을 썼어요.

이성계는 수도 한양에 궁궐을 지을 때 종묘와 사직단도 함께 지었어요. 종묘에서는 왕과 왕비의 신주*를 모셔 놓고 왕의 조상들에게 제사를 지냈어요. 사직단도 제사를 지내는 곳인데 '사'는 땅의 신을, '직'은 곡식의 신을 의미해요. 아무래도 옛날에는 먹는 게 가장 중요한 문제잖아요? 그러다 보니 농사를 잘 짓게 해달라고 땅과 곡식의 신에게 제사를 지낸 거예요.

조선을 설계*한 정도전

태조 이성계가 조선을 건국하는 데 크게 기여한 사람은 바로 정도전이에요. 수도의 건설을 도맡아 진행하고 경복궁이라는 이름도 정도전이 직접 지었어요. 심지어 나라에 필요한 법과 관련된 책인 『조선경국전』을 지어 조선의 법률 체제도 마련했어요. 엄청나죠?

하지만 이성계의 아들 이방원은 정도전과 갈등*을 겪었어요. 왜냐하면 왕과 신하가 조화롭게 나라를 다스려야 한다고 생각한 정도전과 달리 이방원은 강력한 권한을 가진 왕이 다스리는 국가를 원했기 때문이에요. 이 문제는 결국 조선에 엄청난 사건을 일으켜요!

▲ 경복궁 근정전

Q1 조선 건국에 대한 설명으로 맞으면 ○표, 틀리면 ×표 하시오.

① 조선은 유교를 바탕으로 나라를 다스렸다. ( )

② 정도전은 『조선경국전』을 지어 법률 체제를 마련했다. ( )

체계적인 조선의 통치 체제 정비!

조선은 왕이 중심이 되는 국가예요. 하지만 왕 혼자 정치를 할 수 없겠죠? 먼저 의정부*와 6조를 만들었어요. 의정부는 나라의 중요한 결정을 하는 최고 통치 기관이에요. 의정부가 결정한 일을 6개의 조직으로 구성된 6조가 나눠 실행했어요.

조선에는 왕을 뒷받침해 주는 부서와 왕을 견제하는 부서가 있었습니다. 먼저 왕을 든든하게 뒷받침해 주는 부서는 승정원과 의금부였어요. 승정원은 왕의 비서* 기관으로, 왕의 명령과 일정을 정리하고 활동을 도왔습니다. 의금부는 왕의 사법* 기관이에요. 사극을 잘 보면 큰 죄를 지은 사람을 '의금부에 가두도록 하라!'라고 명령하는 것을 볼 수 있을 거예요. 왕에게 위협이 되는 큰 죄를 지은 사람을 담당하는 사법 기관의 역할을 했습니다.

반면에 왕을 견제하는 기구는 사헌부, 사간원, 홍문관이었어요. 모두 3개의 부서이기 때문에 삼사라고도 불렸습니다. 사헌부는 관리가 나쁜 행동을 하는지 감시하는 역할을 했고, 사간원은 왕이 잘못된 정치를 할 때 바른말을 하는 역할을 했답니다. 마지막으로 홍문관은 도서관처럼 왕이 정치할 때 도움을 주는 자문* 기관 역할을 했어요.

조선은 전국을 8도로 나누었어요. 각 도마다 부, 목, 군, 현을 두고 수령*을 파견해서 왕의 명령이 전국 곳곳에 잘 전달될 수 있도록 했답니다.

어휘 쏙쏙

신주
죽은 사람의 위패

설계
계획을 세움

갈등
개인이나 집단 사이에 목표나 이해관계가 달라 서로 적대시하거나 충돌함

비서
중요한 지위에 있는 사람에게 직속되어 있음

사법
법을 적용하여 옳고 그름을 따지는 것

자문
전문가들로 이루어진 기구에 의견을 묻는 것

Q 2 서로 관련 있는 것을 선으로 바르게 연결하시오.

① 국왕의 비서 기관 ●   ● 의정부

② 왕에게 바른 소리를 하는 기관 ●   ● 승정원

③ 나라의 중요한 결정을 하는 최고 통치 기관 ●   ● 사간원

12일차 조선 전기 주요 국왕의 업적

학습 목표

조선 전기를 대표하는 왕의 주요 업적을 설명할 수 있다.

역사 용어

집현전
현명한 학자들이 모여 공부하는 곳

강력한 힘을 가진 왕, 이방원

이방원은 조선을 세운 태조 이성계의 다섯째 아들입니다. 이방원은 아버지와 정도전을 도와 조선을 건국하는 데 큰 공*을 세웠어요. 그런데 태조는 12살인 이방석을 다음 왕으로 정했습니다. 이 사실에 화가 난 이방원은 왕자의 난을 일으켜 방석이 태자가 되는 것을 도운 정도전을 제거하고 동생 방석마저 죽인 뒤 권력을 잡고 왕위에 오르지요. 이 사람이 바로 태종입니다.

태종은 아주 강력한 왕권을 확립하고자 6조 직계제를 시행했어요. 원래 6조는 의정부의 결정에 따라 일을 처리하고 그 결과를 의정부에 보고*했어요. 그럼 의정부가 최종 결과를 왕에게 전달했지요. 그런데 태종은 의정부를 거치지 않기로 합니다. 왕이 6조에 직접 명령을 내리고 6조가 직접 왕에게 보고하도록 했습니다. 태종은 사병도 없애버렸어요! 사병은 개인이 가지고 있는 병사예요. 집집마다 개인 군대가 있다면 왕에게 위협적이겠지요. 사병까지 없앤 태종은 호패법을 실시합니다. 호패법은 16세 이상의 남자에게 발급한 신분증명서예요! 지금으로 따지면 주민등록증과 같아요. 호패를 통해 어떤 동네에 어떤 사람들이 사는지 파악할 수 있었어요. 이를 파악하는 것이 왜 중요했을까요? 그렇지요! 누가 사는지 정확히 파악해야 세금을 거두고 군대도 보낼 수 있습니다. 즉, 호패법은 세금을 정확하게 거둘 수 있도록 인구를 파악하기 위한 제도였어요.

백성을 사랑하는 마음이 최고야! 세종

태종이 강력한 왕권을 확립하자 조선은 정치와 경제 모두 안정적으로 운영되었어요. 그래서 다음 등장한 왕은 나라를 잘 다스릴 수 있었습니다.

▲ 호패
(출처: 국립중앙박물관)

Q1 태종에 대한 설명으로 맞으면 ○표, 틀리면 ×표 하시오.

① 호패법을 폐지했다. ( )

② 6조 직계제를 시행했다. ( )

③ 왕자의 난으로 세력이 약화됐다. ( )

56

그 왕이 너무도 유명한 세종입니다. 세종은 백성의 편안함과 행복을 제일 중요하게 생각했어요. 유능한 관리를 등용하고 집현전*을 설치해서 신하들과 함께 공부하는 것을 게을리하지 않았답니다. 그래서일까요? 농사짓는 백성들에게 도움이 되는 『농사직설』을 편찬해요. 이 책은 조선에 맞는 농사법을 정리한 책입니다. 세종은 훈민정음도 만들었어요! 이를 통해 백성들이 우리나라만의 쉬운 글자를 갖게 되었답니다.

어휘 쏙쏙

공
목적을 이루는 데 들인 노력

보고
일에 관한 내용이나 결과를 말이나 글로 알리는 것

쿠데타
힘으로 정권을 빼앗는 일

형 미안해... 세조, 왕이 되다!

세종이 죽자 첫째 아들인 문종이 왕으로 즉위합니다. 문종은 아버지를 닮아서 똑똑했지만 몸이 약해 안타깝게도 세상을 빨리 떠났어요. 그래서 아들인 단종이 왕위에 올랐는데 단종은 고작 12살이었습니다. 어려서 강력한 왕권을 가질 수 없던 단종을 몰아내고 삼촌이었던 수양 대군이 쿠데타*를 일으켜 왕의 자리에 올랐어요. 세종의 둘째 아들이자 문종의 동생이었던 수양 대군은 자신의 조카를 몰아내고 왕이 된 세조입니다. 세조가 비합법적으로 왕이 되었으니 주변에서 얼마나 수군거렸을까요? 세조는 왕권을 더더욱 강화하려고 했어요.

세조는 태종과 같이 6조 직계제를 시행합니다. 그리고 직전법을 시행했어요. 현직 관리에게만 수조권을 주는 법인데요, 수조권은 땅에서 세금을 걷을 수 있는 권리입니다. 예전에는 관리를 그만둔 사람에게도 수조권을 주었는데 이제는 일을 그만둔 사람에게 수조권을 나라에 다시 돌려주도록 한 것이지요. 세조는 정치·경제·사회의 기본 규범을 담은 종합적인 법전인 『경국대전』을 만들기 시작했어요. 이 법전은 성종 때 완성된답니다.

Q 2 다음 빈칸 안에 들어갈 알맞은 말을 쓰시오.

① 세종은 □□□□을 편찬해 조선의 농사법을 정리했다.

② 세조는 □□□을 실시해 현직 관리에게만 수조권을 줬다.

▲ 「용비어천가」
(훈민정음으로 쓰인 최초의 서적)

13일차 사림의 등장과 사화 발생

학습 목표

사림 세력의 성장 배경과 과정을 이해할 수 있다.

역사 용어

사화
훈구파에 의해 사림이 4번 화를 입은 사건

훈구파를 견제하는 사림!

세조가 비합법적으로 왕권을 장악하는 데 도움을 주고, 정치권력을 꽉 잡은 신하들을 훈구라고 합니다. 하지만 훈구의 권력은 성종의 심기를 건드려요. 훈구의 힘을 막기 위해 성종은 지방에서 공부하고 있던 선비* 무리를 중앙으로 불러들입니다. 이 선비 무리를 사림이라고 하는데요, 지방의 선비 세력이 중앙 정치에 등장하게 된 것이지요. 사림은 주로 언론* 활동을 하며 훈구의 잘못된 정치를 비판했고, 훈구는 분노하며 사림에게 복수할 때만 기다리고 있었습니다.

우리 할아버지 욕한 거 맞지?! 무오사화*의 발생

사림을 등용한 성종이 죽고 연산군이 왕위에 오르자 드디어 훈구에게 기회가 찾아옵니다. 훈구는 사림의 존경을 받는 김종직이 쓴 조의제문을 비판하기 시작했어요. 조의제문은 중국의 황제인 의제가 항우에게 죽임당한 것을 안타까워하면서 쓴 글입니다. 훈구는 연산군에게 가서 이 글은 세조가 조카인 단종을 죽이고 왕이 된 것을 비판하는 뜻이라며 일러바쳤습니다.

마침 왕권을 강화하고 싶었던 연산군은 할아버지인 세조를 비판하는 데에 동조한 사림들을 죽이거나 유배 보냈어요. 이것이 바로 무오년에 사림들이 화를 입은 사건인 무오사화입니다! 연산군은 무오사화를 통해 얻은 권력을 이상하게 이용하기 시작합니다.

Q1 성종은 (훈구 / 사림)을/를 견제하기 위해 (훈구 / 사림)을/를 등용했다.

Q2 무오사화에 대한 설명으로 맞으면 ○표, 틀리면 ×표 하시오.

① 무오사화는 중종 때 발생했다. ( )

② 훈구는 김종직이 쓴 조의제문을 비판했다. ( )

연산군의 폭주, 갑자사화!

연산군 때 두 번째 사화인 갑자사화가 발생합니다. 연산군의 엄마가 왕비 자리에서 물러난 뒤 사약*을 받은 것이 원인이었어요. 연산군은 엄마의 복수를 하겠다며 엄마의 죽음과 관계된 신하들을 무참히 죽였는데요. 이때 화를 입은 사람들 중 많은 수가 사림이었어요! 이것이 갑자년에 발생한 갑자사화입니다. 결국 연산군은 왕의 자리에서 쫓겨나게 됩니다. 그리고 연산군의 동생이자 성종의 아들인 중종이 왕위에 오르게 되지요.

두 번이나 더! 기묘사화와 을사사화

연산군을 몰아내고 왕이 된 중종은 훈구를 견제하기 위해 사림 세력인 조광조를 등용했어요. 중종은 조광조의 적극적인 주장에 따라 개혁을 시도했어요. 새로운 관리 임용 제도로 추천제를 포함한 현량과를 실시해 사림들이 중앙으로 진출할 수 있도록 도왔습니다. 조광조는 이때 연산군을 몰아낼 당시 공이 없는데도 공신으로 이름이 올라간 훈구를 삭제해야 한다는 위훈 삭제도 건의하는데요. 이것이 문제가 됩니다.

조광조에게 크게 화가 난 훈구파들은 '조광조가 왕이 되려고 한다.'라는 소문을 내서 사림을 공격했어요. 그 결과 조광조와 관련된 사림들이 또 피해를 보았는데, 이것을 기묘사화라고 불러요.

이후 명종이 왕이 되자 실세*가 된 명종의 엄마 문정 왕후는 자신의 정책에 반대했던 사림파를 또 내쫓았는데요, 이것이 마지막 사화인 을사사화입니다.

어휘 쑥쑥

선비
배운 지식은 많으나, 벼슬 하지 않던 사람들

언론
개인이 말이나 글로 자기의 생각을 발표하는 일

사약
먹으면 죽는 약

실세
실제의 세력을 가진 사람

Q 3 서로 관련 있는 것을 선으로 바르게 연결하시오.

① 명종이 즉위하자 발생한 사화 ● ● 갑자사화

② 조광조를 비롯한 사림을 제거한 사건 ● ● 기묘사화

③ 연산군이 엄마의 죽음과 관련 있는 사림을 제거한 사건 ● ● 을사사화

주제 26

13일차

임진왜란

학습 목표

임진왜란의 배경과 전개 과정을 설명할 수 있다.

역사 용어

전국 시대
일본의 무사들이 서로 '내가 최고가 될 거야!'라며 일본 내에서 작은 전쟁들이 자꾸 발생했던 시대

칠천량 해전
원균이 지휘하는 조선 수군이 칠천량에서 일본 수군과 벌인 해전

일본의 침략, 임진왜란의 시작!

일본의 도요토미 히데요시는 전국 시대*를 끝내고 혼란스러웠던 일본을 통일했어요. 여기서 문제가 발생하게 되지요. 통일을 이끈 군인들에게 나눠 줄 땅이 필요했거든요. 그래서 일본은 더 많은 땅을 정복하려는 계획을 세워요! 조선과 더불어 명까지 정벌해 더 큰 일본을 만들기 위해 조선에 명으로 가는 길을 열어달라고 요구했습니다. 조선이 이것을 거절하자 1592년, 임진년에 일본은 기어코 전쟁을 일으킵니다.

진정한 이 나라의 영웅들!

일본은 가장 먼저 부산을 공격했어요. 부산 동래 부사와 주민들이 열심히 싸웠지만 동래성은 포위되고 말지요. 동래성을 포위하고 길을 비키라는 일본군에게 당시 동래 부사였던 송상현은 '싸워서 죽기는 쉬워도 길을 비켜주기는 어렵다.'라고 말하며 목숨을 다해 싸웠습니다. 하지만 동래성에서의 싸움은 패배로 끝납니다. 이후 신립 장군이 충주 탄금대에서 일본을 막고자 배수진*을 치고 기병*으로 공격했어요. 일본은 멀리서 신무기인 조총을 쏘며 공격했고, 조선의 기병은 결국 제대로 공격도 해 보지 못한 채 패배하게 돼요.

이 소식이 전해지자 선조는 수도를 버리고 피란*을 가버려요. 백성을 보호해야 하는 왕이 백성과 나라를 버리고 도망간 것이지요. 조선이 어려움에 빠진 이때! 진정한 나라의 영웅인 의병이 등장합니다.

의병은 스스로 의롭게 일어난 병사라는 뜻입니다. 홍의 장군 곽재우가 임진왜란의 가장 유명한 의병장이죠! 선비였던 곽재우 장군은 전쟁이 일어나자 자신의 전 재산을 들여 군대를 모으기 시작해요. 우리나라의 지리적인 특

▲ 「부산진 순절도」

Q1 임진왜란에 대한 설명으로 맞으면 ○표, 틀리면 ×표 하시오.

① 도요토미 히데요시는 전국 시대를 통일했다. ( )

② 동래 부사 송상현은 일본과의 전투에서 승리했다. ( )

③ 신립은 충주 탄금대에서 일본과의 전투 끝에 승리했다. ( )

성을 이용해 눈에 띄지 않도록 숨어 있다가 기습적으로 일본군을 공격하는 전투를 펼쳤답니다.

조선의 반격!

조선의 군대는 명 군대와 함께 일본이 점령한 평양성을 되찾았어요. 후퇴*한 일본군은 행주산성으로 향합니다. 권율 장군이 행주산성에서 왜군을 크게 물리치는데 이것이 행주 대첩이에요. 진주를 지키고 있던 김시민도 진주 대첩에서 3만 명에 가까운 일본군을 물리치며 크게 승리합니다. 초반에 패배를 거듭하던 조선이 이렇게 점차 반격에 성공하면서 전쟁의 상황이 바뀌기 시작해요.

신에게는 아직 12척의 배가 남아 있습니다.

전쟁 초반 육지에서는 패배가 많았지만 바다에서는 달랐습니다! 이순신 장군이 이끄는 수군*이 크게 승리하고 있었거든요. 특히 한산도 대첩에서 학의 날개처럼 배를 펼쳐 일본 수군을 감싸는 학익진 전법으로 큰 승리를 거두게 돼요. 수군의 활약으로 일본은 바다로 이동할 수 있는 길이 사라져서 전쟁에 필요한 물건을 보급받기가 힘들어졌지요. 이대로 조선이 이겼을까요?

안타깝게도 원균이 이끈 수군이 칠천량 해전*에서 크게 패배하면서 조선은 싸울 수 있는 배가 12척밖에 남지 않는 위기를 맞이했습니다. 모두 포기하려 하던 그때, 이순신 장군은 '신에게는 아직 12척의 배가 남아 있습니다.'라는 명언을 남기며 명량 해전에서 기적적인 승리를 거뒀어요.

어휘 쑥쑥

배수진
강이나 바다를 등지고 치는 진

기병
말을 타고 싸우는 병사

피란
전쟁 등 난리를 피해서 멀리 옮겨감

후퇴
뒤로 물러남

수군
조선 시대에 바다에서 공격과 방어를 수행하던 군대

Q 2 다음 빈칸 안에 들어갈 알맞은 말을 쓰시오.

① □□□는 홍의 장군이라는 별명을 갖고 있다.

② 이순신 장군은 12척의 배로 □□ 해전에서 승리했다.

▲ 이순신 장군

주제 27

광해군의 중립 외교와 인조반정

학습 목표

광해군의 중립 외교 정책을 설명할 수 있다.

역사 용어

후금
여진족의 족장 누르하치가 세운 나라
→ 1636년에 나라 이름을 '청'으로 바꿈

서인
조선 시대의 붕당 세력 중 하나로 동인과 대립함

전쟁을 경험했던 광해군이 내린 결정!

임진왜란이 끝난 뒤, 선조의 아들 광해군이 정권을 잡았어요. 전쟁을 직접 경험한 광해군은 두 가지 커다란 목표를 세워요.

첫째, 임진왜란으로 피해 당한 백성들을 구하자!
둘째, 다시는 전쟁이 일어나지 않게 하자!

광해군은 먼저 백성들을 힘들게 한 공납이라는 세금 제도를 고치기로 해요. 공납은 나라에서 각 지역의 특산물로 거두는 세금이에요. 문제는 나라에서 요구하는 물건을 구하기 힘들었다는 거예요. 바다를 본 적 없는 농사꾼들에게 전복을 공납으로 바치라고 한 적도 있으니까요. 만약 구한다고 해도 지금처럼 로켓 배송을 할 수도 없잖아요? 백성들은 힘들게 구한 특산물이 상해도 벌을 받고 특산물을 구하지 못해도 벌을 받았습니다. 백성들은 벌을 받지 않으려면 대신 물건을 구해 주는 사람에게 아주 비싼 값을 내고 겨우 공납을 낼 수밖에 없었어요. 이렇게 공납의 문제가 커지자 광해군은 대동법을 시행합니다.

대동법은 공납 대신 가지고 있는 토지를 기준으로 쌀이나 옷감을 걷는 제도였어요. 나라는 쌀을 가지고 시장에 가서 필요한 물건을 구매하면 되니까요. 토지가 없는 백성들은 공납을 내지 않아도 됐어요! 많이 가진 사람이 적게 가진 사람보다 세금을 더 내는 법이었거든요. 그래서 토지를 많이 가진 양반들의 반대가 심했고, 대동법을 시행한 지 100년 만에 겨우 전국에서 실시할 수 있었답니다.

Q 1 (공납 / 지세)은/는 특산물을 세금으로 내는 것이다.

Q 2 다음 빈칸 안에 들어갈 알맞은 말을 쓰시오.

① □□□은 공납의 문제를 해결하기 위해 대동법을 시행했다.

② 대동법은 □□를 기준으로 □ 또는 옷감을 거뒀다.

광해군의 중립 외교!

어느 날 광해군에게 반갑지 않은 소식이 들려옵니다. 후금*과 명이 전쟁을 한다는 것이었어요. 임진왜란 때 조선을 도와준 명이 이번에는 조선에 도움을 요청했지요. 광해군은 큰 고민에 빠지게 됩니다. 전쟁이 끝난 지 얼마 되지도 않았는데 백성들을 또 전쟁으로 내몰고 싶지 않았고, 아무리 봐도 후금이 전쟁에서 이길 것 같았거든요. 하지만 명의 요구를 무시하려 하니 신하들이 '전하! 이게 무슨 의리 없는 행동입니까!'라며 광해군을 마구 비판했어요.

고민하던 광해군은 결국 명을 도와줄 군사를 보내기로 합니다. 그 대신 강홍립에게 무조건 명의 편을 들지 말고 상황을 보고 행동하라는 명령을 내려요. 군사를 이끌고 간 강홍립은 후금의 힘이 강력한 것을 파악하고, 조선군은 어쩔 수 없이 온 것이라는 의지를 보였어요. 광해군의 중립 외교에 따라서 말이에요. 한쪽 편을 들지 않고 중간의 입장에서 결정한 외교이지요. 하지만 이는 의리를 중요하게 여기던 신하들의 심기를 불편하게 합니다. 명과의 의리를 지키지 않는 것은 유교적 행동이 아니었기 때문이었어요.

인조반정*으로 왕이 바뀌다.

광해군이 동생 영창 대군을 죽이고 새엄마인 인목 대비를 폐위*시키자 당시 정권을 상악한 서인*은 광해군을 몰아내기로 합니다. 광해군이 명과의 의리도 지키지 않고 유교에 어긋난 행동을 한다는 이유였어요. 서인은 정치 변동을 일으켜 광해군을 끌어내고 인조를 새로운 왕으로 세워요. 광해군을 폐위시키고 인조가 왕이 된 사건을 인조반정이라고 합니다.

> **어휘 쑥쑥**
>
> **반정**
> 옳지 못한 임금을 폐위하고 새로운 임금을 세우는 일
>
> **폐위**
> 왕이나 왕비의 자리에서 내쫓음

Q 3 다음에서 (　) 안에 들어갈 알맞은 말을 찾아 쓰시오.

선조	인조	사대 외교	중립 외교

① 광해군은 후금과 명 사이에서 (　　　)를 시행했다.

② 서인은 (　　　)반정을 주도했다.

▲ 광해군의 중립 외교

주제 28

청의 침략과 효종의 북벌론

학습 목표

호란의 배경을 국내외 정세와 연관 지어 파악할 수 있다.

정묘호란이 일어나다!

광해군을 몰아내고 왕이 된 인조가 지켜야 할 원칙은 후금을 멀리하고 명과 친하게 지내는 것이었어요. 인조는 광해군이 명과 의리를 지키지 않은 것을 비난했으니까요.

이 소식은 후금에 흘러 들어갔고 후금은 '광해군의 원수를 갚을 거야!'라는 명분으로 1627년, 정묘년에 조선에 쳐들어옵니다. 정묘호란이 발생한 것이지요. 후금은 조선 수도를 가볍게 무너뜨립니다. 놀란 인조는 궁궐을 버리고 강화도로 도망갔어요. 이후 부랴부랴 후금의 요구 조건에 맞춰 화해를 하게 되지요. 조선은 후금과 형제 관계를 맺어 후금을 형으로 모시는 동생 나라가 됐습니다. 그리고 명과 친하게 지내지 않겠다는 약속도 했어요.

병자호란이 일어나다!

후금의 힘은 더욱 강해집니다. 후금은 나라의 이름을 청으로 바꾸더니 이번에는 형제 관계가 아닌 왕과 신하의 관계를 맺자고 요구해요. 물론 조선이 신하였어요. 이러한 요구에 신하들은 두 입장으로 나뉘어 날카롭게 대립합니다. 척화파는 '무슨 오랑캐*랑 군신 관계*를 맺습니까? 죽을 때 죽더라도 싸웁시다. 화해는 절대 안 돼요!'라고 말하며 청과 끝까지 싸울 것을 주장했습니다. 반대로 주화파는 '지금 객관적으로 조선이 절대 못 이겨요. 불쌍한 백성들만 죽어나게 생겼습니다. 창피하지만 그냥 화해해요.'라며 청과 화해를 주장했어요.

Q 1 정묘호란 결과, 조선은 후금과 (형제 / 군신) 관계를 맺었다.

Q 2 서로 관련 있는 것을 선으로 바르게 연결하시오.

① 명과 의리를 지켜야 합니다! 화해는 절대 안 돼요. ●
청과 끝까지 싸워야 합니다!

● 주화파

② 현실적으로 조선의 힘이 너무 약해요! 청과 화해하고 ●
피해를 줄여야 합니다!

● 척화파

64

척화파와 주화파의 날카로운 대립 끝에 결국 인조는 척화파의 주장대로 청의 요구를 거절합니다. 그러자 청 황제가 직접 군대를 이끌고 조선에 쳐들어왔는데요, 이것이 1636년, 병자년에 발생한 병자호란입니다.

청군은 6일 만에 조선의 수도까지 쳐들어왔습니다. 너무 빠른 속도에 인조는 강화도로 가지 못하고 이번에는 남한산성으로 피합니다. 청군은 남한산성을 둘러싸고 인조가 스스로 나올 때까지 기다렸습니다. 추운 겨울이었고 남한산성 안에는 식량이 한정되어 있었으니까요. 결국 이길 수 없다는 현실을 인정한 인조는 47일 만에 청 황제에게 항복했어요. 그 결과 인조의 두 아들 소현 세자와 봉림 대군이 청에 인질*로 끌려가고, 죄 없는 조선의 백성들은 노예로 팔려가는 굴욕*을 겪었답니다.

어휘 쑥쑥

오랑캐
옛 여진족을 비하하여 부르던 말

군신 관계
왕과 신하의 관계

인질
약속 이행의 조건으로 잡아두는 사람

굴욕
남에게 억눌려 업신여김을 받음

효종의 북벌 정책

조선에서는 하찮게 여기던 청에 지고 군신 관계를 맺은 것에 충격을 받아 '청과 싸우자! 복수하자!'라고 주장하는 사람들이 나타납니다. 이후 청에 인질로 잡혀갔다가 돌아온 인조의 둘째 아들인 봉림 대군이 왕이 돼요. 왕이 된 효종은 북벌을 추진합니다. 북벌이란 조선의 북쪽, 즉 청을 정벌하고 복수하겠다는 것이에요. 하지만 청은 점점 강해졌고 북벌은 실행하지 못했어요. 그러던 중 러시아가 청의 영토를 침입하자 청이 조선에 군사를 요청했고, 효종은 두 차례에 걸쳐 조총 부대를 보냈어요. 조선군이 크게 활약하면서 러시아군을 물리치는데, 이것이 나선 정벌이에요. 효종이 죽은 뒤에는 북벌론이 사그라들고 청의 좋은 점은 배워보자는 북학론이 등장하게 되지요.

Q 3 다음에서 ( ) 안에 들어갈 알맞은 말을 찾아 쓰시오.

명	청	북벌	북학	강화도	남한산성

① ( )이/가 조선을 공격한 병자호란이 발생했다.

② 병자호란이 발생하자 인조는 ( )(으)로 피신했다.

③ 효종은 ( )을/를 계획했다.

▲ 남한산성

다섯 번째 이야기
조선 후기

들어가기에 앞서

조선 후기에는 붕당 정치가 변질됩니다. 따라서 영조와 정조는 탕평책을 실시하여 붕당 간의 대립을 해결하려고 했어요. 하지만 정조가 일찍 죽고 어린 순조가 왕이 되면서 세도 정치가 시작되었습니다. 세도 정치로 왕과 관리들은 백성들을 제대로 살피지 못했고 더는 참을 수 없었던 백성들이 저항의 움직임을 보이기 시작하는데요! 과연 무슨 일이 발생했을까요?

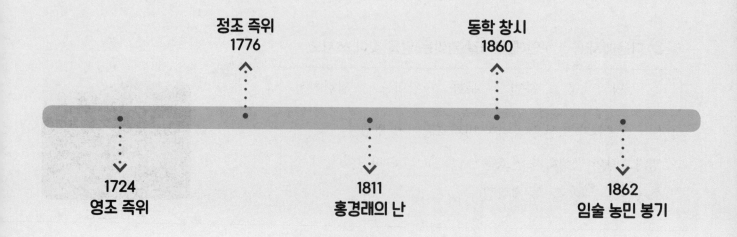

정조 즉위
1776

동학 창시
1860

1724
영조 즉위

1811
홍경래의 난

1862
임술 농민 봉기

조선 후기는 어떤 모습일까?

15일차

예송 논쟁

예송 논쟁이 발생한 이유와 과정을 설명할 수 있다.

역사 용어

남인
조선 시대, 붕당 세력 중 하나

예의와 관련된 논쟁이 발생하다!

유교 국가인 조선에서 가장 중요하게 생각하던 예의를 둘러싸고 예송 논쟁이 발생하게 됐어요. 이 문제의 원인을 찾으려면 인조 때로 거슬러 올라가야 합니다. 인조는 왕비가 죽자 44살에 15살의 어린 자의 대비와 결혼합니다. 인조의 두 아들인 소현 세자와 봉림 대군은 자신들보다 어린 새엄마가 생긴 것이지요.

문제는 인조가 죽고 난 뒤 발생해요. 원래 왕위는 첫째 아들이 이어받아야 하잖아요. 하지만 소현 세자는 왕이 되기 전에 죽었습니다. 따라서 둘째 아들인 봉림 대군이 인조의 뒤를 이어 효종으로 즉위합니다.

자! 이제 예송 논쟁이 일어날 2가지 원인이 생겨버렸어요. 첫째, 효종의 새엄마인 자의 대비가 너무 어렸다는 것! 둘째, 효종은 인조의 둘째 아들이었다는 것입니다.

첫 번째 예송 논쟁 발생!

시간이 흘러 효종이 죽자 아들 현종이 왕이 됩니다. 현종은 아빠가 죽었으니 아직 젊은 할머니인 자의 대비가 몇 년 동안 상복*을 입어야 하는지를 두고 논의했어요. 그런데 자의 대비가 상복을 몇 년 입느냐를 두고 관리들의 의견이 대립합니다. 서인은 '효종이 왕이긴 한데 따지고 보면 둘째 아들이잖아? 그러니까 효종의 엄마인 자의 대비는 1년만 상복을 입으면 돼!'라고 주장했습니다.

반면 남인*은 '효종이 둘째 아들이긴 하지만 그래도 왕이었잖아! 왕이 죽으면 왕의 엄마는 규칙대로 3년 상복을 입어야지.'라고 주장했습니다. 서인과 남

▲ 상복
(출처: 전북대학교 박물관)

Q1 예송 논쟁에 대한 설명으로 맞으면 ○표, 틀리면 ×표 하시오.

① 예송 논쟁은 자의 대비가 상복을 입는 기간을 두고 발생했다. (　　)

② 효종이 죽자 서인은 자의 대비가 3년 동안 상복을 입어야 한다고 주장했다. (　　)

인의 대립에서 현종은 기분이 나빴어요. 아빠(효종)가 둘째 아들이라고 무시하는 것 같았거든요. 하지만 이제 막 왕이 된 현종은 강력한 서인의 의견을 무시할 수 없었고, 서인의 의견대로 자의 대비가 상복을 입는 기간을 1년으로 결정합니다.

두 번째 예송 논쟁 발생!

그런데 자의 대비가 상복을 입는 기간을 두고 또 예송 논쟁이 발생하게 됩니다. 이번에는 효종의 아내이자 현종의 엄마가 죽었어요. 하지만 아직도 자의 대비는 젊었어요. 서인의 주장은 같았어요. '효종은 왕이었지만 둘째 아들이잖아? 둘째 아들의 며느리가 죽었을 때는 딱 9개월만 상복을 입으면 돼!'라고요. 남인도 '효종이 둘째지만 왕이잖아! 왕비가 죽었을 때는 1년 동안 상복을 입는 게 맞아!'라며 여전히 같은 주장을 했어요! 두 번째 예송 논쟁이 발생한 것이지요. 이번에는 현종이 어떤 선택을 했을까요?

현종은 단호하게 남인의 의견을 선택했어요. 현종의 힘이 강력해졌고, 동시에 서인의 세력이 약해졌거든요. 예송 논쟁은 단순히 상복을 몇 년 입느냐를 가지고 싸운 것만은 아니에요. 그 속을 들여다 보면 효종을 정통성 있는 왕으로 인정하느냐, 인정하지 않느냐를 가지고 대립한 것이지요. 점차 정치적 능력을 키우던 현종은 마지막 논쟁에서 남인의 의견을 선택하며 효종의 정통성을 지키려고 했답니다.

Q 2 다음 빈칸 안에 들어갈 알맞은 말을 쓰시오.

① 현종은 첫 번째 예송 논쟁에서 □□의 의견을 따랐다.

② 현종은 두 번째 예송 논쟁에서 □□의 의견을 따랐다. 이를 통해 □□의 정통성을 지킬 수 있었다.

▲ 예송 논쟁

붕당 정치의 변질과 환국 발생

붕당 정치의 변질

사림은 사화를 겪었지만 중앙 정치를 장악하는 데 성공합니다. 사림은 의견이 맞는 사람들끼리 무리를 이루어 정치를 하는데요, 이를 붕당이라고 했어요. 붕당 자체는 나쁜 것이 아닙니다. 서로 생각이 다를 수 있으니까요! 초기의 붕당은 서로의 존재를 인정하며 함께 정치에 참여했어요. 하지만 붕당 정치가 점차 변질*되어 상대방의 의견이라면 무조건 비판부터 하는 상황이 만들어집니다.

숙종의 환국이 시작되다!

숙종 집권 초기에는 남인이 정치 권력을 장악하고 있었습니다. 그런데 남인에 많은 힘이 집중되자 숙종은 남인의 권력을 빼앗으려는 기회를 엿보고 있었지요. 그런데 때마침 남인에서 제일 권력이 센 허적이 숙종의 허락 없이 나라의 기름 천막을 빌려 간 일이 발생합니다. 비가 와도 끄떡없도록 기름을 먹인 천막은 왕실에서만 사용하던 귀한 천막이었어요. 이를 남인들이 왕의 허락 없이 빌려 간 것입니다! 숙종은 이 사건을 계기로 남인에게 집중됐던 힘을 하루아침에 서인에게 몰아줍니다.

손바닥 뒤집듯 정치 세력이 교체된 것이지요. 이처럼 국왕이 특정 붕당의 편을 들어주어 갑자기 집권 세력이 바뀌는 정치 현상을 환국이라고 합니다. 환국을 통해 정권을 잡은 붕당은 상대방 붕당을 가혹하게 탄압합니다. 환국이 또 발생하면 자신들이 피해를 볼 수도 있었으니까요.

Q1 사화 이후 정권을 장악한 (훈구 / 사림)은/는 붕당을 형성했다.

Q2 다음은 어떤 정치 현상에 대한 설명인지 고르시오. ( )

> 국왕이 특정 붕당의 편을 들어주어 갑자기 집권 세력이 바뀌는 정치 현상

① 붕당   ② 사화   ③ 탕평   ④ 환국

왕비도 갑자기 바꿔 버리는 환국

정권을 장악한 서인은 서인 가문 출신을 왕비로 추천합니다. 그래서 서인인 인현 왕후가 숙종의 왕비가 되지요. 하지만 인현 왕후는 6년 넘게 아이를 낳지 못했어요. 남인은 이 기회를 놓치지 않았습니다.

남인은 장희빈을 이용해 숙종의 마음을 돌리려고 합니다. 장희빈의 아버지는 남인과 관계를 맺고 있었거든요. 서인의 대표는 인현 왕후, 남인의 대표는 장희빈이 되었지요. 남인의 예상대로 장희빈은 숙종의 사랑을 독차지하고 아들을 낳았어요. 숙종은 장희빈과의 아들을 세자로 결정하기까지 했습니다. 서인들은 '인현 왕후가 아들을 낳기를 기다리자!'라고 말하며 반대했어요. 이때 두 번째 환국이 발생합니다. 숙종은 인현 왕후를 폐위시키고 장희빈을 중전으로 앉히며 다시 남인의 손을 들어줍니다.

사랑은 변하는 거야! 마지막 환국 발생

사랑은 변한다고 했던가요? 장희빈을 향한 숙종의 마음도 변해갑니다. 장희빈의 행동과 기세등등한 남인이 마음에 안 들었던 숙종은 쫓아냈던 인현 왕후를 다시 불러들였어요. 이후 궁궐에는 장희빈이 인현 왕후를 저주했다는 소문이 돌기 시작했고, 숙종은 장희빈에게 사약*을 내렸습니다. 이로써 또! 남인의 힘이 서인으로 옮겨가는 환국이 발생한 것이지요.

세 번의 환국으로 숙종은 강력한 힘을 갖게 됐지만, 붕당 정치의 성격은 변질되었답니다. 서로를 인정하고 좋은 정치를 위해 노력하는 것이 아니라 살아남기 위해 상대 붕당을 무조건 없애려고 하는 극단적인 정치 형태가 되었으니까요.

어휘 쑥쑥

변질
성질이 달라짐. 변함

사약
왕이 중대한 죄를 지은 사람에게 내리는 독약

Q 3 다음 빈칸 안에 들어갈 알맞은 말을 쓰시오.

① 인현 왕후는 □□을, 장희빈은 □□을 대표했다.

② 세 번의 □□으로 숙종은 강력한 왕권을 갖게 됐지만, □□ 정치는 변질되었다.

영조와 정조의 탕평책과 개혁 정치

역사 용어

탕평비
영조의 탕평 의지가 담긴 비석

첩
정식 아내 외에 같이 사는 여자

서얼
양반 첩의 자식

영조의 탕탕평평 정책!

영조가 집권했을 무렵 서인은 정치권력을 장악하고 있었습니다. 서인은 노론과 소론으로 나뉘어 대립했지요. 영조는 붕당들이 상대방을 무조건 비판하며 싸우는 것이 보기 싫었어요. 따라서 이를 개혁하고자 탕평책을 시행합니다.

탕평책은 한쪽으로 치우치지 않고 공평하게 만드는 정책이에요. 즉, 환국으로 변질된 붕당 정치를 개혁하겠다는 것이지요. 영조는 관직의 비율을 적절히 정해 노론과 소론이 모두 정치에 참여할 수 있게 했어요. 하지만 그중에서도 영조의 탕평책을 지지하는 관리들을 우선으로 뽑아 강력한 왕권을 만드는 데 힘썼답니다. 영조는 탕평 의지를 널리 알리기 위해 탕평비*를 세우기도 했어요!

탕평책으로 정치가 안정되자 영조는 백성을 위한 개혁을 시행했어요. 균역법을 만들어서 군대에 안 가는 대신 내야 하는 세금을 줄여 주고, 시간이 흐르면서 바뀌고 복잡해진 법들을 모두 정리해 새로운 법전인 『속대전』을 편찬했어요.

정조의 탕평책!

영조의 손자 정조는 할아버지의 탕평책을 물려받지만 영조와 다른 방법으로 탕평책을 실시했어요. 정조는 붕당과 상관없이 옳고 그름을 따져서 바른

▲ 탕평비

Q1 탕평책에 대한 설명으로 맞으면 ○표, 틀리면 ×표 하시오.
① 영조는 탕평 의지를 담은 탕평비를 세웠다. ( )

② 정조는 자신의 탕평책을 지지하는 관리를 우선으로 뽑았다. ( )

Q2 영조는 (영정법 / 균역법)을 만들어 군대에 관한 백성들의 세금 부담을 줄였다.

말을 하는 똑똑한 사람을 관리로 등용합니다. 심지어는 정조의 정책에 반대하더라도 그 사람의 의견이 옳으면 등용했어요. 즉, 붕당보다 개인의 능력을 더 중시한 것이었지요.

정조는 강력한 왕권을 뒷받침해 줄 기관을 만들어요. 우선 왕실의 도서관이자 정책을 연구하는 규장각을 설립했어요. 이를 통해 젊은 학자들을 교육하고 새로운 정책을 연구했습니다. 그동안 첩*의 자식이라는 이유로 차별받았던 서얼* 출신도 규장각 관리로 등용했습니다. 또한, 농업을 중시하던 조선 사회에서 자유로운 상업 활동을 허락해 누구든 장사할 수 있도록 했답니다.

정조는 수원에 화성을 세워 한양에 몰려 있는 정치권력을 분산하고 새로운 정치 분위기를 조성하려고 했어요. 개혁 정치를 상징*하는 도시를 만들고 그곳에서 새 정치를 펼치기로 한 것이지요. 정조의 꿈이 깃든 수원 화성을 만들 때는 새로운 기술이 사용되었습니다. 정약용이 거중기를 개발했기 때문이에요. 거중기는 도르래*의 원리를 이용해 무거운 물건도 쉽게 들어올릴 수 있었어요. 수원 화성 건축 공사 때 거중기를 활용해 노동력을 줄이고, 공사 기간도 단축할 수 있었답니다!

어휘 쏙쏙

상징
말로 설명하기 힘든 사물이나 개념을 구체적인 사물로 나타내는 표현 방법

도르래
바퀴에 홈을 파고 줄을 걸어서 돌려 물건을 움직이는 장치

Q 3 사진과 관련된 것을 찾아 기호를 쓰시오.

┌───┐
│ ㉠ 영조가 편찬한 법전   ㉡ 정조가 새로운 개혁 정치를 위해 세운 성 │
│ ㉢ 왕실 도서관이자 정조의 정책을 연구한 기관   │
└───┘

① 속대전 (   )

② 규장각 (   )

③ 수원 화성 (   )

주제 32

세도 정치와 농민 봉기

16일차

학습목표

세도 정치의 성립 과정과 문제점을 이해할 수 있다.

역사 용어

환곡
가난한 사람을 구제하기 위한 복지 제도로, 농민들에게 먹을 것이 부족한 봄에 쌀을 빌려주고 가을이 되면 갚도록 한 것(하지만 백성에게 많은 이자를 받으며 점차 세금처럼 변함)

삼정이정청
삼정(전정, 군정, 환곡)의 폐단을 고치기 위해 임시로 만든 관청

세도 정치 시작!

정조의 죽음으로 어린 순조가 왕이 되면서 순조의 외척* 가문이 정권을 장악하게 됐어요. 소수 가문이 나라의 모든 정치를 맡아서 하는 세도 정치가 시작된 것입니다. 이들은 누구를 위해 정치할까요? 맞아요! 세도 가문은 백성이 아닌 자기들의 욕심을 채우기 위한 정치를 합니다.

당시에는 세도 정치를 견제할 수 있는 관리들도 없었어요. 아무리 과거 시험을 잘 보고 똑똑해도 세도 가문에게 잘 보이지 않으면 관리가 될 수 없었거든요. 그런데 이보다 더 심각한 문제가 발생합니다.

삼정의 문란 발생하다!

조선 후기에는 토지에 대한 세금인 전정, 군대와 관련된 세금인 군정, 빈민 구제를 위한 환곡* 등의 세금이 있었어요. 세도 정치로 왕이 백성을 제대로 돌보지 못하자, 관리들은 백성들에게 많은 세금을 부당하게 가져갔어요.

예를 들어 농사짓지 않는 땅에도 세금을 부과하거나 이제 막 태어난 갓난아이에게 군대와 관련된 세금을 걷기도 했어요. 제일 심각한 것은 백성들에게 봄에 필요 없는 쌀을 강제로 빌려준 뒤, 가을에 몇 배로 갚게 하는 일이었어요. 마치 지금의 사채와 같았지요.

관리들의 횡포를 참지 못한 농민들이 도망가는 경우도 많았어요. 하지만 관리들은 도망간 사람들의 몫을 다른 사람에게 떠넘기며 더 많은 세금을 거뒀답니다.

Q1 삼정의 문란에 대해 서로 관련 있는 것을 선으로 바르게 연결하시오.

① 농사짓지 않는 땅에도 세금을 부과했다.　　　　　　　　　　　　● 　 ● 군정의 문란

② 갓난아이에게도 군대와 관련된 세금을 거뒀다.　　　　　　　　● 　 ● 전정의 문란

③ 봄에 쌀을 강제로 빌려 주고 가을에 많은 이자와 함께 갚도록 했다. ● 　 ● 환곡의 문란

74

지렁이도 밟으면 꿈틀한다! 농민 봉기 발생

왕은 제대로 나라를 돌보지 않고 관리들의 부정부패*는 심각해지자 농민들도 더는 참지 않았습니다. 농민들이 세금 내기를 거부하고 봉기를 일으킨 것이지요. 봉기는 벌떼처럼 일어난다는 뜻이에요. 즉, 농민들이 어려운 상황에 맞서 벌떼처럼 일어나게 됩니다.

이때의 대표적인 봉기는 몰락* 양반인 홍경래를 중심으로 평안도에서 발생한 홍경래의 난입니다. 당시 잘못된 정치 상황과 더불어 정부에서 평안도지역 사람들을 무시하고 차별했거든요. 하지만 홍경래의 난은 정부의 탄압으로 결국 진압되고 말았어요.

이후에도 백성들의 봉기는 끝없이 발생합니다. 특히 1862년, 임술년에 전국적 농민 봉기가 발생하게 돼요. 이는 진주에서 시작되었어요. 진주의 지방관 백낙신은 백성들에게 터무니없는 세금을 거두며 자신의 욕심을 채웠습니다. 심지어는 죽은 사람 몫의 세금도 거뒀어요. 이에 진주 농민들이 봉기를 일으켰고, 이 흐름이 제주도까지 번져 전국적으로 확산됩니다. 정부는 사건을 수습하기 위해 박규수를 파견하고 삼정이정청*이라는 관청을 세워 세금 제도를 해결하겠다고 약속해요. 하지만 세금 제도는 농민들을 만족시킬 만큼 개혁되지 못했답니다.

Q 2 농민 봉기에 대한 설명으로 맞으면 ○표, 틀리면 ×표 하시오.

① 홍경래의 난은 잘못된 정치 상황과 더불어 국가가 함경도 사람들을 차별하자 일어났다. (　　)

② 1862년 임술 농민 봉기는 진주 봉기를 계기로 전국적으로 퍼졌다. (　　)

③ 조선 정부는 삼정이정청을 세워 세금 문제를 해결하고자 노력했다. (　　)

17일차

실학의 발전과 새로운 사상의 등장

실학자들의 다양한 개혁안을 비교해 이해할 수 있다.

역사 용어

성리학
유학의 한 갈래(조선은 성리학을 바탕으로 정치)

중농학파
토지(농사) 개혁을 중시하는 사람들

중상학파
상공업의 발달을 중시하는 사람들

실제로 쓸 수 있는 학문을 연구하자!

임진왜란과 호란을 겪고 난 조선 후기에는 백성들의 삶도 더 어려워지고 나라의 힘도 약해졌어요. 따라서 조선이 가진 문제점을 해결하기 위해 실제로 쓸 수 있는 학문을 연구하자는 의견이 등장했어요. 당시 조선은 성리학*에 따라 정치를 했는데, 성리학은 조선이 가진 문제를 해결할 수 없었거든요.

이때 등장한 실학은 현실 문제를 해결할 수 있는 학문이었어요. 조선이 제일 먼저 해결해야 하는 것은 백성들의 삶을 안정시키는 것이었겠죠. 이를 둘러싸고 실학자들 사이에는 '백성의 삶을 안정시키려면 토지를 균등하게 나눠 줘야 해!'라는 의견과 '백성의 삶을 안정시키려면 상업을 발달시켜야 해!'라는 의견으로 나뉘게 됩니다.

토지를 균등하게 나눠 주자!

백성들의 삶을 안정시키기 위해 토지 제도를 개혁하자고 주장한 실학자들을 중농학파*라고 합니다. 대표적인 사람이 유형원, 이익, 정약용이에요. 유형원은 신분에 따라 토지를 균등하게 나누는 균전론을 주장합니다. 토지를 똑같이 나눠 주면 백성들의 문제가 해결되고 나라는 저절로 강해진다고 믿었던 것이지요. 이익은 토지 소유에 한계를 두는 한전론을 이야기했어요. 한 가족당 생활에 필요한 최소한의 토지를 정한 다음 이를 절대 팔지 못하게 했습니다. 마치 아르바이트의 최저 임금을 정해둔 것과 비슷해요! 정약용은 마을 단위로 토지를 공동 소유하고 일한 만큼 수확량을 나눠 갖자는 여전제를 주장했어요.

▲ 정약용

Q 1 조선의 문제를 실질적으로 해결하고자 (성리학 / 실학)이 등장했다.

Q 2 유형원은 신분에 따라 토지를 균등하게 나눌 것을 강조하는 (균전론 / 한전론)을 주장했다.

Q 3 (이익 / 정약용)은 여전제를 주장했다.

상공업을 발달시키자!

중상학파*는 상공업을 발달시키는 것이 조선의 문제를 해결할 수 있다고 주장합니다. 이들은 토지 제도 개혁도 중요하지만, 그보다 더 중요한 것은 상업이라고 생각했어요. 대표적 중상학파 홍대용은 능력이 있다면 상인의 아들도 관리가 될 수 있어야 하며 모든 직업은 평등해야 한다고 주장했습니다. 박지원은 화폐를 많이 사용하고 수레*와 선박*을 이용해서 상업 활동을 전국적으로 활성화해야 한다고 주장했습니다. 박제가도 조건 없는 절약보다는 적당한 소비가 필요하다고 강조했어요. 또한, 이들은 청을 무조건 배척하지만 말고 발달된 문화는 수용하자고 이야기했답니다.

새로운 사상이 등장하다!

실학자들의 노력과 달리 세도 정치 시기 백성들의 삶은 더욱 힘들어졌어요. 마음이 힘들 때 종교에 의지하는 사람들이 많아지듯이 새로운 종교와 사상이 조선에 널리 퍼지게 됩니다. 백성들 사이에서는 '조선이 망하고 정씨 성을 가진 사람이 등장해 새로운 세상을 연다'라는 예언*서인 정감록이 등장하기도 해요.

서양* 종교인 천주교가 전해지기도 합니다. 천주교는 신분 질서를 부정하고 평등사상을 앞세웠기 때문에 백성들의 많은 지지를 받았어요. 하지만 조상에 대한 제사를 거부해 나라의 탄압을 받기도 했답니다. 천주교처럼 평등을 주장하지만 서양 세력에는 반대하는 동학이라는 종교도 등장합니다. 동학은 사회 제도 개혁을 추구하고 '모든 백성은 하늘이다.'라는 인내천 사상을 내세우며 신분 차별에 반대했습니다.

어휘 쑥쑥

수레
바퀴를 달아서 굴러가게 만든 기구

선박
사람과 짐을 싣고 다닐 수 있는 배

예언
앞으로 다가올 일을 미리 짐작하여 말함

서양
유럽과 남북아메리카의 나라

Q4 서로 관련 있는 것을 선으로 바르게 연결하시오.

① 모든 직업은 평등하다. ●   ● 동학

② 모든 백성은 하늘이다. ●   ● 홍대용

③ 절약보다는 적당한 소비가 좋다. ●   ● 박제가

주제 34

조선 후기 경제와 사회·문화

학습목표

조선 후기 경제·사회의
변화를 이해할 수 있다.

역사 용어

군포
조선 시대에 군대에 가지
않는 대신 내는 세금

호란
정묘호란과 병자호란

결
논과 밭 넓이의 단위

두
부피의 단위로 곡식의 양
을 잴 때 씀

세금 제도를 개혁하자!

조선에는 토지에 부과하는 토지세, 지방의 특산물을 내는 공납, 군대에 가지 않는 대신 군포*를 내는 세금이 있었죠? 하지만 임진왜란과 두 번의 호란*을 거치면서 인구가 줄었기 때문에 남은 백성들의 세금 부담이 커지게 됩니다. 따라서 국가는 세금 제도를 개혁하기 시작했어요.

먼저 토지세를 개혁해요. 조선 전기에는 풍년과 흉년*을 따져서 세금을 걷었어요. 나쁜 관리들이 흉년에도 마음대로 많은 세금을 걷어가는 일이 생기자 인조 때 영정법을 만들어요. 영정법은 영원히 세금 액수를 정한다는 것이지요. 이제 백성들은 풍년과 흉년에 상관없이 토지 1결*당 쌀 4두*만 내게 됐습니다.

가장 문제가 많던 공납도 고쳤어요. 공납으로 특산물이 아닌 쌀이나 화폐로 세금을 내게 하는 대동법을 시행합니다. 쌀과 화폐를 내는 액수는 가진 토지에 따라 각각 다르게 정했어요. 나라에서는 필요한 물건을 백성들로부터 얻는 것이 아니라 백성들이 낸 쌀과 화폐를 가지고 직접 시장에 가서 필요한 물건을 샀으며, 토지가 없는 사람들은 세금을 내지 않아도 됐답니다!

마지막으로 군역도 고쳐야겠죠? 조선의 16세 이상의 남자는 군대에 가지 않는 대신 1명당 2필의 군포를 내야 했지만 다른 세금도 내야 하는 농민들에게는 군포가 큰 부담이었어요. 따라서 균역법을 통해 모든 16세 이상 남자에게 양을 절반으로 줄인 군포 1필씩만 내게 했답니다.

Q 1 다음 빈칸 안에 들어갈 알맞은 말을 쓰시오.

① □□□은 전정의 문제를 해결하고자 토지 1결당 4두의 쌀을 거둔 것이다.

② □□□은 특산물 대신 토지 결수에 따라 쌀과 화폐로 세금을 거둔 것이다.

신분 질서가 흔들리다!

임진왜란과 호란을 겪고 나라를 운영할 돈이 부족해지자 국가는 사람들에게 돈을 받고 관직을 팔기 시작했어요. 돈만 있다면 누구나 관리가 될 수 있었던 것이지요. 평민 부자들은 양반 족보를 돈을 주고 사들였어요. 양반이 증가하면서 조선의 신분 질서가 흔들리기 시작합니다.

상업과 광업이 발달하다!

조선 후기의 큰 경제적 변화 중 하나는 상업이 발달하기 시작했다는 거예요. 모내기법의 발달로 농업 생산력이 늘어나자 사람들은 남은 작물을 시장에 팔기 시작했어요. 상품으로 판매할 수 있는 담배, 목화, 인삼 등의 작물도 재배하게 되는데요, 이러한 변화로 부자가 된 부농*들이 등장했답니다. 자연스럽게 시장도 발달해서 상평통보와 같은 화폐도 널리 쓰이게 됩니다.

조선 전기에는 정부의 주도로 광산*을 채굴했지만 조선 후기에는 일반인에게도 광산 채굴을 허용합니다. 그리하여 광업*이 활기를 띠기 시작했고, 상인에게 돈을 지원받아 전문적으로 광산을 경영하는 덕대가 등장하기도 합니다.

서민 문화가 발달하다!

조선 후기에는 서민 문화가 발달해요. 판소리나 탈춤 등이 유행하면서 백성들은 그동안 양반들에게 쌓였던 마음을 판소리와 탈춤에 담아 비판하기도 했어요. 한글로 쓴 소설도 유행하게 되는데요. 이런 한글 소설을 실감나게 읽어주는 전기수라는 직업도 등장했답니다.

어휘 쑥쑥

흉년
농사가 안된 해

부농
부자가 된 농민

광산
광물을 캐내는 곳(철, 금, 은 등)

광업
광물의 채굴 작업을 행하는 산업

Q2 다음에서 ( ) 안에 들어갈 알맞은 말을 찾아 쓰시오.

| 상품 | 파내기법 | 모내기법 | 상평통보 |

① 조선 후기 ( )의 발달로 농업 생산량이 증가했다.

② 조선 후기에는 대표적인 화폐로 ( )이/가 널리 쓰였다.

▲ 상평통보

여섯 번째 이야기
근대 사회

들어가기에 앞서

19세기, 조선에서는 나라의 문을 열고 다른 나라와 교류할 것을 주장하는 사람과 이에 반대하는 사람들 간에 갈등이 발생합니다. 이런 상황에서 임오군란, 갑신정변, 동학 농민 운동이 발생했고 이들의 요구는 갑오개혁에 반영되기도 합니다. 조선은 대한 제국으로 이름을 바꾸며 개혁을 시도했지만, 결국 일제에 의해 나라를 빼앗기게 됩니다.

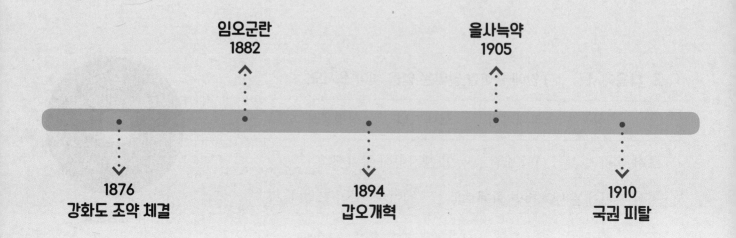

임오군란
1882

을사늑약
1905

1876
강화도 조약 체결

1894
갑오개혁

1910
국권 피탈

근대 사회는 어떤 모습일까?

주제 35

흥선 대원군의 개혁과 통상 수교 거부 정책

학습 목표

흥선 대원군의 개혁과 통상 수교 거부 정책을 이해할 수 있다.

역사 용어

양요
서양의 침입으로 일어난 난리

정치를 개혁하고 왕권을 강화하는 흥선 대원군!

세도 정치기의 마지막 왕 철종이 죽고 고종이 어린 나이로 왕위에 오르자 고종의 아빠인 흥선 대원군이 등장합니다. 흥선 대원군은 고종을 대신해 세도 가문을 제거하고 왕권을 강화하기 위해 여러 가지 개혁을 합니다.

먼저 세도 가문을 몰아내고 능력에 따라 관리를 등용했어요. 이후 세도 정치 시기에 엉망이 된 세금 제도를 개혁하기 위해 양반에게도 일반 백성들과 똑같이 군포를 내게 하는 호포제를 실시합니다. 그리고 사창제를 실시해서 마을에 곡식을 저장해 두었다가 백성들에게 빌려주도록 했어요!

그다음에는 서원을 대폭 정리합니다. 서원은 유학을 공부하는 학교이자 제사를 지내는 역할을 했어요. 국가의 혜택을 받은 서원은 소유하는 땅의 세금을 내지 않아도 됐어요. 서원이 전국적으로 증가하고 이 혜택을 악용*해 불법으로 노비와 땅을 소유하며 말썽을 일으킵니다. 그래서 흥선 대원군은 꼭 필요한 서원을 전국에 47개만 남기고 싹 다 없애 버려요!

흥선 대원군은 임진왜란 때 불탔던 경복궁을 다시 세우기로 합니다. 하지만 경복궁 중건*에 많은 돈이 필요하자 당백전이라는 화폐를 찍어내고, 원납전이라는 이름의 기부금을 백성들에게 강제로 거뒀어요. 백성들의 원망이 만만치 않았겠죠?

▲ 영주 소수 서원

Q1 흥선 대원군의 개혁에 대한 설명으로 맞으면 ○표, 틀리면 ×표 하시오.

① 흥선 대원군은 호포제를 시행했다.　　　　　　　　　　　(　)

② 흥선 대원군은 전국에 많은 서원을 설립했다.　　　　　　(　)

③ 흥선 대원군의 경복궁 중건은 백성들의 환영을 받았다.　(　)

병인양요가 발생하다!

어느 날 조선의 해안에 이양선이 등장합니다. 이는 모양이 다르게 생긴 서양의 배였어요. 이양선은 무기로 잔뜩 무장하고 와서 조선에 거래를 요구하며 백성들을 불안하게 했답니다.

서양에 대해 불안감이 커져가고, 결국 프랑스가 조선을 쳐들어오는 병인양요가 발생합니다. 그 원인은 무엇이었을까요? 흥선 대원군은 북쪽의 러시아를 견제하고자 조선에 있던 프랑스 신부*를 통해 프랑스의 도움을 얻으려고 했어요. 하지만 그 계획이 무산되자 조선에 있던 프랑스 신부와 천주교 신자들을 처형했어요. 이를 구실*로 병인년인 1866년, 프랑스가 조선을 침략하는 일이 발생했답니다.

신미양요가 발생하다!

조선의 고난은 여기서 끝이 아니었어요. 이번에는 미국이 침입하는 신미양요가 발생했거든요. 사실 병인양요가 일어나기 직전, 미국의 배 제너럴 셔먼호가 거래를 요구하며 평양 대동강에 쳐들어온 적이 있었어요. 이들이 거래 요구에 반대하는 조선 백성들을 향해 총을 쏘고 마을을 빼앗는 바람에 조선인이 죽는 일이 생겼습니다. 이에 화가 난 평양 백성들이 배를 불태워 버린 제너럴 셔먼호 사건이 발생합니다. 이 사건을 뒤늦게 알게 된 미국은 신미년인 1871년 강화도를 침략했어요. 이때 이재연 장군이 이끈 조선군이 활약했지만 조선은 큰 피해를 입었습니다.

이렇게 두 번의 양요*를 겪은 흥선 대원군은 절대로 서양인들과 교류하지 않겠다고 다짐합니다. 그리고 이 의지를 보여주기 위해 전국에 척화비를 세워 '서양인들과 절대 친하게 지내지 않을 거야!!!'라는 글을 남겼답니다.

어휘 쏙쏙

악용
알맞지 않게 쓰거나 나쁜 일에 씀

중건
왕궁을 새롭게 고쳐 지음

신부
천주교의 성직자

구실
핑계로 삼을 만한 내용

Q 2 서로 관련 있는 것을 선으로 바르게 연결하시오.

① 프랑스 신부의 처형을 구실로 발생한 양요 ●　　　　　　　● 신미양요

② 제너럴 셔먼호 사건을 구실로 발생한 양요 ●　　　　　　　● 병인양요

18일차 개항과 개화 정책 추진

학습 목표

개화 정책 내용과 그 목적을 이해할 수 있다.

역사 용어

수신사
일본에 보낸 외교 사절

영선사
청에 보낸 외교 사절

보빙사
미국에 보낸 외교 사절

유생
유학을 공부하는 선비

상소
임금에게 글을 올리던 일

만인소
만여 명의 선비들이 함께
임금에게 올린 상소

강화도 조약을 체결하다!

서양과 절대 교류하지 않겠다던 홍선 대원군이 정치에서 물러나고 성인이 된 고종이 집권하자 조선의 분위기가 변합니다. 시대의 흐름에 맞게 나라의 문을 열고 서양의 발전된 문물*을 수용해야 한다는 주장이 힘을 얻게 된 것이지요.

조선은 운요호 사건을 계기로 일본과 최초의 근대*적 조약인 강화도 조약을 맺습니다. 일본 배 운요호가 강화도에 허락 없이 들어왔고, 이를 경계한 조선군은 일본 배를 향해 돌아가라며 포를 쏘았지요. 그러나 일본은 기다렸다는 듯 강화도를 쑥대밭으로 만듭니다. 이후 방귀 뀐 놈이 성낸다고 일본은 망가진 운요호를 고치라며 협박합니다. 이렇게 억지로 맺어진 조약이 강화도 조약이에요. 강화도 조약에는 일본이 마음대로 조선의 바다를 측량하고 치외 법권*을 인정하는 것과 같은 불평등한 내용이 담겼습니다.

개화 정책을 실시하자!

조선은 강화도 조약을 계기로 미국, 영국 등 서양 국가와도 교류하기 시작합니다. 본격적으로 개화 정책을 추진하게 된 것이지요. 고종은 신식* 무기로 무장한 별기군을 만들어 군사력을 강화했어요. 또, 일본에 수신사*와 조사 시찰단을, 청에는 영선사*를, 미국에는 보빙사*를 보내 다른 나라의 발달한 모습을 조사해 오게 했답니다.

▲ 최익현

Q 1 강화도 조약에 대한 설명으로 맞으면 ○표, 틀리면 ✕표 하시오.

① 운요호 사건을 구실로 조약을 맺었다. ( )

② 최초의 근대적 조약이다. ( )

③ 조선과 일본의 평등한 관계를 담고 있다. ( )

우리 것이 좋은 것! 위정척사 운동 발생

조선이 서양에 문을 열고 교류하는 개화 정책을 실시하는 것을 강력하게 반대한 위정척사파도 있었어요. 위정척사란, 바른 것을 지키고 사악한 것을 배척하자는 뜻입니다. 위정척사파는 조선의 양반 유생*으로 이루어져 있었기 때문에 이들에게 바른 것은 유학이었고, 사악한 것은 서양의 문물이었어요. 유학을 버리고 서양 문물을 받아들여서는 안 된다는 것이지요.

위정척사 운동은 강화도 조약 체결 직후 본격적으로 일어납니다. 대표적인 위정척사파 최익현은 강화도 조약 체결을 반대하며 상소*를 올립니다. '일본이랑 서양은 똑같이 나쁜 애들이고, 일본의 요구 조건도 불평등하지 않습니까? 분명히 조선을 망쳐 놓을 것입니다!'라고 말이에요. 이렇게 강력한 최익현의 요구에도 강화도 조약은 체결되었고, 화가 난 유생들에 의해 위정척사 운동의 열기는 더욱 뜨거워집니다.

위정척사 운동이 절정에 달한 것은 일본에 수신사로 갔던 김홍집이 가지고 온 책 때문입니다. 김홍집은『조선책략』을 가지고 왔는데요, 조선은 서양, 특히 미국과 외교 활동을 꼭 해야 한다는 내용이 담겨 있었어요. 심지어 고종은 이를 복사해서 유학자들에게 나눠 주기도 했답니다. 이 내용을 읽은 전국의 수많은 유생들은 크게 분노했어요! 일본이랑 불평등한 조약을 맺은 것도 억울한데, 잘 알지도 못하는 미국과 친하게 지내라는 것에 분노한 것이지요. 이민손을 비롯한 영남 지방의 유생들이 고종에게 조선책략을 버리고 개화 정책을 멈추라는 상소를 올렸습니다. 하지만 영남 만인소*는 결국 받아들여지지 않았어요.

어휘 쑥쑥

문물
문화에 관한 모든 것

근대
역사 시대 구분의 하나로 중세와 현대 사이
→ 우리나라에서는 일반적으로 1876년~1919년까지의 시기

치외 법권
국외의 법으로 다스리는 권리

신식
새로운 형식

Q 2 서로 관련 있는 것을 선으로 바르게 연결하시오.

① 조선에『조선책략』을 가지고 온 인물　●

② 강화도 조약 체결을 반대한 대표적 인물 ●

● 최익현

● 김홍집

Q 3 조선은 개화 정책을 실시하며 미국에 (수신사 / 보빙사)를 파견했다.

19일차 임오군란과 갑신정변

임오군란과 갑신정변의 배경과 전개 과정을 설명할 수 있다.

역사 용어

급료
일에 대한 대가로 받던 쌀

개화파
새로운 사상·문물·제도 등을 받아들여야 한다고 주장한 사람들

우정총국
구한말 우편·전신 사무를 담당한 기관(현대의 우체국)

학습 목표

차별 대우에 반발하는 구식 군대!

조선은 강화도 조약 이후 본격적으로 다른 나라의 문물을 수용*하는 개화 정책을 실시했습니다. 개화 정책 중 하나로 일본인 교관이 가르치는 신식 군대 별기군을 만들었어요.

그런데! 국가에서 신식 군대와 구식* 군대를 차별하기 시작해요. 구식 군대는 열심히 일했지만 13개월이나 급료*를 받지 못했어요. 게다가 13개월을 기다려 겨우 받은 급료에는 모래와 쌀 껍질이 가득 들어있었습니다. 이제 구식 군인들은 참을 수 없었고 임오년인 1882년 난을 일으켰는데요, 이것을 임오군란이라고 합니다. 군인들은 백성들의 지지를 받으며 일본인 교관을 살해하고 급료를 빼돌린 정부의 고위 관리들을 공격했어요.

놀란 고종과 왕후 민씨는 청에 도움을 요청했고, 청은 바로 군대를 보내 임오군란을 진압했습니다. 하지만 문제는 다음이었어요. 세상에 공짜는 없다고 했던가요? 청은 도움을 준 대가로 조선 정치에 심하게 간섭하기 시작합니다. 게다가 일본은 임오군란 때 입은 피해 보상을 요구한 제물포 조약을 맺었어요. 조선은 결국 거액의 배상금을 물게 되었어요. 또, 임오군란과 같은 일이 일어날까 봐 무섭다며 조선에 일본 군대를 둘 수 있도록 강요한 일본의 요구도 들어줬습니다.

▲ 별기군

Q 1 다음에서 ( ) 안에 들어갈 알맞은 말을 찾아 쓰시오.

청	일본	갑신정변	임오군란

① ( )은 구식 군대가 신식 군대와의 차별에 분노해 일으킨 난이다.

② 임오군란의 결과 조선은 ( )과 제물포 조약을 맺었다.

둘로 나뉘는 개화파 세력!

임오군란 이후, 개화파*는 온건 개화파와 급진 개화파로 나뉩니다. 두 세력 모두 조선의 문을 열고 다른 나라와 교류를 주장했지만 그 방법이 달랐어요. 온건 개화파는 조선의 생각이나 제도는 유지하고 서양의 좋은 기술만 받아들이자고 했어요. 하지만 급진 개화파는 조선이 빨리 부강해지기 위해 기술뿐만 아니라 서양의 정신과 제도까지도 받아들여야 한다고 주장했습니다.

급진 개화파, 갑신정변을 일으키다!

급진 개화파는 청에 의지하는 조선 정부가 마음에 들지 않았어요. 그때 이들에게 절호의 기회가 옵니다. 청이 프랑스와 전쟁을 하느라 조선에 간섭이 뜸해지자 급진 개화파는 일본의 도움을 약속받고 정변을 계획합니다. 급진 개화파는 1884년, 우정총국*의 개국을 축하하는 파티에서 정변을 일으켰고 이를 갑신정변이라고 합니다.

갑신정변으로 정권을 장악한 급진 개화파는 자신들이 추구하는 개혁안을 담은 개혁 정강* 14개조를 발표했어요. 청과의 사대 관계*를 폐지하고 능력에 따라 관리를 등용하며, 조세 제도를 개혁하자는 등의 내용이 담겨 있었습니다. 하지만 이 소식을 들은 청이 재빨리 군대를 동원*해 갑신정변은 3일 만에 끝이 납니다. 그래서 갑신정변은 '3일 천하'라고도 불려요.

갑신정변은 근대적인 나라를 만들기 위해 최초로 정치적 개혁을 시도했다는 점에서 큰 의미가 있어요. 하지만 일본에 의존해 백성들의 지지를 받지 못했다는 한계도 있답니다.

어휘 쑥쑥

수용
어떤 것을 받아들임

구식
예전의 형식

정강
정치 집단에서 국민에게 약속한 내용

사대 관계
힘이 약한 사람이 힘이 쎈 사람을 섬기는 것

동원
어떤 목적을 달성하고자 사람이나 물건을 모음

Q 2 다음 빈칸 안에 들어갈 알맞은 말을 쓰시오.

① □□ 개화파는 1884년, 갑신정변을 일으켰다.

② 갑신정변을 주도한 세력은 개혁 정강 □□개조를 발표했다.

▲ 갑신정변 주역들

동학 농민 운동

학습 목표

동학 농민 운동을 1·2차
로 나누어 설명할 수 있다.

역사 용어

관아
조선 시대 관리들이 일을
처리하던 곳

전주 화약
전주를 점령한 뒤 정부와
맺은 조약

집강소
동학 농민 운동 때 농민군이
설치했던 농민 자치 기구

모든 백성이 곧 하늘

국가의 개화 정책으로 농민들은 어려운 상황을 맞이하게 돼요. 개항* 이
후 청과 일본 상인들이 물건을 싼 가격에 팔자 조선 상인들은 장사할 곳을
잃게 됐고, 국가는 개화에 필요한 돈을 농민의 세금으로 해결했으며 일본 상
인들은 걸핏하면 조선에 있는 쌀을 싼값에 몽땅 가져갔어요.

힘든 백성들 앞에 한 줄기 빛처럼 등장한 종교가 동학입니다. 동학은 모든
사람은 평등하다는 평등 사상과 모든 백성이 곧 하늘이라는 인내천* 사상을
주장합니다. 동학을 믿으면 어려운 문제들이 해결되고 행복한 세상이 열릴
것이라고 믿는 백성들이 늘어나게 됐지요.

1차 동학 농민 운동이 발생하다!

힘든 농민들의 분노에 불을 지핀 사건이 발생합니다. 전남 고부* 군수*
조병갑이 백성들의 세금을 강탈하고 노동력을 강제로 동원했어요. 그러자
전봉준이 농민들을 이끌고 고부 관아*를 공격했어요. 정부에서는 고부의 상
황을 조사하기 위해 이용태를 보냅니다. 그런데 이용태는 조병갑이 아닌 오
히려 동학을 믿는 농민 탓을 하며 이들을 다 잡아들이기 시작합니다.

마침내! 동학 교도들과 농민들은 참지 못하고 정부에 저항하며 제1차 동
학 농민 운동을 일으킵니다. 목적은 나쁜 관리를 없애고 나라를 편안하게 하
는 것이었습니다. 농민군의 절실함이 통했던 것일까요? 농민군들은 강한 무
기도 없이 전주성을 점령했습니다. 당황한 정부는 청에 도움을 요청했고 청
의 군대가 조선에 들어옵니다. 더 어처구니없는 것은 이 소식을 들은 일본도

Q 1 (동학 / 유교)은/는 모든 사람은 평등하며 하늘처럼 귀하다고 주장했다.

Q 2 고부 군수 (이용태 / 조병갑)은/는 백성들의 세금을 강탈하는 등 나쁜 행위를 저질렀다.

군대를 이끌고 조선에 들어오게 된 것이에요. 농민군들은 다른 나라의 개입을 원하지 않았기에 정부와 전주 화약*을 맺고 물러나기로 합니다. 대신 마을마다 집강소*를 설치하고 이곳에서 백성들이 스스로 자기 지역의 일을 살피기로 했어요.

2차 동학 농민 운동이 발생하다!

농민군이 정부와 화해하고 해산했지만, 조선에 들어온 일본군은 돌아가지 않았습니다. 오히려 경복궁을 점령하고 내정 간섭*을 하는 것이 아니겠어요? 이를 본 청은 일본과 전쟁을 시작합니다. 조선 땅에서 말이지요!

농민군들은 조선 땅에서 일본군을 몰아내기 위해 제2차 동학 농민 운동을 일으켰어요. 하지만 관군도 농민들 편이 아니었어요. 관군은 일본군과 함께 농민 운동을 진압했거든요. 강력한 무기로 무장한 일본군과 관군을 몰아내기는 쉽지 않았어요. 결국, 공주 우금치 전투에서 전봉준 등 동학 농민 운동의 지도자들이 체포됨으로써 동학 농민 운동은 끝이 납니다.

동학 농민 운동은 안으로는 썩은 관리를 물리치고 새로운 세상을 만들기 위해 개혁을 주장했고, 밖으로는 조선을 침략한 외세의 공격에 맞선 의미 있는 운동이었답니다.

어휘 쏙쏙

개항
외국과 통상할 수 있게 항구를 개방함

인내천
사람이 곧 하늘이라는 동학(천도교)의 기본 사상

고부
전라북도 정읍시 북서면에 있는 면

군수
군의 행정을 맡아보는 사람

내정 간섭
다른 국가에 대해 강제로 개입하여 간섭하는 것

Q 3 동학 농민 운동에 대한 설명으로 맞으면 ○표, 틀리면 ×표 하시오.

① 1차 동학 농민 운동 때 농민군은 전주성을 점령했다. ( )

② 2차 동학 농민 운동은 우금치 전투에서 승리했다. ( )

③ 조선 정부는 1차 동학 농민 운동 진압을 위해 청에 도움을 요청했다.
( )

▲ 압송되는 전봉준

20일차 갑오개혁과 을미개혁

갑오개혁이 실시되다!

동학 농민 운동을 진압하겠다는 명목으로 들어온 일본군은 나가 달라는 조선 정부의 말을 무시한 채 오히려 경복궁을 점령하고 1차 갑오개혁을 실시합니다. 조선을 근대적인 사회로 만들겠다는 명분이었지만, 사실 일본은 이때부터 조선을 점령할 계획을 차곡차곡 세우고 있었던 것이지요.

군국기무처*라는 합의 기관이 세워지고, 이곳을 중심으로 1차 갑오개혁이 시작됩니다. 왕의 집안이 정치에 개입하지 못하게 하고, 신분 제도와 과거 제도를 폐지하는 등 근대적인 개혁을 시도합니다. 당시 일본은 청과의 전쟁으로 정신없었기 때문에 1차 개혁은 조선 정부가 주도적으로 시행할 수 있었어요.

하지만 일본은 청일 전쟁에서 승리가 확실해지자 조선에 본격적으로 간섭을 시작했어요. 이번에는 군국기무처를 없애고 2차 갑오개혁을 시행합니다. 재판소*를 두고 지방관 제도를 개혁하는 등 다양한 개혁을 했지만 백성들에게 가장 중요한 토지 제도 개혁은 하지 않았습니다.

조선 정부는 계속된 일본의 간섭에서 벗어나려 고민한 끝에 러시아의 힘을 이용하기로 합니다.

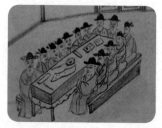

▲ 군국기무처의 회의 모습

Q1 다음 중 1차 갑오개혁을 추진한 기관을 고르시오.　　　　(　　)

① 교정청　　　② 집강소　　　③ 별기군　　　④ 군국기무처

Q2 조선 정부는 일본의 간섭에서 벗어나기 위해 (미국 / 러시아)의 힘을 이용하기로 했다.

조선에 부는 변화의 바람, 을미사변과 을미개혁

상황을 보니 러시아의 힘이 강해 보였기 때문에 러시아와 친하게 지내며 일본의 간섭에서 벗어나고자 했어요. 일본은 이런 조선의 태도가 고종의 왕비 명성 황후 때문이라고 생각했어요. 결국 일본은 1895년 을미년 경복궁을 습격*해 황후를 살해하는 을미사변을 일으킵니다.

을미사변 이후 일본은 자신들의 힘을 자랑이나 하듯 새로운 개혁인 을미개혁을 추진합니다. 음력으로 날짜를 셌던 조선에 서양의 양력 제도인 태양력을 사용하게 하고, 상투*를 자르도록 하는 단발령을 실시했어요. 조선 사람들은 머리카락도 부모에게 받은 소중한 것으로 여겨 함부로 자르지 않고 상투를 틀었는데, 일본은 상투가 지저분하다며 짧게 자르도록 한 것이지요. 이는 단순히 머리카락을 자르는 문제가 아닌, 조선 사람들이 오랫동안 가지고 있던 생각과 자존심을 한꺼번에 뭉갠 것이었습니다.

일본의 위협과 백성들의 분노를 피하고자 고종은 궁녀들이 타는 가마를 타고 경복궁을 몰래 빠져나와 러시아 공사관으로 거처*를 옮기게 됩니다. 이를 아관 파천이라고 하지요. 이 결과 조선에 대한 일본의 영향력이 약화되고 러시아의 영향력이 강해져요.

왕이 자리를 비운 조선은 강한 나라에 너무 쉬운 먹잇감이 되었고 열강*들은 앞다투어 조선의 이권*을 차지하려고 싸우기 시작했어요.

어휘 쏙쏙

재판소
재판이 진행되는 장소

습격
갑자기 상대편을 덮침

상투
장가든 남자가 머리털을 끌어 올려 정수리 위에 틀어 감아 맨 것

거처
일정하게 자리를 잡고 사는 곳

열강
여러 강한 나라들을 의미

이권
이익을 얻을 수 있는 권리

Q 3 다음에서 (   ) 안에 들어갈 알맞은 말을 찾아 쓰시오.

| 을미개혁 | 을미사변 | 아관 파천 | 2차 갑오개혁 |

① 1895년, 명성 황후가 살해되는 (   )이 발생했다.

② 고종이 러시아 공사관으로 거처를 옮긴 사건을 (   )이라고 한다.

▲ 단발령 시행
(출처: 우리역사넷)

20일차 독립 협회와 대한 제국

독립 협회가 등장하다!

아관 파천 이후, 열강들은 조선의 이권을 마구 가져가기 시작했어요. 그때 미국에 있던 서재필이 돌아와 독립신문을 만들게 됩니다. 독립신문은 한글판과 영문판으로 발행되었어요. 서재필은 독립신문을 통해 백성들이 국내뿐 아니라 세계에서 일어나는 일을 깨닫고 생각의 폭을 넓힐 수 있기를 바랐지요. 특히 민주주의와 관련된 이야기를 깨닫기 원했습니다.

서재필은 마음 맞는 사람들과 독립 협회를 만들었어요. 직업·성별에 상관없이 원하는 사람이라면 누구든 회원이 될 수 있었습니다. 그리고 청의 사신을 맞이하던 문인 영은문을 헐고, 그 자리에 독립문을 세우며 자주적*이고 독립적인 나라임을 알리려고 했답니다.

그중에서도 독립 협회의 가장 큰 목적은 백성들의 무지함을 깨는 것이었어요. 따라서 교육 활동과 토론 활동을 많이 개최했어요. 이러한 토론 활동이 빛을 보는 순간이 있었어요! 우리나라 최초의 민중* 집회*인 만민 공동회가 개최되었거든요. 만민 공동회에서는 각계각층*의 사람들이 모여 열강의 이권 침탈을 비판하며 조선의 문제를 토론했습니다. 정치 문제를 포함해 당시 사회적 문제였던 신분 차별, 성 차별에 대해 토론했어요. 이후 정부 관리들도 함께 토론에 참여한 관민 공동회가 개최되기도 했답니다. 관민 공동회에서는 더 나은 나라를 만드는 데 필요한 6가지 사항을 정리한 헌의 6조를 고종에게 올리기도 하지요.

▲ 독립문

Q1 독립 협회에 대한 설명으로 맞으면 ○표, 틀리면 ×표 하시오.

① 독립 협회는 독립문을 세웠다.　　　　　　　　　　　　　　（　　）

② 만민 공동회는 우리나라 최초의 민중 집회이다.　　　　　　（　　）

독립 협회가 해산되다!

고종은 처음에 독립 협회의 활동을 지지했습니다. 하지만 보수*적인 관리들은 독립 협회가 왕을 없애고 공화국*을 시행하려고 한다며 모함하기 시작했어요. 이를 들은 고종은 독립 협회 해산 명령을 내리고 황국 협회*와 군대를 시켜 강제로 독립 협회를 해산하게 했습니다.

대한 제국, 광무개혁을 실시하다!

러시아 공사관에 머물던 고종은 1년 만에 다시 덕수궁으로 돌아옵니다. 이후 조선의 힘을 보여주기 위해 자신을 왕이 아닌 황제로 칭하며 황제 즉위식을 거행했어요. 조선의 이름도 대한 제국으로 바꾸고 새로운 개혁을 실시합니다. 고종은 독일이나 러시아처럼 강한 황제가 되어 부강한 나라를 만들려고 했던 것이지요.

고종은 구본신참, 즉 전통적인 제도는 유지하고, 서양의 발달된 근대 문화를 수용하겠다는 방침을 가지고 광무개혁을 실시했습니다. 먼저 황제가 직접 이끌 수 있는 군대인 원수부를 설치했어요. 양지아문이라는 기구를 설치해 전국의 토지를 조사한 뒤 토지 소유 증명서인 지계를 발급하기도 했습니다. 국가가 정확한 토지를 파악하고 있어야 세금을 잘 걷을 수 있으니까요. 각종 공장과 회사를 세우며 상공업을 진흥시켰고, 유학생을 파견하여 똑똑한 인재를 양성하려고 했답니다.

하지만 광무개혁은 고종 황제 개인에게 모든 권력을 집중시키는 성격의 개혁이었고 지속된 열강의 간섭을 쉽게 물리치지 못했습니다.

어휘 쑥쑥

자주적
남의 간섭을 받지 않고 스스로 일을 처리하는 것

민중
일반 대중(국가를 구성하는 국민)

집회
여러 사람이 어떤 목적을 위해 일시적으로 모임

각계각층
사회 각 분야의 여러 계층

보수
새로운 변화를 반대하고 전통적인 것을 유지하려는 것

공화국
국민이 주인이 되는 나라

Q 2 다음 빈칸 안에 들어갈 알맞은 말을 쓰시오.

① 고종은 ☐☐ ☐☐와 군대를 통해 강제로 독립 협회를 해산했다.

② 고종은 황제로 즉위하고 나라 이름을 ☐☐ ☐☐으로 바꿨다.

▲ 지계

21일차 을사늑약과 국권 침탈

역사 용어

통감부
1905년부터 1910년까지 일제가 서울에 설치한 관청

을사늑약 체결

우리나라를 둘러싸고 싸우던 러시아와 일본은 결국 1904년 러일 전쟁을 벌입니다. 전쟁 발생 직후 일본은 곧바로 대한 제국에 한일 의정서를 맺도록 강요해요. 일본이 전쟁 중 필요한 조선의 땅과 시설을 마음대로 이용하겠다는 내용을 담은 조약이었어요. 일본은 뒤이어 맺은 제1차 한일 협약을 통해 조선에 재정 고문*과 외교 고문을 보내고 대한 제국의 정치에 본격적으로 간섭하기 시작합니다.

러일 전쟁에서 먼저 유리한 위치에 서게 된 일본은 바로 한반도를 점령하지 않았어요. 치밀하게도 일본은 미국과 가쓰라-태프트 밀약을, 영국과 영일 동맹을 맺어 한반도에 대한 일본의 지배권을 인정받았답니다.

이제 무서울 것이 없는 일본은 조선을 야금야금 점령하기 시작합니다. 먼저 1905년, 을사늑약*을 강제로 체결했어요. 이 조약에는 일본이 대한 제국의 외교권*을 갖고 통감부*를 설치한다는 내용이 담겨 있어요. 통감부란 대한 제국을 통치하고 감독하는 부서로, 대한 제국의 정치를 완전히 점령하기 위한 감독 기관을 세운 것이지요. 우리가 잘 아는 이토 히로부미가 이때 통감으로 오게 돼요.

하지만 을사늑약의 체결 과정은 문제가 많았어요. 군대를 동원한 일본이 대한 제국의 신하들을 협박했을 뿐만 아니라, 국가 간 조약인데도 대한 제국의 황제 고종의 도장이 찍히지도 않았거든요.

분노한 대한 제국 사람들은 일본에 대항하는 글을 신문에 쓰기도 하고, 억울함을 참지 못해 자결*하기도 합니다. 고종도 을사늑약 체결의 억울함을 국제 사회에 널리 알리기로 해요.

Q 1 다음 빈칸 안에 들어갈 알맞은 말을 쓰시오.

① 러일 전쟁이 발생하자 일본은 대한 제국에 □□ □□□ 체결을 강요했다.

② 일본은 을사늑약을 체결해 대한 제국의 □□□을 박탈했다.

▲ 을사늑약 체결 기념 사진

나라를 빼앗긴 대한 제국

네덜란드 헤이그에서는 만국 평화 회의가 개최되었습니다. 러시아 황제가 세계 국가들에게 친하게 지내자며 개최한 국제 회의였어요. 고종은 헤이그에 특사를 파견해 을사늑약의 부당함을 세계에 알리려 했습니다. 하지만 을사늑약으로 외교권을 빼앗아 간 일본이 이를 방해했고 세계 열강들은 대한 제국의 외침을 들어주지 않았습니다.

일본은 외교권이 없는 대한 제국이 헤이그 특사를 보낸 것을 비판하며 고종을 왕의 자리에서 강제로 물러나게 했어요. 1907년 고종은 강제로 퇴위*됩니다. 이후 일본은 바로 정미 7조약(한일 신협약)을 체결해 통감의 권한을 더욱 강화하고, 대한 제국이 아무런 힘도 쓸 수 없게 군대를 해산시켰어요. 게다가 기유각서를 통해 사법권*과 경찰권까지 차례로 빼앗아 버립니다.

이제 일본은 대한 제국을 점령할 준비를 모두 마쳤어요.

1910년 8월 29일, 대한 제국은 결국 일본에게 강제로 나라를 빼앗기게 됩니다. 일제 강점기가 시작된 것이지요.

어휘 쑥쑥

고문
특정 분야에 전문적인 지식을 가지고 조언을 해 주는 사람

늑약
억지로 맺은 조약

외교권
외국과 정치적·경제적·문화적 관계를 맺을 수 있는 권리

자결
의분을 참지 못하거나 지조를 지키기 위해 스스로 목숨을 끊음

퇴위
임금의 자리에서 물러남

사법권
법을 적용하여 재판할 수 있는 권리

Q 2 다음의 사건이 일어난 순서대로 기호를 쓰시오.

ⓐ 을사늑약이 체결되었다.
ⓑ 일본은 대한 제국의 군대를 강제 해산시켰다.
ⓒ 고종은 헤이그에 특사를 파견했다.
ⓓ 일본은 미국과 가쓰라-태프트 밀약을 체결했다.

(　　) → (　　) → (　　) → (　　)

Q 3 1910년 8월 29일, (일본 / 미국)이 대한 제국을 강제 점령했다.

주제 42

항일 의병 운동과 애국 계몽 운동

역사 용어

무장 투쟁
무기로 장비를 갖추고 싸움

의병장
의병을 이끄는 대장

독립운동 기지
독립운동의 중심이 되는 근거지

나라를 지키는 두 가지 방법!

나라를 강제로 빼앗기자 사람들은 끊임없이 저항했어요. 나라를 되찾기 위해 무장 투쟁을 하거나 나라의 힘을 키우기 위해 공부하고 산업을 육성*하려 했습니다.

무장 투쟁*으로 나라를 지키자!

일본에 무력*으로 투쟁한 항일* 의병 운동에 대해 먼저 알아볼까요? 군인이 아닌 사람들이 의롭게 병사가 된 것을 의병이라고 합니다. 대표적으로 을미의병, 을사의병, 정미의병이 있어요. 의병 앞에 붙은 이름을 보니 언제 일어났는지 느낌이 오지 않나요?

맞아요. 을미의병은 을미사변과 을미개혁의 단발령에 반발하여 일어난 의병입니다. 을사의병은 을사늑약에 반대하며 일어났고, 평민 의병장*이 등장했다는 게 특징이에요. 이전까지 의병은 양반 유생이 주도했는데, 을사의병이 전국적으로 확대되면서 평민 출신 의병장까지 등장하게 된 것이지요. 이때 활약한 평민 의병장 신돌석은 뛰어난 전술로 태백산 호랑이라는 별명까지 붙었다고 해요. 정미의병은 정미 7조약(한일 신협약)으로 인한 고종 강제 퇴위와 군대 해산에 반발하며 일어났습니다. 뿔뿔이 흩어진 군인들이 의병 운동에 참여하면서 의병의 전투력이 강해졌고, 전국의 의병이 함께 서울 진공 작전을 시도합니다. 서울로 진격해 일본을 공격하려는 계획이었지요. 하지만 안타깝게도 일본의 강한 무기 앞에서 패배하고 말았습니다.

Q 1 서로 관련 있는 것을 선으로 바르게 연결하시오.

① 을미사변과 단발령에 반발해 일어났다. ●　　　　　　　● 정미의병

② 최초로 평민 출신 의병장이 등장했다. ●　　　　　　　● 을사의병

③ 고종 강제 퇴위와 군대 해산에 반발했다. ●　　　　　　　● 을미의병

개인이나 작은 집단 위주인 항일 의거* 활동도 발생합니다. 을사늑약 체결 직후에는 조약 체결에 도움을 준 친일파를 없애기 위해 자신회가 만들어졌어요. 안중근 의사*는 을사늑약 체결을 주도한 이토 히로부미를 만주 하얼빈역에서 사살했어요. 이러한 의병 운동과 의거 활동은 한국인의 독립 의지를 일본에게 확실하게 보여주는 계기가 되었습니다.

공부하자! 산업을 키우자! 애국 계몽 운동!

나라를 지키기 위해서는 산업을 육성하고 교육 활동에 집중해야 한다는 애국 계몽* 운동이 일어나기도 했습니다. 이들은 교육을 통해 국민이 똑똑해지고, 산업을 육성해 실력을 길러야만 나라를 지킬 수 있다고 생각했어요.

대표적인 애국 계몽 운동 단체로는 보안회와 대한 자강회가 있습니다. 보안회는 일본이 황무지*를 개간*할 수 있는 권리를 빼앗으려고 하자 이를 물리쳤어요. 대한 자강회는 고종의 강제 퇴위를 반대하며 교육과 산업의 육성을 주장했습니다.

하지만 일본은 애국 계몽 운동을 가혹하게 탄압했어요. 그러자 안창호, 양기탁 등은 비밀 결사 단체인 신민회를 만듭니다. 신민회는 대성 학교와 오산 학교를 세우고, 자기 회사와 태극 서관을 세워 산업을 키웠어요. 동시에 만주에 독립운동 기지*를 건설해 독립군을 길러내며 무장 투쟁을 위한 준비도 함께 했답니다. 하지만 일제는 신민회에서 데라우치 총독을 몰래 죽이려 했다는 음모인 105인 사건을 꾸며 결국 신민회를 해체시켜 버립니다.

어휘 쏙쏙

육성
길러서 성장시킴

무력
군사의 힘

항일
일제에 대항함

의거
정의를 위하여 의로운 일을 함

의사
무력으로 적에게 항거하다 의롭게 죽은 사람

계몽
지식 수준이 낮은 사람을 가르쳐서 깨우치는 것

황무지
농사를 지을 수 없을만큼 거친 땅

개간
거친 땅이나 버려 둔 땅을 일궈 논밭이나 쓸모 있는 땅으로 만듦

Q 2 (안중근 / 자신회)은/는 이토 히로부미를 처단했다.

Q 3 (보안회 / 신민회)는 학교와 회사를 세워 교육과 산업을 육성함과 동시에 (만주 / 영국)에 독립운동 기지를 건설했다.

▲ 안중근 의사

주제 43

열강의 경제 침탈과 경제적 구국 운동

청과 일본 상인의 습격

본격적으로 개항을 하고 나서 나라는 혼란스럽고 농민과 상인들은 더욱 힘들어졌어요. 항상 혼란의 뒤처리는 죄 없는 백성들의 몫이었습니다.

임오군란을 진압한 뒤 청은 조선과 조청 상민 수륙 무역 장정을 체결합니다. 청 상인들이 조선의 바다와 육지에서 마음대로 무역할 수 있도록 허락한 것입니다. 청 상인들은 청의 보호 아래 활동 영역을 넓히며 수도인 한성은 물론이고 시골까지 들어와 장사했어요. 이에 질세라 일본 상인들도 조선에 값싼 면직물*을 팔며 활동 영역을 넓혀갔어요. 조선 상인들은 점점 장사할 수 있는 곳을 잃어버렸답니다.

빠져나가는 곡식을 방어하자!

농민들도 힘들기는 마찬가지였어요. 일본은 조선과 맺었던 강화도 조약을 통해 일본에 무제한으로 쌀 유출*이 가능하게 했고, 농민에게 많은 쌀을 아주 싼값에 사들입니다. 팔지 않으면 되는 것 아니냐고요? 그럴 수 없었어요. 농민들은 보통 5~6월이 되면 먹을 것이 다 떨어져서 굶주리는 사람이 대부분이었습니다. 이때 일본은 농민들에게 '지금 돈을 줄 테니 10월에 추수하고 나면 그때 쌀로 갚아!'라는 요구를 한 거예요.

배고픈 농민들은 아주 싼 가격에 쌀을 팔 수밖에 없었어요. 이렇게 되니 막상 추수하는 가을이 와도 백성들은 먹을 쌀이 없었답니다. 이에 함경도와 황해도에서는 쌀 유출을 막기 위해 곡물 수출을 금지하는 방곡령을 내립니다.

▲ 조청 상민 수륙 무역 장정

Q1 열강의 경제 침탈에 대한 설명으로 맞으면 ○표, 틀리면 ×표 하시오.

① 조청 상민 수륙 무역 장정 체결로 일본 상인들의 활동이 늘었다. (　　)

② 강화도 조약 결과, 조선은 청에 무제한 쌀 유출을 허용했다. (　　)

일본은 크게 반발합니다. 방곡령을 시행한다는 것을 한 달 전에 미리 알려 줘야 하는데 그렇지 않았다고 말이에요. 심지어는 조선이 방곡령을 시행하는 바람에 일본이 손해를 봤다며 손해를 물어 주라고 요구했습니다. 결론적으로 방곡령도 제대로 시행되지 못했고, 오히려 농민들은 일본의 요구를 들어주느라 더 큰 피해를 보게 됐답니다.

국가의 빚을 우리가 갚자!

우리가 일본에 진 빚을 다 갚고 경제적 자립*을 이루면 일본의 강요에서 벗어날 수 있다고 주장하는 움직임이 생겨났어요! 1907년을 기준으로 일본에 빌린 돈은 1,300만 원이었거든요. 이는 대한 제국이 감당할 수 없는 빚이었습니다. 물론 일본의 강요와 억지로 빌린 돈이 대부분이었지만요.

나랏빚을 갚기 위해 대구에서 서상돈을 중심으로 국채* 보상 운동이 전개됩니다. 사람들은 빚을 갚기 위해 담배와 술을 끊고 집에 있던 금을 모으기 시작해요. 사람들의 의지가 얼마나 대단했던지 국채 보상 운동을 시작한 지 몇 달이 지나지 않아 큰돈이 모였어요. 하지만 일본이 이를 두고만 보지 않았겠죠. 통감부에서 활동을 계속해서 방해했고, 결국 국채 보상 운동은 중단되고 말았어요.

어휘 쑥쑥

면직물
옷감으로 사용되는 면포

유출
밖으로 흘러나감

자립
남에게 의지하지 않음

국채
나라가 가지고 있는 빚

Q 2 다음 빈칸 안에 들어갈 알맞은 말을 쓰시오.

① 함경도와 황해도에서는 쌀 유출을 금지하는 □□□을 내렸다.

② 대구에서 □□□을 중심으로 나라의 빚을 갚자는 □□ □□ □□이 일어났다.

▲ 국채 보상 운동
(출처: 우리역사넷)

근대 언론과 문물

새로운 학교와 신문이 등장하다!

개항 이후 근대적 학교가 세워지고, 전국의 다양한 소식을 빠르게 전하는 신문이 발간됩니다.

함경도 덕원에서는 주민들이 최초의 근대식 사립*학교인 원산학사를 세우고, 기존 학교 교육에서 벗어나 근대 학문과 외국어를 가르쳤어요. 나라에서도 최초의 근대식 공립*학교인 육영 공원을 설립합니다. 육영 공원의 학생들은 주로 양반의 자식이었으며 영어를 집중적으로 가르쳤어요. 이후 애국 계몽 운동이 전개되며 더 많은 근대식 학교들이 설립됩니다.

학교의 성장과 더불어 새로운 신문이 발간*됩니다. 서재필의 독립신문 기억나죠? 독립신문이 바로 우리나라 최초의 민간 신문이에요. 한글판은 우리나라 국민에게 새 소식을 알려 줬고, 영문판은 세계에 우리나라의 상황을 알리는 데 이바지했답니다. 황성신문은 주로 일본을 비판하는 내용을 많이 실었어요. 특히 을사늑약이 체결된 직후 장지연의 시일야방성대곡이라는 논설*을 실어 일본의 따가운 감시를 받기도 했습니다.

대한매일신보는 일본의 감시에서 조금 자유로웠어요. 발행하는 사람이 양기탁과 영국인 베델이었기 때문입니다. 당시 일본은 영국과 동맹 관계를 맺고 있었기 때문에 일본의 감시에서 좀 더 자유로울 수 있었거든요. 이를 이용해 대한매일신보는 의병 소식을 알리고 국채 보상 운동을 알리는 등 일본의 활동을 비판하는 역할을 담당했답니다.

Q1 서로 관련 있는 것을 선으로 바르게 연결하시오.

① 한국 최초의 민간 신문 ●   ● 독립신문

② 한국 최초의 근대식 공립 학교 ●   ● 육영 공원

③ 영국인 베델이 발행인으로 있던 신문 ●   ● 대한매일신보

신문물을 수용하다!

개항 이후 당연히 서양의 새로운 기술과 문물이 들어왔겠죠? 정부는 새로운 근대 시설*을 만들었고 일본과 부산 사이에 전신이 개통된 것을 시작으로 서울과 인천을 연결하는 전신망이 생깁니다! 전신이란, 전기로 통신 활동을 하는 것인데요, 즉 이제 전화가 연결된 것이지요.

삶을 편리하게 만들어주는 교통 시설도 갖춰졌습니다. 서울에서는 전차가 지나다녔고 서울과 인천 사이에 경인선이라는 철도가 처음으로 개통됩니다. 이제 기차를 타고 다른 지역으로 빠르게 이동할 수 있게 된 것이지요. 서울에서 부산으로 가는 철도인 경부선과 신의주로 가는 경의선도 차례로 생겼어요!

경복궁에 처음으로 전기가 들어오면서 서울 시내에 거리를 환하게 밝혀주는 전기 시설이 생기기 시작했습니다. 또, 최초의 서양식 병원인 광혜원이 세워지고 의료 기술도 발전하게 되었답니다.

하지만 근대 시설의 발달이 100% 긍정적인 결과만 가지고 온 것은 아니었어요. 일본은 철도를 개통하여 조선에 있는 물건을 더 쉽고 빠르게 수탈*해갔거든요. 또, 철도를 개통하는 과정에서 농민들의 토지를 강제로 빼앗기도 했고, 다른 지역의 소식을 알려주는 전신망은 일본과 청이 조선의 상황을 감시하는 용도로도 이용됐습니다.

어휘 쏙쏙

사립
개인의 돈으로 설립함

공립
지방 자치 단체가 설립함

발간
책, 신문, 잡지 등을 만들어 냄

논설
어떤 주제에 관한 자기 생각을 설명함

수탈
강제로 빼앗음

Q 2 다음 빈칸 안에 들어갈 알맞은 말을 쓰시오.

① 서울과 인천 사이에 ☐☐☐이라는 철도가 개통되었다.

② 최초의 서양식 병원인 ☐☐☐이 설립되었다.

③ 일본은 ☐☐를 개통하고 조선에 있는 물건을 쉽고 빠르게 수탈해갔다.

▲ 전차

일곱 번째 이야기
일제 강점기

들어가기에 앞서

1910년, 일제는 한국을 강제로 점령한 뒤 강압적인 통치를 시작합니다. 이에 맞서 최대 규모의 3·1 운동이 발생했고 그 결과 대한민국 임시 정부가 수립되었습니다. 이후 국내에서는 독립운동가들이 다양한 민족 운동을 전개했고 국외에서는 독립군을 양성해 무장 독립 투쟁이 지속되었습니다. 포기하지 않고 항쟁한 끝에 우리 민족은 1945년 8월 15일 나라를 되찾을 수 있었습니다.

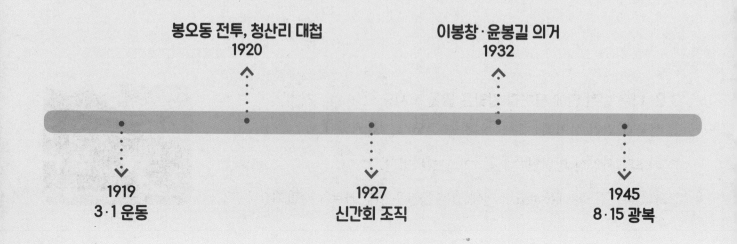

봉오동 전투, 청산리 대첩
1920

이봉창·윤봉길 의거
1932

1919
3·1 운동

1927
신간회 조직

1945
8·15 광복

일제 강점기는 어떤 모습일까?

1910년대 일제의 무단 통치와 경제 수탈

학습목표

무단 통치의 목적과 특징을 이해할 수 있다.

역사 용어

동양 척식 주식회사
일본이 조선 토지를 수탈하기 위해 설립한 회사

1910년대, 무섭게 통치하는 일제

일제는 한국을 점령하자마자 경복궁 앞에 조선 총독부를 세웁니다. 조선 총독부란 조선을 감독하고 감시하는 부서였어요. 총독부의 우두머리인 총독은 조선에서의 모든 권력을 지니고 있었습니다.

1910년부터 일제는 한국을 아주 무섭게 통치하는 무단 통치를 시행합니다. 특히 헌병 경찰 제도가 대표적이에요. 헌병은 본래 군대에서 경찰 역할을 하는 군인이지만, 헌병 경찰 제도는 군인이 국가 전체의 경찰이 하는 일을 맡아 한국인들을 무섭게 관리하도록 했습니다.

이들에게는 즉결 처분권이 있었어요. 사람이 죄를 지으면 재판을 통해 벌을 받지요? 하지만 즉결 처분권을 가진 헌병들은 그 자리에서 즉시 벌을 줄 수 있었어요. 특히 한국인에게는 곤장으로 엉덩이를 때리는 형벌인 태형을 내렸는데요, 때리는 이유도 억지스러웠어요. '경복궁 뒤에 있는 산에서 열매를 주웠다.'라는 이유로 맞기도 했으니까요.

일제는 언론 · 출판* · 집회 · 결사의 자유까지 빼앗아 황성신문, 대한매일신보를 없앴습니다. 제대로 된 교육의 기회도 주지 않았고, 식민 지배에 순순히 따를 수 있을 만큼의 교육만 했으며 교사들은 칼을 차고 수업을 했어요.

▲ 태형

Q1 무단 통치에 대한 내용으로 맞으면 ○표, 틀리면 ×표 하시오.

① 헌병 경찰제를 실시했다. ( )

② 일본인과 조선인에게 태형이라는 형벌을 내렸다. ( )

③ 일제는 언론 · 출판 · 집회 · 결사의 자유를 허용했다. ( )

토지 조사 사업과 회사령

1910년, 일제는 한국의 경제를 장악하기 위해 토지 조사 사업을 실시합니다. 당시 대부분의 한국 사람들은 '이 땅이 내 땅이야!'라고 증명할 수 있는 문서가 없었어요. 따라서 일본은 토지 소유권*을 명확하게 한다는 이유를 내세우며 토지 조사 사업을 시행했습니다.

일본은 토지 조사령을 발표하고 정해진 기간 안에 토지 주인에게 땅의 주인이라는 증거를 가지고 와서 신고하라고 했어요. 하지만 문제가 많았습니다. 우선 신고할 수 있는 기간이 너무 짧았고 절차도 복잡했어요. 토지 조사 사업을 진행한다고 홍보조차 하지 않아서 신고해야 한다는 사실을 모르는 사람도 많았답니다. 그뿐만 아니라 당시 마을에서 함께 쓰던 토지, 황실의 토지 등 명확한 증거를 내세우기 어려운 토지가 많았어요.

결국 신고하지 않은 대부분의 토지는 모두 조선 총독부의 소유가 됐습니다. 조선 총독부는 빼앗은 땅을 일본인과 동양 척식 주식회사*에 싼값으로 팔아넘겼어요. 일제가 토지 조사 사업을 시행한 진짜 목적은 조선의 토지를 합법적이고 효율적으로 뺏기 위함이었던 거죠. 그리하여 식민지*를 통치하는 데 필요한 돈을 마련할 수 있었어요.

일제는 한국 기업의 성장까지 통제하기 위해 회사령을 발표합니다. 회사령 시행으로 한반도에서는 조선 총독부의 허락을 받아야 회사를 설립할 수 있었어요.

어휘 쑥쑥

출판
책을 만듦

토지 소유권
토지를 사용하거나 팔 수 있는 권리

식민지
다른 국가에 예속되어 주권을 상실한 나라

Q 2 다음 빈칸 안에 들어갈 알맞은 말을 쓰시오.

① 일제는 조선 토지를 수탈하기 위해 ☐☐ ☐☐ ☐☐을 실시했다.

② 신고하지 않은 토지 대부분은 ☐☐ ☐☐☐의 소유가 됐다.

▲ 동양 척식 주식회사

주제 46

1910년대 국내외 항일 운동

1910년대 국내 독립운동

일제 강점기가 시작되고 일본의 무서운 무단 통치에도 독립을 이루기 위한 사람들의 노력은 끊이지 않았어요. 독립운동가에 대한 탄압이 심화되자 국내 독립운동은 비밀리에 진행되는 경우가 많았습니다.

대표적인 국내 독립운동 단체로는 독립 의군부와 대한 광복회가 있었습니다. 독립 의군부는 고종의 명령을 받아 비밀 단체로 조직되었고, 고종을 다시 황제로 만드는 것이 목표였습니다. 하지만 결국 일본에 발각되어 실패합니다.

대한 광복회는 대구에서 박상진을 중심으로 조직되었습니다. 대한 광복회의 최종 목표는 만주*에 군사 학교를 세워 군사 훈련을 한 뒤 일본과 전쟁을 치르는 것이었어요. 이들은 독립에 필요한 돈을 모으기 위해 일제가 걷은 세금을 뺏거나 친일파를 공격했습니다. 하지만 자금*을 모으던 중 일제에게 잡혀가 뿔뿔이 흩어지고 맙니다.

이렇게 국내에서 비밀리에 조직된 독립운동 단체는 많았지만 일제의 가혹한 탄압으로 인해 국외로 거처를 옮기기 시작합니다. 1907년에 조직된 신민회는 일제 강점기가 시작되자 만주로 건너가 무장 독립 투쟁을 준비합니다.

▲ 박상진

Q1 다음에서 (   ) 안에 들어갈 알맞은 말을 찾아 쓰시오.

신간회	신민회	독립 의군부	대한 광복회

① (   )는 고종을 다시 황제로 만드는 것이 목표였다.

② (   )는 대구에서 박상진을 중심으로 조직되었다.

1910년대 국외에서 독립을 준비하자!

국외로 거처를 옮긴 독립운동가들은 독립운동 기지를 건설했어요. 특히 무장 투쟁을 준비한 신민회의 구성원 이회영은 어마어마한 재산을 정리한 뒤 가족을 이끌고 만주 서간도로 건너갑니다. 먼저 경학사라는 단체를 만들고 무술을 가르치는 신흥 강습소를 설립했어요. 신흥 강습소는 훗날 신흥 무관 학교로 이름을 바꾸고, 항일 무장 투쟁을 위한 독립군들을 양성합니다.

북간도에서는 헤이그 특사였던 이상설을 중심으로 서전서숙이라는 학교가 세워지고, 중광단이라는 독립군도 만들어졌어요. 중광단은 북로 군정서로 발전하여 훗날 일본과의 청산리 대첩에서 큰 활약을 하게 됩니다.

간도뿐 아니라 연해주(러시아) 블라디보스토크에서도 독립운동 단체 권업회와 무장 독립 투쟁 단체인 대한 광복군 정부가 수립*됩니다. 놀랍게도 저 멀리 미국에서도 일본에 저항하는 독립운동 단체가 만들어졌어요! 하와이에서는 박용만이 조직한 군사 단체 대조선 국민 군단이, 샌프란시스코에서는 안창호가 조직한 한인 단체 흥사단이 활동했어요.

일본은 1910년대에 무단 통치를 실시하며 한국인들을 가혹하게 탄압했지만, 우리 민족의 독립에 대한 열정은 전국을 넘어 전 세계로 뻗어 나갔어요. 이처럼 국외의 수많은 독립군 기지에서 군사 교육과 훈련을 진행했기 때문에 1920년대에는 일제와 전쟁을 벌이는 독립군 단체들이 등장하게 되었답니다.

어휘 쏙쏙

만주
오늘날 중국의 동북 지방

자금
특정한 목적에 쓰이는 돈

수립
정부, 제도, 계획을 이룩해 세움

Q 2 서로 관련 있는 것을 선으로 바르게 연결하시오.

① 대조선 국민 군단 ●　　　　　　　　　　　　　● 하와이

② 서전서숙과 북로 군정서 ●　　　　　　　　　　● 서간도

③ 경학사와 신흥 무관 학교 ●　　　　　　　　　　● 북간도

24일차

3·1 운동과 대한민국 임시 정부

3·1 운동의 배경과 전개 과정을 파악할 수 있다.

역사 용어

독립 공채
독립을 하면 갚기로 하고 발행했던 빚

민족의 운명을 스스로 결정하자!

1차 세계 대전 이후 열강들은 전쟁을 마무리하고 친하게 지내자는 의미로 파리 강화 회의를 열어요. 그때 미국 대통령 윌슨은 '민족 스스로 자신의 운명을 결정할 수 있다!'라고 이야기했어요. 이를 민족 자결주의라고 합니다.

식민지 한국인들에게 윌슨의 민족 자결주의는 '한국이 스스로 독립이라는 운명을 결정할 수 있다.'라는 뜻으로 들렸어요. 한국의 독립 의지를 보여 준다면 미국이 도와줄 것 같은 희망이 생겼어요. 중국에 있던 신한 청년당에서는 김규식을 파리 강화 회의에 보내 독립 선언서를 제출합니다. 한국이 독립을 원한다는 것을 세계에 알린 거예요.

만주에 있던 독립운동가들도 대한 독립 선언서를 발표했고, 일본 도쿄 유학생들도 2·8 독립 선언서를 제출하며 한국의 독립 의지를 보여 줍니다! 이런 분위기 속에서 우리 민족은 고종의 장례식을 계기로 일본과 전 세계에 한국의 독립 의지를 보여주기 위한 3·1 만세 운동을 계획합니다.

3·1 운동이 시작되다!

1919년 3월 1일 33명의 민족 대표는 태화관에서 독립 선언서를 발표해요. 탑골 공원에 있던 사람들도 독립 선언서를 발표한 뒤 만세 운동을 시작했습니다. 만세 운동은 전국 대도시에서 시작해 중소도시와 소도시, 농촌으로 퍼져 나갔어요. 3·1 운동은 학생과 상인, 노동자*, 농민 등 모든 계층*이 참여한 전국적인 운동이었어요.

▲ 3·1 운동

Q 1 윌슨은 파리 강화 회의에서 (민족 자결주의 / 사회주의)를 강조했다.

Q 2 (일본 / 중국)에 있던 유학생들은 2·8 독립 선언서를 발표했다.

3·1 운동은 평화적 시위였으나 일제는 총과 칼을 휘두르며 폭력적으로 진압합니다. 유관순 열사*를 비롯해 많은 독립운동가가 만세 시위를 했다는 이유로 잡혀가 고문을 당했어요. 또, 일본은 마을의 주민을 모아 학살*하는 제암리 학살 사건을 저지르기도 했습니다.

일본의 무력 대응으로 인해 평화적이었던 3·1 운동의 성격도 변화합니다. 한국인들도 경찰서를 습격하며 무력으로 일제에 저항하기 시작했어요.

3·1 운동 결과 대한민국 임시 정부 수립

3·1 운동은 전 민족이 참여한 일제 강점기 최대 규모의 독립운동이었습니다. 이를 계기로 독립운동을 이끌어 나갈 단체가 필요하다고 느낀 독립운동가들은 대한민국 임시 정부를 수립했습니다.

국내에서 실시된 일본의 무서운 탄압을 피해 중국 상하이에 세워진 대한민국 임시 정부는 민주 공화정* 체제를 갖추고 삼권 분립*의 원칙을 따랐어요. 즉, 권력이 한 명에게 집중되지 않도록 한 것이지요.

대한민국 임시 정부는 독립운동 자금을 모으기 위해 미국과 중국 등에 독립 공채*를 발행했고, 비밀 조직인 연통제와 통신 기관인 교통국을 만들었어요. 외교 활동을 위해 미국에 구미 위원부를 두기도 했답니다.

어휘 쑥쑥

노동자
일을 해서 번 돈으로 생활하는 사람

계층
사회적 지위가 비슷한 사람들의 층

열사
나라를 위해 싸운 사람

학살
가혹하게 마구 죽임

민주 공화정
국민이 선출한 대표가 하는 정치 체제

삼권 분립
국가 권력이 입법·사법·행정으로 나뉨

Q 3 대한민국 임시 정부에 대한 설명으로 맞으면 ○표, 틀리면 ×표 하시오.

① 대한민국 임시 정부는 민주 공화정 체제이다. ( )

② 대한민국 임시 정부는 독립 자금을 모으기 위해 연통제를 조직했다. ( )

③ 대한민국 임시 정부는 외교 활동을 위해 러시아에 구미 위원부를 두었다. ( )

▲ 대한민국 임시 정부

1920년대 일제의 문화 통치와 경제 수탈

학습 목표

문화 통치의 목적과 특징을 설명할 수 있다.

부드럽게 통치하는 척! 문화 통치 시작

일본은 전국적으로 전개된 3·1 운동으로 크게 놀랍니다. 무섭게 통치하면 한국인들을 제압할 수 있다고 생각했는데 더 큰 저항을 불러일으켜 버린 것이지요. 따라서 일본은 무단 통치에서 문화 통치로 방식을 바꿉니다.

1920년대 문화 통치 시기에 일본은 억압했던 것들을 많이 허용해 줬어요. 헌병 경찰체를 보통 경찰제로 바꾸고 태형을 없앴습니다. 또, 언론·출판·집회·결사의 자유를 약간 허용해 줬으며, 한국인에게도 고등 교육의 기회를 줬답니다.

하지만 사실 문화 통치는 한국인을 기만*한 정책들이었어요. 이름은 보통 경찰제로 바뀌었지만 경찰과 경찰서는 훨씬 더 늘어났습니다. 언론의 자유를 허용해 주는 듯 보였지만 한국인이 만드는 신문은 모두 사전*에 검열*했으며, 한국인의 고등 교육도 실제로는 거의 이루어지지 않았습니다. 일제는 치안 유지법도 만들었는데요, 이는 사회주의*자를 탄압하기 위해 만든 법이에요. 실상은 독립운동가를 탄압하기 위해 이용했답니다.

사실 문화 통치의 목적은 민족을 분열*시키려는 데 있었어요. 한국인들이 똘똘 뭉치지 못하게 하고 일제에 협조적인 친일파를 키워 내려고 했답니다. 이렇듯 문화 통치는 한국인의 불만을 잠재우기 위해 겉으로 '잘해주는 척'만 한 것이었어요.

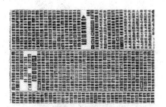

▲ 일제의 사전 검열로 내용을 알아볼 수 없는 신문

Q 1 문화 통치에 대한 설명으로 맞으면 ○표, 틀리면 ×표 하시오.

① 3·1 운동을 계기로 바뀐 통치 방식이다. ( )

② 보통 경찰제를 헌병 경찰제로 바꾸었다. ( )

③ 치안 유지법을 만들어 독립운동가 탄압에 이용했다. ( )

산미 증식 계획과 회사령으로 경제 수탈

1920년대에 일본에서 쌀 생산량이 줄어들자 일제는 부족한 쌀을 한국에서 보충하기 위해 산미 증식 계획을 실시했어요.

산미 증식 계획이란 쌀 생산을 늘리는 것입니다. 일본은 목표 생산량을 달성하기 위해 한국에 수리 시설*을 늘리고 땅을 넓히는 개간 사업을 하며 좋은 비료*를 사용하게 했어요. 그 결과 쌀 생산은 늘어났지만 한국 농민들의 삶은 더 힘들어졌습니다.

왜냐구요? 일제는 늘어난 쌀 생산량보다 더 많은 양을 일본으로 가져갔거든요. 그리고 생산을 늘리기 위한 수리 시설과 개간 사업, 비료 생산에 들어간 모든 비용을 농민들이 부담하도록 했어요.

한국인들은 먹을 쌀이 부족해졌고 만주에서 콩, 수수 같은 잡곡을 수입하게 됐어요. 어떤 농민들은 땅을 버리고 산에 들어가 화전민*이 되거나 아예 나라를 떠나 만주·연해주로 이주하기도 했습니다.

1920년, 일본은 우리 민족 기업의 성장을 억압하기 위해 만들었던 회사령을 폐지합니다. 이는 일본 기업이 한국에 자유롭게 진출해서 활동할 수 있도록 하기 위한 조치였답니다.

어휘 쏙쏙

기만
남을 속여 넘김

사전
일이 일어나기 전

검열
행위를 살펴 조사함

사회주의
국가가 생산 수단을 소유하고 경제를 통제해. 모든 사람에게 똑같이 이익을 나눠 줘야 한다는 주장. 자본주의의 반대

분열
집단이 나누어짐

수리 시설
물을 끌어오는 시설

비료
땅에 뿌리는 영양 물질

화전민
산의 풀과 나무를 불살라 버리고 그 자리에서 농사를 짓는 농민

Q 2 다음 빈칸 안에 들어갈 알맞은 말을 쓰시오.

① 산미 증식 계획으로 쌀을 늘리기 위해 사용된 모든 비용을 □□이 부담하게 했다.

② 한국인들은 먹을 쌀이 부족해 □□에서 잡곡을 수입하기도 했다.

③ 일본은 □□□을 폐지해 일본 기업이 한국에서 자유롭게 활동할 수 있도록 했다.

주제 49

실력 양성 운동과 사회 운동

역사 용어

백정
소, 돼지 등 가축을 잡는 일을 직업으로 하는 사람
→ 차별을 받았음

실력을 양성하자!

3·1 운동 이후 독립운동에 새로운 방향이 생겨납니다. 우리 민족의 실력을 키운 뒤에 독립하자는 주장이었는데요, 이러한 움직임을 실력 양성 운동이라고 합니다.

대표적인 것은 물산 장려 운동입니다. 평양에서 시작된 물산 장려 운동은 '내 살림 내 것으로', '조선 사람 조선 것'이라는 구호를 외치며 국산품 애용*을 강조했어요. 당시 일본 회사들은 질 좋은 물건을 값싸게 팔고 있었는데요, 일본 물건 대신 국산품을 이용해야 우리 민족 기업이 성장하고 이를 통해 한국의 경제력도 성장할 수 있다고 생각했기 때문이에요.

1910년대에 일본은 한국인이 고등 교육을 받을 기회를 막고 식민지 차별 교육을 실시했죠? 1920년대에는 이에 대항해 우리 민족 스스로 대학을 설립해 실력을 키우자는 민립 대학 설립 운동이 전개되었어요. 이상재의 주도로 서울에서 조선 민립 대학 기성회가 만들어졌고, 대학 설립을 위한 모금 운동을 벌였지만 일제의 방해로 성공하지 못했답니다.

농촌에서는 조선일보, 동아일보 등 신문사를 중심으로 농촌 계몽 운동이 일어났어요. 문맹*을 없애기 위한 브나로드 운동이 전개되었으며, 우리말과 역사·지리를 가르치기도 했답니다.

▲ 물산 장려 운동 포스터

Q1 (물산 장려 운동 / 민립 대학 설립 운동)은 국산품을 애용해 경제적 자립을 이루려 했다.

Q2 신문사를 중심으로 농촌 □□ 운동이 일어났다.

다양한 사회 운동!

1920년대에는 노동자와 농민을 중심으로 다양한 사회 운동이 발생합니다. 당시 노동자들은 일본인과 차별 대우를 받았고 하루에 12시간 이상 일하면서도 낮은 임금을 받았습니다. 이에 노동자들은 노동조합을 만들고 노동 쟁의*를 일으켰어요. 1929년에 일어난 원산 총파업이 이 시기 가장 대표적인 노동 쟁의입니다. 노동자들이 약 4개월에 걸쳐 일본 자본가와 조선 총독부에 저항한 운동이에요. 이 소식이 퍼지자 전국에 있는 노동자들이 지원금을 보내거나 함께 파업하며 원산 총파업을 지원했답니다.

토지 조사 사업과 산미 증식 계획으로 많은 피해를 입었던 농민들도 농민 조합을 결성하고 소작 쟁의를 일으켰어요. 당시 한국인들은 많은 토지를 일본인에게 빼앗기고 일본인 지주에게 땅을 빌리는 소작농*으로 일하고 있었어요. 그런데 지주들은 땅을 빌린 대가로 소작료*를 무려 70~80%나 요구했습니다. 예를 들어 10만 원의 수익 중 7~8만 원을 가져간 것과 같아요. 이에 저항해 1923년 암태도 소작 쟁의가 발생합니다. 농민들은 1년 넘게 저항한 끝에 소작료를 40%로 낮출 수 있었어요.

노동자와 농민뿐만 아니라 사회적 약자들도 차별 철폐*를 주장하며 활발한 사회 운동을 벌였어요. 여성들은 근우회를 조직해 여성 차별 폐지를 주장하며 여성 계몽 운동을 벌였고, 백정*들은 평등한 대우를 요구하며 형평 운동을 전개했습니다. 방정환과 천도교 세력은 소년 운동을 벌여 5월 1일을 어린이날로 정하고 『어린이』라는 잡지를 만들며 어린이에 대한 차별 금지를 주장했어요. 어린이날은 해방 이후 우리가 아는 5월 5일로 바뀌었답니다.

어휘 쑥쑥

애용
애착을 갖고 사용함

문맹
배우지 못해 글을 읽거나 쓸 줄 모르는 사람

쟁의
자기 의견을 주장하며 투쟁하거나 다툼

소작농
농지를 빌려 농사를 짓는 사람

소작료
농지를 빌린 대가로 지급해야 하는 비용

철폐
전에 있던 제도와 규칙을 없앰

Q 3 서로 관련 있는 것을 선으로 바르게 연결하시오.

① 1929년 발생한 대표적인 노동 쟁의 ● 　　● 형평 운동

② 백정들이 평등한 대우를 요구하며 일으킨 운동 ● 　　● 원산 총파업

③ 높은 소작료에 저항하며 1923년에 발생한 소작 쟁의 ● 　　● 암태도 소작 쟁의

25일차 민족 유일당 운동과 만세 운동

민족 유일당 운동의 결실, 신간회

1920년대에 들어와서 민족 운동은 민족주의 계열과 사회주의 계열로 나뉩니다. 이들은 사상은 서로 달랐지만 독립을 소원하는 마음은 같았어요.

마음이 맞는 일부 민족주의자*와 사회주의자들은 힘을 합쳐 민족 유일당 운동을 전개*했어요. 이는 독립이라는 공통된 목표를 이루기 위해 독립운동 방법에 대한 생각이 달라도 서로의 힘을 하나로 모으려는 운동이었답니다. 그 결과 1927년 신간회가 창설*됩니다. 신간회는 일제 강점기에 만들어진 최대 규모의 합법*적 항일 운동 단체였어요.

신간회는 노동 쟁의와 소작 쟁의, 그리고 여성 운동을 지원했습니다. 사람들에게 독립 의지를 심어주기 위해 전국을 돌아다니며 일제의 통치 방식을 비판하는 강의를 하기도 했답니다. 1929년에 발생한 광주 학생 항일 운동을 지원하기도 했지요.

하지만 신간회 내부에서 점차 갈등이 발생했어요. 그 결과 1931년, 신간회가 더 성장하려면 뿔뿔이 흩어져야 한다는 결정을 내리고 결국 해체*하기로 했습니다.

6·10 만세 운동이 발생하다.

1926년 6월 10일은 대한 제국의 마지막 황제였던 순종의 장례식날이었습니다. 사람들은 고종의 장례식 때 전개된 3·1 운동을 기억하며 이번에도 만세 운동을 준비했어요. 하지만 일본도 가만히 있지 않았습니다. 대규모 시위

▲ 신간회

Q 1 신간회에 대한 설명으로 맞으면 ○표, 틀리면 ×표 하시오.

① 신간회는 합법적인 항일 운동 단체이다. ( )

② 신간회는 민족주의자 세력으로 구성된 단체이다. ( )

③ 신간회는 1940년, 일제에 의해 강제로 해산되었다. ( )

운동이 일어나는 것을 막기 위해 미리 독립운동가들을 싹 잡아가 버렸어요.

하지만 예정대로 6월 10일, 학생들이 6 · 10 만세 운동을 주도하기 시작합니다. 이를 보고 민족주의자와 사회주의자들은 큰 감명*을 받았어요. 그래서 생각이 다르더라도 일단 힘을 합치자는 결론을 내렸지요. 6 · 10 만세 운동은 신간회 탄생에 큰 영향을 끼쳤답니다.

광주 학생 항일 운동이 발생하다.

1929년, 광주에서 3 · 1 운동 이후 최대 규모의 항일 운동인 광주 학생 항일 운동이 일어납니다. 한국 학생과 일본 학생 간의 싸움에서 시작되었어요.

광주에서 나주로 향하는 열차 안에서 일본인 남학생들이 한국인 여학생들을 괴롭히자 한국인 학생과 일본인 학생 사이에 싸움이 일어납니다. 하지만 일본인 경찰은 한국인 학생들만 잡아갔지요. 분노한 광주 학생들은 '민족 차별 금지', '일본 통치 반대'를 외치며 항일 운동을 시작합니다. 광주 학생 항일 운동은 전국적인 규모로 커져 5만여 명의 학생들이 참여하게 됐고 신간회도 진상 조사단을 보내 학생들을 도왔어요.

일제의 탄압으로 항일 운동은 끝이 났지만, 이후 학생들은 항일 운동에 주도적으로 참여하며 독립운동을 이끌어나가는 세력이 되었답니다!

어휘 쑥쑥

민족주의자
민족의 독립을 위하여 실력을 키울 것을 주장함

전개
시작하여 벌임

창설
기관이나 단체를 새로 만듦

합법
법이나 규범에 알맞음

해체
단체가 흩어짐

감명
감동하여 마음에 새김

Q 2 순종의 장례식날 학생들의 주도하에 발생한 운동의 이름을 고르시오.　　　　　　(　)

① 3 · 1 운동　　　　② 5 · 4 운동　　　　③ 6 · 10 만세 운동　　　④ 10 · 19 운동

Q 3 (광주 / 전주) 학생 항일 운동은 3 · 1 운동 이후 발생한 최대 규모의 항일 운동이었다.

26일차

1920년대 무장 독립 전쟁과 의열 투쟁

학습 목표

국외에서 전개된 무장 독립 투쟁을 이해할 수 있다.

무장 독립 투쟁이 발생하다!

1910년대 국외에 독립운동 기지를 많이 설립한 덕분에, 1920년대에 들어서는 무장 독립 투쟁이 활발하게 전개됩니다. 특히 만주와 연해주에서 조직된 독립군들은 국내로 들어가 일본군을 공격하고 다시 돌아오는 작전을 사용했어요.

이런 방식에 화가 난 일본은 군대를 이끌고 독립군을 쫓아옵니다. 이때 홍범도 장군이 이끄는 대한 독립군은 봉오동으로 일본군을 유인*하고 봉오동 전투에서 큰 승리를 거뒀습니다.

그러자 일본은 더 많은 군대를 이끌고 독립군을 쫓아옵니다. 하지만 대한 독립군은 청산리에서 김좌진 장군이 이끄는 북로 군정서와 연합했고 청산리 전투에서도 일본에 크게 승리했어요!

잇따른 패배에 화가 난 일본은 간도 지역에 사는 한국인들을 무차별하게 학살하는 간도 참변*을 자행*합니다. 이제 독립군들은 더 이상 만주 지역에 있을 수 없게 됐고 러시아 땅인 자유시로 이동을 하게 돼요. 하지만 자유시에서도 독립군 내부의 갈등이 발생해 수많은 독립군이 희생되는 자유시 참변이 일어났어요.

자유시 참변으로 독립군들은 다시 만주로 돌아옵니다. 독립군들은 힘을 합치기로 한 뒤 참의부 · 정의부 · 신민부를 만들었으며 이를 합쳐 3부라고 불렀어요. 그런데 또 일제가 3부를 탄압하려고 하자 독립군들은 3부를 남만주의 국민부와 북만주의 혁신 의회 두 세력으로 통합했답니다!

▲ 홍범도 장군

Q 1 다음의 사건이 일어난 순서대로 기호를 쓰시오.

㉠ 간도 참변	㉡ 자유시 참변
㉢ 봉오동 전투	㉣ 청산리 전투

(   ) → (   ) → (   ) → (   )

의열 투쟁을 펼치다!

한편 1919년, 21살의 김원봉은 의열단을 조직합니다. 의열단이란 정의를 위해 의롭고 열렬하게 모인 단체라는 뜻으로, 독립 전쟁 같은 대규모 활동보다는 개인이 일제의 주요 기관을 폭파하거나 친일파를 물리치는 역할을 했습니다.

의열단원은 신채호의 조선 혁명 선언을 적어 두고 활동 지침으로 삼았답니다. 조선 혁명 선언에는 독립을 위해서 직접적인 무력과 폭력을 통해 일제를 물리쳐야 한다고 적혀 있었거든요!

의열단원 김익상은 조선을 감시하는 조선 총독부에 두 개의 폭탄을 던졌어요. 뒤이어 김상옥은 종로 경찰서에, 나석주는 동양 척식 주식회사에 폭탄을 던지며 일제에 큰 타격*을 주었습니다. 의열단의 활동에 화가 난 일본은 의열단의 핵심이었던 김원봉에 100만 원의 현상금*까지 걸었어요. 당시 100만 원은 지금의 돈으로는 320억 원 정도입니다. 어마어마한 금액인 것을 보니 당시 일본이 의열단의 활동을 얼마나 두려워했는지 느껴지죠?

Q 2 다음 빈칸 안에 들어갈 알맞은 말을 쓰시오.

① 의열단은 □□□을 중심으로 조직되었다.

② 의열단원들은 신채호의 □□ □□ □□을 활동 지침으로 삼았다.

▲ 김원봉

117

주제 52

1930년대 이후 민족 말살 통치와 전시 수탈

민족 말살 통치의 배경과 특징을 설명할 수 있다.

역사 용어

대공황
대규모의 경제적 혼란

병참 기지
전쟁에 필요한 사람과 물건을 보관하고 지원하는 근거지

태평양 전쟁
제2차 세계대전 당시 일본이 일으킨 전쟁(1941~1945)

민족 말살 통치

1930년대에 들어와서 일제의 통치 방식은 또 바뀌게 됩니다. 일본은 1929년 경제 대공황*으로 심각한 경제 위기를 맞이하게 돼요. 이를 극복하기 위해 일본은 전쟁이라는 잘못된 방법을 선택합니다.

일본은 1931년 만주를 공격하며 본격적으로 침략 전쟁을 시작했고, 전쟁을 계속하기 위해 한국을 일본의 군사 창고인 병참 기지*로 만들었어요. 이에 따라 군수 산업*과 관련된 공장을 설립했지요.

1937년, 일본은 중일 전쟁을 벌였고 한국인을 전쟁에 동원하려고 했습니다. 하지만 한국인들이 일본에 순순히 따를 것 같지 않자 민족의식을 말살* 시키고 일본인으로 만들려는 민족 말살 통치를 시행합니다. 일본은 한국인을 일본 황제 국가의 백성으로 만들려고 했어요. 이를 황국 신민화 정책이라고 합니다.

일본은 한국과 일본이 하나라는 내선일체를 강조하며 신사 참배*를 강요했습니다. 신사는 전쟁을 일으킨 범죄자를 신으로 모신 절인데요, 이곳을 향해 절을 하게 한 것이지요. 또, 어른이나 아이 할 것 없이 일본 국왕에게 충성한다는 내용이 담긴 황국 신민 서사를 외우게 시켰답니다. 한국인의 이름까지 일본식으로 바꾸게 했으며, 한국의 역사를 왜곡*하고 한국어도 사용하지 못하게 했습니다.

▲ 내선일체 포스터

Q 1 1930년대 이후의 모습으로 맞으면 ○표, 틀리면 ×표 하시오.

① 일본은 황국 신민화 정책을 시행했다.   ( )

② 일본은 한국인에게 신사 참배를 강요했다.   ( )

③ 일본은 한국인의 이름을 일본식으로 바꾸게 했다.   ( )

전쟁에 필요한 사람과 물건을 수탈하는 일제

일본은 미국 하와이 진주만을 기습적으로 공격하며 1941년, 태평양 전쟁*까지 일으켰어요. 일제는 1938년부터 국가 총동원법을 만들어 전쟁을 준비하고 있었습니다. 국가 총동원법에 따라 일제는 전쟁에 필요한 물건과 사람을 한국에서 마음대로 동원하기 시작했습니다.

먼저 한국 사람을 전쟁터로 끌고 갔습니다. 처음에는 일본을 위해 싸울 지원자를 모집하는 지원병제를 시행하다가 이후에는 강제로 끌고 가는 징병제를 시행했지요. 그뿐만 아니라 징용령, 여자 정신 근로령을 통해 한국인에게 강제로 일을 시켰어요. 한국인들은 깊은 광산에 들어가서 하루에 12시간 넘게 일하거나 군수 공장에서 강제로 일했답니다.

하지만 비극은 여기서 끝나지 않았어요. 일제는 일본군의 성적 욕구를 충족시키기 위해 많은 한국인 여성들을 일본군 '위안부'로 끌고 갑니다. '위안부' 여성들은 그곳에서 성노예 생활을 강요받았어요.

일제는 많은 물자도 수탈했는데요, 오랜 전쟁을 치르는 데 필요한 식량을 얻으려 공출*을 시행해 한국의 쌀을 모두 수탈했고, 식량 배급제를 실시해 아주 적은 양의 쌀만 나눠 줬어요. 심지어 전쟁에 필요한 무기를 만들기 위해 가정에 있는 놋그릇, 숟가락, 젓가락까지도 모조리 가져갔습니다. 녹여서 무기를 만들 수 있는 쇠붙이는 다 빼앗아 간 것이지요.

어휘 쑥쑥

군수 산업
군사상 필요한 물건을 생산하는 산업

말살
사물을 뭉개어 없애 버림

참배
신에게 절함

왜곡
사실과 다르게 해석함

공출
농업 생산물이나 기물 등을 의무적으로 정부에 내어놓음

Q 2 일제는 1938년, 전쟁에 필요한 사람과 물자를 수탈할 수 있는 (치안 유지법 / 국가 총동원법)을 만들었다.

Q 3 다음 빈칸 안에 들어갈 알맞은 말을 쓰시오.

① 일제는 일본군의 성적 욕구를 충족하기 위해 여성들을 일본군 '☐☐☐'로 끌고 갔다.

② 일제는 전쟁을 치르는 데 필요한 식량을 얻기 위해 ☐☐을 시행했다.

27일차 1930년대 이후 무장 독립 투쟁과 한인 애국단

학습 목표

1930년대 이후 전개된 무장 독립 투쟁을 이해할 수 있다.

역사 용어

중국 관내
관내는 어떤 기관이 관리하는 구역의 안쪽으로, 만주가 아닌 중국 본토

연합군
2차 세계 대전에 참전한 여러 국가의 연합 군대로 미국, 영국, 중국 등이 있음

국내 진공 작전
국외에서 군대를 만들어 국내(한반도)로 들어가 공격하는 작전

중국군과 연합한 독립군!

1931년 일제가 만주를 공격하자 중국은 분노했고, 이것은 중국군과 한국군이 본격적으로 연합 작전을 시작한 계기가 됐어요. 대표적으로 양세봉 장군의 조선 혁명군이 중국군과 연합해 영릉가 전투와 흥경성 전투에서 큰 승리를 거뒀어요. 지청천 장군이 이끌었던 한국 독립군도 중국군과 연합해 쌍성보 전투와 대전자령 전투에서 대승리를 거둡니다.

그러자 일본은 더 가혹하게 독립군을 공격했고, 독립군들은 이제 만주가 아닌 중국 관내*로 들어가 활동했습니다. 의열단을 이끌던 김원봉은 중국의 지원을 받아 1938년 중국 관내에서 독립군 부대인 조선 의용대를 만들었어요. 조선 의용대는 중국 관내에서 결성된 최초의 한국인 무장 단체였답니다.

한인 애국단의 뜨거운 활약!

한편 1931년 대한민국 임시 정부를 이끌던 김구는 한인 애국단을 조직합니다. 단원 이봉창은 1932년 도쿄에서 일본 국왕이 타고 있는 마차에 폭탄을 던져 암살을 시도했습니다. 그리고 같은 해 윤봉길은 상하이 홍커우 공원에 폭탄을 던집니다. 당시 일본군이 홍커우 공원에서 상하이 점령을 축하하는 파티를 열고 있었거든요. 윤봉길은 물통 모양으로 된 폭탄을 던졌고 일제의 주요 인물들을 처단하는 데 성공했어요! 윤봉길은 곧바로 일본에 체포되고 말았지만 의거에 감동한 중국 정부는 대한민국 임시 정부를 적극적으로 지원하게 됩니다.

▲ 윤봉길 의사

Q 1 서로 관련 있는 것을 선으로 바르게 연결하시오.

① 양세봉 장군이 이끈 독립군 ● ● 한인 애국단

② 이봉창·윤봉길 의사가 활약한 의열 단체 ● ● 조선 혁명군

대한민국 임시 정부의 정식 군대, 한국 광복군 등장!

이봉창과 윤봉길 등 한인 애국단의 활약으로 중국의 지원을 받게 된 대한민국 임시 정부는 일본의 탄압을 피해 근거지를 상하이에서 충칭으로 옮겼어요. 1940년, 대한민국 임시 정부는 이곳에서 정식 군대인 한국 광복군을 조직하고 지청천 장군을 총사령관*으로 두었어요.

1941년, 일본이 태평양 전쟁을 일으키자 대한민국 임시 정부는 일본의 패망*과 한국의 독립을 준비하기 시작했어요. 1942년에는 김원봉의 조선 의용대가 한국 광복군에 합류하면서 힘이 더욱 강력해졌습니다. 한국 광복군은 미국, 영국과 같은 연합군*의 일원으로서 세계의 전쟁에도 참여했습니다. 일본과의 전쟁은 물론이고 미얀마와 인도 전투에서도 활약했어요. 특히 한국 광복군은 포로*를 심문*하고 암호를 해독*하는 일을 했습니다.

이제 1945년이 되자 일본이 곧 망하리라는 것을 느낄 수 있었어요. 이에 한국 광복군은 한반도에 있는 일본을 직접 몰아내고자 미국 특수 부대인 OSS와 함께 훈련하며 국내 진공 작전*을 준비했습니다. 우리 손으로 일본을 직접 몰아내려고 했던 것이었지요. 하지만 국내 진공 작전이 얼마 남지 않았을 때 갑작스럽게 일본이 항복을 선언합니다. 미국이 일본에 핵폭탄을 던지자 일본이 무조건 항복을 하게 된 것이지요. 따라서 열심히 준비했던 국내 진공 작전은 시행되지 못했고 한국은 1945년 8월 15일 광복을 맞이하게 됩니다.

어휘 쑥쑥

총사령관
군대의 최고 지휘관

패망
싸움에 져 망함

포로
사로잡은 적

심문
자세하게 물어봄

해독
잘 알 수 없는 암호나 기호를 풀어서 해석함

Q 2 한국 광복군에 대한 설명으로 맞으면 ○표, 틀리면 ×표 하시오.

① 한국 광복군의 총사령관은 지청천이었다.　　　　　　(　　)

② 한국 광복군은 조선 혁명군과 함께 훈련하며 국내 진공 작전을 준비했다.　　　　　　(　　)

▲ 광복 직후 서울의 모습

안심Touch

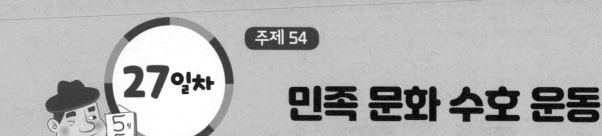

민족 문화 수호 운동

우리 말을 지키자!

일제는 한국을 지배하기 위해 우리말을 사용하지 못하도록 했습니다. 우리의 언어에는 민족의식*이 들어 있다고 생각했거든요. 하지만 오랜 일제 강점기 속에서도 한글을 지키고 연구한 사람들이 있었어요.

대표적으로 주시경과 같은 국어학자들의 노력이 있지요. '한힌샘'이라고도 불리는 주시경은 지석영과 함께 국문 연구소의 위원으로서 한글을 연구했으며 우리말의 문법을 최초로 정립하기도 합니다.

이후 국어학자들은 일제에 대항해 조선어 연구회를 세웠어요. 조선어 연구회는 지금의 한글날인 가갸날을 정하고 한글이라는 잡지를 만들어 한글을 널리 보급하고 연구했어요.

조선어 연구회는 조선어 학회로 확대되어 더 체계적으로 활동하기 시작합니다. 조선어 학회는 한글 맞춤법 통일안을 제정했고 『우리말 큰사전』을 편찬하려고 시도했어요. 하지만 당시 일제는 한국어 사용 자체를 금지했기 때문에 이 활동을 가만 두지 않습니다. 조선어 학회 사건을 조작*해 관련된 사람들을 모두 잡아들인 뒤 조선어 학회를 강제로 해산시켜요. 하지만 조선어 학회가 모았던 자료들이 광복 이후에 발견되어 늦게라도 『우리말 큰사전』을 완성할 수 있었답니다.

Q 1 서로 관련 있는 것을 선으로 바르게 연결하시오.

① 가갸날을 제정했다. ●   ● 주시경

②『우리말 큰사전』 편찬을 시도했다. ●   ● 조선어 학회

③ 우리말의 문법을 최초로 정립했다. ●   ● 조선어 연구회

우리 역사를 지키자!

일제는 한국의 역사를 왜곡하는 일에도 집중합니다. 특히 한국이 식민지가 될 수밖에 없는 이유를 정리한 식민 사관을 발표하기도 했어요.

한국의 역사가들은 일제의 식민 사관에 대응하기 시작했습니다. 역사학자 박은식은 『한국독립운동지혈사』를 썼어요. 책 속에 일제의 잘못된 행동들과 일제의 침략에 대응하는 우리 민족의 모습, 대한민국 임시 정부의 활동과 독립군의 투쟁을 담아서 한국인이 민족정신과 독립 의지를 잃지 않게 도와주었답니다. 백남운도 한국의 역사가 세계 여러 나라의 역사 흐름과 같이 발전하고 있음을 주장했고, 신채호는 『조선상고사』를 통해 한국의 고대 역사를 연구했답니다. 또한, 진단 학회는 한국사를 실증*적으로 연구했어요. 이러한 역사가들의 연구와 노력으로 우리는 일본의 역사 왜곡에 속지 않고 한국의 소중한 역사를 지킬 수 있었답니다.

어휘 쏙쏙

수호
지키고 보호함

조작
어떤 일을 사실인 듯이 꾸며 만듦

실증
경험과 증거를 바탕으로 사실을 밝힘

예술가들의 저항 운동!

예술계에서도 일제에 대항하는 저항 운동을 했습니다. 나라를 잃은 슬픔과 독립을 바라는 마음을 소설과 시로 표현했고, 음악을 통해 우리 민족의 아픔과 상처를 위로했습니다. 나운규는 영화 아리랑을 제작해 일제 강점기에 우리 민족이 겪은 슬픔을 담았답니다. 일본을 찬양하는 글을 썼던 사람들과는 반대로 우리의 힘든 상황들을 글로 기록하고 독립을 희망하는 작품을 지어 한국인을 위로했던 예술가들도 멋진 독립운동가라고 할 수 있지요.

Q2 박은식은 (조선상고사 / 한국독립운동지혈사)를 저술했다.

Q3 다음 빈칸 안에 들어갈 알맞은 말을 쓰시오.

① □□ □□는 한국사를 실증적으로 연구했다.

② 나운규는 □□□을 제작해 우리 민족을 위로했다.

▲ 박은식

123

여덟 번째 이야기
현대 사회

들어가기에 앞서

8월 15일 광복을 맞이한 이후, 대한민국 정부가 수립되었지만, 1950년 발생한 6·25 전쟁으로 대한민국은 큰 아픔을 겪습니다. 4·19 혁명, 5·18 민주화 운동, 6월 민주 항쟁을 바탕으로 민주주의를 완성했으며 1970년대 이후에는 평화 통일을 위한 노력을 꾸준히 하고 있습니다. 앞으로 대한민국은 어떻게 발전할까요?

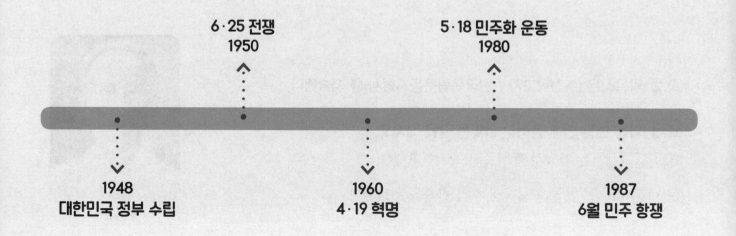

6·25 전쟁
1950

5·18 민주화 운동
1980

1948
대한민국 정부 수립

1960
4·19 혁명

1987
6월 민주 항쟁

현대 사회는 어떤 모습일까?

28일차

8·15 광복과 대한민국 정부 수립 과정

학습 목표

광복 이후 독립 국가 수립 과정을 설명할 수 있다.

역사 용어

군정
군의 중심 세력이 국가를 다스리는 정치

우익
보수주의적 정치사상의 경향을 나타내는 것(일반적으로 안정, 성장, 경쟁, 자유를 강조)

좌익
진보주의적 정치사상의 경향을 나타내는 것(일반적으로 변화, 분배, 복지를 강조)

미국과 소련이 한반도를 나눠 점령하다!

광복이 됐지만 한반도는 미군과 소련군이 나눠 점령합니다. 한반도를 북위 38도선을 기준으로 나눈 뒤 북쪽은 소련군이, 남쪽은 미군이 점령하는 군정*이 실시되었습니다. 미 군정은 기존의 대한민국 임시 정부를 인정하지 않고 남한을 직접 다스렸어요.

1945년 12월 모스크바에서는 미국·영국·소련의 대표가 모인 모스크바 삼국(3국) 외상 회의가 열렸습니다. 이 회의에서는 '대한민국 임시 민주 정부를 세울 것'과 '최대 5년 동안 신탁 통치할 것', '미소 공동 위원회를 개최할 것'을 결정했어요. 신탁 통치란 독립했지만 아직 정치할 능력이 부족한 한국을 미국·영국·소련이 대신해서 통치해 주겠다는 것이었어요. 회의 내용이 알려지자 우리나라 안에서 신탁 통치를 두고 입장이 나뉩니다. 우익* 세력은 신탁 통치를 반대했고, 좌익* 세력도 처음에는 반대했으나 임시 민주 정부를 세우는 것이 더 중요하다는 생각에 모스크바 회의의 결정을 모두 지지하기로 했습니다.

미국과 소련의 대표는 미소 공동 위원회를 열고 정부를 세우려 했지만 두 나라의 의견이 날카롭게 대립했어요. 결국 한반도에서는 좌익과 우익의 갈등이 더욱 심해지며 남북이 나뉜 상태가 점점 굳어져 갔습니다.

▲ 신탁 통치 반대

Q 1 광복 이후 상황에 대한 설명으로 맞으면 ○표, 틀리면 ×표 하시오.

① 광복 직후 남한은 대한민국 임시 정부가 통치했다. (　　　)

② 모스크바 3국 외상 회의에서 신탁 통치가 결정되었다. (　　　)

③ 우익 세력과 좌익 세력 모두 신탁 통치에 찬성했다. (　　　)

한반도에 2개의 정부가 수립되다!

결국 미소 공동 위원회가 결렬*되자 미국은 한반도 문제를 UN*에 넘겼습니다. UN은 남한만이라도 선거를 해서 정부를 수립하라고 결정했어요. 이 결정대로라면 결국 남과 북이 통일된 나라(정부)를 세우지 못한다는 뜻이었죠. 이승만은 정읍 발언을 통해 '선거가 가능한 지역에서만이라도 정부를 세우자!'라며 찬성했습니다. 하지만 김구와 김규식은 나라가 반으로 나뉘게 되는 남한만의 선거를 반대했어요. 평양으로 건너가 북측 지도자와 통일 정부를 세우기 위한 남북 협상을 시도했지만 결국 성과를 얻지 못해요.

남한 단독 정부 수립에 반대해 제주 4 · 3 사건과 여수 · 순천 10 · 19 사건이 발생합니다. 미 군정과 경찰이 이를 진압하는 과정에서 죄 없는 사람들이 많이 죽고 피해를 보았어요.

우여곡절 끝에 1948년 5월 10일, 남한에서 최초로 총선거가 시행되며 제헌* 국회가 구성됐어요. 제헌 국회는 제헌 헌법을 만들고, 8월 15일 이승만을 대한민국의 첫 대통령으로 뽑았습니다. 같은 해 9월, 북한에서도 김일성을 수상으로 하는 '조선 민주주의 인민 공화국'이 세워졌답니다. 이제 한반도에 2개의 정부가 생기게 된 것이지요.

어휘 쑥쑥

결렬
회의에서 의견이 합쳐지지 않고 갈라짐

UN
국제 연합

제헌
헌법을 만들어 정함

Q 2 다음 빈칸 안에 들어갈 알맞은 말을 쓰시오.

① 김구와 김규식은 남한만의 단독 선거에 반대하며 ☐☐ ☐☐을 추진했다.

② 남한 단독 정부 수립에 반대해 제주도에서 ☐ · ☐ 사건이 발생했다.

▲ 38도선을 넘는 김구 일행

127

주제 56

이승만 정부와 6·25 전쟁

학습 목표

이승만 정부의 정책을 알고 6·25 전쟁의 배경과 전개 과정, 결과를 설명할 수 있다.

역사 용어

유상 매수
돈을 주고 사는 것

유상 분배
돈을 받고 파는 것

남침
북쪽에서 남쪽을 침범(공격)

휴전 회담
전쟁을 멈출 것을 토의함

이산가족
남과 북의 분단으로 서로의 소식을 모르며 만날 수 없는 가족

이승만 정부, 농지 개혁 실시

제헌 국회는 국민이 가장 필요로 했던 농지 개혁을 실시했어요. 나라가 일정 이상의 농지를 소유한 지주*의 땅을 사서 땅이 없는 농민에게 판매하는 유상 매수*, 유상 분배* 방식이었습니다. 친일파를 청산*하기 위해 반민족 행위 처벌법을 만들었지만, 이승만 정부의 소극적 태도와 친일파의 방해로 반민족 행위 특별 조사 위원회는 해산되고 친일파도 청산하지 못했어요.

북한의 기습 남침!

일제 강점기는 끝났지만 한반도는 남한과 북한으로 나뉘었고 북한의 김일성은 전쟁을 준비합니다. 북한은 소련과 중국에 전쟁 지원을 약속받고 최신 무기도 공급받았어요. 그러던 중 미국 국무 장관* 애치슨이 애치슨 라인을 발표합니다. 이는 미국이 '태평양 지역은 여기까지 지킬게!'라고 정한 라인인데요, 그 라인에서 한국이 제외됐어요. 그래서 김일성은 전쟁이 일어나도 미국이 개입하지 않을 것이라 잘못 판단하고, 1950년 6월 25일 새벽 기습 남침*으로 전쟁이 발생합니다.

6·25 전쟁의 전개 과정

북한군은 38도선을 넘어 3일 만에 서울을 점령했어요. 북한의 공격에 전 세계가 놀랐고 국제 연합은 즉시 이를 침략 행위로 결정해 남한을 돕기 위해 16개국으로 구성된 UN군을 보냈습니다.

전쟁 때 정규 군인뿐만 아니라 학도병*들도 나라를 지키기 위해 노력했어요. 이렇게 많은 사람이 전쟁에 맞서 싸웠지만 북한군을 막지 못하고, 남한 지역 대부분을 북한에게 뺏겨요. 이때 연합군 최고 사령관 맥아더 장군이 인천 상

Q 1 (소련 / 미국)의 국무 장관이었던 애치슨은 애치슨 라인을 발표했다.

Q 2 연합군 최고 사령관 맥아더 장군은 (인천 / 평양) 상륙 작전을 결정했다.

류 작전을 시행했습니다. 서울과 가장 가깝고 한반도의 중심부에 있는 인천을 직접 공격했던 것이지요. 인천 상륙 작전이 성공하며 상황은 바뀌게 됩니다. 남한은 서울을 되찾고 이 기세를 몰아 38도선을 넘어 북쪽으로 치고 올라갔어요.

국군과 연합군은 38도선을 넘어 북한의 수도 평양을 점령했고 10월 26일, 압록강까지 올라갔어요. 이제 곧 통일이 될 것처럼 보였습니다. 하지만 이때 중국이 북한을 도와 한반도에 많은 중국군을 보내기 시작했어요. 국군과 연합군은 남쪽으로 후퇴하다가 결국 1951년 1월 4일 다시 서울을 빼앗겼어요.

국군과 연합군의 활약으로 다시 서울을 찾았지만 1951년 봄 이후 38도선을 중심으로 지루한 전쟁이 계속해서 이어졌어요. 전쟁이 좀처럼 끝나지 않자 유엔군과 북한군, 중국군 사이에서는 전쟁을 쉴 것을 주장하는 휴전 회담*이 진행됩니다. 회담은 무려 2년 동안 이어졌으며 회담이 진행되는 중에도 38도선 부근에서는 크고 작은 전투가 계속됐어요.

6·25 전쟁의 결과

약 2년 동안 진행된 휴전 회담 결과 1953년 7월 27일 전쟁이 멈추고 휴전선이 그어졌습니다. 하지만 오랜 전쟁으로 인해 국민들은 큰 상처를 입었어요. 많은 사람이 죽었고 회사와 공장 등 산업 시설이 붕괴됐으며 토지는 황폐해졌어요. 부모를 잃은 전쟁고아와 이산가족*도 생겨났고 남한과 북한의 적대* 감정은 깊어졌지요. 이는 분단*의 고착화*를 불러일으켰습니다.

어휘 쑥쑥

지주
토지의 소유자

청산
과거의 부정적 요소를 깨끗이 씻어 버림

국무 장관
주로 외교 업무를 담당하는 미국 국무부의 장관

학도병
학생 신분으로 전쟁에 참전한 병사

적대
적으로 대함

분단
하나의 국가가 둘로 나뉨

고착화
상황이 굳어져 변하지 않는 상태가 됨

Q 3 다음의 사건이 일어난 순서대로 기호를 쓰시오.

| ㉠ 1·4 후퇴 | ㉡ 휴전 협정 |
| ㉢ 중국군 참전 | ㉣ 인천 상륙 작전 |

( ) → ( ) → ( ) → ( )

▲ 휴전 회담

29일차

민주주의의 시련

역사 용어

간선제
간접 선거 제도

직선제
국민이 직접 대표를 뽑는 제도

발췌 개헌
대통령 직선제와 내각 책임제를 발췌·혼합한 새로운 개헌안

민주화
민주적으로 되어 가는 것

긴급 조치
대통령의 권한으로 국민의 자유와 권리를 제약할 수 있음

4·19 혁명이 발생하다!

이승만 정부는 정권을 유지하기 위해 여러 번 헌법을 바꿨어요. 대통령 간선제*를 직선제*로 바꾸는 발췌* 개헌*과 첫 번째 대통령(이승만 자기 자신)만이 대통령을 연속으로 할 수 있다는 내용을 담은 사사오입 개헌을 통과시켰습니다.

심지어 1960년 3월 15일 부정 선거까지 저지릅니다. 사람들이 투표하는 것을 감시하거나 투표함을 아예 바꿔 버리기도 했어요. 그러자 화가 난 시민들은 여기저기에서 부정 선거에 항의하는 시위를 일으켰어요.

이승만 정부는 정당한 항의를 하는 시민들에게 경찰을 동원해 총과 최루탄을 발사했고, 이 과정에서 많은 시민이 다치거나 죽었어요. 시위에 나갔던 학생 김주열이 한 달 뒤 마산 앞바다에서 죽은 채로 발견됩니다. 경찰이 시위를 진압하는 과정에서 김주열이 죽었고 이 사실을 숨기기 위해 시신을 바다에 버린 것이었어요. 이를 알게 된 학생들과 시민들은 더욱 분노했고, 결국 4·19 혁명이 일어나게 된 것이지요.

학생·어른 할 것 없이 전개된 4·19 혁명의 결과, 독재자 이승만은 대통령 자리에서 물러났어요. 국민의 힘으로 독재 정권을 무너뜨리고 민주주의*를 만들어 낸 것이었지요. 이후 4·19 혁명은 우리나라 민주화* 운동의 토대*가 되었답니다.

▲ 4·19 혁명

Q 1 이승만 정부는 대통령 간선제를 직선제로 바꾸는 (발췌 / 사사오입) 개헌을 통과시켰다.

Q 2 다음 빈칸 안에 들어갈 알맞은 말을 쓰시오.

① 4·19 혁명은 3·15 ☐☐ ☐☐로 발생했다.

② 4·19 혁명은 현대 ☐☐☐ 운동의 토대가 되었다.

5·16 군사 정변으로 등장한 또 다른 세력

4·19 혁명 결과 이승만이 물러나고 장면 정부가 세워졌어요. 하지만 박정희와 군인 세력들이 1961년 5월 16일, 군사 정변을 일으켜 정권을 장악합니다. 이를 5·16 군사 정변(쿠데타)이라고 해요. 이후 박정희는 선거를 통해 대통령이 됐고, 경제 개발 5개년 계획을 세워 경제 성장 정책에 집중합니다.

한국에 있는 노동자를 해외로 보내 돈을 벌어오게 했고, 특히 독일에 광부와 간호사들을 많이 파견했습니다. 외교 관계를 끊었던 일본과 한일 협정도 맺었는데요. 일본은 한국에 식민 지배에 대한 사과와 배상을 하지 않았고, 일본군 '위안부' 문제도 언급하지 않았어요. 다만 독립을 축하한다는 의미로 약간의 돈을 주었답니다. 경제 발전에 급급했던 정부는 제대로 된 사과도 받지 않은 채, 굴욕적인 한일 협정을 체결해 버렸어요. 그리고 미국의 요청으로 베트남 전쟁에 국군을 보내고 그 대가로 미국으로부터 경제적 지원을 받았어요.

유신 헌법을 만들다!

박정희는 3선 개헌을 통해 한 사람이 3번 연속으로 대통령을 할 수 있도록 헌법을 바꿨어요. 하지만 이에 만족하지 못하고 영원히 대통령 자리에 있기 위해 1972년 10월, 유신* 헌법을 선포합니다.

유신 헌법으로 대통령은 이제 국회의원의 1/3을 임명할 수 있게 되었고, 긴급 조치*를 시행해 국민의 자유를 빼앗았어요. 이에 유신 헌법 반대 운동이 계속 이어졌고, 1979년에는 부산과 마산에서 부마 민주 항쟁이 일어나 박정희의 독재에 거세게 저항했습니다. 그러던 중 박정희가 10월 26일 김재규에 의해 피살*되었고, 이로써 박정희의 독재 정치는 끝이 났습니다.

어휘 쑥쑥

발췌
책이나 글에서 필요하거나 중요한 부분을 가려 뽑아냄

개헌
헌법을 고침

민주주의
국민이 권력을 가지고 그 권력을 스스로 행사하는 제도나 그런 정치를 지향하는 사상

토대
밑바탕

유신
낡은 제도를 고쳐 새롭게 함

피살
죽임을 당함

Q 3 다음 설명이 맞으면 ○표, 틀리면 ×표 하시오.

① 한일 협정을 체결해 일본에 식민 지배에 대한 사과와 보상을 받았다. 　　　　　(　)

② 박정희 정부는 유신 헌법을 만들고 긴급 조치를 시행해 국민의 자유를 빼앗았다. 　　(　)

민주주의의 발전

학습 목표

5·18 민주화 운동과 6월 민주 항쟁의 의의를 이해할 수 있다.

역사 용어

정변
비합법적인 수단으로 생긴 정치적 변동

신군부
새롭게 군권을 장악한 세력

계엄
일정한 지역을 군대가 다스리며 경계함

5·18 민주화 운동이 발생하다.

박정희 독재 정권이 무너진 후, 사람들은 진정한 민주주의가 완성되기를 기대했어요. 하지만 1979년 12월 12일, 전두환을 중심으로 한 새로운 군사 세력이 정변*을 일으켜 정권을 장악했고, 사람들은 다시 민주화를 요구했습니다.

이때 광주에서 민주화를 요구하는 시위가 전개됐는데요, 신군부* 세력은 광주 시민들의 시위를 폭력으로 진압했습니다. 계엄*군을 보내 광주 시내를 애워싸고 다른 지역과의 접촉을 차단하며 언론을 통제했습니다. 이후 광주에 북한군이 몰래 쳐들어와 광주 사람들이 폭동을 일으키고 있다며 거짓 뉴스를 보도하기도 했답니다. 계엄군에 맞서 광주 시민들도 시민군을 만들어 싸웠으나, 무자비한 폭력으로 많은 사람들이 죽으며 항쟁*은 끝이 났어요. 이를 5·18 민주화 운동이라고 부릅니다.

이후 전두환은 간접 선거를 통해 대통령에 당선되었습니다. 전두환 정부는 뉴스 내용을 보도 전에 미리 확인하고, 대학에 경찰을 배치하는 등 민주화 운동을 탄압했습니다. 동시에 스포츠 경기가 많이 열리도록 국가에서 돕고, 해외 여행을 자유롭게 할 수 있도록 하는 등 국민의 관심을 정치가 아닌 다른 곳으로 돌리려 힘썼답니다.

▲ 5·18 민주화 운동

Q1 다음 설명이 맞으면 ○표, 틀리면 ×표 하시오.

① 1980년 12월 12일, 전두환을 중심으로 한 새로운 군사 세력이 정변을 일으켰다. (　　)

② 5·18 민주화 운동은 광주 시민들이 민주화를 요구한 운동이다. (　　)

호헌 철폐! 독재 타도! 6월 민주 항쟁

전두환의 독재 정치가 7년째 이어진 1987년! 조금이라도 민주화 운동을 하거나 집권 세력에 반대하면 아무도 모르게 끌려가서 고문당하는 일이 많았어요. 그러자 민주화를 바라는 사람들의 마음은 더욱 커지게 됩니다.

국민들은 대통령을 국민이 직접 뽑는 직선제로 바꿀 것을 요구했습니다. 이때 서울대 학생 박종철이 경찰서에 잡혀가 물고문을 당하다가 죽은 채 발견되었어요. 경찰은 '학생이 잔뜩 겁에 질려서 책상을 탁! 치니, 억! 하고 죽다!'라는 말도 안 되는 이야기를 하는 것이 아니겠어요?

시민들은 죄 없는 학생을 고문으로 죽이고도 반성하지 않는 전두환 독재 정권을 비난하며, 박종철 사건에 대한 조사와 대통령 직선제 개헌을 요구합니다. 하지만 전두환 정부는 4·13 호헌 조치를 발표해요. 호헌이란 '헌법을 보호한다'라는 뜻으로, 기존의 대통령 간선제를 계속 유지하겠다는 뜻이었으며, 개헌에 대한 논의조차 금지해 버렸어요.

1987년 6월 시민들은 '호헌 철폐 독재 타도*!' 구호를 외치며 6·10 국민 대회를 개최했어요. 6월 민주 항쟁이 시작된 것입니다. 이 과정에서 연세대 학생 이한열이 경찰이 쏜 최루탄에 맞아 사망하며 시위가 더욱 거세졌습니다.

6월 민주 항쟁 결과 전두환이 물러나고 6월 29일, 당시 여당* 대통령 후보였던 노태우가 대통령 직선제를 시행하겠다는 내용이 담긴 6·29 민주화 선언을 발표합니다. 이때부터 지금 헌법과 같은 5년 단임*의 대통령 직선제가 이루어졌어요. 이렇게 대한민국은 국민 스스로 민주주의를 완성했답니다.

어휘 쑥쑥

항쟁
맞서 싸움

타도
세력을 무너뜨림

여당
현재 정권을 잡고 있는 정당

단임
정해진 임기가 끝나면 다시 할 수 없음

Q 2 다음 빈칸 안에 들어갈 알맞은 말을 쓰시오.

① 전두환 정부는 4·13 ☐☐ 조치를 발표해 대통령 간선제를 유지하고자 했다.

② ☐·☐☐ 민주화 선언으로 5년 단임의 대통령 직선제가 결정되었다.

▲ 6월 민주 항쟁

현대의 경제 성장

역사 용어

외환 위기
다른 나라와의 거래에 필
요한 외화(달러 등)의 보유
가 급격히 줄어들어 나라
와 기업이 겪는 경제 위기

한강의 기적 발생!

6 · 25 전쟁 이후인 1950년대 한국은 미국의 원조를 받으며 원조* 경제가
발달합니다. 그중에서도 대표적 원조 물품인 밀가루, 설탕, 면직물을 바탕으
로 한 산업이 주로 발달했는데요, 3가지 모두 흰색이라 삼백 산업이라고 불
렸어요.

박정희 정부 때에는 경제 개발 5개년 계획이 추진됩니다. 1960년대에는
가벼운 물건을 만드는 경공업이, 1970년대에는 무거운 물건을 만드는 중공
업이 육성되었습니다. 경부 고속 도로를 만들고 수출액 100억 달러를 달성
하는 등 6 · 25 전쟁을 빠르게 극복했고, 외국에서는 우리의 빠른 성장을 한
강의 기적이라고도 불렀어요.

농민과 노동자의 희생이 따른 경제 성장

하지만 이렇게 빠르게 성장할 수 있었던 이유는 농민과 노동자의 희생이
있었기 때문입니다. 1970년대에 정부는 저임금 · 저곡가 정책을 고수*했어
요. 즉, 노동자에게 아주 적은 임금을 주고 농산물 가격을 아주 싸게 해 경제
를 성장시킨 것이지요.

농민과 노동자의 희생으로 경제는 성장할 수 있었지만 도시와 농촌의 격
차는 심해졌어요. 한국 경제는 외국 수출에 의존하게 되었으며, 정부의 특혜
를 받는 대기업들 위주로 경제 성장이 이루어졌습니다.

▲ 수출 100억 달러 달성

Q1 서로 관련 있는 것을 선으로 바르게 연결하시오.

① 1970년대 정부가 고수한 정책   ●   ● 경공업

② 1960년대에 주로 육성된 공업   ●   ● 삼백 산업

③ 미국의 원조 물자를 활용해 발달한 산업 ●   ● 저임금 · 저곡가

1970년에는 평화시장에서 일하던 22살 청년 전태일이 근로기준법 준수*를 요구하며 분신*하는 일이 발생했습니다. 그 요구는 '한 달에 2번은 쉬게 해 줄 것, 하루에 15시간 이상 일하지 않게 할 것'이었습니다. 전태일의 희생으로 노동자들의 근로 환경 개선에 관한 관심이 높아졌습니다.

3저 호황을 누리다!

많은 사람이 경제 성장을 위해 노력한 덕분에 1980년대에는 3저 호황*이라는 경제 호황을 누렸어요. '저'는 '낮다'는 뜻인데, 여기에서 말하는 낮은 3가지는 석유 가격, 이자율(금리), 달러 가치예요. 낮은 이자로 돈을 빌려 기업에 투자하고 낮은 가격의 석유를 구매해 공장을 활발하게 돌린 덕분에 한국은 빠른 경제 성장을 할 수 있었어요.

IMF에 돈을 빌리다.

1997년 김영삼 정부 때 한국 경제는 큰 위기를 맞게 됩니다. 기업이 외국에서 무리하게 많은 돈을 빌리고 정부가 외국 자본에 너무 의존한 것이 문제가 되어 외환 위기*를 겪게 된 것이지요.

한국은 국제 통화 기금(IMF)에 돈을 빌리게 됐어요. 김대중 정부 때 국민들은 나라의 위기를 극복하기 위해 금 모으기 운동을 펼쳤습니다. 전 세계에서 화폐 역할을 할 수 있는 금을 모은 거예요. 정부와 국민들의 노력으로 약 4년 만에 IMF에서 빌린 돈을 모두 갚을 수 있었습니다.

어휘 쑥쑥

원조
물품과 돈으로 도와줌

고수
굳게 지킴

준수
규칙이나 명령, 법을 지킴

분신
자기 몸에 스스로 불을 지름

호황
경제 활동 상태가 좋음

Q2 다음에서 (   ) 안에 들어갈 알맞은 말을 찾아 쓰시오.

| 3저 호황　　근로기준법　　국제 통화 기금　　금 모으기 운동 |

① (　　　　)은 석유의 가격, 금리, 달러의 가치가 낮게 유지되어 발생했다.

② 1997년 외환 위기로 한국은 (　　　　)에 돈을 빌렸다.

▲금 모으기 운동

135

통일을 위한 노력

역사 용어

정상 회담
두 나라 이상의 우두머리가 모여 토의함

남한과 북한, 대화를 시작하다.

1970년대에 들어서 남과 북 사이에 긴장 관계가 조금씩 완화되기 시작합니다. 이산가족 만남을 위한 남북 적십자 회담이 진행되었고, 1972년에는 서울과 평양에서 동시에 7·4 남북 공동 성명이 발표되기도 했어요.

7·4 남북 공동 성명에서는 남북의 통일 방안으로 자주, 평화, 민족적 대단결의 원칙을 확인했습니다. 이 같은 공동 성명은 남북한 정부가 최초로 평화 통일에 합의했다는 점에서 큰 의미가 있어요.

1985년에는 분단 이후 처음으로 공식적인 이산가족의 만남이 이루어집니다. 1990년대에 들어서는 남북 고위급* 회담이 여러 차례 걸쳐 개최되었고 노태우 정부 시기인 1991년 남북한이 UN에 동시 가입하기도 했습니다. 남북 기본 합의서를 채택*해 상대방의 체제를 인정하면서도 통일을 희망하는 같은 민족임을 강조했답니다. 한반도 비핵화에 대한 공동 선언을 통해 한반도에서 핵무기 시험과 생산 및 보유를 금지하고 핵에너지를 오직 평화의 목적으로만 이용할 것에 합의하기도 했어요.

남한과 북한, 협력을 위해 노력하다.

1994년 김영삼 정부 때에는 한민족 공동체 건설을 위한 3단계 통일 방안을 발표했습니다. 3단계의 통일 방안에는 화해와 협력, 남북의 연합, 통일 국가 수립이라는 내용이 담겨 있습니다.

▲ 최초의 이산가족의 만남

Q 1 서로 관련 있는 것을 선으로 바르게 연결하시오.

① 1972년, 남북한 정부가 최초로 평화 통일에 합의 ●

② 1991년, 남북한이 동시에 가입 ●

③ 한반도에서 핵무기 시험과 생산 및 보유를 금지할 것을 선언 ●

● UN

● 7·4 남북 공동 성명

● 한반도 비핵화 공동 선언

김대중 정부는 대북 화해 협력 정책인 햇볕 정책을 추진합니다. 2000년에는 평양에서 최초의 남북 정상 회담*을 열고 6·15 남북 공동 선언을 발표했습니다. 이를 통해 남과 북은 통일 문제를 우리 민족끼리 자주적으로 해결한다는 원칙을 다시 확인했지요. 평화 통일을 위한 노력을 인정받아 김대중 대통령은 노벨 평화상을 수상하기도 했습니다. 이후 노무현 정부가 대북 화해 협력 정책을 계승했어요. 2007년에는 2차 남북 정상 회담이 열렸고, 10·4 남북 공동 선언을 통해 1차 정상 회담 때 합의했던 개성 공단 건설을 시작하는 등 문화적·경제적 교류를 이어갔습니다.

어휘 쑥쑥

고위급
높은 지위에 해당하는 사람

채택
의견, 제도 등을 골라서 뽑아 씀

피격
습격이나 사격을 받음

남한과 북한, 위기의 순간을 맞다.

이명박·박근혜 정부 시기에는 남북 관계가 급격히 나빠졌어요. 2008년에 금강산 관광에 나선 50대 여성이 북한군에 의해 피살되는 일이 발생했고, 2010년에는 천안함 피격* 사건으로 인해 우리 해군이 다치고 죽는 등 남북 관계가 위기를 맞이하기도 했습니다.

지금도 남과 북이 협력과 갈등을 반복하는 상황이 지속되고 있지만, 정부는 한반도에서 영원한 평화를 만들기 위해 노력하고 있습니다.

Q 2 다음 빈칸 안에 들어갈 알맞은 말을 쓰시오.

① 2000년에는 최초의 남북 ▢▢ ▢▢이 이루어지고 6·15 남북 공동 선언이 발표되었다.

② ▢▢▢ 대통령은 노벨 평화상을 수상했다.

▲ 남북 최초 정상 회담

안심Touch

MEMO

5일차 퀴즈 스토리북 022쪽

주제 9 통일 신라의 발전과 사회 변화

Q1 ① 김흠돌 ② 9, 5

Q2 김헌창

Q3 ① 원종과 애노의 난 ② 적고적의 난

주제 10 발해의 성립과 발전

Q1 ① 대조영 ② 무왕

Q2 ① ○ ② ○ ③ ○ ④ ○

6일차 퀴즈 스토리북 026쪽

주제 11 고대 경제와 사회

Q1 ① ○ ② ○ ③ ×

Q2 ① 관료전 ② 녹읍

주제 12 고대 불교와 문화유산

Q1 ① 미륵사 ② 황룡사
③ 신라 황룡사 구층 목탑

Q2 ②

Q3 의상

7일차 퀴즈 스토리북 032쪽

주제 13 후삼국의 성립과 고려의 통일

Q1 ① 견훤 ② 궁예 ③ 호족

Q2 ① 경순왕 ② 고창

주제 14 고려 초기 통치 체제 정비

Q1 ①

Q2 ① ○ ② ×

Q3 최승로

8일차 퀴즈 스토리북 036쪽

주제 15 거란·여진의 침입과 극복

Q1 ① 서희 ② 강동 6주

Q2 ① 귀주 ② 별무반

주제 16 이자겸의 난과 묘청의 서경 천도 운동

Q1 ① 문벌 귀족 ② 이자겸

Q2 ① 서경 ② 김부식

9일차 퀴즈

스토리북 040쪽

주제 17 **무신 정변과 농민 봉기**

Q1 무신

Q2 교정도감

Q3 ① 망이 · 망소이의 난
② 만적의 난 ③ 이의민

주제 18 **몽골의 침입과 대몽 항쟁**

Q1 강화도

Q2 김윤후

Q3 ① 팔만대장경 ② 제주도

10일차 퀴즈

스토리북 044쪽

주제 19 **원의 간섭과 공민왕의 개혁 정치**

Q1 ① 공녀 ② 권문세족

Q2 ① 공민왕 ② 전민변정도감, 노비

주제 20 **신진 사대부의 성장과 위화도 회군**

Q1 ① 홍건적 ② 신흥 무인 세력
③ 신진 사대부

Q2 ④

Q3 위화도

11일차 퀴즈

스토리북 048쪽

주제 21 **고려의 경제와 사회**

Q1 ① × ② ○ ③ ○

Q2 ① 의창 ② 여자

주제 22 **고려의 불교와 문화유산**

Q1 ① ○ ② ○ ③ ×

Q2 ① 기전체 ② 불교

12일차 퀴즈

스토리북 054쪽

주제 23 **조선의 건국과 통치 체제 정비**

Q1 ① ○ ② ○

Q2 ① 승정원 ② 사간원 ③ 의정부

주제 24 **조선 전기 주요 국왕의 업적**

Q1 ① × ② ○ ③ ×

Q2 ① 농사직설 ② 직전법

주제 25 **사림의 등장과 사화 발생**

Q 1   훈구, 사림

Q 2   ① ×   ② ○

Q 3   ① 을사사화   ② 기묘사화

       ③ 갑자사화

주제 26 **임진왜란**

Q 1   ① ○   ② ×   ③ ×

Q 2   ① 곽재우   ② 명량

주제 27 **광해군의 중립 외교와 인조반정**

Q 1   공납

Q 2   ① 광해군   ② 토지, 쌀

Q 3   ① 중립 외교   ② 인조

주제 28 **청의 침략과 효종의 북벌론**

Q 1   형제

Q 2   ① 척화파   ② 주화파

Q 3   ① 청   ② 남한산성   ③ 북벌

주제 29 **예송 논쟁**

Q 1   ① ○   ② ×

Q 2   ① 서인   ② 남인, 효종

주제 30 **붕당 정치의 변질과 환국 발생**

Q 1   사림

Q 2   ④

Q 3   ① 서인, 남인   ② 환국, 붕당

주제 31 **영조와 정조의 탕평책과 개혁 정치**

Q 1   ① ○   ② ×

Q 2   균역법

Q 3   ① ㉠   ② ㉢   ③ ㉡

주제 32 **세도 정치와 농민 봉기**

Q 1   ① 전정의 문란   ② 군정의 문란

       ③ 환곡의 문란

Q 2   ① ×   ② ○   ③ ○

스토리북 076쪽

17일차 퀴즈

주제 33 실학의 발전과 새로운 사상의 등장

Q1　실학

Q2　균전론

Q3　정약용

Q4　① 홍대용　② 동학　③ 박제가

주제 34 조선 후기 경제와 사회·문화

Q1　① 영정법　② 대동법

Q2　① 모내기법　② 상평통보

스토리북 082쪽

18일차 퀴즈

주제 35 흥선 대원군의 개혁과 통상 수교 거부 정책

Q1　① ○　② ×　③ ×

Q2　① 병인양요　② 신미양요

주제 36 개항과 개화 정책 추진

Q1　① ○　② ○　③ ×

Q2　① 김홍집　② 최익현

Q3　보빙사

스토리북 086쪽

19일차 퀴즈

주제 37 임오군란과 갑신정변

Q1　① 임오군란　② 일본

Q2　① 급진　② 14

주제 38 동학 농민 운동

Q1　동학

Q2　조병갑

Q3　① ○　② ×　③ ○

스토리북 090쪽

20일차 퀴즈

주제 39 갑오개혁과 을미개혁

Q1　④

Q2　러시아

Q3　① 을미사변　② 아관 파천

주제 40 독립 협회와 대한 제국

Q1　① ○　② ○

Q2　① 황국 협회　② 대한 제국

21일차 퀴즈

주제 41 **을사늑약과 국권 침탈**

Q1 ① 한일 의정서   ② 외교권

Q2 ㄹ → ㄱ → ㄷ → ㄴ

Q3 일본

주제 42 **항일 의병 운동과 애국 계몽 운동**

Q1 ① 을미의병   ② 을사의병
③ 정미의병

Q2 안중근

Q3 신민회, 만주

22일차 퀴즈

주제 43 **열강의 경제 침탈과 경제적 구국 운동**

Q1 ① ○   ② ×

Q2 ① 방곡령   ② 서상돈, 국채 보상 운동

주제 44 **근대 언론과 문물**

Q1 ① 독립신문   ② 육영 공원
③ 대한매일신보

Q2 ① 경인선   ② 광혜원   ③ 철도

23일차 퀴즈

주제 45 **1910년대 일제의
무단 통치와 경제 수탈**

Q1 ① ○   ② ×   ③ ×

Q2 ① 토지 조사 사업   ② 조선 총독부

주제 46 **1910년대 국내외 항일 운동**

Q1 ① 독립 의군부   ② 대한 광복회

Q2 ① 하와이   ② 북간도   ③ 서간도

24일차 퀴즈

주제 47 **3 · 1 운동과 대한민국 임시 정부**

Q1 민족 자결주의

Q2 일본

Q3 ① ○   ② ○   ③ ×

주제 48 **1920년대 일제의
문화 통치와 경제 수탈**

Q1 ① ○   ② ×   ③ ○

Q2 ① 농민   ② 만주   ③ 회사령

25일차 퀴즈

스토리북 112쪽

주제 49 실력 양성 운동과 사회 운동

Q1 물산 장려 운동

Q2 계몽

Q3 ① 원산 총파업   ② 형평 운동
③ 암태도 소작 쟁의

주제 50 민족 유일당 운동과 학생 운동

Q1 ① ○   ② ×   ③ ×

Q2 ③

Q3 광주

26일차 퀴즈

스토리북 116쪽

주제 51 1920년대 무장 독립 전쟁과 의열 투쟁

Q1 ㉢ → ㉣ → ㉠ → ㉡

Q2 ① 김원봉   ② 조선 혁명 선언

**주제 52 1930년대 이후
민족 말살 통치와 전시 수탈**

Q1 ① ○   ② ○   ③ ○

Q2 국가 총동원법

Q3 ① 위안부   ② 공출

27일차 퀴즈

스토리북 120쪽

**주제 53 1930년대 이후
무장 독립 투쟁과 한인 애국단**

Q1 ① 조선 혁명군   ② 한인 애국단

Q2 ① ○   ② ×

주제 54 민족 문화 수호 운동

Q1 ① 조선어 연구회   ② 조선어 학회
③ 주시경

Q2 한국독립운동지혈사

Q3 ① 진단 학회   ② 아리랑

28일차 퀴즈

스토리북 126쪽

주제 55 8 · 15 광복과 대한민국 정부 수립

Q1 ① ×   ② ○   ③ ×

Q2 ① 남북 협상   ② 4 · 3

주제 56 이승만 정부와 6 · 25 전쟁

Q1 미국

Q2 인천

Q3 ㉣ → ㉢ → ㉠ → ㉡

29일차 퀴즈

주제 57 민주주의의 시련

Q1 발췌

Q2 ① 부정 선거　② 민주화

Q3 ① ×　② ○

주제 58 민주주의의 발전

Q1 ① ○　② ○

Q2 ① 호헌　② 6 · 29

30일차 퀴즈

주제 59 현대의 경제 성장

Q1 ① 저임금 · 저곡가　② 경공업
③ 삼백 산업

Q2 ① 3저 호황　② 국제 통화 기금

주제 60 통일을 위한 노력

Q1 ① 7 · 4 남북 공동 성명　② UN
③ 한반도 비핵화 공동 선언

Q2 ① 정상 회담　② 김대중

첫 번째 이야기
선사 시대

1일차

| 주제 1 | 선사 문화의 전개 |

1 ③	2 ①	3 ②	4 ③

1

왜 정답일까?

연천 전곡리 유적은 구석기 시대의 대표적인 유적지입니다. 구석기 시대 사람들은 처음으로 불을 사용했고, 동굴이나 강가에 막집을 짓고 살았습니다.
③ 구석기 시대에는 주먹도끼, 찍개 등 뗀석기로 사냥했습니다.

왜 틀렸지?

① 신석기 시대에는 옷을 만들 때 가락바퀴로 실을 뽑았습니다.
② 청동기 시대에 일부 지역에서 벼농사가 시작됐고, 반달 돌칼을 이용해 벼를 수확했습니다.
④ 초기 철기 시대에 거푸집을 이용해 세형 동검을 만들었습니다.

2

왜 정답일까?

서울 암사동 유적은 신석기 시대를 대표하는 유적지입니다. 이곳에서 당시 사람들이 음식을 저장하거나 조리할 때 사용하던 빗살무늬 토기가 발견되었습니다.
① 신석기 시대에는 가락바퀴에 솜이나 털을 끼워 실을 뽑아냈습니다.

왜 틀렸지?

② 청동기 시대에는 권력을 가진 군장이 등장했고, 이들이 죽으면 무덤으로 고인돌을 만들었습니다.
③ 청동기 시대에는 거푸집으로 비파형 동검을 만들며 독자적인 청동기 문화를 형성했습니다.
④ 철기 시대에는 쟁기, 호미, 쇠스랑 등 철제 농기구를 사용해 농사를 지었습니다.

3

왜 정답일까?

신석기 시대에는 농경이 시작되면서 조·피 등을 재배했고, 강가나 바닷가에 갈대나 억새를 엮어 만든 지붕을 덮어 움집을 짓고 살았습니다. 또, 갈돌과 갈판으로 곡식을 갈아서 음식을 만들어 먹었으며, 가락바퀴로 실을 뽑아 뼈바늘로 옷을 지어 입었습니다.
② 빗살무늬 토기는 신석기 시대에 음식을 저장하던 도구입니다.

왜 틀렸지?

① 구석기 시대에는 뗀석기인 주먹도끼, 찍개를 사용했습니다.
③ 청동기 시대에는 의식*을 치를 때 청동 방울을 사용했습니다.
④ 철제 판갑옷은 가야의 발달된 철기 문화를 알 수 있는 유물입니다.

*의식: 정해진 방식에 따라 치르는 행사

4

구석기 시대에는 돌을 깨뜨려 주먹도끼, 찍개, 긁개 등 뗀석기를 만들었습니다. 이는 동물을 사냥하거나 가죽을 벗길 때 사용했습니다.

③ 구석기 시대 사람들은 동굴이나 강가, 바위 그늘에 막집을 짓고 살면서 계절에 따라 이동했습니다.

① 철기 시대에는 쟁기, 호미, 쇠스랑 등 철제 농기구를 만들어 농사를 지었습니다.

② 신석기 시대에는 빗살무늬 토기 등을 만들어 식량을 저장했습니다.

④ 청동기 시대에는 거푸집으로 비파형 동검 등 청동기를 제작했습니다.

주제 2	청동기 시대에 등장한 우리나라 최초의 국가 고조선

1 ④	2 ③	3 ④	4 ②

1

고조선은 사회 질서를 유지하기 위해 8개 조항으로 이루어진 범금 8조를 만들었습니다.

④ 고려 시대의 역사서 『삼국유사』에는 고조선의 건국 이야기가 기록되어 있습니다.

① 금관가야는 풍부한 철을 낙랑과 왜 등에 수출했습니다.

② 부여는 12월마다 영고라는 제천 행사를 열어 하늘에 제사를 지냈습니다.

③ 고구려에는 신랑이 신부 집에 살다가 자식이 자라서 어른이 되면 신랑 집으로 돌아가는 혼인 풍습이 있었습니다.

2

청동기 시대의 무덤인 고인돌에는 거대한 돌이 이용되었습니다. 고인돌을 만들기 위해서는 많은 노동력이 동원*되어야 하기 때문에 당시 무덤의 주인이 권력을 가진 지배자라는 것을 알 수 있습니다.

③ 청동기 시대에 일부 지역에서 벼농사가 시작되었고, 반달 돌칼을 이용해 벼를 수확했습니다.

① 신라 지증왕 때 소를 이용해 농사를 짓는 우경이 시행되었고, 고려 시대에 널리 보급*되었습니다.

② 구석기 시대 사람들은 주로 동굴이나 막집에서 거주했습니다.

④ 신석기 시대 사람들은 옷을 지어 입기 위해 가락바퀴로 실을 뽑았습니다.

*동원: 어떤 목적을 위해 사람이나 물건을 모음
*보급: 많은 사람들에게 널리 퍼짐

3

④ 고조선은 청동기 문화를 바탕으로 세워졌고, 평양성을 도읍으로 삼았습니다. 사회 질서를 유지하기 위해 8개의 조항으로 이루어진 범금 8조를 만들었고, 만주와 한반도에 걸쳐 세력을 넓혔으나 위만 조선 때 한 무제의 공격으로 수도를 빼앗기며 멸망했습니다.

4

청동기 시대의 대표적인 유물로는 고인돌, 민무늬 토기 등이 있습니다.

② 청동기 시대에는 거푸집을 이용해 비파형 동검을 제작했습니다.

① 신라 지증왕 때 시행된 우경은 고려 시대에 널리 보급되었습니다.
③ 철기 시대부터 철제 농기구를 만들어 농사에 사용했습니다.
④ 구석기 시대의 주요 거주지는 동굴이나 막집이었습니다.

2일차

주제 3 여러 나라의 성장

| 1 ② | 2 ① | 3 ④ | 4 ③ |

1

 왜 정답일까?

삼한은 한반도 남부에서 철기 문화를 바탕으로 성장했고, 신지나 읍차라고 불린 지배자가 각 지역을 지배했습니다. 벼농사가 발달해 해마다 씨를 뿌리고 난 뒤인 5월과 추수를 하는 10월에 계절제를 열어 하늘에 제사를 지냈습니다.
② 삼한은 소도라는 신성* 구역을 두었고, 죄인이 이곳으로 도망가도 잡을 수 없었습니다.

 왜 틀렸지?

① 고구려에는 혼인을 하면 신랑이 신부 집 뒤에 서옥이라는 집을 짓고 생활하다가 자식이 자라서 어른이 되면 신랑 집으로 돌아가는 서옥제라는 혼인 풍습이 있었습니다.
③ 고조선은 사회 질서를 유지하기 위해 8개의 조항으로 이루어진 범금 8조를 만들었습니다.
④ 동예는 단궁, 과하마, 반어피 등의 특산물이 유명하여 이를 낙랑과 왜에 수출했습니다.
*신성: 함부로 가까이 할 수 없을 만큼 고상하고 순결함

2

 왜 정답일까?

부여는 왕 아래 마가, 우가, 저가, 구가라는 가(加)들이 각자의 행정 구역인 사출도를 별도로 다스렸습니다. 매년 12월에는 곡식을 거둬들인 뒤 영고라는 제천 행사를 열어 하늘에 제사를 지냈습니다.
① 부여는 한반도 북쪽인 만주 쑹화강 유역에서 성장했습니다.

 왜 틀렸지?

② (나) 고구려
③ (다) 옥저
④ (라) 동예

3

 왜 정답일까?

부여는 만주 쑹화강 유역 평야 지대에서 나라를 세웠고, 남의 물건을 훔치면 12배로 갚게 하는 1책 12법이라는 법이 있었습니다. 또한, 12월마다 수확제*의 성격을 지닌 영고라는 제천 행사가 열렸습니다.
④ 부여는 여러 가(加)들이 별도로 사출도를 다스렸습니다.

 왜 틀렸지?

① 삼한은 소도라는 신성 지역을 따로 두어 제사장인 천군이 이곳을 관리했습니다.
② 동예는 부족 간의 경계를 중요히 여겨 그 영역을 침범하면 노비와 소, 말을 내게 하는 책화 제도가 있었습니다.
③ 고조선은 범금 8조를 통해 사회 질서를 유지했습니다.
*수확제: 농작물 수확을 축하하는 제사

4

 왜 정답일까?

③ 옥저에는 여자가 어릴 때 혼인할 남자의 집에서 생활하다가 성인이 된 후에 혼인하는 민며느리제가 있었

습니다. 또한, 가족이 죽으면 뼈만 보관하다가 나중에 가족 공동 무덤에 뼈를 모아 두는 장례 풍습인 골장제가 있었습니다.

 왜 틀렸지?

① (가) 부여
② (나) 고구려
④ (라) 동예

두 번째 이야기 고대

2일차

주제 4	고구려의 성립과 발전

1 ①	2 ②	3 ④	4 ③

1

 왜 정답일까?

고구려 소수림왕은 고국원왕의 아들로, 율령을 반포*하는 등 국가의 통치 체제를 정비했습니다. 또한, 불교를 받아들여 왕실의 권위를 높이고자 했습니다.

① 소수림왕은 국가 교육 기관인 태학을 설립해 인재를 키웠습니다.

 왜 틀렸지?

② 신라 법흥왕은 군사 기관인 병부를 설치했습니다.

③ 신라 진흥왕은 화랑도를 국가 조직으로 정비했습니다.

④ 백제 개로왕 때 고구려 장수왕의 공격으로 한강 유역을 빼앗기자 뒤이어 왕위에 오른 문주왕은 웅진(공주)으로 수도를 옮겼습니다.

*반포: 세상에 널리 퍼뜨려 모두 알게 함

왜 정답일까?

② 신라의 수도 경주에서 발견된 호우명 그릇의 밑바닥에는 광개토 대왕을 나타내는 글자가 새겨져 있습니다. 고구려의 유물이 신라 고분에서 발견된 것을 통해 광개토 대왕 시기 고구려와 신라의 관계를 알 수 있습니다.

왜 틀렸지?

① 금동 연가 7년명 여래 입상은 고구려의 불상입니다.
③ 철제 판갑옷과 투구는 가야의 발달된 철기 문화를 알 수 있는 유물입니다.
④ 산수무늬 벽돌은 백제의 불교 건축용 벽돌입니다.

3

왜 정답일까?

④ 고구려 고국천왕은 을파소의 건의를 받아들여 먹을거리가 부족한 봄에 곡식을 빌려주고 겨울에 갚게 하는 진대법을 실시했습니다.

왜 틀렸지?

① 고려 성종 때 봄에 곡식을 빌려주고 추수한 뒤 갚게한 의창을 시행했습니다.
② 조선 시대에 실시한 환곡은 흉년이나 봄에 굶주린 백성들에게 곡식을 빌려주고 추수 후에 되돌려 받던 제도입니다.
③ 흥선 대원군은 환곡이 제대로 운영되지 않자 마을 단위로 운영하는 사창제를 실시했습니다.

4

왜 정답일까?

(나) 태학 설립(372): 소수림왕은 국가 교육 기관인 태학을 설립해 인재를 키웠습니다.
(가) 영락 연호 사용(391): 광개토 대왕은 고구려의 전성기를 이끌며, 최초로 영락이라는 독자적 연호를 사

용했습니다.
(다) 평양 천도*(427): 장수왕은 평양으로 수도를 옮기고 남진 정책을 펼쳐 영토를 넓혔습니다.

*천도: 수도를 옮김

3일차

| 주제 5 | 백제의 성립과 발전 |

| 1 ③ | 2 ④ | 3 ① | 4 ③ |

1

왜 정답일까?

충남 공주 송산리 고분군(사적 제13호)은 중 제7호분은 무덤의 주인이 적혀 있는 묘지석이 발견돼 백제 무령왕릉으로 밝혀졌습니다. 무령왕릉은 중국 남조의 영향을 받아 널길과 널방을 벽돌로 쌓은 벽돌무덤으로 만들어졌습니다.
③ 무령왕은 지방을 통제하기 위해 지방에 22담로를 설치하고 왕족을 파견했습니다.

왜 틀렸지?

① 성왕은 사비로 수도를 옮기고 국호를 남부여로 고쳤습니다.
② 고이왕은 법률인 율령을 반포하는 등 국가 체제를 정비했습니다.
④ 근초고왕은 고구려 평양성을 공격해 고국원왕을 물리치고 백제의 전성기를 이끌었습니다.

2

④ 일본에서 발견된 칠지도는 백제 근초고왕이 왜(일본)에 전해 준 것으로 알려져 있습니다. 이를 통해 백제가 왜와 교류하며 다양한 문물을 전파했다는 것을 확인할 수 있습니다.

왜 틀렸지?

① 금동 연가 7년명 여래 입상은 국보 제119호로 지정된 고구려의 불상입니다.
② 조선 세종 때 장영실이 해시계인 앙부일구를 발명했습니다.
③ 호우명 그릇은 신라 고분에서 발견된 고구려의 유물입니다.

3

왜 정답일까?

① 백제 성왕은 왕권 강화를 위해 웅진(공주)에서 사비(부여)로 도읍을 옮기고 국호를 남부여로 바꿨습니다. 이후 신라 진흥왕과 함께 고구려를 공격해 한강 하류 지역을 차지했으나 진흥왕이 배신하자 관산성 전투에서 신라에 맞서 싸우다가 전사했습니다.

왜 틀렸지?

② 신라 무열왕 김춘추는 당과 동맹*을 결성하고 연합군을 동원해 백제를 멸망시켰습니다.
③ 백제 근초고왕은 평양성 전투에서 고구려 고국원왕을 전사시켰습니다.
④ 고구려 소수림왕은 법률인 율령을 반포하고 국가 조직을 정비했습니다.

*동맹: 둘 이상의 개인이나 단체, 국가가 서로 같은 목적이나 이익을 위해 행동하기로 약속함

4

왜 정답일까?

백제는 고구려 장수왕의 공격으로 개로왕이 사망하고 한강 유역을 잃게 되자 문주왕 때 웅진(공주)으로 수도를 옮겼습니다. 공주 공산성은 당시 웅진성이라 불렸으며, 수도를 방어하기 위해 건설되었습니다. 공산성과 송산리 고분군을 비롯한 백제 유적 8곳이 '백제 역사 유적 지구'로 2015년 유네스코 세계 유산에 기록되었습니다.
③ 백제 무령왕은 지방의 22담로에 왕족을 파견해 지방에 대한 통제를 강화하고자 했습니다.

왜 틀렸지?

① 고려 광종은 쌍기의 건의를 받아들여 과거제를 도입*했습니다.
② 고려 태조는 지방 호족 세력을 견제하기 위해 호족의 자식을 수도 개경에 머무르게 하는 기인 제도를 실시했습니다.
④ 신라에는 골품제라는 신분 제도가 있었습니다.

*도입: 기술, 방법 등을 끌어들임

주제 6   신라의 성립과 발전

| 1 ③ | 2 ② | 3 ② | 4 ② |

1

왜 정답일까?

신라 진흥왕은 한강 유역을 차지한 뒤 이를 기념하기 위해 북한산 순수비*를 세웠습니다. 또한, 화랑도를 국가적인 조직으로 정비했습니다.
③ 신라 진흥왕은 대가야를 정복해 영토를 넓혔습니다.

왜 틀렸지?

① 통일 신라 신문왕은 유학 교육 기관인 국학을 설립했습니다.

② 신라 법흥왕은 군사에 관한 일을 맡는 병부를 설치했습니다.

④ 통일 신라 원성왕은 독서삼품과를 실시해 유교 경전의 이해 수준에 따라 관리를 뽑았습니다.

*순수비: 임금이 살피며 돌아다닌 곳을 기념하기 위해 세운 비석

2

왜 정답일까?

② 신라 법흥왕은 군사에 관한 일을 맡는 기관인 병부를 설치하고, 율령을 반포해 통치 질서를 정비했습니다. 또한, 이차돈의 순교*를 계기로 불교를 신라의 공식 종교로 공인*했습니다.

왜 틀렸지?

① 통일 신라 신문왕은 관리들에게 주는 토지인 녹읍을 폐지했습니다.

③ 통일 신라 원성왕은 독서삼품과를 실시해 관리를 뽑았습니다.

④ 신라 진흥왕은 한강 유역을 차지하고 북한산 순수비를 세웠습니다.

*순교: 신앙을 지키기 위해 목숨을 바치는 일
*공인: 국가나 공공 단체에서 어느 행위나 물건을 인정함

3

왜 정답일까?

• 백제 성왕 즉위(523): 성왕은 웅진(공주)에서 사비(부여)로 수도를 옮기고 나라 이름을 남부여로 고쳤습니다.

• 신라 진흥왕의 북한산 순수비 건립(569): 진흥왕은 고구려가 차지하고 있던 한강 유역을 차지했습니다. 이후 영토를 넓힌 것을 기념하기 위해 북한산 순수비를 세웠습니다.

4

왜 정답일까?

② 신라 법흥왕은 이차돈의 순교를 계기로 불교를 국교로 공인했으며, 금관가야를 정복해 영토를 넓혔습니다.

왜 틀렸지?

① 백제 성왕은 웅진(공주)에서 사비(부여)로 수도를 옮기고 나라 이름을 남부여로 고쳐 새롭게 백제를 일으키고자 했습니다.

③ 신라 지증왕은 나라 이름을 신라로 확정하고 마립간 대신 왕이라는 칭호를 사용했습니다.

④ 백제 근초고왕은 마한을 정복하고 고구려 평양성을 공격해 고국원왕을 전사시키는 등 백제의 전성기를 이끌었습니다.

4일차

주제 7	가야의 성립과 발전

1 ④	2 ①	3 ②	4 ③

1

왜 정답일까?

④ 「구지가」는 금관가야의 시조* 김수로왕의 건국 신화에서 전해져 내려오는 고대 가요입니다. 『삼국유사』에 따르면 구지봉에서 사람들이 「구지가」를 부르자 하늘에서 6개의 황금알이 내려왔는데, 그중 제일 큰 알에서 나온 사람이 경남 김해 지역을 중심으로 발전한 금관가야의 김수로라고 전해집니다.

왜 틀렸지?

① 백제 성왕은 웅진(공주)에서 사비(부여)로 수도를 옮기고 나라 이름을 남부여로 고쳤습니다.

② 신라 지증왕은 이사부를 보내 우산국을 정복했습니다.

③ 통일 신라 때 장보고는 완도에 청해진을 설치하고 해상 무역을 전개했습니다.

*시조: 한 겨레나 가계의 맨 처음이 되는 조상

2

왜 정답일까?

건국 신화에 따르면 김수로는 하늘에서 내려온 알에서 태어나 금관가야를 세우고, 인도 아유타국에서 온 공주 허황옥과 결혼했다고 전해집니다.

① 금관가야는 풍부한 철을 낙랑과 왜에 수출했습니다.

왜 틀렸지?

② 조선 후기에 볍씨를 모판에 길러서 논에 옮겨 심는 모내기법이 전국으로 확산*되었습니다.

③ 고려 성종 때 개경과 서경(평양)에 물건의 가격을 조절하는 기구인 상평창을 설치했습니다.

④ 고려 숙종 때 상업이 활발해지면서 활구(은병)를 화폐로 제작했습니다.

*확산: 흩어져 널리 퍼짐

3

왜 정답일까?

가야는 질 좋은 철이 풍부하게 생산되었고, 여러 고분군에서 다양한 철기 유물이 발견되었습니다.

② 백제 금동 대향로는 부여 능산리 고분군에서 발견된 백제 유물입니다.

왜 틀렸지?

① · ③ · ④ 가야의 문화유산입니다.

4

왜 정답일까?

③ 김수로왕이 세운 금관가야는 김해 지역을 중심으로 성장했습니다.

왜 틀렸지?

① 고조선은 사회 질서를 유지하기 위해 8조법(범금 8조)을 만들었습니다.

② 부여에서는 12월마다 영고라는 제천 행사가 열렸습니다.

④ 신라는 화백 회의에서 귀족들이 모여 나라의 중요한 일을 결정했습니다.

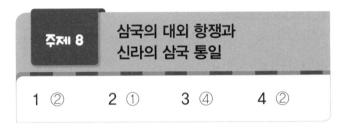

주제 8　삼국의 대외 항쟁과 신라의 삼국 통일

| 1 ② | 2 ① | 3 ④ | 4 ② |

1

왜 정답일까?

② 신라는 당과 동맹을 맺고 나당 연합군을 결성해 백제와 고구려를 멸망시켰습니다. 그러나 당이 약속을 어기고 신라 땅까지 차지하려 하자 나당 전쟁이 시작되었고, 신라가 매소성 전투에서 크게 승리했습니다. 당은 설인귀를 보내 다시 신라를 공격했지만 신라 문무왕이 기벌포 전투에서 승리하며 당의 세력을 한반도에서 몰아내고 삼국을 통일했습니다.

왜 틀렸지?

① 수 양제가 우중문을 보내 고구려 평양성을 공격하게 하자 을지문덕은 수의 군대를 살수에서 크게 무찔렀습니다.

③ 당은 연개소문의 반란을 구실로 고구려에 침입해 안시성을 공격했으나 패배했습니다.

④ 황산벌에서 계백의 백제군이 김유신이 이끄는 신라군에 맞서 싸웠으나 패배했습니다.

2

왜 정답일까?

- 김춘추의 군사 지원 요청(642): 백제가 계속해서 신라를 공격하자 김춘추는 고구려에 군대를 보내 도와달라고 요청했습니다. 그러나 고구려는 오히려 신라가 빼앗아 간 죽령 서북 땅을 돌려달라며 요청을 거절했습니다.
- 황산벌 전투(660): 계백이 이끄는 백제군은 황산벌 전투에서 김유신이 이끄는 신라군에 맞서 싸웠지만 크게 패배했습니다.

① 고구려에게 군사 지원 요청을 거절당한 김춘추는 당으로 건너가 나당 동맹을 맺고(648), 백제와 고구려를 공격했습니다.

왜 틀렸지?

② 백제 성왕은 웅진(공주)에서 사비(부여)로 수도를 옮겼습니다(538).
③ 금관가야가 고구려 광개토 대왕의 공격으로 세력이 약해지자 고령 지방의 대가야가 가야 연맹을 주도했습니다.
④ 고구려의 을지문덕은 우중문이 이끄는 수의 군대를 살수에서 크게 무찔렀습니다(612).

3

왜 정답일까?

④ 당은 고구려를 침략해 요동성, 백암성을 함락시키고 안시성을 공격했습니다(645). 고구려군이 저항하자 당군은 성벽보다 높은 흙산을 쌓아 성을 공격했습니다. 하지만 고구려군은 무너진 성벽 사이로 빠져 나와 흙산을 점령하고 당군을 몰아냈습니다.

4

왜 정답일까?

② 고구려가 멸망한 이후 검모잠은 고구려 유민*들을 모으고 왕자 안승을 왕으로 세웠습니다. 또, 한성을 중심으로 고구려를 다시 세우자는 고구려 부흥 운동을 전개했습니다.

왜 틀렸지?

①·③ 백제 계백과 신라 김유신은 황산벌 전투에서 맞서 싸웠고 결국 백제가 멸망했습니다.
④ 흑치상지는 백제 멸망 이후 백제를 다시 세우자는 백제 부흥 운동을 전개했습니다.

*유민: 망하고 없어진 나라의 백성

주제 9	통일 신라의 발전과 사회 변화

1 ④	2 ③	3 ④	4 ①

1

왜 정답일까?

④ 최치원은 통일 신라를 대표하는 6두품 출신의 학자이자 관리입니다. 12세 때 당으로 유학을 떠나 빈공과*에 합격했습니다. 이후, 신라로 돌아와 진성 여왕에게 나라의 문제점을 바로잡기 위한 시무 10여 조를 건의했습니다.

왜 틀렸지?

① 설총은 통일 신라 6두품 출신으로, 한자의 음(音)과 훈(訓)을 빌려 우리말을 적는 이두를 정리했습니다.
② 이사부는 신라 지증왕 때 우산국을 정복했습니다.
③ 신라 법흥왕 때의 승려 이차돈의 순교를 계기로 불교가 신라의 국교로 공인됐습니다.

*빈공과: 당에서 외국인에게 보게 하던 과거 시험

2

통일 신라 말 혜공왕이 어린 나이로 왕이 된 뒤부터 수많은 진골 귀족들이 왕위를 노리며 반란을 일으켰습니다. ③ 통일 신라 헌덕왕 때 김주원이 왕위 쟁탈전에서 패배하자 아들인 웅천주(공주) 도독 김헌창이 반란을 일으켰지만 실패했습니다.

왜 틀렸지?

① 조선 고종 때 김옥균, 박영효를 중심으로 한 급진 개화파가 갑신정변이라는 반란을 일으켰습니다.
② 고려 말 무신 이성계는 우왕의 명령으로 군사를 이끌고 요동 정벌에 나섰습니다. 그러나 위화도에서 개경으로 군사를 돌려 우왕을 끌어내리고 창왕을 왕위에 앉혔습니다.
④ 고구려 연개소문은 정변을 통해 영류왕을 몰아내고 보장왕을 왕위에 세운 뒤 스스로 가장 높은 벼슬인 대막리지가 되어 권력을 장악했습니다.

3

왜 정답일까?

통일 신라 말에는 귀족의 반란인 김헌창의 난, 도적들의 반란인 적고적의 난 등이 발생하며 나라가 혼란해졌습니다.
④ 통일 신라 말 진성 여왕 때 농민 원종과 애노가 지나친 세금 부담에 대해 반발하며 사벌주(상주)에서 봉기*를 일으켰습니다.

왜 틀렸지?

① 고려 최씨 무신 정권 때 최충헌의 노비인 만적이 개경 송악산에서 신분 차별에 저항하는 반란을 계획했으나 사전에 알려지면서 실패했습니다.
② 조선 순조 때 평안도 지역 농민들이 홍경래를 중심으로 봉기를 일으켰습니다.
③ 고려 무신 정권 시기 공주 명학소에서 망이·망소이가 농민 봉기를 일으켰습니다.

*봉기: 벌떼처럼 떼 지어 세차게 일어남

4

왜 정답일까?

(가) 김헌창의 난(822): 통일 신라 헌덕왕 때 아버지 김주원이 왕위 쟁탈전에서 진 것에 불만을 품은 웅천주 도독 김헌창이 나라 이름을 장안, 연호를 경운으로 정하고 반란을 일으켰습니다.
(나) 최치원의 시무 10여 조 건의(894): 6두품 출신 유학자 최치원은 진성 여왕에게 시무 10여 조를 건의했습니다.
① 통일 신라 말 진성 여왕 때 원종과 애노가 농민 봉기를 일으켰습니다(889).

왜 틀렸지?

② 통일 신라 초 신문왕의 장인이었던 김흠돌이 반란을 계획하다가 이 사실이 드러나 죽임을 당했습니다(681).
③ 신라 지증왕은 이사부를 보내 우산국을 복속*시켰습니다(512).
④ 수 양제가 고구려 평양성을 공격하자 을지문덕은 살수에서 수의 군대를 크게 무찔렀습니다(612).

*복속: 명령을 따르고 섬기게 함

주제 10 발해의 성립과 발전

| 1 ④ | 2 ③ | 3 ② | 4 ④ |

1

왜 정답일까?

발해는 문왕 때 수도를 상경 용천부로 옮겼고, 선왕 때는 영토를 크게 넓히고 전성기를 누리며 주변 국가들로부터 해동성국이라 불렸습니다.
④ 고구려 장군 출신인 대조영은 유민들을 이끌고 지린성 동모산에서 발해를 세웠습니다.

① 고려 태조 때 지방 호족의 자제*를 수도 개경에 머무르게 하는 기인 제도를 실시했습니다.

② 통일 신라 신문왕 때 지방 행정 구역을 9주 5소경으로 정했습니다.

③ 고조선은 한의 침략을 받아 수도 왕검성이 함락되며 멸망했습니다.

*자제: 남을 높여 그 아들을 이르는 말

2

고구려의 장군 출신 대조영이 건국한 발해는 전성기인 선왕 때 주변 국가들로부터 해동성국이라고 불렸습니다.

③ 발해 무왕은 장문휴의 수군으로 당의 등주를 공격하게 했습니다.

① 조선 세종 때 김종서를 시켜 여진을 몰아내고 두만강 일대에 6진을 설치해 영토를 넓혔습니다.

② 고려가 몽골의 2차 침입을 받았을 때 김윤후가 이끄는 군대가 처인성에서 몽골군을 무찔렀습니다.

④ 조선 고종 때 프랑스 군대가 강화도를 침략하며 병인양요가 발생했고, 양헌수가 이끄는 부대가 정족산성에서 프랑스 군대를 물리쳤습니다.

3

조선 후기 실학자 유득공은 『발해고』에서 한반도 남쪽에 신라, 북쪽에 발해가 있던 시기를 남북국 시대라고 부를 것을 처음으로 주장했습니다.

② 발해는 선왕 때 영토를 크게 넓히고 전성기를 누리면서 주변 국가들로부터 해동성국이라고 불렸습니다.

① 백제 무령왕은 지방에 22담로를 설치하고 왕족을 파견했습니다.

③ 통일 신라 신문왕은 중앙군을 9서당, 지방군을 10정으로 설치했습니다.

④ 고구려 광개토 대왕은 영락이라는 독자적 연호를 사용했습니다.

4

• 이불병좌상: 발해의 수도였던 동경 용원부 유적지에서 발견됐으며, 고구려 양식을 이어받은 불상입니다.

• 발해 석등: 발해의 수도였던 상경 용천부 절터에 남아 있던 석등으로, 통일 신라 석등 양식의 영향을 받아 만들어졌습니다.

④ 연꽃무늬 수막새는 발해의 수도였던 상경 용천부 및 동경 용원부 등에서 발견된 막새기와*입니다. 구조나 무늬를 통해 고구려 문화의 영향을 받았음을 알 수 있습니다.

① 일본에서 발견된 칠지도는 백제 근초고왕이 왜에 전해준 것으로 알려져 있습니다.

② 금관총 금관은 신라 때 머리에 쓰던 금관입니다.

③ 호우총 청동 그릇(호우명 그릇)은 신라 고분에서 발견된 고구려의 유물입니다.

*막새기와: 처마 끝에 놓는 막새

주제 11 고대의 경제와 사회

1 ②   2 ④   3 ①   4 ③

1

왜 정답일까?

② 신라 고유*의 신분 제도인 골품 제도는 관직이나 관복뿐만 아니라 집의 크기, 옷 색 등 일상생활까지도 제한했습니다.

왜 틀렸지?

① 신라의 화랑도는 화랑을 우두머리로 한 청소년 수련 단체로, 교육적·군사적 역할을 담당했습니다.

③ 신라는 화백 회의에서 귀족들이 모여 국가의 중요한 일을 결정했습니다.

④ 통일 신라 때 지방 세력을 견제하기 위해 일정 기간 수도 경주에 머무르게 하는 상수리 제도를 실시했습니다.

*고유: 본래부터 가지고 있는 특유한 것

2

왜 정답일까?

④ 신라 촌락 문서는 민정 문서라고도 불리며, 통일 신라 때 각 지방의 촌주가 3년마다 마을에 대해 기록한 것입니다. 일본에서 발견된 이 문서에는 755년경 서원경(청주) 인근 4개 마을에 대한 인구, 토지, 가축 등을 조사한 내용이 담겨 있어 통일 신라의 경제 상황에 대해 알 수 있는 중요한 자료입니다.

왜 틀렸지?

① 고려 때 이승휴가 쓴 『제왕운기』는 단군의 고조선 건국 이야기를 다루고 있습니다.

② 병인양요 때 프랑스군이 강화도에 침입해 조선 왕실의 중요한 행사 등을 글과 그림으로 기록한 외규장각 의궤를 약탈*했습니다.

③ 『직지심체요절』은 세계에서 가장 오래된 금속 활자본으로, 유네스코 세계 기록 유산에 등재*되었습니다.

*약탈: 폭력으로 남의 것을 억지로 빼앗음

*등재: 어떠한 점을 장부에 기록함

3

왜 정답일까?

『삼국유사』에 따르면 백제 귀족들은 정사암이라는 바위에서 회의를 통해 재상*을 뽑고 나라의 중요한 일을 결정했습니다.

① 백제 무령왕은 지방에 22담로를 설치하고 왕족을 파견했습니다.

왜 틀렸지?

② 통일 신라 신문왕은 유학 교육 기관인 국학을 설립했습니다.

③ 고구려 고국천왕은 먹을거리가 부족한 봄에 곡식을 빌려주고 겨울에 갚게 하는 진대법을 실시했습니다.

④ 신라는 고유한 신분 제도인 골품 제도를 운영했습니다.

*재상: 임금을 돕고 관료들을 감독하던 일을 맡은 벼슬

4

왜 정답일까?

③ 신라는 삼국 통일 이후 한강 하류의 당항성을 중심으로 당의 산둥반도와 이어지는 해상 무역이 활발해졌습니다. 장보고는 완도에 청해진을 설치하고 당·신라·일본 간 해상 무역권을 장악했습니다.

① 신라의 승려 원효는 「무애가」라는 노래를 지어 불교의 대중화를 위해 노력했습니다.

② 설총은 통일 신라 시대 6두품 출신 학자로, 한자의 음과 훈을 빌려 우리말을 표기하는 이두를 정리했습니다.

④ 최치원은 통일 신라 말 6두품 출신 유학자로, 진성여왕에게 시무 10여 조를 건의했습니다.

주제 12 고대의 불교와 문화유산

1 ①	2 ②	3 ③	4 ③

1

왜 정답일까?

① 경주 불국사 삼층 석탑(석가탑)은 통일 신라 경덕왕 때 만들어진 것으로 추측합니다. 탑을 수리하던 중 세계에서 가장 오래된 목판 인쇄물인 무구정광대다라니경이 발견됐습니다.

왜 틀렸지?

② 부여 정림사지 오층 석탑은 백제의 대표적인 석탑입니다.

③ 경주 분황사 모전 석탑은 지금 남아 있는 신라 석탑 중 가장 오래된 석탑입니다.

④ 익산 미륵사지 석탑은 백제 무왕 때 세워진 것으로 추측됩니다.

2

왜 정답일까?

신라의 승려 원효는 모든 진리*는 한 마음에서 나온다는 일심 사상을 주장했습니다. 불교의 대중화*를 위해 불교의 가르침을 쉬운 노래로 표현한 「무애가」를 지었으며, 『대승기신론소』라는 책을 쓰기도 했습니다.

② 원효는 『십문화쟁론』이라는 책을 통해 모든 불교 종파*가 화목하게 어울리게 하기 위한 화쟁 사상을 주장했습니다.

왜 틀렸지?

① 신라의 승려 원광은 화랑도가 지켜야 할 내용이 담긴 세속 5계를 지었습니다.

③ 고려의 승려 지눌은 불교의 타락을 비판하며 불교의 화합을 위해 힘쓰자는 단체인 수선사 결사를 만들었습니다.

④ 신라의 승려 의상은 부석사라는 절을 세웠습니다.

*진리: 참된 이치나 도리
*대중화: 대중 사이에 널리 퍼져 친숙해짐
*종파: 같은 종교에서 갈린 갈래

3

왜 정답일까?

③ 금동 연가 7년명 여래 입상은 고구려의 불상이며, 국보 제119호로 지정되어 있습니다. 불상에 새겨진 글자로 언제 만들어졌는지 알 수 있습니다.

왜 틀렸지?

① 금동 미륵보살 반가 사유상은 삼국 시대의 대표적인 불상이며, 국내에서 가장 큰 금동 반가 사유상*입니다.

② 경주 석굴암 본존불은 통일 신라의 불상으로 석굴암 안에 있습니다.

④ 이불 병좌상은 발해의 수도였던 동경 용원부에서 발견된 불상으로, 고구려 양식을 이어받았습니다.

*반가 사유상: 오른쪽 다리를 왼쪽 허벅다리 위에 얹고 앉아 오른손을 뺨에 대고 생각에 잠겨 있는 모습의 불상

4

왜 정답일까?

③ 신라 귀족 출신의 승려 의상은 당에서 유학하고 돌아와 신라에서 화엄 사상*을 펼쳤습니다. 부석사라는 절에서 수많은 제자들을 가르치고, 『화엄일승법계도』라는 책을 남겼습니다.

왜 틀렸지?

① 신라의 승려 원효는 불교 종파끼리의 싸움을 끝내고 화해해야 한다는 화쟁 사상을 주장했습니다.
② 고려의 승려 일연은 불교의 역사를 바탕으로 한 역사 책인 『삼국유사』를 저술했습니다.
④ 고려의 승려 지눌은 깨달음을 위한 노력과 꾸준한 수행을 강조하는 돈오점수, 정혜쌍수를 강조했습니다.

*화엄 사상: 화엄경이라는 불교의 경전을 따르는 종파

세 번째 이야기
고려

7일차

주제 13	후삼국의 성립과 고려의 통일

1 ③	2 ④	3 ④	4 ①

1

왜 정답일까?

(나) 고려 건국(918): 왕건은 고구려를 이어받는다는 의미로 나라 이름을 고려로, 연호를 천수로 정했습니다.
(가) 고창 전투(930): 후백제의 견훤은 고려의 고창(안동)을 공격했으나 왕건에게 크게 패배했습니다.
(다) 일리천 전투(936): 왕건은 고려에 항복한 견훤과 함께 군사를 이끌고 일리천에서 신검이 이끄는 후백제 군과 싸워 이기며 후삼국을 통일했습니다.

2

왜 정답일까?

④ 후백제와 고려의 고창 전투(930) 이후 견훤이 고려에 항복하자 신라의 마지막 왕인 경순왕도 고려에 투항*하며 신라가 멸망했습니다(935). 이후 고려 왕건은 사심관 제도*에 따라 김부를 경주를 다스리는 사심관으로 임명*했습니다.

*투항: 적에게 항복함
*사심관 제도: 호족이나 공신들을 사심관으로 삼아 그들의 출신 지역을 다스리게 한 제도
*임명: 일정한 지위나 임무를 남에게 맡김

3

왜 정답일까?

신라 왕족 출신 궁예는 양길의 부하가 되어 세력을 키운 뒤 송악(개성)을 도읍으로 후고구려를 세웠습니다. 궁예는 권력을 마구 휘둘렀고 왕건에 의해 왕위에서 쫓겨났습니다.

④ 궁예는 후고구려를 세우고 영토를 넓혀 철원으로 수도를 옮긴 뒤 국호를 마진으로 바꿨다가 다시 태봉으로 바꿨습니다.

왜 틀렸지?

① 고려 태조는 다음 왕들이 지켜야 할 10가지를 정리한 훈요 10조를 남겼습니다.

② 통일 신라 때 장보고는 완도에 청해진을 설치하고 바다를 통한 해상 무역을 장악했습니다.

③ 신라의 군인 출신인 견훤은 세력을 키워 완산주(전주)에 도읍을 정하고 백제 계승을 내세운 후백제를 세웠습니다.

4

왜 정답일까?

왕건은 후고구려 궁예의 부하로 공을 세우며 세력을 키웠습니다. 그러나 궁예가 권력을 마구 휘두르며 백성들이 큰 고통을 겪자 궁예를 몰아내고 고려를 세웠습니다(918). 이후 왕건은 신라 경순왕의 항복을 받고, 일리천 전투에서 후백제를 멸망시키며 후삼국을 통일했습니다.

① 고려 말 우왕 때 최무선은 화약과 화포를 이용해 진포에서 일본 해적을 물리쳤습니다.

1

왜 정답일까?

고려 시대 유학자 최승로는 성종에게 시무 28조를 올려 불교 행사를 줄이고 유교를 바탕으로 나라를 다스릴 것을 제시했습니다.

② 고려 성종은 최승로의 시무 28조를 받아들여 지방에 12목을 설치하고 지방관을 파견했습니다.

왜 틀렸지?

① 신라 법흥왕은 상대등이라는 관직을 설치해 귀족 회의와 중요한 나랏일을 담당하게 했습니다.

③ 고려 광종은 후주 출신 쌍기의 건의에 따라 과거제를 통해 인재를 뽑았습니다.

④ 통일 신라 헌덕왕 때 웅천주 도독 김헌창이 반란을 일으켰지만 실패했습니다.

2

왜 정답일까?

고려에는 특수한 행정 구역인 향 · 부곡 · 소가 있었습니다. 이곳의 백성들은 양인이었지만 차별을 받았습니다.

④ 고려 현종은 국경* 지역에 양계를 두고 이곳의 군사를 담당하는 병마사를 파견했습니다.

왜 틀렸지?

① 조선 태종 때 전국을 8도로 나눴습니다.

② 백제 무령왕은 지방에 22담로를 설치하고 왕족을 파견했습니다.

③ 통일 신라 신문왕 때 수도 경주 외에 중요한 다섯 지역을 5소경으로 정했습니다.

*국경: 나라와 나라의 영역을 가르는 경계

3

왜 정답일까?

④ 도병마사는 고려 시대에 중서문하성과 중추원의 높은 관리(재신과 추밀)들이 모여 국가 방어와 군사 문제를 논의하는 회의 기구였습니다.

왜 틀렸지?

① 고려의 삼사는 곡식과 돈을 거두고 내보내는 일을 맡아보던 기관이었습니다.
② 고려의 어사대는 관리의 잘못된 행동을 감시하는 기관이었습니다.
③ 조선의 의정부는 나라의 중요한 일을 논의하고 결정하며 나랏일을 관리했습니다.

4

왜 정답일까?

고려 광종은 광덕, 준풍 등 독자적인 연호를 사용했고, 후주 출신 쌍기의 건의를 받아들여 과거 제도를 시행했습니다.
③ 광종은 노비안검법을 실시해 강제로 노비가 된 자를 풀어주며 호족 세력을 약화시켰습니다.

왜 틀렸지?

① 고려 태조는 다음 왕들이 지켜야 할 10가지를 정리한 훈요 10조를 남겼습니다.
② 고려 무신 정권기에 최충헌은 교정도감을 설치하고 자신이 이 기구의 우두머리인 교정별감이 되어 중요한 정책을 결정했습니다.
④ 고려 성종은 12목을 설치하고 지방관을 파견했습니다.

주제 15 | 거란 · 여진의 침입과 극복

| 1 ① | 2 ③ | 3 ④ | 4 ② |

1

왜 정답일까?

① 고려 성종 때 80만 군대를 이끌고 침입한 거란(요)은 고려가 차지하고 있는 옛 고구려 땅을 내놓고 송과 교류를 끊을 것을 요구했습니다. 이때 서희는 거란 소손녕과 외교 담판*에서 여진이 가로막고 있는 것을 이유로 들며 거란과 교류를 약속하는 대신, 압록강 동쪽의 강동 6주를 확보했습니다.

왜 틀렸지?

② 고려 예종 때 윤관은 특수한 군대인 별무반을 이끌고 여진을 물리쳐 동북 9성을 축조*했습니다.
③ 고려 우왕 때 최무선은 화약과 화포를 만드는 관아인 화통도감 설치를 건의했습니다.
④ 조선 세종은 최윤덕을 시켜 여진을 몰아내고 압록강 지역에 4군을 설치했습니다. 또, 김종서를 시켜 두만강 지역에 6진을 설치해 영토를 개척*했습니다.

*담판: 맞선 관계에 있는 서로가 의논해 옳고 그름을 판단함
*축조: 쌓아서 만듦
*개척: 새로운 영역, 운명 등을 처음으로 열어 나감

2

왜 정답일까?

③ 강감찬은 거란의 3차 침입 때 귀주에서 소배압이 이끄는 거란군에 맞서 크게 승리했습니다(귀주 대첩).

왜 틀렸지?

① 서희는 거란의 1차 침입 때 강동 6주를 획득했습니다.

② 윤관은 별무반을 이끌고 여진을 물리쳐 동북 9성을 쌓았습니다.

④ 최무선은 화약과 화포를 활용해 진포 대첩에서 일본 해적을 무찔렀습니다.

3

왜 정답일까?

④ 고려 숙종 때 부족을 통일한 여진이 고려를 자주 침입했습니다. 그러자 윤관이 왕에게 건의해 신기군, 신보군, 항마군으로 이루어진 별무반을 만들었습니다. 이후 예종 때 윤관은 별무반을 이끌고 여진을 몰아내 동북 9성을 쌓았습니다.

왜 틀렸지?

① 신라 지증왕 때 이사부를 보내 우산국을 정복했습니다.

② 조선 세종 때 압록강과 두만강 일대에 4군과 6진을 설치해 영토를 넓혔습니다.

③ 고려 성종 때 서희는 거란 소손녕과 외교 담판을 통해 강동 6주를 확보했습니다.

4

왜 정답일까?

② 거란(요)은 송과의 대결에서 유리한 위치를 차지하기 위해 여러 차례에 걸쳐 고려를 침략했습니다. 거란 소손녕을 상대로 외교 담판에 나선 서희는 고려가 고구려를 계승한 나라임을 인정받고 압록강 동쪽의 강동 6주를 획득했습니다.

왜 틀렸지?

① 조선 세종 때 4군 6진 지역을 개척했습니다.

③ 고려 예종 때 윤관이 별무반을 이끌고 여진을 물리쳐 동북 9성을 축조했습니다.

④ 고려 공민왕 때 원(몽골)이 관리하던 쌍성총관부를 공격해 철령 이북 지역의 땅을 되찾았습니다.

주제 16	이자겸의 난과 묘청의 서경 천도 운동

1 ①	2 ①	3 ③	4 ②

1

왜 정답일까?

① 고려 인종 때 묘청 등이 서경(평양)으로 수도를 옮기고 궁궐인 대화궁을 지으면 천하를 통일할 수 있고 금도 항복할 것이라고 주장했으나 받아들여지지 않았습니다. 그러자 서경에서 반란을 일으켰습니다.

왜 틀렸지?

② 통일 신라 신문왕의 장인인 김흠돌이 반란을 일으켰으나 실패했습니다.

③ 조선 순조 때 평안도 지방 사람들이 몰락 양반 출신 홍경래를 중심으로 봉기를 일으켰습니다.

④ 통일 신라 말 진성 여왕 때 원종과 애노가 농민 봉기를 일으켰습니다.

2

왜 정답일까?

고려 인종 때 김부식은 묘청이 서경 천도를 주장하며 반란을 일으키자 군사를 이끌고 진압했습니다.

① 김부식은 인종의 명을 받아 역사서인 『삼국사기』를 편찬*했습니다.

왜 틀렸지?

② 인종 때 묘청, 정지상 등 서경 세력은 서경 천도와 금 정벌 등을 주장했습니다.

③ 고려 우왕 때 최무선은 화약과 화포를 만드는 관청인 화통도감 설치를 건의해 무기를 개발했습니다.

④ 고려 충렬왕 때 학자 안향이 원으로부터 성리학을 들여와 소개했습니다.

*편찬: 여러 자료를 모아 체계적으로 정리하여 책을 펴냄

3

왜 정답일까?

③ 고려 인종 때 묘청의 서경 천도 운동을 진압한 김부
식은 인종의 명을 받아 『삼국사기』를 편찬했습니다.

왜 틀렸지?

① 조선 세종 때 정초, 변효문 등을 시켜 만든 『농사직
설』을 통해 우리나라의 날씨와 땅에 맞는 농사법을
정리했습니다.

② 조선 선조의 명으로 허준이 쓰기 시작한 『동의보감』
은 각종 의학 지식과 치료법에 관한 책으로, 광해군
때 완성되었습니다.

④ 고려 우왕 때 만들어진 『직지심체요절』은 세계에서
가장 오래된 금속 활자본으로 유네스코 세계 기록
유산에 올랐습니다.

4

왜 정답일까?

② 고려 시대에 문벌 귀족은 귀족끼리 서로 혼인하면서
대대로 권력을 물려받았습니다. 대표적인 인물로 경
원 이씨 가문의 이자겸이 있습니다.

왜 틀렸지?

① 신라 말 사회가 혼란해지고 중앙의 통제가 약해지자
지방에서 대대로 살던 토착 세력이나 장군 등이 힘
을 키우며 호족으로 성장했습니다.

③ 신라의 골품 제도에서 성골 다음으로 높은 진골은
부모 중 한쪽만 왕족인 귀족을 말합니다.

④ 고려 말 새롭게 등장한 세력인 신진 사대부는 조선
건국을 주도*했습니다.

*주도: 주동적으로 이끎

9일차

주제 17	무신 정변과 농민 봉기

1 ③	**2** ②	**3** ③	**4** ②

1

왜 정답일까?

• 무신 정변(1170): 고려 시대에 문벌 귀족들이 정치권
력을 독차지하고 무신을 차별했습니다. 불만이 쌓인
무신들은 정중부를 중심으로 정변을 일으켜 정권을
장악했습니다.

• 충주성 전투(1253): 몽골이 고려를 침입하자 김윤후
는 병사들을 격려해 충주성 전투에서 몽골군을 물리
쳤습니다.

③ 고려 무신 정권 때 최충헌의 노비 만적이 개경 송악산
에서 신분 차별에 저항하는 반란을 모의*했으나 미
리 알려져 실패했습니다(1198).

왜 틀렸지?

① 고려 인종 때 이자겸이 왕의 자리까지 넘보자 인종
이 이자겸을 제거하려다 실패하면서 이자겸의 난이
일어났습니다(1126).

② 고려 인종 때 묘청이 서경(평양)으로 수도를 옮길 것
을 주장했습니다(1135).

④ 고려 현종 때 강감찬은 거란의 군대에 맞서 귀주 대첩
에서 크게 승리했습니다(1019).

*모의: 어떤 일을 꾀하고 의논함

2

왜 정답일까?

• 무신 정변(1170): 고려 의종 때 무신을 문신과 차별하
자 무신들이 정중부와 이의방을 중심으로 정변을 일
으켜 의종을 왕에서 쫓아냈습니다.

- 삼별초 항쟁(1270~1273): 고려 정부가 몽골과 싸움을 끝내고 수도를 강화도에서 다시 개경으로 옮겼습니다. 그러나 배중손을 중심으로 한 군대 삼별초가 이를 반대하며 몽골과 전쟁을 계속했습니다.
② 고려 무신 정권 때 최충헌의 뒤를 이은 최우는 자신의 집에 정방을 설치하고 관리를 임명하는 일을 모두 담당했습니다(1225).

① 통일 신라 헌덕왕 때 웅천주 도독 김헌창이 반란을 일으켰습니다(822).
③ 고려 인종 때 묘청을 중심으로 한 서경 세력은 서경 천도와 금 정벌 등을 주장하며 반란을 일으켰습니다(1135).
④ 고려는 거란이 침략하자 서희가 소손녕과 외교 담판을 통해 강동 6주를 획득했습니다(993).

3

③ 망이·망소이의 난과 만적의 난 모두 지역·신분 차별에 저항해서 일어난 무신 집권기의 반란입니다.

① 조선 후기 동학 농민 운동 때 농민군이 황토현 전투에서 관군에 승리하고 전주성을 점령했습니다.
② 고려 인종 때 묘청이 서경 천도를 주장했습니다.
④ 임오군란과 갑신정변 모두 청의 군대에 의해 진압되었습니다.

4

② 고려 중기 문신들은 정치권력을 독차지하고 무신을 차별했습니다. 문신 김부식의 아들 김돈중이 무신 정중부의 수염을 태우며 모욕을 주는 일도 있었습니다. 분노가 폭발한 무신들이 정중부를 중심으로 무신 정변을 일으켜 권력을 장악한 뒤 의종을 쫓아내고 김돈중을 죽였습니다(1170).

① 김옥균, 박영효 등 개화파가 갑신정변을 일으켰습니다.
③ 통일 신라 말 진성 여왕 때 원종과 애노가 농민 봉기를 일으켰습니다.
④ 고려 무신 정권 시기 공주 명학소에서 망이·망소이가 봉기를 일으켰습니다.

주제 18 몽골의 침입과 대몽 항쟁

| 1 ③ | 2 ② | 3 ③ | 4 ② |

1

고려에 온 몽골 사신 저고여가 돌아가다가 암살*당합니다. 그러자 몽골은 이 사건을 구실로 고려와 외교 관계를 끊고 살리타가 이끄는 군대를 보내 고려를 침입했습니다.
③ 몽골의 2차 침입 때 김윤후가 이끈 군대가 처인성에서 몽골군에 맞서 싸워 적의 장수 살리타를 사살*하고 승리를 거뒀습니다.

① 거란을 멸망시킨 금이 인종 때 고려에 사대*를 요구하자 당시 최고 권력자였던 이자겸은 금과 충돌을 피하고자 그 요구를 받아들였습니다.
② 거란의 1차 침입 때 서희가 소손녕과 외교 담판을 벌여 강동 6주를 획득했습니다.
④ 거란의 3차 침입 때 강감찬이 귀주에서 크게 승리했습니다.

*암살: 몰래 사람을 죽임
*사살: 활이나 총으로 쏘아 죽임
*사대: 약자가 강자를 섬김

2

왜 정답일까?

(나) 귀주 대첩(1019): 강감찬은 거란의 장군 소배압이 강동 6주를 돌려달라며 고려를 침입하자 귀주에서 맞서 싸워 승리했습니다.

(다) 별무반의 여진 정벌(1104): 윤관은 여진을 정벌하기 위해 왕에게 건의해 신기군, 신보군, 항마군으로 이루어진 군대인 별무반을 만들었습니다. 이후 예종 때 윤관은 별무반을 이끌고 여진을 몰아내 동북 9성을 쌓았습니다.

(가) 삼별초 항쟁(1270~1273): 무신 정권이 해체되고 강화도에 있던 고려 조정이 개경으로 돌아가면서 몽골과 강화*를 맺었습니다. 이에 반발한 삼별초는 배중손의 지휘에 따라 진도, 제주도 등으로 이동하며 몽골에 맞서 싸웠습니다.

*강화: 싸우던 두 편이 싸움을 그치고 평화로운 상태가 됨

3

왜 정답일까?

③ 몽골이 고려를 침입하자 김윤후는 승리하면 신분을 따지지 않고 모두 관직을 주겠다고 병사들을 격려했습니다. 실제로 노비 문서를 불태우고 소와 말을 나눠 줬습니다. 그 결과 병사들과 백성들도 힘을 합쳐 싸워 충주성 전투에서 몽골군을 물리쳤습니다(1253).

4

왜 정답일까?

② 팔만대장경은 몽골이 침입하자 고려 고종 때 부처의 힘으로 몽골군을 물리치고자 만들었습니다.

왜 틀렸지?

① 고려 인종 때 김부식은 왕명*을 받아 삼국 시대의 역사서인 『삼국사기』를 편찬했습니다.

③ 『직지심체요절』은 고려 우왕 때 만들어진 세계에서 가장 오래된 금속 활자본입니다.

④ 『월인천강지곡』은 훈민정음 창제* 직후 한글 금속활자로 만들어진 불교 찬가입니다.

*왕명: 왕의 명령

*창제: 전에 없던 것을 처음으로 만들거나 제정함

10일차

주제 19	원의 간섭과 공민왕의 개혁 정치

1 ④	2 ④	3 ③	4 ④

1

왜 정답일까?

고려 공민왕은 원 간섭기 때 원에 볼모*로 있다가 돌아와 왕위에 올랐습니다. 이후 공민왕은 몽골식 풍습을 금지하고 기철* 등 원과 친한 세력을 몰아냈습니다. 또한, 신돈*을 전민변정도감이라는 관청의 책임자로 임명해 권문세족이 빼앗은 토지를 돌려주고 노비가 된 자를 풀어줬습니다. 공민왕은 원 황실의 노국 대장 공주와 결혼했는데, 노국 대장 공주는 공민왕의 개혁을 적극적으로 지지해줬습니다.

④ 공민왕은 원이 설치한 쌍성총관부를 공격해 철령 이북의 땅을 되찾았습니다.

왜 틀렸지?

① 조선 영조 때 백성들의 군역 부담을 줄이기 위해 균역법을 실시했습니다.

② 통일 신라 원성왕 때 독서삼품과를 실시해 관리를 뽑았습니다.

③ 『삼강행실도』는 조선 세종 때 우리나라와 중국의 책 중에서 모범이 될 만한 충신·효자·열녀들의 이야기를 모은 책입니다.

*볼모: 약속을 지키게 하기 위해 상대편에 잡혀 두는 사람이나 물건

*기철: 친원 세력으로 공민왕이 왕위에 오르자 반란을 계획

29

하다가 죽임을 당함
*신돈: 공민왕의 개혁 정치를 도와 전민변정도감을 이끈 인물

2

왜 정답일까?

- 삼별초 항쟁(1270~1273): 고려 조정이 도읍을 강화 도에서 개경으로 다시 옮기면서 몽골과 강화를 맺었 습니다. 삼별초는 이에 반대하며 제주도에 항파두리성 을 쌓고 몽골에 맞서 싸웠으나 실패하고 원 간섭기가 시작되었습니다.
- 쌍성총관부 공격(1356): 고려 공민왕은 원의 간섭에 서 벗어나기 위해 원이 만든 쌍성총관부를 공격하고 철령 이북 지역의 땅을 수복*했습니다.
④ 고려는 원 간섭기 때 지배층을 중심으로 원 남자들의 머리인 변발과 원의 옷인 호복 등 몽골 풍습이 유행 했습니다.

왜 틀렸지?

① 고려 숙종 때 여진이 고려를 자주 침입하자 윤관이 왕에게 건의해 별무반을 편성*했습니다(1104).
② 통일 신라 헌덕왕 때 웅천주 도독 김헌창이 반란을 일으켰습니다(822).
③ 고려 인종 때 김부식이 왕명을 받아 역사서인 『삼국 사기』를 편찬했습니다(1145).
*수복: 잃었던 땅이나 권리를 되찾음
*편성: 엮어 모아서 만듦

3

왜 정답일까?

고려의 왕이 원의 공주를 왕비로 맞이하던 원 간섭기 때 에는 지배층을 중심으로 몽골식 풍습이 유행했습니다. 몽골식 머리와 옷인 변발과 호복, 몽골의 모자인 발립 등이 유행했습니다. 또한, 소주를 만드는 방법이 전해져 소주를 내리는 데 쓰는 물건인 소줏고리가 만들어지기 도 했습니다.
③ 고려 숙종 때 여진을 정벌하기 위한 군대인 별무반이 조직되었습니다.

왜 틀렸지?

① 고려 원 간섭기 때 일본을 정벌하기 위해 개경에 정 동행성을 설치했습니다.
② 고려 원 간섭기에 원과 친하게 지내던 권문세족이 높은 관직을 독점하며 권력을 장악했습니다.
④ 고려 원 간섭기 때 결혼도감을 설치해 고려의 여성 들을 원에 바쳐야 했습니다.

4

왜 정답일까?

- 개경 환도(1270): 무신 정권이 해체되고 강화도에 있던 고려 조정이 개경으로 다시 돌아가면서 몽골과 화해 하고 전쟁을 멈췄습니다.
- 고려 멸망(1392): 고려 말 공양왕이 물러나고 이성계 가 조선을 세우며 고려가 멸망했습니다.
④ 고려 말 공민왕은 전민변정도감을 설치하고 신돈을 책임자로 임명했습니다. 이후 권문세족에게 빼앗긴 토지를 백성들에게 돌려주고 억울하게 노비가 된 자를 풀어줬습니다(1366).

주제 20	신진 사대부의 성장과 위화도 회군
1 ②	2 ④	3 ②	4 ①

1

왜 정답일까?

② 고려 말 이성계는 우왕의 명령에 따라 요동 정벌에 나섰지만 결국 위화도에서 말을 돌려 개경으로 돌아 와 우왕을 없애고 정권을 장악했습니다. 이후 토지 제도 개혁인 과전법을 실시했고, 1392년 조선을 건국 한 뒤 수도를 한양으로 옮겼습니다.

① 조선 후기 흥선 대원군은 약해진 왕권을 강화하기 위해 비변사를 없애 버렸습니다.

③ 조선 후기 흥선 대원군은 법전인 『대전회통』을 편찬했습니다.

④ 조선 세종은 우리나라의 독창적인 문자인 훈민정음을 창제했습니다.

2

왜 정답일까?

④ 고려 공양왕 때 신진 사대부 조준, 정도전 등의 건의로 관리에게 땅의 수조권*을 주는 과전법이 실시되었습니다. 이 땅은 경기도 지역으로 정했고, 현재 관리와 관직에서 물러난 관리에게도 수조권을 줬습니다.

왜 틀렸지?

① 조선 후기에 특산물 대신 쌀을 납부하도록 한 대동법을 실시한 뒤로 국가에 필요한 물품을 조달*하는 공인이 등장했습니다.

② 대한 제국은 토지의 주인이라는 것을 증명하는 문서인 지계를 나누어 줬습니다.

③ 고려는 관료에게 토지를 나누어 주는 전시과를 시행해 곡물을 거둘 수 있는 전지와 땔감을 얻을 수 있는 시지를 줬습니다.

*수조권: 땅에서 세금을 받을 수 있는 권리
*조달: 자금이나 물자를 대어 줌

3

왜 정답일까?

② 고려 말 왜구가 강화도를 약탈하고 개경을 위협하며 자주 침입했습니다. 그러자 최영은 홍산 대첩, 최무선은 진포 대첩, 이성계는 황산 대첩을 통해 일본 해적의 침입을 물리쳤습니다.

왜 틀렸지?

① 고려에 온 몽골 사신 저고여가 돌아가다가 암살당한 사건이 발생하자 몽골은 6차례에 걸쳐 고려를 침입했습니다.

③ 고려 윤관이 별무반을 이끌고 여진을 물리쳤으며, 동북 9성을 쌓았습니다.

④ 병인양요와 신미양요 등 서양의 침략을 극복한 흥선 대원군은 전국 각지에 서양과 외교 관계를 맺지 않겠다는 의지를 담은 척화비를 세웠습니다.

4

왜 정답일까?

① 고려 우왕 때 명이 철령 이북의 땅을 돌려달라고 요구하자 우왕은 이성계로 하여금 요동 지역을 정벌하게 했습니다. 이성계는 압록강 하류 위화도에서 강물이 불어나 건너기 어렵다고 판단해 군대를 멈추고 요동 정벌을 멈출 것을 주장한 4불가론*을 제시했습니다.

왜 틀렸지?

② 고려 숙종 때 윤관의 별무반은 여진을 물리치고 동북 9성을 설치했습니다.

③ 조선은 임진왜란 때 유성룡의 건의로 포수, 사수, 살수의 삼수병으로 이루어진 군대인 훈련도감을 만들었습니다.

④ 고구려 장수왕은 국내성에서 평양으로 수도를 옮기고 남진 정책을 실시했습니다.

*4불가론: 이성계가 주장한 요동 정벌을 할 수 없는 4가지 이유

주제 21 고려의 경제와 사회

1 ② 2 ③ 3 ② 4 ①

1

왜 정답일까?

고려 숙종 때 최고 국립 교육 기관인 국자감에 서적포를 설치해 인쇄와 출판을 담당하게 했습니다. 또한, 수도를 남경(서울)으로 옮길 것을 주장한 김위제의 건의에 따라 궁궐을 세웠으며, 윤관의 건의를 받아들여 별무반을 조직하기도 했습니다.
② 숙종 때 승려 의천의 건의로 화폐를 만드는 기관인 주전도감을 설치하고 해동통보를 만들었습니다.

왜 틀렸지?

① 조선 정조는 왕실의 도서관이자 학문 연구 기관인 규장각을 설치했습니다.
③ 고려 광종은 노비안검법을 실시해 억울하게 노비가 된 사람들을 풀어줬습니다.
④ 고려 공민왕은 쌍성총관부를 공격해 원에 빼앗긴 철령 이북 지역의 땅을 되찾았습니다.

2

왜 정답일까?

③ 골품 제도는 신라의 신분 제도입니다.

왜 틀렸지?

① 고려 성종 때 가난한 백성에게 곡식을 빌려주는 기관인 의창을 운영했습니다.
② 고려 시대에는 매년 개경과 서경에서 국가적 불교 행사인 팔관회가 열렸습니다.

④ 고려 시대에는 여성이 호주*가 될 수 있었고, 호적 기록도 성별에 관계없이 나이순으로 쓰였습니다.

*호주: 한 집안의 주인이자 대표가 되는 사람

3

왜 정답일까?

② 고려 때 원에 사신으로 갔던 문익점이 목화씨를 몰래 가져와 장인 정천익에게 나눠 주고 함께 길렀습니다. 처음에는 기르는 방법을 몰랐으나 3년간 노력해 전국에 목화씨가 퍼지게 됐습니다.

왜 틀렸지?

① 고려는 송과 일본에 인삼을 수출했습니다.
③ · ④ 조선 후기에 고구마, 옥수수 등이 전래되어 구황 작물*로 재배되기 시작했습니다.

*구황 작물: 날씨의 영향을 덜 받고 가꾸기 쉬워 흉년일 때 먹을 수 있는 농작물

4

왜 정답일까?

① 고려는 예성강에 위치한 국제 무역항인 벽란도를 통해 송 · 아라비아 상인들과 무역을 전개했습니다.

왜 틀렸지?

② 조선 후기에 담배, 인삼, 면화 등 상품 작물*의 재배가 활발해졌습니다.
③ 조선 광해군 때 대동법이 실시된 이후 국가에 필요한 물품을 조달하는 공인이 활동했습니다.
④ 신라 지증왕 때 수도인 경주에 시장을 설치하고 이를 관리 · 감독하기 위한 기구인 동시전을 설치했습니다.

*상품 작물: 시장에 내다 팔기 위해 키우는 농작물

주제 22   고려의 불교와 문화유산

1 ①	2 ④	3 ①	4 ②

1

 왜 정답일까?

① 고려의 승려 보조국사 지눌은 불교가 잘못된 길로 빠지는 것을 비판하고 이를 바로잡고자 수선사라는 절을 중심으로 수선사 결사*(정혜결사)를 조직했습니다. 이때 불경 공부와 수행을 강조하는 정혜쌍수를 강조했습니다.

왜 틀렸지?

② 고려 승려 요세는 자신의 행동을 깨닫고 뉘우치는 법화 신앙에 중점을 두고 백련사 결사를 주도했습니다.

③ 통일 신라 승려 혜초는 인도와 중앙아시아를 순례* 하고 『왕오천축국전』을 저술했습니다.

④ 신라 승려 원효는 불교 종파의 대립과 분열을 끝내고 화합을 이루기 위한 화쟁 사상을 주장했습니다.

*수선사 결사: 승려 원래의 자세로 돌아가 수행과 노동에 힘쓰자는 개혁 운동
*순례: 종교적인 의미가 있는 장소를 찾아다님

2

왜 정답일까?

④ 개성 경천사지 십층 석탑은 고려 원 간섭기의 탑입니다. 일제 강점기 때 일본 헌병들이 탑을 불법으로 빼내려고 하자 당시 대한매일신보의 발행인 베델과 '코리아 리뷰(Korea Review)'의 발행인 헐버트가 이 사실을 신문에 보도합니다. 또한, 헤이그 만국 평화 회의와 현지 신문에 알리는 등의 노력을 한 끝에 1919년 다시 돌려받았습니다. 이후 경복궁 회랑에 보관되었다가 2005년부터 국립 중앙 박물관에 옮겨져 전시되고 있습니다.

왜 틀렸지?

① 경주 불국사 다보탑은 경주시 불국사에 있는 통일 신라 시대의 화강석 석탑입니다.

② 경주 분황사 모전 석탑은 현존하는 신라 석탑 중 가장 오래된 석탑입니다.

③ 부여 정림사지 오층 석탑은 충남 부여에 위치한 백제의 대표적인 석탑입니다.

3

왜 정답일까?

(가) 서산 용현리 마애 여래 삼존상: 백제의 화강석 불상이며, 백제의 아름다움이 잘 나타나 '백제의 미소'로도 잘 알려져 있습니다.

(나) 경주 석굴암 본존불상: 통일 신라의 불상이며, 유네스코 세계 유산으로 등재된 석굴암 석굴 안에 있습니다.

(다) 파주 용미리 마애 이불 입상: 고려의 불상으로, 거대한 암벽에 2구의 불상을 새긴 것입니다. 신체 비율이 잘 맞지 않는 고려 시대의 불상의 특징이 잘 나타나 있습니다.

4

왜 정답일까?

② 영주 부석사는 신라 문무왕 때 의상 대사가 처음 세운 절이며, 절 안의 무량수전은 고려 우왕 때 다시 지어졌습니다.

왜 틀렸지?

① 강화도에 위치한 전등사 대웅전은 조선 시대의 건물입니다.

③ 전북 김제시에 위치한 금산사 미륵전은 조선 시대의 목조 건물입니다.

④ 충북 보은군에 위치한 법주사 팔상전은 조선 시대의 목조 건물로, 석가모니의 일생을 여덟 폭의 그림으로 나눠 그린 「팔상도」가 그려져 있어 팔상전이라고 불립니다.

네 번째 이야기
조선 전기

12일차

주제 23 조선의 건국과 통치 체제 정비

1 ③   2 ④   3 ②   4 ②

1

왜 정답일까?

③ 승정원은 오늘날 대통령 비서실과 비슷한 곳으로, 주로 신하들에게 왕의 명령을 전달하는 역할을 했습니다. 총책임자인 도승지를 포함하여 6명의 승지가 각각 6조를 맡아 서로 협의하며 왕을 도왔습니다.

왜 틀렸지?

① · ② 사간원은 언론을 담당했고, 사헌부는 관리의 비리를 감시했습니다.

④ 홍문관은 조선 성종 때 집현전을 계승하여 설치된 기구로 사간원, 사헌부와 함께 삼사를 구성했습니다.

2

왜 정답일까?

④ 홍문관은 조선 성종 때 집현전의 학문 연구 기능을

이어받아 설치한 기관입니다. 사헌부, 사간원과 함께 삼사로 불렸으며 왕의 자문* 역할과 경연을 주관했습니다.

왜 틀렸지?

① 승정원은 조선 시대 왕의 비서 기관으로 주로 신하들에게 왕의 명령을 전달하는 역할을 했습니다.

② 어사대는 고려 시대 때 풍속을 바로 잡고 관리를 감시하는 임무까지 수행했습니다.

③ 집사부는 통일 신라의 중앙 행정 기구로 왕명을 받고 전달하는 역할을 담당했습니다.

*자문: 어떤 일을 좀 더 효율적이고 바르게 처리하려고 그 방면의 전문가에게 의견을 물음

3

왜 정답일까?

② 조선 건국 이후 정도전은 한양으로 수도를 옮기고 『조선경국전』을 지어 왕조의 기틀을 마련하는 데 힘을 보탰습니다.

왜 틀렸지?

① 송시열은 청에게 당한 일을 복수하자고 주장하면서 효종 북벌 계획의 핵심 역할을 했습니다.

③ 정약용은 조선 후기의 대표적인 실학자로, 거중기*를 활용해 수원 화성을 건설했습니다.

④ 홍대용은 조선 후기의 실학자로, 서양 과학의 적극적 수용을 강조했습니다.

*거중기: 정약용이 『기기도설』을 참고해 만든 기계로, 주로 건축이나 토목 공사 때 무거운 물건을 들어올리기 위해 사용

4

왜 정답일까?

② 이성계는 아들 이방원의 도움으로 최영과 정몽주를 죽이고 조선을 건국했습니다. 이후 수도를 개경에서 교통이 편리하고 방어하기 좋은 한양으로 옮겼습니다.

왜 틀렸지?

① 조선 세종은 여진을 몰아내고 4군과 6진을 설치해 영토를 확장했습니다.

③ 임술 농민 봉기를 해결하기 위해 삼정의 문란을 해결할 임시 기구인 삼정이정청을 설치했습니다.

④ 고려 광종은 노비안검법을 실시해 억울하게 노비가 된 사람들을 해방시켰습니다.

주제 24	조선 전기 주요 국왕의 업적		
1 ②	2 ③	3 ④	4 ②

1

왜 정답일까?

태종은 조선 초에 왕자의 난을 거쳐 왕이 됐습니다. 이후 국왕 중심의 통치 체계를 세우기 위해 6조 직계제를 실시했습니다. 6조는 의정부를 거치지 않고 왕에게 직접 보고하고, 왕이 바로 결재하고 허가*를 내리게 했습니다.

② 조선 태종은 정확하게 인구를 파악*하기 위해 16세 이상의 남자들에게 신분증인 호패를 주는 호패법을 실시했습니다.

왜 틀렸지?

① 조선 세조는 현직 관리에게만 세금을 걷을 수 있는 권리인 수조권을 지급하는 직전법을 실시했습니다.

③ 조선 정조는 왕권을 강화하기 위해 국왕 친위* 부대인 장용영을 설치했습니다.

④ 흥선 대원군은 서양과의 통상 수교 거부를 알리기 위해 전국 각지에 척화비를 세웠습니다.

*허가: 행동이나 일을 하도록 허용함

*파악: 어떤 대상의 내용을 확실하게 이해해 앎

*친위: 왕과 왕의 주위를 안전하게 지키는 것

2

왜 정답일까?

③ 『삼강행실도』는 세종 때 지은 책으로 우리나라와 중국의 책에서 모범이 될 만한 충신, 효자, 열녀 등의 이야기를 모아 글과 그림으로 설명한 윤리서입니다.

왜 틀렸지?

① 조선 선조 때 허준은 각종 의학 지식과 치료법을 담은 『동의보감』을 짓기 시작해 광해군 때 완성했습니다.

② 조선 성종 때 성현 등이 의궤와 악보를 정리한 음악서인 『악학궤범』을 지었습니다.

④ 「용비어천가」는 훈민정음으로 쓴 최초의 작품으로 조선 건국의 정통성을 담고 있습니다.

3

왜 정답일까?

태종은 세금을 정확하게 걷기 위해 16세 이상의 남자들에게 신분증인 호패를 나눠 주고 정확한 인구를 파악했습니다. 또한, 인쇄소인 주자소*를 만들어 금속 활자*인 계미자를 주조*했습니다.

④ 조선 태종은 왕권을 강화하기 위해 왕이 6조에 바로 명령하고 6조도 왕에게 직접 보고하는 6조 직계제를 시행했습니다.

왜 틀렸지?

① 조선 영조는 백성들의 군역(군대를 가는 의무) 부담을 줄여 주기 위해 균역법을 실시했습니다.

② 조선 세조는 현직 관리에게만 수조권을 지급하는 직전법을 실시했습니다.

③ 조선 숙종은 군대인 금위영을 설치하여 국왕 수비와 수도 방어를 강화하고 5군영 체제를 완성했습니다.

*주자소: 조선 시대에 활자를 만들어 책을 찍어 내던 관청

*활자: 네모기둥 모양의 금속 윗면에 문자나 기호를 볼록 튀어나오게 새긴 것

*주조: 녹인 쇠붙이를 거푸집에 부어 물건을 만듦

4

왜 정답일까?

세종은 말과 문자가 달라 일반 백성들이 자기의 뜻을 제대로 전달하지 못하는 상황을 안타까워 했습니다. 그래서 우리나라의 독창적인 문자인 훈민정음을 창제하고 이를 반포했습니다.

② 조선 세종은 우리나라 기후와 땅에 맞는 농법 책인 『농사직설』을 만들었습니다.

왜 틀렸지?

① 조선 정조는 왕실의 도서관이자 학문 연구 기관인 규장각을 설치했습니다.

③ 조선 세조 때 만들기 시작한 『경국대전』은 조선의 기본 법전으로, 성종 때 완성·반포되었습니다.

④ 조선 숙종 때 청과 국경 분쟁이 발생하자 두 나라 대표가 백두산 일대*를 보고 국경을 정하여 백두산정계비를 세웠습니다.

*일대: 일정한 범위의 어느 지역 전부

주제 25 사림의 등장과 사화 발생

| 1 ③ | 2 ② | 3 ③ | 4 ② |

1

왜 정답일까?

③ 조선 중종 때 조광조는 현량과* 실시를 건의해 사림이 정치에 많이 진출할 수 있도록 했습니다. 또한, 사림 세력은 도교를 이단으로 여겨 궁궐에서 도교적 제사를 주관하던 소격서*를 없애 버렸습니다. 이후 훈구파의 반발로 기묘사화가 발생하면서 조광조는 사약을 받았습니다.

왜 틀렸지?

① 정약용이 제작한 거중기는 수원 화성을 짓는 데 사용되어 공사 기간과 비용을 많이 줄일 수 있었습니다.

② 정도전은 『조선경국전』을 지어 조선의 유교적 통치 기반과 법률의 기준을 세웠습니다.

④ 고려 충선왕은 원에 만권당을 세우고 이제현 등 고려의 성리학자들을 데려와 원의 학자들과 교류하게 했습니다.

*현량과: 조광조가 주장한 관리 추천 제도
*소격서: 도교적 제사를 지내던 기관

2

왜 정답일까?

② 조선 연산군 때 사관* 김일손이 세조를 비판하는 글을 사초*에 기록한 일이 연산군에게 알려져 무오사화가 발생했습니다.

왜 틀렸지?

① 조선 숙종 때 남인 허적이 궁중에서 쓰는 천막을 허락 없이 사용하여 경신환국이 발생했습니다.

③ 서인 세력이 광해군의 중립 외교 정책과 폐모살제* 사건을 이유로 반정을 일으켜 인조가 왕위에 올랐습니다.

④ 조선 개화기에 신식 군대인 별기군과의 차별 대우로 인해 불만이 쌓인 구식 군대가 임오군란을 일으켰습니다.

*사관: 역사를 쓰던 관직
*사초: 『조선왕조실록』의 원고
*폐모살제: 어머니 인목 대비를 끌어내리고 동생인 영창 대군을 죽인 일

3

왜 정답일까?

③ 조선 중종은 유교 정치를 발전시키고자 했습니다. 이에 따라 등용*된 조광조는 유교 정치를 실현하기 위해 다양한 정치 개혁을 시도했습니다. 현량과를 통해

사림 세력이 정치에 많이 나아갈 수 있게 했고, 도교 행사를 시행하던 소격서를 없애 성리학 이념을 전파하려 노력했습니다.

왜 틀렸지?

① 조선 중기 유학자 이이는 왕이 배워야 할 것들과 지식을 다룬 『성학집요』를 지었습니다.

② 조선 중종 때 주세붕은 안향을 기리기 위해 경북 영주에 백운동 서원을 세웠습니다.

④ 조선 인조 때 김육은 새로운 역법인 시헌력의 도입을 건의했습니다.

*등용: 인재를 뽑아서 씀

4

왜 정답일까?

② 중종 때 등용된 조광조가 유교 정치를 실현하기 위해 급진적 개혁을 실시했습니다. 이에 반발한 훈구파 세력들로 인해 기묘사화가 발생하면서 조광조를 비롯한 사림들이 피해를 입었습니다.

왜 틀렸지?

① 조선 현종 때 자의 대비가 상복을 입는 기간을 놓고 서인과 남인 사이에 다툼이 생기면서 기해 예송이 발생했습니다.

③ 임진왜란 초기 포수, 살수, 사수로 이루어진 심수병을 바탕으로 한 훈련도감을 설치했습니다.

④ 조선 철종 때 삼정의 문란과 세도 정치로 인한 수탈*을 견디다 못한 농민들의 반발로 임술 농민 봉기가 발생했습니다.

*수탈: 강제로 빼앗음

주제 26	임진왜란

1 ①	2 ④	3 ③	4 ②

1

왜 정답일까?

병산 서원은 유성룡의 학문과 업적을 기리기 위해 만들어진 곳입니다. 유성룡은 임진왜란 때 새로운 군사 조직의 필요성을 느껴 포수, 사수, 살수의 삼수병으로 이뤄진 훈련도감 설치를 건의했습니다.

① 유성룡은 임진왜란의 원인과 전쟁 상황 등을 기록한 『징비록』을 지었습니다.

왜 틀렸지?

② 조선 세종은 여진족을 몰아낸 뒤 4군과 6진을 설치하여 영토를 확장했습니다.

③ 고려 중기 묘청, 정지상 등의 서경 세력은 서경으로 천도할 것을 주장했습니다.

④ 조선 후기에 김정호는 10리마다 눈금을 표시하여 거리를 알 수 있게 한 대동여지도를 만들었습니다.

2

왜 정답일까?

④ 조선은 임진왜란 이후 일본의 요청으로 일본과 국교*를 다시 맺고 부산에 왜관*을 설치했습니다. 또한, 통신사를 파견해 조선의 선진* 문화를 일본에 전파하고 다양한 분야에서 활발한 교류가 이뤄졌습니다.

왜 틀렸지?

① 보빙사는 고종 때 서양 국가에 파견된 최초의 외교 사절단*으로, 미국에 파견되었습니다.

② 연행사는 조선 후기 청에 보낸 사신으로 이들을 통해 서양의 과학 지식과 기술이 조선에 전해졌습니다.

③ 영선사는 개항 이후 청에 보낸 사절단으로 서양의 근대식 무기 제조 기술과 군사 훈련법을 배우고 돌아왔습니다.

*국교: 나라 사이에 맺은 외교 관계

*왜관: 조선 시대에 일본인들이 머물던 장소

*선진: 문물의 발전 단계나 진보 정도가 다른 것보다 앞섬

*사절단: 나라를 대표해 일정한 임무를 띠고 외국에 보내지는 사람들의 무리

3

- 충주 탄금대 전투(1592): 임진왜란 때 신립은 충주 탄금대에서 죽을 각오로 일본에 맞서 싸웠으나 결국 패배했습니다.
- 명량 해전(1597): 이순신은 12척의 배로 울돌목의 좁은 수로를 활용해 일본군 133척의 배에 맞서 큰 승리를 거뒀습니다.
- ③ 권율은 임진왜란 때 행주산성에서 일본군을 물리치며 큰 승리를 거뒀습니다(행주 대첩, 1593).

- ① 최영은 고려 말 일본 해적이 백성들의 물건을 강제로 빼앗고 괴롭히자 홍산(부여)에서 적을 무찌르며 크게 승리했습니다(홍산 대첩, 1376).
- ② 강감찬은 거란이 강동 6주의 반환* 등을 요구하며 다시 고려를 침입하자 귀주에서 거란에 맞서 싸워 큰 승리를 거뒀습니다(1019).
- ④ 몽골의 고려 침입 때 김윤후가 이끈 군대가 처인성에서 맞서 싸워 적의 장수 살리타를 사살하고 승리를 거뒀습니다(1232).

*반환: 빌렸거나 차지했던 것을 되돌려줌

4

조선을 침략한 일본군이 진주성을 공격하자 김시민은 목숨을 걸고 성을 지켰습니다. 진주성 밖에서는 곽재우가 이끄는 의병들이 지원하면서 수많은 일본군을 물리치며 승리했습니다.

- ② 임진왜란 때 조명 연합군에 밀려 후퇴한 일본군은 행주산성을 공격했습니다. 이에 권율이 이끄는 군대와 백성들이 끝까지 싸우면서 일본군에 승리를 거뒀습니다.

- ① 고구려 영류왕 때 당의 공격에 대비하여 천리장성을 건설했습니다.

- ③ 신라 선덕 여왕 때 세워진 황룡사 9층 목탑은 고려 때 몽골의 침입으로 불타 없어지면서 지금은 경주에 터만 남아 있습니다.
- ④ 고려 숙종 때 여진이 고려의 국경을 자주 침입하자 윤관이 왕에게 건의하여 별무반을 편성했습니다.

14일차

주제 27	광해군의 중립 외교와 인조반정

1 ③	2 ③	3 ③	4 ④

1

조선 광해군 때 서인 세력이 광해군의 중립 외교 정책과 폐모살제 문제를 이유로 인조반정을 일으켰습니다(1623). 인조반정으로 인조가 왕위에 올랐으며 왕에서 쫓겨난 광해군은 강화도로 유배를 갔다가 다시 제주도로 옮겨졌고 그곳에서 사망했습니다.

- ③ 광해군은 대동법을 실시해 공물 대신 쌀이나 베, 동전 등을 내도록 했습니다(1608).

- ① 조선 세종은 집현전을 설치해 유교 정치의 활성화를 위해 노력했습니다(1420).
- ② 어린 나이로 고종이 왕위에 오른 후 아버지인 흥선 대원군이 권력을 잡으면서 비변사를 폐지했습니다(1865).
- ④ 조선 세종은 여진족을 몰아내고 압록강 일대에는 4군을(1443), 두만강 일대에는 6진을(1449) 설치해 영토를 넓혔습니다.

2

• 임진왜란(1592~1598): 홍의 장군 곽재우는 임진왜란이 발발*하자 의병장으로 참여해 승리에 기여*했습니다.
• 효종(1649~1659)의 북벌 운동: 병자호란 이후 청에 인질*로 끌려갔던 봉림 대군이 효종으로 즉위하면서 북벌을 준비했습니다.
③ 광해군 때 서인 세력은 인조반정을 일으켜 광해군을 쫓아내고 인조를 왕으로 세웠습니다(1623).

🦉 왜 틀렸지?

① 고려 인종 때 묘청이 서경 천도를 주장했으나 받아들여지지 않자 서경(평양)에서 반란을 일으켰습니다(1135).
② 고려 우왕 때 이성계는 요동 정벌에 반대했으나 받아들여지지 않자 왕명으로 정벌에 나섰다가 위화도에서 군사를 돌려 돌아왔습니다(1388).
④ 조선 초기 일본 해적이 자주 침입하자 세종은 이종무를 시켜 대마도(쓰시마섬)를 정벌했습니다(1419).

*발발: 전쟁이나 큰 사건 등이 갑자기 일어남
*기여: 도움이 되도록 이바지함
*인질: 약속 이행의 담보로 잡아 두는 사람

3

🦉 왜 정답일까?

③ 조선 광해군 때 대동법을 경기도부터 실시했습니다. 이 법은 선혜청에서 주관했으며 특산물 대신 쌀, 베, 동전 등으로 납부하고, 토지를 기준으로 세금을 매긴 제도입니다.

🦉 왜 틀렸지?

① 고려 공양왕 때 신진 사대부의 건의로 과전법을 시행했습니다.
② 조선 영조는 백성들의 부담을 줄여주기 위해 군포를 기존 1년에 2필에서 1필로 줄이는 균역법을 실시했습니다.

④ 조선 인조는 영정법을 실시하여 풍년과 흉년에 관계없이 세금을 1결당 쌀 4두로 고정시켰습니다.

4

🦉 왜 정답일까?

임진왜란 이후 명이 쇠퇴하고 후금이 건국되자 광해군은 명과 후금 사이에서 중립 외교 정책을 추진했습니다. 그러나 당시 북인이 집권하면서 정계에서 밀려났던 서인 세력이 인조반정을 일으켜 광해군이 왕의 자리에서 쫓겨나고 인조가 왕위에 올랐습니다.
④ 광해군 때 공납의 폐단을 해결하기 위해 공물 대신 쌀을 납부하도록 하는 대동법을 처음 시행했습니다.

🦉 왜 틀렸지?

① 조선 고종 때 흥선 대원군이 법전인『대전회통』을 편찬했습니다.
② 조선 철종 때 임술 농민 봉기가 일어나자 안핵사로 파견된 박규수는 이를 해결하기 위해 삼정이정청을 설치했습니다.
③ 조선 정조 때 규장각에서 초계문신제를 실시했습니다.

주제 28	청의 침략과 효종의 북벌론
1 ① 2 ② 3 ① 4 ③	

1

🦉 왜 정답일까?

① 병자호란 이후 인질로 끌려갔던 봉림 대군이 효종으로 즉위하여 청을 정벌하자는 북벌 운동을 추진*했습니다.

🦉 왜 틀렸지?

② 고종 때 흥선 대원군은 왕실의 권위 회복을 위해 임

진왜란 때 불에 탄 경복궁을 다시 지었습니다.

③ 조선 광해군은 명과 후금 사이에서 중립 외교를 펼치면서 실리를 추구했습니다.

④ 조선 정조는 법전인 『대전통편』을 편찬하여 통치 체제를 정비했습니다.

*추진: 목표를 향해 밀고 나아감

2

왜 정답일까?

② 송시열은 효종 때 북벌 계획의 핵심 인물이었습니다.

왜 틀렸지?

① 박지원은 조선 후기의 대표적인 실학자로 양반의 무능과 허례*를 풍자하고 비판했습니다.

③ 정몽주는 고려 말 대표적 온건 개혁파로 이방원에게 살해되었습니다.

④ 채제공은 정조 때 신해통공을 건의해 시전(시장)의 금난전권*을 폐지하고 일반 상인들의 활동을 보장했습니다.

*허례: 정성이 없이 겉으로만 번드르르하게 꾸밈
*금난전권: 시전 상인이 상권을 독점하기 위해 다른 상인의 영업을 금지할 수 있던 권리

3

왜 정답일까?

후금이 조선에 군신 관계를 요구했으나 조선이 이를 거부하자 청이 조선을 침략해 병자호란이 발생했습니다 (1636). 인조는 남한산성에서 항전했지만 강화도로 보낸 왕족과 신하들이 인질로 잡히자 삼전도에서 항복했습니다.

① 송시열은 효종에게 북벌론을 내세우며, 청에게 복수해야 한다고 주장했습니다(1649). 이후 효종 북벌 계획의 핵심 인물이 됐습니다.

왜 틀렸지?

② 조선 중종 때 등용된 조광조가 위훈 삭제, 현량과 실시 등의 개혁을 주장했으나 훈구 공신들의 반발로 인해 기묘사화가 발생했습니다(1519).

③ 광해군 때 서인 세력이 광해군의 중립 외교 정책과 폐모살제 문제를 빌미로 인조반정을 일으켰습니다 (1623).

④ 곽재우는 임진왜란이 일어나자 의령에서 의병을 모아 의병장으로서 왜군과 싸우며 활약했습니다.

4

왜 정답일까?

③ 청이 조선에 군신 관계를 요구하며 쳐들어오면서 병자호란이 발생했습니다(1636). 인조는 남한산성으로 피란해 저항했습니다. 청과 화해하자는 주화파와 싸우자는 주전파 사이에 논쟁이 계속되는 동안 강화도로 보낸 왕족과 신하들이 인질로 잡히자 결국 성문을 열고 삼전도에서 항복했습니다.

왜 틀렸지?

① 고려 우왕 때 최무선은 화통도감의 설치를 건의해 화약과 화포를 제작했습니다.

② 임진왜란 때 일본군이 식량 부족에 시달려 곡창 지대인 전라도를 공격하자 김시민이 이끈 군대가 진주성에서 일본군을 물리쳤습니다.

④ 신라 선덕 여왕 때 세워진 황룡사 구층 목탑은 고려 때 몽골의 침입으로 불에 타 없어졌고, 지금은 경주에 터만 남아 있습니다.

다섯 번째 이야기
조선 후기

15일차

주제 29	예송 논쟁

1 ①	2 ②	3 ④	4 ②

1

왜 정답일까?

(가) 인조반정(1623): 광해군 때 서인 세력이 광해군의 중립 외교 정책을 문제 삼으며 인조반정을 일으켰습니다.

(나) 탕평비 건립(1742): 영조는 붕당 정치의 폐해를 막고 능력에 따른 인재를 등용하기 위해 탕평*책을 실시하고 성균관에 탕평비를 건립했습니다.

① 조선 현종 때 효종과 효종의 부인이 죽자 자의 대비가 상복을 입는 기간을 정하는 문제로 예송이 발생했습니다.

왜 틀렸지?

② 조선 중종 때 3포(부산포, 제포, 염포)에 거주하고 있던 일본인들이 조선 조정의 통제에 불만을 품고 왜란을 일으켰습니다(1510).

③ 조선 세조 때 편찬되기 시작한 『경국대전』은 조선의 기본 법전으로, 성종 때 완성되어 반포되었습니다(1485).

2

왜 정답일까?

② 조선 중종 때 조광조는 여러 개혁을 추구했으나 훈구파의 반발로 기묘사화가 발생하면서 조광조를 비롯한 많은 사림파가 큰 피해를 입었습니다.

왜 틀렸지?

① · ③ · ④ 조선 현종 때 효종과 효종의 부인이 죽자 새어머니인 자의 대비가 상복을 얼마 동안 입어야 하는지를 놓고 서인과 남인 간 두 번의 예송 논쟁이 발생했습니다.

3

왜 정답일까?

조선 현종 때 두 번의 예송 논쟁이 발생했습니다. 첫 번째는 효종이 죽은 뒤 새어머니인 자의 대비가 상복을 입는 기간을 놓고 논쟁이 일어났습니다. 이후, 효종의 부인이 죽은 뒤에 같은 문제로 두 번째 논쟁이 일어났습니다.

④ 조선 숙종 때 경신환국이 일어나 남인이 탄압*받고 서인이 권력을 잡았습니다(1680).

왜 틀렸지?

① 조선 연산군 때 사관 김일손이 세조를 비판하는 글을 사초에 기록한 일이 연산군에게 알려져 무오사화가 발생했습니다(1498).

② 태조는 조선을 세운 뒤 개경에서 한양으로 수도를 옮겼습니다(1394).

③ 청이 조선에 군신 관계를 요구했지만 조선에서 이를 거부하자 병자호란이 발생했습니다(1636).

*탄압: 권력이나 무력 따위로 억지로 눌러 꼼짝 못하게 함

④ 고려 충렬왕 때 원이 설치한 정동행성은 이후에 고려의 내정 간섭 기구로 유지되었습니다(1280).

*탕평: 싸움이나 논쟁 등에서 어느 쪽으로도 치우치지 않고 공평함

4

② 조의제문은 세조가 조카인 단종을 몰아내고 왕위에 오른 일을 비판한 글입니다. 이를 사초에 기록한 것이 문제가 되어 일어난 사건은 연산군 때의 무오사화입니다.

①·③·④ 조선 현종 때 효종과 효종의 부인 장례식 당시 새어머니인 자의 대비가 얼마 동안 상복을 입어야 하는지를 두고 두 번의 예송이 발생해 서인과 남인이 대립했습니다.

주제 30	붕당 정치의 변질과 환국 발생

1 ③   2 ④   3 ②   4 ④

1

• 기해 예송(1659): 현종 때 효종이 죽자 새어머니인 자의 대비가 상복을 입는 기간을 두고 서인과 남인 사이에 발생한 논쟁입니다.
• 탕평비 건립(1742): 영조는 붕당 정치의 폐해를 막고 능력에 따른 인재를 등용하기 위해 탕평책을 실시하고 성균관에 탕평비를 세웠습니다.
③ 숙종 때 발생한 경신환국으로 인해 남인이 몰락하고 서인이 권력을 잡았습니다(1680).

① 연산군 때 사관 김일손이 세조를 비판하는 글을 사초에 기록한 일이 알려져 무오사화가 발생했습니다(1498).
② 청이 조선에 군신 관계를 요구했으나 조선이 사대 요구를 거부하면서 병자호란이 일어났습니다(1636).

④ 삼정의 문란*과 경상 우병사 백낙신의 수탈에 견디다 못한 농민들이 반발해 임술 농민 봉기가 발생했습니다(1862).

*삼정의 문란: 조선 후기에 전정, 군정, 환정(환곡) 세 가지 수취 제도의 운영이 혼란스러워진 현상

2

④ 이조 전랑*은 삼사의 관직 임명권과 자신의 후임자 추천권을 가진 중요한 관직이었습니다. 이 관직을 두고 갈등이 일어나 사림이 동인과 서인으로 나뉘어 붕당 정치가 시작되었습니다(1575).

① 조선 중종 때 등용된 조광조와 사림들이 개혁을 주장했으나 훈구파 공신들의 반발로 인해 기묘사화가 발생했습니다(1519).
② 고려 말 새로운 정치 세력으로 등장한 신진 사대부는 공민왕의 개혁 정책에 적극 참여하면서 성장했습니다.
③ 조선 세조는 수양 대군 시절 계유정난을 일으켜 권력을 장악했습니다(1453).

*이조 전랑: 삼사(사간원, 사헌부, 홍문관)의 관직 임명권과 자신의 후임자 추천권을 가진 중요한 관직으로 이를 놓고 김효원과 심충겸이 경쟁하면서 서인과 동인으로 파가 갈리게 됨 → 붕당 정치의 시작

3

조선 현종 때 효종이 죽자 새어머니인 자의 대비가 상복을 입는 기간을 두고 논쟁이 발생했습니다(1659). 송시열 등의 서인 세력은 1년을, 허목 등의 남인 세력은 3년 복상을 주장했습니다.
② 조선 숙종 때 일어난 경신환국으로 허적을 비롯한 남인이 탄압받으면서 서인이 권력을 잡았습니다(1680).

왜 틀렸지?

① 조선 선조 때 발생한 정여립 모반 사건(1589)으로 기축옥사가 일어나 서인이 권력을 잡고, 동인은 북인과 남인으로 나뉘었습니다.

③ 고려 공민왕은 반원 정책을 실시해 친원 세력인 기철 등을 제거했습니다.

④ 조선 명종 때 외척* 간의 다툼으로 을사사화가 발생해 사림들이 큰 피해를 입었습니다(1545).

*외척: 어머니 쪽의 친척

4

왜 정답일까?

④ 조선 숙종 때 갑술환국으로 인해 남인이 물러나고 서인이 권력을 잡았습니다. 폐위*되었던 인현 왕후가 복위*되고 중전 장씨가 희빈으로 강등*되었습니다 (1694).

*폐위: 왕이나 왕비 등의 자리를 폐함
*복위: 다시 그 자리에 오름
*강등: 등급이나 계급이 낮아짐

16일차

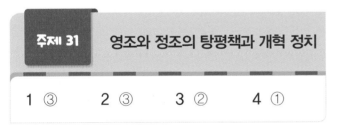

| 주제 31 | 영조와 정조의 탕평책과 개혁 정치 |

| 1 ③ | 2 ③ | 3 ② | 4 ① |

1

왜 정답일까?

『원행을묘정리의궤』에는 1795년 정조의 어머니인 혜경궁 홍씨의 회갑(환갑)*을 기념하는 수원 화성 행차 모습이 그려져 있습니다.

③ 정조는 왕권을 뒷받침하는 군사적 기반을 갖추기 위해 국왕 친위 부대인 장용영을 설치했습니다.

왜 틀렸지?

① 흥선 대원군은 왕실의 권위 회복을 위해 임진왜란 때 불에 탄 경복궁을 다시 세웠습니다.

② 세종은 왜구가 자주 침입해 오자 이종무를 시켜 대마도를 정벌했습니다.

④ 영조는 탕평책을 실시하고 성균관에 탕평비를 세웠습니다.

*회갑: 예순한 살(61세)

2

왜 정답일까?

정조는 수원 화성을 세운 뒤 아버지 사도 세자의 무덤을 이곳으로 옮기고, 아버지의 명복을 빌기 위해 용주사라는 절을 세웠습니다. 이후 고종 때 사도 세자의 무덤 이름을 융릉으로 바꿨습니다.

③ 조선 세종은 정초, 변효문 등을 시켜 우리나라에 맞는 농법을 모아 『농사직설』을 편찬했습니다.

왜 틀렸지?

① 정조는 국왕 친위 부대인 장용영을 설치했습니다.

② 정조 때 신해통공을 시행해 육의전을 제외한 시전 상인들의 금난전권이 폐지되었습니다.

④ 정조는 관리들을 규장각에서 다시 교육시키는 초계문신제를 시행했습니다.

3

왜 정답일까?

영조는 붕당 정치의 폐해를 막고 능력이 좋은 인재를 뽑기 위해 탕평책을 실시했습니다. 탕평에 대한 의지를 널리 알리기 위해 성균관에 탕평비를 세웠습니다.

② 영조는 『경국대전』 편찬 이후에 시행된 법령을 통합해 『속대전』을 편찬했습니다.

① 흥선 대원군은 약해진 왕권을 강화하기 위해 비변사를 없앴습니다.

③ 효종 때 러시아를 막기 위해 청이 조선에 군대를 요청하자 조선은 두 차례에 걸쳐 조총 부대를 보냈습니다.

④ 숙종 때 청과 국경 다툼이 일어나자 두 나라 대표가 백두산 일대를 보고 국경을 정해 백두산정계비를 세웠습니다.

4

조선 정조는 왕위에 오르자마자 왕실의 도서관이자 학문 연구 기관인 규장각을 설치했습니다. 수원 화성을 지을 때 규장각에 소장되어 있던 『고금도서집성』의 『기기도설』을 참고해 만든 거중기 덕분에 공사 기간과 비용을 줄일 수 있었습니다.

① 정조는 서얼* 출신을 규장각 사서인 검서관으로 등용했습니다.

② 성균관은 조선 시대 최고의 국립 교육 기관입니다.

③ 집현전은 조선 세종 때 설치한 기관으로 이곳에서 학문을 연구하고 왕과 신하들이 모여 나라의 정치를 논의했습니다.

④ 홍문관은 조선 성종 때 집현전의 학문 연구 기능을 이어받아 설치한 기관으로 사헌부, 사간원과 함께 삼사로 불렸습니다.

*서얼: 본처가 아닌 첩에게서 태어난 양반의 후손

주제 32	세도 정치와 농민 봉기

1 ④	2 ④	3 ③	4 ④

1

세도 정치로 인한 관리들의 수탈과 삼정의 문란이 더욱 심각해지자 농민들이 몰락 양반인 유계춘을 중심으로 임술 농민 봉기를 일으켰습니다.

④ 국가는 안핵사*를 파견해 민란의 원인을 파악하고 이를 해결하기 위해 삼정이정청을 설치했습니다.

① 중종 때 조광조를 포함한 사림들은 도교적 제사를 주관하는 소격서의 폐지를 주장했습니다.

② 세조는 현직 관리에게만 수조권을 주는 직전법을 시행했습니다.

③ 흥선 대원군은 서양과의 통상 수교 거부 의지를 알리기 위해 전국 각지에 척화비를 세웠습니다.

*안핵사: 지방에서 일어나는 민란을 수습하기 위해 파견하는 임시 벼슬

2

조선 순조 때 평안도 지역 농민들은 삼정의 문란과 서북 지역 사람들에 대한 차별 대우에 불만을 가졌습니다. 이에 평안도 지역 농민들은 몰락 양반 홍경래를 중심으로 봉기를 일으켰습니다(홍경래의 난, 1811).

④ 세도 정치기인 조선 순조 때 수령과 향리의 수탈로 수취 제도인 삼정(전정·군정·환정)이 제대로 운영되지 않았습니다.

① 고려 중기 무신에 대한 차별 대우에 분노한 무신들이 정변을 일으켜 정권을 장악했습니다(1170).

② 조선 고종은 군사 형태를 2군영 체제로 통합하고, 신식 군대인 별기군을 만들었습니다(1881).

③ 최치원은 통일 신라 말 6두품 출신 유학자로 진성 여왕에게 시무 10여 조를 건의했습니다(894).

3

 왜 정답일까?

조선 후기 삼정의 문란과 경상 우병사 백낙신의 수탈에
견디다 못한 농민들이 반발해 임술 농민 봉기가 발생했
습니다(1862).
③ 사건을 조사하기 위해 안핵사로 파견된 박규수는 삼
정이정청을 설치해 삼정의 폐단을 해결하려고 노력
했습니다(1862).

왜 틀렸지?

① 고려 태조는 가난한 백성을 돕기 위해 곡식을 빌려
주고, 추수한 다음 다시 돌려받는 흑창을 설치했습
니다(918).
② 조선 정조는 자유로운 상업 활동을 위해 시전 상인
들의 금난전권을 폐지하는 신해통공을 시행했습니
다(1791).
④ 고려 공민왕은 전민변정도감을 설치해 권문세족에
게 빼앗긴 토지를 원래 주인에게 돌려주고 억울하게
노비가 된 자를 풀어줬습니다(1352).

4

왜 정답일까?

④ 조선 순조 때 서북 지역에 대한 차별 대우에 분노한
평안도 사람들이 홍경래를 중심으로 우군칙, 김창시
등과 함께 가산에서 봉기를 일으켰습니다. 이들은 한
때 평안도 일부 지역을 점령하기도 했지만 결국 관군
에 의해 진압되었습니다.

왜 틀렸지?

① 미국이 제너럴 셔먼호 사건을 구실로 강화도를 침입
하자 조선군은 미군에 맞서 싸웠습니다.
② 묘청을 중심으로 한 서경(평양) 세력은 서경 천도와
금 정벌, 칭제* 건원*을 주장했습니다.
③ 임오군란 이후 일본과 조선은 배상금 지불, 공사관
경비병 주둔 등의 내용을 담은 제물포 조약을 체결
했습니다.
*칭제: 스스로 황제라고 선포함
*건원: 나라를 세운 왕이 나라의 연호를 정함

17일차

| 주제 33 | 실학의 발전과 새로운 사상의 등장 |

| 1 ④ | 2 ① | 3 ① | 4 ② |

1

왜 정답일까?

④ 조선 후기의 실학자 담헌 홍대용은 서양 과학을 적극
적으로 받아들이고 자신의 책 『의산문답』에서 지전설
과 무한 우주론을 주장했습니다.

왜 틀렸지?

① 조선 후기 서얼 출신 실학자 박제가는 청의 문물을
받아들이고 수레・배 이용, 적극적인 소비를 주장했
습니다.
② 조선 세종 때 이순지와 김담은 중국의 수시력과 아
라비아의 회회력을 참고로 한 역법서인 『칠정산』을
편찬했습니다.
③ 조선 세종 때 과학자 장영실은 자격루, 앙부일구,
측우기, 혼천의 등을 발명했습니다.

2

왜 정답일까?

① 조선 후기 실학자 유형원은 『반계수록』을 지어 개혁
적 토지 제도인 균전제를 제시했습니다. 이를 통해
신분에 따라 토지를 시로 다르게 분배하고 자영농을
기를 것을 주장했습니다.

왜 틀렸지?

② 고려 승려 지눌은 승려의 기본인 독경, 수행, 노동
에 힘쓰자고 주장하며 결사 운동인 정혜결사를 전개
했습니다.

③ 유성룡은 임진왜란 중에 포수, 사수, 살수의 삼수병으로 구성된 훈련도감 창설을 건의했습니다.
④ 고려 공민왕은 전민변정도감을 설치해 권문세족에 의해 빼앗긴 토지를 원래 주인에게 돌려주고 억울하게 노비가 된 자를 풀어줬습니다.

3

왜 정답일까?

① 최제우는 유교, 불교, 도교, 민간 신앙의 요소를 결합한 동학을 창시해 마음속에 한울님을 모시는 시천주*와 사람이 곧 하늘이라는 인내천 사상을 강조했습니다.

왜 틀렸지?

② 대종교는 단군 숭배를 통해 민족의식을 고취*하고 적극적으로 항일 투쟁을 전개했습니다.
③ 원불교는 새생활 운동을 추구하여 근검절약, 협동, 단결 등을 바탕으로 개간 사업과 저축 운동을 적극적으로 장려했습니다.
④ 천주교는 조선 후기에 청에 다녀온 사신들을 통해 서학으로 소개되었습니다.

*시천주: 마음속에 항상 한울님을 모신다는 뜻
*고취: 의견이나 사상 따위를 열렬히 주장해 불어넣음

4

왜 정답일까?

② 조선 후기 중상주의 실학자였던 연암 박지원은 청에 다녀온 뒤 지은 『열하일기』에서 상공업 발전의 중요성과 수레 · 선박 이용 및 화폐 유통의 필요성을 강조했습니다.

왜 틀렸지?

① 조선 전기 화가인 안견은 안평 대군의 꿈 이야기를 듣고 「몽유도원도」를 그렸습니다.
③ 조선 후기 이제마는 『동의수세보원』을 저술해 사상의학을 바로 세웠습니다.
④ 조선 후기 김정호는 10리마다 눈금을 표시해 거리를 알 수 있게 한 대동여지도를 제작했습니다.

1

왜 정답일까?

② 조선 후기에는 서민 문화의 발달로 한글 소설 「심청전」, 「춘향전」, 「홍길동전」 등이 대중화됨에 따라 직업적으로 소설을 읽어 주고 돈을 받는 이야기꾼인 전기수가 등장했습니다.

왜 틀렸지?

① 고려 원 간섭기에는 지배층을 중심으로 몽골의 풍습인 변발과 호복 등이 유행했습니다.
③ 신라는 골품제라는 특수한 신분 제도를 운영해 골품에 따라 관직 승진에 제한을 두고, 일상생활까지 규제했습니다.
④ 신라 시대의 향과 부곡은 특수 행정 구역으로, 고려와 조선 전기까지 존재했습니다.

2

왜 정답일까?

진경산수화는 우리나라의 빼어난 명승지*를 직접 보고 그린 것으로, 조선 후기 화가 정선이 개척한 화풍*입니다.
② 정선의 「인왕제색도」 – 조선 후기

왜 틀렸지?

① 수렵도 – 고구려
③ 안견의 「몽유도원도」 – 조선 전기
④ 강희안의 「고사관수도」 – 조선 전기

*명승지: 경치가 좋기로 이름난 곳
*화풍: 그림을 그리는 방식이나 양식

46

3

조선 후기에는 상업이 발전해 사상*이 전국 각지에서
활발하게 활동했습니다. 그중 경강상인은 한강을 중심으로
배를 이용한 운송업 등 각종 상업 활동을 전개했습니다.

② 고려 시대의 국제 무역항 벽란도는 예성강 하구에 있
   었으며, 이곳에서 송·아라비아의 상인들과 활발하게
   교역*했습니다.

① 조선 후기에 성장한 사상 중 동래(부산) 지역의 내상
   은 왜관에서 일본 상인과 무역을 주도했습니다.

③ 조선 광해군 때 대동법이 시행되면서 국가에 필요한
   물품을 조달하는 공인이 등장했습니다.

④ 조선 후기 상업의 발달로 전국 각지에서 장시가 활
   성화되었습니다.

*사상: 개인이 하는 장사나 그 장수

*교역: 주로 나라와 나라 사이에서 물건을 사고팔고 해서 서
   로 바꿈

4

① 조선은 임진왜란 이후 나빠진 국가 재정을 해결하기
   위해 돈이나 곡식을 받고 명예직 임명장인 공명첩*
   을 파는 납속책을 실시했습니다.

② 흥선 대원군은 환곡의 폐단을 해결하기 위해 향촌
   에서 마을 단위로 공동 운영하는 사창제를 실시했
   습니다.

③ 조선 인조는 영정법을 실시해 풍년과 흉년에 관계없
   이 세금을 토지 1결당 쌀 4~6두로 고정했습니다.

④ 흥선 대원군은 군정의 문란을 해결하기 위해 호포제
   를 실시해 양반에게도 군포를 부과했습니다.

*공명첩: 조선 후기 부유한 사람에게 세금을 거두기 위해 이
   름을 비워 두고 만든 관직 임명장

여섯 번째 이야기
근대

18일차

주제 35	흥선 대원군의 개혁과 통상 수교 거부 정책

1 ①	2 ②	3 ①	4 ①

1

• 고종 즉위(1863): 고종이 어린 나이에 왕위에 오르자
  흥선 대원군이 왕 대신 나라를 다스리는 섭정을 실시
  했습니다.

• 강화도 조약(1876): 일본의 강요로 맺은 통상 조약으
  로 외국과 맺은 최초의 근대적 조약이자 불평등 조약
  입니다.

① 미국이 제너럴 셔먼호 사건을 구실로 강화도에 침입
   해 신미양요가 발생했습니다(1871).

② 조선은 미국과 조미 수호 통상 조약을 체결한 뒤 미
   국에 보빙사를 파견했습니다(1883).

③ 동학 농민군은 황룡촌 전투에서 관군에 승리하며 전
   주성을 점령했습니다(1894).

④ 독립 협회는 만민 공동회를 개최해 민중들에게 근대적
   지식과 국권·민권 사상을 고취시켰습니다(1898).

2

 왜 정답일까?

어린 나이에 왕위에 오른 고종 대신 섭정으로 나라를 다스리던 흥선 대원군은 나라의 재정 부족 문제를 해결하기 위해 양반에게도 군포를 걷는 호포제를 시행했습니다(1871).

② 흥선 대원군은 서양과의 통상 수교 반대 의지를 알리기 위해 전국 각지에 척화비를 세웠습니다(1871).

왜 틀렸지?

① 조선 정조는 친위 부대인 장용영을 창설해 왕권을 강화했습니다(1793).

③ 통일 신라 때 장보고는 완도에 청해진을 설치해 해상 무역을 장악했습니다(828).

④ 조선 세종 때 이순지, 김담은 한양(서울)을 기준으로 천체 운동을 계산한 역법서인 『칠정산』을 완성했습니다(1442).

3

왜 정답일까?

프랑스가 병인박해를 이유로 강화도에 침입하면서 병인양요가 발생했습니다(1866). 이때 양헌수가 이끄는 조선군은 정족산성에서 프랑스군을 무찔렀습니다.

① 흥선 대원군 때 천주교를 탄압해 프랑스 선교사 9명이 처형당하는 등 병인박해가 일어났습니다(1866).

왜 틀렸지?

② 영국은 러시아가 남쪽으로 진출하는 것을 막기 위해 거문도를 불법으로 점령했습니다(1885).

③ 독일 상인 오페르트가 흥선 대원군의 아버지인 남연군의 묘를 도굴*하려다 실패했습니다(1868).

④ 인조반정(1623) 이후 명에 대한 의리를 지켜야 한다고 주장한 서인 정권은 친명배금 정책을 추진했습니다.

*도굴: 공식적인 허가 없이 무덤 등을 파거나 광물을 캐냄

4

왜 정답일까?

흥선 대원군은 백성의 생활을 돕고 국가의 재정을 마련하기 위해 마을 단위로 운영하던 사창제를 전국적으로 확대하고, 양반에게도 군포를 내게 하는 호포제를 실시했습니다.

① 흥선 대원군은 서원이 면세* 등의 혜택으로 국가 재정을 악화시키자 47개의 서원을 제외하고 모두 철폐했습니다.

왜 틀렸지?

② 미국인 선교사 아펜젤러는 근대적 사립 학교인 배재학당을 세워 신학문 보급에 기여했습니다.

③ 조선 영조는 붕당 정치의 폐해를 막기 위해 탕평책을 실시하고, 성균관에 탕평비를 세웠습니다.

④ 독립 협회는 가장 천대받던 계층인 백정 출신도 연설을 하는 등 관민이 함께 나라의 정치를 논의하는 관민 공동회를 열었습니다.

*면세: 세금을 면제함

주제 36	개항과 개화 정책 추진		
1 ②	2 ③	3 ④	4 ①

1

왜 정답일까?

② 조선 정부는 조미 수호 통상 조약 체결 이후 민영익, 홍영식, 서광범을 중심으로 한 사절단인 보빙사를 미국에 파견했습니다. 보빙사는 서양 국가에 파견한 최초의 사절단입니다.

왜 틀렸지?

① 조선은 두 차례에 걸쳐 일본에 수신사를 보내 일본의 신식 기관과 각종 근대 시설을 시찰*하게 했습니다.

③ 청에 파견된 영선사는 톈진에서 근대 무기 제조 기술과 군사 훈련법을 배우고 돌아왔습니다.

④ 고종은 암행어사 형태로 비밀리에 조사 시찰단을 일본에 파견했습니다.

*시찰: 두루 돌아다니며 그 현지의 사정을 살핌

2

 왜 정답일까?

(나) 이항로의 척화 주전론(1866): 이항로는 병인양요가 일어나자 흥선 대원군의 통상 수교 거부 정책을 지지하며 외적에 맞서 싸우자는 척화 주전론을 주장했습니다.

(가) 최익현의 왜양일체론(1876): 최익현은 일본이 강화도 조약 체결을 요구하자 일본과 서양은 똑같은 오랑캐라는 왜양일체론을 주장하며 일본과의 수교를 반대했습니다.

(다) 영남 만인소(1881): 김홍집이 『조선책략』을 들여온 이후 러시아를 견제하고 미국과 외교 관계를 맺어야 한다는 여론이 형성되자 이만손을 중심으로 한 영남 유생들은 만인소를 올려 이를 반대했습니다.

3

 왜 정답일까?

1880년대 조선 정부는 여러 개화 정책을 추진했습니다. 신식 군대인 별기군을 설치하고(1881), 청에 파견했던 영선사가 배워 온 근대 무기 제조 기술과 훈련법으로 기기창을 세웠습니다(1883). 미국과 조미 수호 통상 조약을 맺은 후에는 보빙사를 파견하기도 했습니다(1883).

④ 고종은 국내외 개화 정책을 총괄*하는 관청인 통리기무아문을 설치하고 그 아래 12사(司)를 두어 행정 업무를 맡게 했습니다(1880).

 왜 틀렸지?

① · ② 동학 농민군과 전주 화약을 체결한 후 조선 정부에서는 교정청을 설치해 자주적인 개혁을 실시했습니다. 그러나 경복궁을 점령한 일본군의 강요로 내정 개혁 기관인 군국기무처를 설치했습니다(1894).

③ 고려 시대의 국가 최고 회의 기구였던 도병마사가 충렬왕 때 도평의사사로 개편*되어 최고 정무 기구로 발전했습니다(1279).

*총괄: 모든 일을 한데 묶어 관리함
*개편: 조직 등을 고쳐 편성함

4

 왜 정답일까?

조미 수호 통상 조약은 1882년 조선이 처음으로 서양 국가와 맺은 조약입니다. 청은 러시아와 일본을 견제하고 조선의 내정이나 외교에 간섭하기 위해 적극적으로 조약 체결을 도왔습니다.

① 조미 수호 통상 조약 체결 후 미국 공사가 파견되자 조선 정부는 미국에 보빙사를 파견했습니다(1883).

 왜 틀렸지?

② 고종은 개화 정책 중 하나로 군사력을 강화하기 위해 신식 군대인 별기군을 창설했습니다(1881).

③ 조선 영조는 붕당 정치의 폐해를 막으려 탕평책을 실시하고, 성균관에 탕평비를 세웠습니다(1742).

④ 고종은 통리기무아문을 설치해 국내외 개화 관련 정책을 총괄하도록 했습니다(1880).

19일차

주제 37	임오군란과 갑신정변

1 ①	2 ①	3 ①	4 ②

1

 왜 정답일까?

① 고종 때 구식 군대인 2군영이 신식 군대인 별기군에

비해 차별 대우를 받았고, 수개월간 밀린 봉급을 곡식의 껍질과 모래가 섞인 쌀로 받았습니다. 이에 분노한 구식 군대가 선혜청과 일본 공사관을 습격*하면서 임오군란이 일어났습니다.

왜 틀렸지?

② 청일 전쟁에서 승리한 일본은 요동반도와 타이완을 차지했으나 러시아 · 독일 · 프랑스의 삼국 간섭으로 요동반도를 청에 반환하게 됐습니다.

③ 조선에 대한 러시아의 영향력이 확장되는 것에 불안을 느낀 영국은 이를 막는다는 이유로 거문도를 불법으로 점령했습니다.

④ 조선 철종 때 세도 정치와 삼정의 문란으로 인한 고통을 견디다 못한 농민들이 반발해 임술 농민 봉기가 일어났습니다.

*습격: 갑자기 상대편을 덮쳐 침

2

왜 정답일까?

신식 군대인 별기군과 차별 대우를 받는 것에 분노한 구식 군인들이 선혜청을 습격했습니다. 그리고 흥선 대원군의 지지 아래 정부 고관들의 집과 일본 공사관을 공격하는 임오군란이 일어났습니다(1882).

① 민씨 정권의 요청으로 청군이 들어와 임오군란을 집압했고, 이때 흥선 대원군은 청으로 보내졌습니다.

왜 틀렸지?

② 김홍집은 2차 수신사로 일본에 다녀와 『조선책략』을 국내에 소개했습니다.

③ 일본의 내정 간섭이 심해지자 동학 농민군이 다시 봉기했지만 공주 우금치 전투에서 관군과 일본군에게 패배했습니다.

④ 급진 개화파는 일본의 군사적 지원을 받아 우정총국 개국 축하연 자리에서 갑신정변을 일으켰습니다.

3

왜 정답일까?

① 김옥균, 박영효 등 급진 개화파는 일본의 군사 지원을 약속받고 우정총국 개국 축하연 자리에서 갑신정변을 일으켰습니다(1884). 이들은 정권을 잡은 지 3일 만에 청군의 개입으로 실패했습니다.

왜 틀렸지?

② 삼국 간섭 이후 일본은 자객을 보내 경복궁을 습격해 명성 황후를 시해하는 을미사변을 일으켰습니다.

③ 신식 군대인 별기군과 차별 대우를 받던 구식 군대가 선혜청과 일본 공사관을 습격하면서 임오군란이 일어났습니다.

④ 을미사변으로 목숨의 위협을 느낀 고종은 러시아 공사관으로 도망갔습니다.

4

왜 정답일까?

② 일본이 갑신정변으로 인한 피해보상을 요구해 조선은 일본과 한성 조약을 맺었습니다(1884).

왜 틀렸지?

① 대한 제국은 옛 법을 기본으로 하고 새로운 것을 더한다는 의미의 구본신참을 기본 정신으로 해 광무개혁을 추진했습니다(1897).

③ 병인양요를 일으킨 프랑스군은 외규장각을 불태우고 외규장각 도서는 물론 의궤와 각종 보물을 빼앗았습니다(1866).

④ 임술 농민 봉기를 수습하기 위해 박규수가 안핵사로 파견되었습니다(1862).

1 ②	2 ②	3 ④	4 ②

1

왜 정답일까?

고부 군수의 횡포*에 반발한 농민들이 동학교도인 전봉준을 중심으로 동학 농민 운동을 일으켰습니다. 농민군은 백산에 모여 4대 강령을 발표했습니다. 관군을 상대로 황토현 전투와 황룡촌 전투에서 승리해 전주성을 점령하는 등 전라도 일대를 장악했습니다.

② 동학 농민군은 청과 일본의 개입을 걱정해 조선 정부와 전주 화약을 맺었고, 집강소를 통해 폐정* 개혁을 실시했습니다.

왜 틀렸지?

① 프랑스 군대가 강화도를 공격하며 발생한 병인양요 때 외규장각 도서 등이 약탈되었습니다.

③ 곽재우는 임진왜란이 일어나자 의령에서 의병을 모아 왜군과 싸우며 활약한 의병장입니다.

④ 세도 정치와 삼정의 문란, 서북 지역 차별 대우에 불만을 품은 평안도 지방 사람들이 봉기를 일으켰습니다.

*횡포: 제멋대로 굴며 몹시 난폭함
*폐정: 폐단이 많은 정치

2

왜 정답일까?

② 동학 농민군은 정부와 전주 화약을 맺고 설치한 집강소에서 폐정 개혁을 실시했습니다.

왜 틀렸지?

① 청에 파견된 영선사는 텐진에서 근대 무기 제조 기술과 군사 훈련법을 배워서 돌아왔습니다. 이것을 바탕으로 근대식 무기 제조 공장인 기기창이 설립되었습니다.

③ 고려 도병마사는 충렬왕 때 최고 정치 기구인 도평의사사로 개편되었고, 권문세족이 정치권력을 행사하는 데 이용했습니다.

④ 고종은 통리기무아문을 설치해 국내외의 개화 업무의 총 책임을 맡기고 그 아래 12사(司)를 두어 행정 업무를 맡게 했습니다.

3

왜 정답일까?

2019년 정부는 5월 11일을 국가 기념일인 '동학 농민 혁명 기념일'로 제정*했습니다. 이날은 동학 농민군이 황토현 일대에서 관군과 전투를 벌여 최초로 큰 승리를 거둔 날입니다.

④ 조선 정부가 동학 농민군을 진압하기 위해 청에 원군을 요청하자 텐진 조약에 의해 일본도 군대를 파견했습니다. 외국군의 개입을 걱정한 동학 농민군은 정부와 전주 화약을 맺고 집강소를 설치해 폐정 개혁을 실시했습니다.

왜 틀렸지?

① 강화도 조약 체결 이후 고종은 군사력 강화를 위해 기존 군대인 5군영을 2군영으로 합치고 신식 군대인 별기군을 설치했습니다.

② 일본에 빌린 돈 1,300만 원을 갚고 주권을 회복하려한 국채 보상 운동은 대구에서 시작해 전국으로 확산되었습니다.

③ 조선 총독부는 1910년에 일본에 국권을 뺏기면서 조선에 설치된 일제의 식민 통치 기구입니다.

*제정: 제도나 법률 따위를 만들어서 정함

 왜 정답일까?

동학교도 전봉준을 중심으로 일어난 동학 농민 운동은 정부와 전주 화약을 맺고 집강소를 설치해 폐정 개혁을 실시했습니다. 그러나 청일 전쟁으로 인해 일본의 내정 간섭이 심해져 다시 봉기했습니다. 이후 공주 우금치 전투에서 패배한 농민군은 전봉준이 한양으로 압송*되면서 와해*되었습니다(1894).

② 일본은 갑신정변으로 인한 피해 보상을 요구하며 조선과 한성 조약을 맺었습니다(1884).

*압송: 피고인 또는 죄인을 어느 한 곳에서 다른 곳으로 보내는 일
*와해: 조직이나 계획 등이 산산이 무너지고 흩어짐

주제 39	갑오개혁과 을미개혁

1 ①	2 ③	3 ④	4 ④

 왜 정답일까?

1894년 일본의 강요로 설치된 군국기무처에서 주도한 제1차 갑오개혁은 영의정 김홍집이 총괄해 정치·군사에 관한 모든 사무를 담당하고 개혁을 추진했습니다.

① 대한 제국은 광무개혁 때 양전 사업을 실시해 지계아문을 통해 토지 소유 문서인 지계를 발급하고 근대적 토지 소유권을 확립하려 했습니다.

왜 틀렸지?

②·③·④ 제1차 갑오개혁 때 능력에 따라 관리를 뽑기 위해 과거제를 폐지했습니다. 경제적으로는 은 본위제를 도입해 도량형*을 통일했으며, 사회적으로는 연좌제와 조혼을 금지하고, 과부의 재가*를 허용했습니다.

*도량형: 길이, 부피, 무게 등의 단위를 재는 법
*재가: 결혼했던 여자가 남편이 사망하거나 이혼해 다른 남자와 결혼함

왜 정답일까?

③ 군국기무처는 제1차 갑오개혁을 시행하기 위해 설치한 기구입니다. 김홍집이 총괄해 정치·군사에 관한 모든 사무를 담당하고, 경제·사회 전반에 걸친 여러 개혁을 추진했습니다.

왜 틀렸지?

① 고려 무신 정권기에 최우는 자신의 집에 정방을 설치하고 인사권을 장악했습니다.

② 고려 무신 정권기에 최충헌은 교정도감을 설치하고 스스로 이 기구의 우두머리인 교정별감이 돼 중요한 정책을 결정했습니다.

④ 고종은 통리기무아문을 설치해 국내외의 모든 개화 정책을 맡도록 했습니다.

왜 정답일까?

• 을미사변(1895): 삼국 간섭 이후에 조선이 러시아와 친밀해지자 일본은 경복궁을 습격해 명성 황후를 시해하는 만행*을 저질렀습니다.

④ 아관 파천*(1896): 을미사변 이후 목숨의 위협을 느낀 고종은 왕세자(순종)와 함께 러시아 공사관으로 몸을 피했습니다.

*만행: 야만스러운 행위
*아관 파천: 을미사변 이후 신변의 위협을 느낀 고종이 경복궁을 떠나 러시아 공사관으로 거처를 옮긴 사건

4

- 제1차 갑오개혁(1894): 군국기무처에서 개혁을 주도했으며, 정치적 개혁 중 하나로 과거제를 폐지했습니다.
- 광무개혁(1897): 대한 제국은 양지아문과 지계아문을 통해 근대적 토지 소유권을 확립하려 했습니다.
- ④ 을미사변 이후 을미개혁이 추진되어 건양 연호와 태양력을 사용하게 됐습니다(1895).

왜 틀렸지?

① 흥선 대원군은 임진왜란 때 불탄 경복궁을 다시 짓기 위한 재정을 확보하기 위해 화폐 당백전을 발행했습니다(1866).

② 신라 지증왕은 경주에 시장을 설치하고 이를 관리·감독하기 위한 기구인 동시전을 설치했습니다(509).

③ 조선 영조는 『경국대전』 편찬 이후에 시행된 법령을 통합해 『속대전』을 편찬하고 통치 체제를 정비했습니다(1746).

주제 40 독립 협회와 대한 제국

1 ②	2 ②	3 ④	4 ②

1

왜 정답일까?

독립 협회는 만민 공동회를 개최해 러시아의 군사 교관과 재정 고문관 철수 요구를 정부에 강력히 건의하자 정부는 이를 받아들였습니다. 러시아가 절영도 조차*를 요구했을 때에도 반대 운동을 전개해 요구를 철회*하게 했습니다.

② 독립 협회는 청의 사신을 맞던 영은문을 헐고 그 자리에 독립문을 세워 독립 정신을 높였습니다.

왜 틀렸지?

① 신민회는 국내 민족 산업의 기반을 다지기 위해 대구에 태극 서관을 세워 운영했습니다.

③ 대한 자강회는 고종의 강제 퇴위* 반대 운동을 전개했으나 일제의 탄압으로 해산되었습니다.

④ 국채 보상 운동은 여러 언론 기관들의 지원을 받아 전국으로 확산되었습니다.

*조차: 특별한 합의에 따라 한 나라가 다른 나라 영토의 일부를 빌려 일정한 기간 동안 통치하는 일

*철회: 이미 제출했던 것이나 주장했던 것을 다시 회수하거나 바꿈

*퇴위: 왕의 자리에서 물러남

2

왜 정답일까?

② 갑신정변 이후 미국에서 돌아온 서재필 등이 독립 협회를 창립했습니다. 독립 협회는 만민 공동회와 관민 공동회를 개최해 민중에게 근대적 지식과 국권·민권 사상을 불러 일으켰습니다.

왜 틀렸지?

① 일제 강점기에 백정들은 진주에서 조선 형평사를 결성하고 백정 차별을 없애기 위한 형평 운동을 전개했습니다.

③ 한국 광복군은 충칭에서 대한민국 임시 정부가 직접 관할하는 직할* 부대로 결성되었습니다.

④ 조선어 학회는 한글 맞춤법 통일안과 표준어를 제정하고 해방 이후 『조선말 큰사전』 편찬을 완성했습니다.

*직할: 중간에 다른 기구나 조직을 통하지 아니하고 직접 관리함

3

왜 정답일까?

④ 환구단은 하늘에 제사를 지내는 곳으로 1897년에 고종이 이곳에서 황제 즉위식을 치렀습니다.

왜 틀렸지?

① 종묘는 조선 시대 역대 왕과 왕비의 신위를 모시고, 왕이 국가와 백성의 안위를 기원하기 위해 제사를 지내는 사당입니다.

② 광혜원은 1885년 한성에 세워진 최초의 서양식 병원입니다.

③ 사직단은 조선 시대 토지신에게 풍년을 기원하며 제사를 지내기 위해 쌓은 제단입니다.

4

 왜 정답일까?

② 서재필 등이 설립한 독립 협회는 청의 사신을 맞는 역할을 하던 영은문을 헐고 그 자리에 독립문을 세웠습니다.

왜 틀렸지?

① 동학 농민 운동 당시 농민군은 조선 정부와 전주 화약을 맺고 집강소를 설치해 폐정 개혁을 실시했습니다.

③ 대한민국 임시 정부는 충칭에서 한국 광복군을 창설해 직접 관할했습니다.

④ 일제 강점기 때 평양에서 조만식, 이상재 등이 주도해 '내 살림 내 것으로' 등의 구호를 내세운 물산 장려 운동을 전개했습니다.

21일차

주제 41	을사늑약과 국권 피탈

| 1 ④ | 2 ③ | 3 ③ | 4 ① |

1

왜 정답일까?

④ 고종은 1907년 만국 평화 회의에 이준, 이상설, 이위종을 특사로 파견해 을사늑약의 무효를 알리고자 했습니다.

왜 틀렸지?

① 조선은 조미 수호 통상 조약 체결 이후 서양 국가 최초로 미국에 사절단 보빙사를 파견했습니다.

② 2차 수신사로 일본에 다녀온 김홍집은 청의 황준헌이 지은 『조선책략』을 국내에 처음 소개했습니다.

③ 청에 파견된 영선사는 톈진 기기국에서 서양의 근대식 무기 제조 기술을 배우고 돌아와 기기창을 설치했습니다.

2

왜 정답일까?

일제는 을사늑약 체결을 강요했습니다. 이완용, 이근택, 이지용, 박제순, 권중현이 조약에 찬성하면서 을사늑약이 체결되었습니다. 이후 대한 제국은 외교에 관한 모든 일을 할 때 일본의 허락을 받게 되었고, 외국에 있는 대한 제국의 공사관들은 모두 철수해야 했습니다.

③ 일제의 강압으로 을사늑약을 체결하면서 대한 제국의 외교권이 박탈되고 통감부가 설치되었습니다.

왜 틀렸지?

①·④ 일본은 일부러 운요호를 조선의 해안으로 보내 조선 군대가 방어적 공격을 하게 만들었고(운요호 사건), 이를 구실로 조약의 체결을 강요했습니다. 결국 조선은 일본과 외국과 맺은 최초의 조약이자 불평등 조약인 강화도 조약을 체결했습니다.

② 조미 수호 통상 조약은 조선과 미국 간에 체결된 조약으로, 최혜국 대우를 처음으로 규정했습니다.

3

(나) 헤이그 특사 파견(1907.6.): 고종은 을사늑약 체결의 부당함을 알리기 위해 이준, 이상설, 이위종을 헤이그에서 열린 만국 평화 회의에 비밀 특사로 파견했습니다.

(다) 고종 강제 퇴위(1907.7.19.): 일제는 헤이그 특사 파견이 한일 협약에 위배된다는 이유로 고종을 강제 퇴위시켰습니다.

(가) 한일 신협약(정미 7조약, 1907.7.24.): 일제는 한일 신협약(정미 7조약)을 체결해 각 정부 부서에 일본인 차관*을 배치하고 대한 제국의 군대를 해산시켰습니다.

*차관: 대한 제국 때에 궁내부와 각 부에 둔 관리

4

😀 **왜 정답일까?**

① 을사늑약 체결 이후 통감부가 설치되고 대한 제국의 외교권을 박탈당했습니다. 고종이 을사늑약의 부당함을 알리기 위해 헤이그 특사를 파견했을 때 호머 헐버트는 고종의 특별 밀사로서 그들의 활동을 지원하고 국제 사회의 도움과 지지를 받기 위해 노력했습니다.

😀 **왜 틀렸지?**

② 조선과 프랑스 사이에 체결된 조불 수호 통상 조약을 통해 천주교 포교*가 허용되었습니다.

③ 제1차 한일 협약을 통해 재정 고문이 된 메가타는 조선의 경제권을 장악하기 위해 화폐 정리 사업을 추진했습니다.

④ 일제는 한일 신협약(정미 7조약)을 체결해 각 부에 일본인 차관을 배치하고 대한 제국의 군대를 해산시켰습니다.

*포교: 종교적인 가르침을 널리 전파하는 일

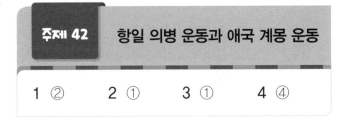

주제 42 항일 의병 운동과 애국 계몽 운동

1 ②	2 ①	3 ①	4 ④

1

😀 **왜 정답일까?**

② 안창호, 양기탁 등의 주도로 비밀리에 결성한 신민회는 공화 정체에 바탕을 두고 국민 국가 건설을 위해 민족 교육과 독립군 양성 등에 힘썼습니다. 그러나 일제가 조작한 105인 사건으로 인해 많은 독립운동가들이 투옥*되면서 조직이 와해되었습니다.

😀 **왜 틀렸지?**

① 보안회는 일본의 황무지 개간권 요구에 대한 반대 운동을 전개해 이를 저지*했습니다.

③ 대한 자강회는 고종의 강제 퇴위 반대 운동을 전개했으나 일제의 탄압으로 해산되었습니다.

④ 헌정 연구회는 민족의 정치의식 고취와 입헌 군주제 수립*을 위해 설립되었습니다.

*투옥: 옥에 가둠
*저지: 막아서 못하게 함
*수립: 정부, 제도, 계획을 이룩하여 세움

2

😀 **왜 정답일까?**

안중근이 하얼빈역에서 이토 히로부미에게 권총을 발사해 이토 히로부미는 사망하고 안중근은 뤼순 감옥에 수감되어 사형을 선고 받았습니다.

① 안중근은 동양 3국이 협력해 서양 세력의 침략을 방어하며 동양 평화 및 세계 평화를 실현해야 한다는 사상을 담은 『동양 평화론』을 집필*했습니다.

😀 **왜 틀렸지?**

② 김홍집이 『조선책략』을 들여온 이후 형성된 미국과

외교 관계를 맺어야 한다는 여론에 반발한 영남 유생들이 만인소를 올렸습니다.

③ 김원봉은 중국 관내 최초로 중국 국민당의 지원을 받아 한인 무장 부대인 조선 의용대를 창설했습니다.

④ 이준, 이상설, 이위종은 고종의 밀명을 받아 헤이그에서 열린 만국 평화 회의에 특사로 파견되었습니다.

*집필: 붓을 잡는다는 뜻으로, 직접 글을 쓰는 것을 이르는 말

3

왜 정답일까?

① 한일 신협약으로 강제 해산된 군인들이 정미의병 활동에 가담하면서 의병 전쟁이 전국적으로 확대되었습니다. 허위와 이인영을 중심으로 13도 창의군을 결성했습니다(1907).

왜 틀렸지?

② 독립 협회는 만민 공동회와 관민 공동회를 개최해 중추원 개편을 통한 의회 설립 방안이 담겨 있는 헌의 6조를 고종에게 건의했습니다.

③ 전봉준이 이끄는 동학 농민군은 고부의 백산에 집결해 4대 강령을 발표했습니다.

④ 임진왜란 당시 곽재우, 고경명, 조헌 등이 의병장으로 활약했습니다.

4

왜 정답일까?

④ 최익현이 왕의 아버지인 흥선 대원군을 비판했다는 이유로 제주도에 유배되었다가 풀려났습니다. 이후에는 일본과 강화도 조약 체결을 반대하다가 흑산도에 유배되었습니다. 을사늑약 이후에는 을사의병 운동을 전개하다가 체포되어 쓰시마섬에 유배되었습니다.

왜 틀렸지?

① 허위는 이인영과 함께 13도 창의군을 조직해 서울 진공 작전을 계획했으나 실패했습니다.

② 신돌석은 을미의병 때 19세의 나이로 경북 영해에서 봉기한 평민 출신 의병장입니다.

③ 유인석은 을미사변과 단발령으로 인해 이소응 등과 함께 을미의병을 주도했습니다.

22일차

| 주제 43 | 열강의 경제 침탈과 경제적 구국 운동 |

| 1 ② | 2 ④ | 3 ④ | 4 ③ |

1

왜 정답일까?

② 방곡령은 조선이 일본과 체결한 조일 통상 장정에 포함되어 있던 조항으로 천재지변*이나 변란*이 일어났을 때 지방관이 자신의 권한으로 다른 지역이나 국가로 곡식을 빼돌리지 못하도록 하는 조치입니다.

왜 틀렸지?

① 단발령은 성년 남자의 상투를 자르도록 한 명령으로, 김홍집 내각*이 을미개혁 때 시행했습니다.

③ 일제는 삼림령을 시행해 기한 내에 신고하지 않은 삼림은 국가의 소유로 몰수*해 조선 사람들의 임야*를 박탈했습니다.

④ 회사령은 일제가 회사를 설립하거나 해산할 때 총독부의 허가를 받게 한 조치로, 민족 기업 설립을 방해했습니다.

*천재지변: 지진, 홍수, 태풍 따위의 자연 현상으로 인한 재앙
*변란: 사람의 힘으로는 피할 수 없는 천재나 큰 사건이 일어나 세상이 어지러움
*내각: 국가의 행정권을 담당하는 최고 합의 기관
*몰수: 재산을 국가가 강제로 빼앗음
*임야: 숲과 들을 아울러 이르는 말

2

왜 정답일까?

④ 국채 보상 운동은 일본에 빌린 1,300만 원을 갚아 경제 주권을 회복하고자 김광제, 서상돈 등의 주도로 대구에서 처음 시작되었습니다. 이는 대한매일신보, 황성신문 등 여러 언론 기관의 지원을 받아 전국으로 확산되었습니다.

왜 틀렸지?

① 신간회의 자매단체로 조직된 근우회는 강연회를 개최하는 등 여성 계몽* 활동과 여성 지위 향상 운동을 전개했습니다.
② 국채 보상 운동은 통감부의 방해로 실패했습니다.
③ 김홍집 등이 중심이 된 친일 내각은 갑오개혁과 을미개혁을 주도했습니다.

*계몽: 지식수준이 낮거나 예전의 관습에 젖은 사람을 가르쳐서 깨우침

3

왜 정답일까?

개항 이후 일제는 철도 부설권, 광산 채굴권, 연안 어획권 등 각종 경제적 이권을 빼앗았습니다. 또한, 러일 전쟁(1904) 때 군수 물자를 옮기기 위해 서울과 부산을 연결하는 경부선을 개통*했습니다(1905).
④ 보안회는 일제의 황무지 개간권 요구에 대한 반대 운동을 벌여 이를 철회시켰습니다(1904).

왜 틀렸지?

① 조선은 임진왜란 중 포수, 사수, 살수의 삼수병으로 편성된 훈련도감을 설치했습니다(1593).
② 일제는 1930~40년대에 황국 신민화 정책을 시행해 황국 신민 서사 암송을 강요했습니다.
③ 일제는 치안 유지법*을 시행해 식민지 지배에 저항하는 민족 해방 운동과 사회주의 및 독립운동을 탄압했습니다(1925).

*개통: 길, 다리, 철로, 전화, 전신 등을 완성하거나 이어 통하게 함

*치안 유지법: 일제가 독립운동이나 사회주의를 탄압하기 위해 제정한 법률

4

왜 정답일까?

③ 1904년 서울에서 조직된 보안회는 일본의 황무지 개간권 요구에 반대하는 운동을 전개했고, 결국 요구를 철회시켰습니다.

왜 틀렸지?

① 권업회는 연해주 지역에서 이상설을 중심으로 설립된 단체로 항일 독립운동을 전개했습니다.
② 근우회는 신간회의 자매단체로 여성의 계몽과 지위 향상을 위한 운동을 전개했습니다.
④ 토월회는 박승희, 김기진이 중심이 되어 설립된 극단으로 신극 운동을 전개했습니다.

주제 44	근대 언론과 문물

| 1 ③ | 2 ① | 3 ④ | 4 ① |

1

왜 정답일까?

③ 고종 때인 1886년 개화 정책 중 하나로 우리나라 최초의 근대식 공립 학교인 육영 공원이 설립되었습니다. 미국인 헐버트와 길모어, 벙커 등을 교사로 초빙*해 영어와 수학, 지리 등 근대 교육을 실시했습니다.

왜 틀렸지?

① 이상설 등이 만주 용정촌에 서전서숙을 설립해 민족 교육을 실시했습니다.
② 미국인 개신교 선교사 아펜젤러가 세운 배재 학당은 근대적 사립 학교로 신학문 보급에 기여했습니다.

④ 미국의 선교사 스크랜턴 부인은 최초의 여성 교육 기관인 이화 학당을 설립해 근대적 여성 교육에 기여했습니다.

*초빙: 예를 갖추어 불러 맞아들임

2

① 서재필은 1896년 우리나라 최초의 민간 신문인 독립신문을 창간했습니다. 이는 최초의 한글 신문입니다.

② 제국신문은 민중 계몽과 자주독립 의식을 고취하기 위해 이종일이 한글로 발간*한 신문입니다.

③ 연해주로 이동한 동포들은 순 한글 신문인 해조신문을 발간했습니다.

④ 대한매일신보는 양기탁과 영국인 베델이 창간했으며, 항일 민족 운동을 적극적으로 지원했습니다.

*발간: 책, 신문, 잡지 등을 만들어 냄

3

④ 대한매일신보는 1904년 양기탁과 영국인 베델을 중심으로 창간되었습니다. 항일 민족 운동을 적극적으로 지원하고, 고종의 '을사조약 무효화 선언'을 게재*해 을사늑약의 불법성과 부당성을 주장하는 항일 언론의 역할을 했습니다.

① 천도교는 국한문 혼용 신문인 만세보를 발행해 일진회의 반민족 행위를 비판했습니다.

② 독립신문은 서재필이 정부의 지원을 받아 창간한 최초의 민간 신문으로 한글판과 영문판 두 종류로 발행되었습니다.

③ 해조신문은 연해주에서 발간된 순 한글 신문으로 독립의식의 고취와 국권 회복을 위해 노력했습니다.

*게재: 글이나 그림 등을 신문이나 잡지에 실음

4

① 독립신문은 서재필이 정부의 지원을 받아 1896년에 창간한 최초의 민간 신문입니다. 최초의 한글 신문이기도 하며 한글판과 영문판이 발행되었습니다.

② 제국신문은 민중 계몽과 자주독립 의식을 고취하기 위해 이종일이 한글로 발간해 주로 서민층과 부녀자들을 대상으로 했습니다.

③ 해조신문은 연해주로 이주한 동포들이 순 한글로 발행한 신문입니다.

④ 대한매일신보는 양기탁과 영국인 베델을 중심으로 창간되었습니다.

일곱 번째 이야기
일제 강점기

23일차

| 주제 45 | 1910년대 일제의
무단 통치와 경제 수탈 |

| 1 ① | 2 ① | 3 ② | 4 ① |

1

왜 정답일까?

① 일제가 식민 통치를 위해 설치한 조선 총독부는 김영삼 정부 때 민족정기 회복을 위한 '역사 바로 세우기' 사업으로 해체되었습니다.

왜 틀렸지?

② 일제 강점기 의열단의 단원 김상옥은 종로 경찰서에 폭탄을 던지고 순국*했습니다.

③ 서대문 형무소는 일본이 조선에 대한 침략을 본격화하기 위해 1907년 건립한 근대 감옥입니다.

④ 동양 척식 주식회사는 총독부가 빼앗은 조선의 토지와 자원을 일본인에게 헐값에 팔아넘겼습니다.

*순국: 나라를 위해 목숨을 바침

2

왜 정답일까?

(가) 조선 태형령(1912): 1910년대 무단 통치기에 일제는 곳곳에 배치된 헌병 경찰들이 조선인에게 형벌로서 태형을 가하도록 했습니다.

(나) 치안 유지법(1925): 1920년대 중반 사회주의가 확산되자 일제는 치안 유지법을 시행해 식민지 지배에 저항하는 민족 해방 운동과 사회주의 독립운동을 탄압했습니다.

(다) 국가 총동원법(1938): 1930년대 이후 일제는 국가 총동원법을 공포해 전쟁 수행을 위한 한국의 인적·물적 자원을 수탈했습니다.

3

왜 정답일까?

헌병 경찰 제도는 무단 통치기인 1910년대에 강압적 통치를 목적으로 실시되었습니다. 당시 교사들까지 제복을 입고 칼을 차고 다니게 했으며, 조선 곳곳에 일본 헌병 경찰을 배치했습니다.

② 조선 총독부는 토지 조사국을 설치하고 일정 기간 안에 토지를 신고하도록 하는 토지 조사 사업을 실시했습니다(1912).

왜 틀렸지?

① 조선 고종은 개화 정책의 일환*으로 신식 군대인 별기군을 설치했습니다(1881).

③ 일본은 급격한 공업화로 쌀이 부족해지자 부족한 쌀을 조선에서 수탈하기 위해 산미 증식 계획을 실시했습니다(1920).

④ 일제는 1930년대 이후 전쟁 물자가 부족해지자 미곡 공출* 제도를 실시하고, 민가에서 사용하던 놋그릇과 금속 물건들까지 빼앗아 갔습니다.

*일환: 서로 밀접한 관계로 연결되어 있는 여러 것 가운데 한 부분

*공출: 국민이 국가의 수요에 따라 농업 생산물이나 기물 등을 의무적으로 정부에 내어놓음

4

 왜 정답일까?

① 1910년대 무단 통치기에 일제는 강압적 통치를 목적으로 헌병 경찰 제도를 시행했습니다. 조선 곳곳에 일본 헌병 경찰을 배치하고 독립운동가의 동태를 감시했습니다. 또한, 교사들도 제복을 입고 칼을 차고 다니게 했습니다.

왜 틀렸지?

② 1930년대 초 동아일보는 문맹 퇴치 운동인 브나로드 운동을 전개했습니다.

③ 김홍집이 『조선책략』을 들여온 이후 미국과 외교 관계를 맺어야 한다는 여론이 형성되자 이만손 등 영남 유생들이 만인소를 올려 이를 비판했습니다 (1881).

④ 일제는 치안 유지법을 시행해 민족 해방 운동과 사회주의 및 독립운동을 탄압했습니다(1925).

주제 46	1910년대 국내외 항일 운동		
1 ④	2 ①	3 ②	4 ③

1

왜 정답일까?

• 대조선 국민 군단: 박용만이 1914년 미국 하와이에서 결성한 항일 군사 단체로, 무장 투쟁을 위해 독립군을 양성했습니다.

• 한인 비행 학교: 독립운동가 노백린은 김종림의 재정적 지원을 받아 1920년 미국에 독립군 비행사 양성을 위한 한인 비행 학교를 세웠습니다.

④ 미국 샌프란시스코의 한인들은 한인 자치 단체인 대한인 국민회를 조직해 외교 활동을 펼치며 독립운동을 전개했습니다.

왜 틀렸지?

① 이상설은 만주에 서전서숙을 설립하고 민족 교육을 실시했습니다.

② 연해주 지역에서 이상설을 중심으로 자치 조직인 권업회가 설립되었습니다.

③ 신민회는 만주 삼원보에 독립군 양성 학교인 신흥 강습소(훗날 신흥 무관 학교)를 설립했습니다.

2

 왜 정답일까?

① 대한 광복회는 박상진 등을 중심으로 대구에서 공화 정체의 근대 국민 국가 건설을 목표로 활동했습니다. 독립 자금을 모금하고, 친일파를 처단하는 등의 독립 운동을 전개했습니다.

왜 틀렸지?

② 조선어 학회는 한글 맞춤법 통일안과 표준어를 제정하고 해방 후 『조선말 큰사전』의 편찬을 완성했습니다.

③ 일제 강점기에 백정들은 사회적 차별을 없애기 위해 조선 형평사를 결성하고 형평 운동을 전개했습니다.

④ 김구는 상하이에서 한인 애국단을 결성해 적극적인 항일 투쟁 활동을 전개했습니다.

3

왜 정답일까?

② 도산 안창호는 양기탁 등과 함께 신민회를 결성하고 대성 학교와 오산 학교를 세워 민족 교육을 실시했습니다. 또한, 국권 회복을 위해 미국에서 민족 운동 단체인 흥사단을 조직해 활동하기도 했습니다.

왜 틀렸지?

① 김규식은 상하이에서 신한 청년당을 조직하고 파리 강화 회의에 참석해 독립 청원*서를 제출했습니다.

③ 여운형은 조선 총독부로부터 행정권의 일부를 넘겨받아 조선 건국 준비 위원회를 결성했습니다.

④ 이동휘는 자치 조직인 권업회를 조직하고, 대한 광

복군 정부를 창설해 군사 활동을 준비했습니다.

*청원: 일이 이루어지도록 청하고 원함

4

왜 정답일까?

경북 안동시에 있는 임청각은 보물 제182호로 지정되어 있는 석주 이상룡의 생가*입니다. 이곳은 독립운동가를 다수 배출한 집이라는 이유로 일제가 중앙선 철로를 내어 훼손*했습니다.

③ 이상룡은 만주 삼원보에 독립군 양성 학교인 신흥 강습소(훗날 신흥 무관 학교)를 설립했습니다.

왜 틀렸지?

① 개항 이후 조선 정부는 동문학을 설치해 통역관 양성을 위한 영어 교육을 실시했습니다.

② 미국인 선교사 아펜젤러는 근대적 사립 학교인 배재 학당을 세워 신학문 보급에 기여했습니다.

④ 고종은 교육의 중요성을 강조하면서 교사 양성을 위해 한성 사범 학교를 세웠습니다.

*생가: 어떤 사람이 태어난 집
*훼손: 헐거나 깨뜨려 못 쓰게 만듦

주제 47   3 · 1 운동과 대한민국 임시 정부

1 ③   2 ③   3 ②   4 ③

1

왜 정답일까?

③ 1919년 많은 사람들이 일제의 무단 통치에 저항해 일으킨 3 · 1 운동은 이후 민족의 주체성을 확인하고

대한민국 임시 정부를 수립하는 계기가 되었습니다.

왜 틀렸지?

① 동학 농민 운동 당시 농민군은 정부와 전주 화약을 맺고 집강소를 설치해 폐정 개혁을 실시했습니다.

② 일제 강점기 때 평양에서 조만식, 이상재 등이 조선 물산 장려회를 중심으로 물산 장려 운동을 전개했습니다.

④ 신간회는 광주 학생 항일 운동에 진상 조사단을 파견하고 서울에서 대규모 민중 대회를 추진했습니다.

2

왜 정답일까?

③ 제암리 학살* 사건은 3 · 1 운동 때 일본군이 제암리 주민들을 교회에 모아 놓고 무차별 학살한 사건으로, 선교사 스코필드에 의해 세계에 알려졌습니다.

*학살: 가혹하게 마구 죽임

3

왜 정답일까?

② 1919년 3월 1일 국내외 민족 지도자들과 학생, 시민 등은 독립 선언서를 낭독하고 만세 운동을 전개했습니다. 이 운동은 서울에서 시작해 전국뿐 아니라 만주, 연해주, 미주 등 국외까지 확산되었습니다.

왜 틀렸지?

① 순종의 인산*일에 중앙 고보 학생 300여 명이 '조선 독립 만세'를 부르고 격문*을 뿌리며 6 · 10 만세 운동을 전개했습니다.

③ 보안회는 일제의 황무지 개간권 요구에 대한 반대 운동을 벌여 이를 철회시켰습니다.

④ 독립 협회는 만민 공동회에서 러시아의 내정 간섭과 이권 침탈*을 강하게 비판해 이를 철수시켰습니다.

*인산: 왕이나 왕족의 장례
*격문: 급히 사람들에게 알리려고 각처로 보내는 글
*침탈: 침략해 빼앗음

4

3·1 운동을 계기로 민족의 주체성을 확인한 국내외 독립운동가들이 중국 상하이에 모여 조직적인 독립운동을 전개하기 위해 대한민국 임시 정부를 수립했습니다.
③ 신흥 강습소는 신민회 회원인 이상룡, 이회영 등이 중심이 되어 설립한 군사 양성소입니다. 이것은 후에 신흥 무관 학교가 됩니다.

①·②·④ 대한민국 임시 정부는 비밀 행정 조직인 연통제와 교통국을 통해 국내와의 연락망을 확보했고, 국외 거주 동포들에게 독립 공채를 발행해 독립운동 자금을 마련했습니다. 또한, 사료 편찬소를 설치하고 국제 연맹 회의에서 우리 민족의 독립을 요청하기 위해 『한일 관계 사료집』을 발간했습니다.

주제 48	1920년대 일제의 문화 통치와 경제 수탈

1 ③	2 ③	3 ②	4 ③

1

③ 일본은 식량 문제를 해결하기 위해 조선에서 산미 증식 계획을 실시했습니다. 이로 인해 많은 양의 쌀이 일본으로 반출*되면서 국내 농민들의 경제 상황은 더욱 나빠졌습니다.

① 1910년대 무단 통치기에 일제는 회사령을 제정해 국내 민족 기업의 설립을 방해했습니다(1910).
② 이승만 정부는 유상 매수, 유상 분배를 원칙으로 하는 농지 개혁법을 제정했습니다(1949).

④ 조선 총독부는 토지 조사령을 발표하고 토지 조사 사업을 실시했습니다(1912).

*반출: 운반해 냄

2

③ 1920년대 급격한 공업화로 일본 본토의 쌀이 부족해지자 일제는 조선에서 산미 증식 계획을 시행했습니다.

① 중일 전쟁(1937) 이후 일제는 군량미 조달을 위해 미곡 공출제를 시행했습니다.
② 1970년대 박정희 정부 당시 공업화로 인해 상대적으로 낙후*된 농어촌의 근대화를 목표로 새마을 운동을 추진했습니다.
④ 일제는 1910년대 토지 조사 사업을 실시해 몰수한 토지를 일본인에게 헐값으로 팔아넘겼습니다.

*낙후: 기술이나 문화, 생활 등의 수준이 일정한 기준에 미치지 못하고 뒤떨어짐

3

(가) 토지 조사령: 조선 총독부는 1912년 토지 조사령을 발표하고 일정 기간 내 신고 되지 않은 토지는 총독부에서 몰수해 일본인에게 헐값으로 팔아넘겼습니다.
(다) 산미 증식 계획: 일본은 국내에 식량 부족 문제가 발생하자 부족한 쌀을 조선에서 수탈하기 위해 1920년 산미 증식 계획을 실시했습니다.
(나) 공출제: 일제는 대륙 침략을 위해 1938년 한반도를 병참 기지화 했습니다. 이에 따라 전쟁 수행에 필요한 각종 물자를 수탈하고, 군량미 확보를 위해 식량 배급 및 미곡 공출제를 실시했습니다.

4

③ 일제는 조선에서 산미 증식 계획을 실시해 일본의 식량 부족 문제를 해결하려 했습니다. 쌀 생산량이 계획에 미치지 못했는데도 불구하고 늘어난 생산량보다 많은 양의 쌀을 일본으로 가져가 조선 농민들의 경제 상황은 더욱 악화되었습니다.

왜 틀렸지?

① 조선 광해군 때 공납의 폐단을 해결하기 위해 대동법을 실시했습니다.
② 함경도 관찰사 조병식은 흉년이 들자 일본으로 곡물이 유출되는 것을 막기 위해 방곡령을 선포했습니다.
④ 조선 총독부는 토지 조사령을 발표해 일정 기간 내 토지를 신고하도록 하는 토지 조사 사업을 실시했습니다.

25일차

주제 49	실력 양성 운동과 사회 운동

1 ①	2 ③	3 ②	4 ③

1

왜 정답일까?

① 갑오개혁 이후 법적으로 신분제가 폐지되었으나 일제 강점기에 백정에 대한 차별은 더욱 심해졌습니다. 백정들은 이러한 차별의 철폐를 위해 진주에서 조선 형평사를 결성하고(1923) 형평 운동을 전개했습니다.

왜 틀렸지?

② 평양에서 시작된 '내 살림 내 것으로' 등의 구호를 내세운 물산 장려 운동이 전국으로 확산되었습니다.

③ 방정환, 김기전 등이 주축*이 된 천도교 소년회는 1923년 5월 1일을 어린이날로 제정하고, 잡지 『어린이』를 간행했습니다.
④ 1930년대 초 동아일보는 문맹 퇴치 운동의 일환으로 브나로드* 운동을 전개했습니다.

*주축: 전체 가운데서 중심이 되어 영향을 미치는 존재나 세력
*브나로드: '민중 속으로'라는 뜻의 러시아어

2

왜 정답일까?

③ 원산 총파업은 일제 강점기 라이징 선 석유 회사의 일본인 감독이 조선인 노동자를 구타한 사건에서 시작되었습니다. 파업 후 요구를 받아주겠다던 회사가 약속을 이행하지 않자 노동자들은 총파업에 돌입*했습니다(1929).

왜 틀렸지?

① 박정희 정부 당시 한일 국교 정상화 회담이 진행되자 이를 반대하는 6·3 시위가 전개되었습니다.
② 1970년대 박정희 정부는 농어촌의 근대화를 목표로 새마을 운동을 추진했습니다.
④ 제주 4·3사건은 남로당 제주도당의 무장 봉기를 미 군정과 경찰이 강경 진압하는 과정에서 잘못이 없는 민간인을 사살해 일어났습니다.

*돌입: 세찬 기세로 갑자기 뛰어듦

3

왜 정답일까?

② 1920년대 평양에서 조만식, 이상재의 주도로 조선 물산 장려회가 발족*되었습니다. 이들은 '내 살림 내 것으로' 등의 구호를 내세워 자급자족, 국산품 애용*, 소비 절약 등을 강조하는 물산 장려 운동을 전개했습니다.

왜 틀렸지?

① 국채 보상 운동은 대한매일신보, 황성신문 등 여러 언론의 지원을 받아 전국으로 확산되었습니다.

③ 조청 상민 수륙 무역 장정으로 어려움을 겪게 된 시전 상인들은 황국 중앙 총상회를 설립해 상권 수호 운동을 전개했습니다.

④ 독립 협회는 전국적인 모금 운동을 통해 마련한 성금으로 자주독립의 상징인 독립문을 세웠습니다.

*발족: 어떤 조직체가 새로 만들어져서 일이 시작됨

*애용: 좋아해 애착을 가지고 자주 사용함

4

왜 정답일까?

③ 고당 조만식은 민족 경제의 자립과 발전을 위해 조선 물산 장려회를 발족하고 조선 물산 장려 운동을 주도해 전국적으로 확산시켰습니다.

왜 틀렸지?

① · ② 1930년대 초 언론사를 중심으로 농촌 계몽 운동이 전개되었습니다. 동아일보는 문맹 퇴치 운동의 일환으로 브나로드 운동을 전개했고, 조선일보는 한글 교재의 보급과 순회 강연을 통한 문자 보급 운동을 전개했습니다.

④ 1920년대 조선 민립 대학 기성회가 조직되어 민립 대학 설립 운동이 전개되었습니다.

주제 50	민족 유일당 운동과 만세 운동
1 ③ 　 2 ④ 　 3 ② 　 4 ④	

1

왜 정답일까?

③ 1926년 순종의 인산일에 학생 300여 명이 '조선 독립 만세'를 부르며 시위를 전개했습니다. 이를 시작으로 학생, 군중들이 합세*하면서 대규모 항일 운동인 6·10만세 운동으로 확산되었습니다.

*합세: 흩어져 있는 세력을 한곳에 모음

2

왜 정답일까?

④ 광주에서 나주로 가는 통학 열차 안에서 일본인 학생이 한국인 여학생을 희롱*해 한·일 학생 간 충돌이 일어났습니다. 이를 계기로 광주 학생 항일 운동이 전개되었고 3·1 운동 이후 가장 큰 규모의 항일 운동으로 발전했습니다. 신간회는 이때 진상 조사단을 파견해 지원했습니다.

왜 틀렸지?

① 1905년 을사늑약 체결 이후 서울에 통감부가 설치되었습니다.

② 조선 청년 독립단은 도쿄에서 2·8 독립 선언서를 작성해 발표했습니다.

③ 일제는 치안 유지법을 시행해 식민지 지배에 저항하는 민족 해방 운동과 사회주의 및 독립운동을 탄압했습니다.

*희롱: 말이나 행동으로 실없이 놀림

3

왜 정답일까?

② 근우회는 신간회의 자매단체로 여성 지위 향상 운동을 전개했습니다. 토론회와 강연회를 개최하고 전국 대회를 열어 교육 성차별 철폐, 여자의 보통 교육 확대, 조혼 폐지 등을 담은 구체적 행동 강령을 채택했습니다.

왜 틀렸지?

① 권업회는 연해주 지역에서 학교, 도서관 등을 건립하며 항일 독립운동을 전개했습니다.

③ 보안회는 일본이 황무지 개간권을 요구하자 이에 대한 반대 운동을 전개해 일본의 요구를 저지했습니다.

④ 송죽회는 평양에서 조직된 항일 비밀 여성 단체로 토론회, 역사 강좌, 교육 등의 활동을 했습니다.

4

1927년 사회주의 세력과 민족주의 세력이 연대*해 민족 유일당을 결성할 수 있다는 공감대가 형성되면서 신간회가 결성되었습니다.

④ 신간회는 광주 학생 항일 운동에 진상 조사단을 파견해 지원했습니다.

왜 틀렸지?

① 대한민국 임시 정부는 국외 거주 동포들에게 독립 공채를 발행해 독립운동 자금을 마련했습니다.

② 독립 협회는 관민 공동회를 개최해 헌의 6조를 고종에게 건의했습니다.

③ 조선어 연구회가 조선어 학회로 확대 · 개편되었고 이후 한글 맞춤법 통일안을 제정해 발표했습니다.

*연대: 여럿이 함께 무슨 일을 하거나 함께 책임을 짐

주제 51	1920년대 무장 독립 전쟁과 의열 투쟁
1 ①	2 ③	3 ④	4 ②

1

왜 정답일까?

① 의병장 출신 홍범도가 이끌었던 대한 독립군은 여러 독립군 부대와 연합해 1920년 봉오동 전투에서 일본군을 상대로 큰 승리를 거두었습니다.

2

왜 정답일까?

박영희는 일제 강점기 때 신흥 무관 학교 교관과 북로 군정서 사관 연성소 학도단장 등으로 활동한 독립운동가입니다. 1920년 독립군 연합 부대와 함께 청산리 전투에도 참여했습니다.

③ 김좌진이 이끄는 북로 군정서군과 홍범도가 이끄는 대한 독립군이 연합한 독립군 부대는 청산리 전투에서 일본군에 큰 승리를 거뒀습니다.

왜 틀렸지?

① · ④ 지청천을 중심으로 북만주에서 결성된 한국 독립군은 중국 호로군과 연합해 쌍성보 전투, 대전자령 전투에서 일본군을 물리치고 승리했습니다.

② 양세봉은 남만주 지역에서 조선 혁명군을 결성하고 중국 의용군과 연합해 영릉가 전투를 승리로 이끌었습니다.

3

왜 정답일까?

김원봉을 중심으로 만주 지역에서 결성된 의열단은 일제 요인 암살, 기관 파괴, 테러 등의 독립운동을 전개했습니다. 의열단원인 김익상은 조선 총독부, 나석주는 동양 척식 주식회사와 식산 은행, 김상옥은 종로 경찰서에 폭탄을 투척했습니다.

④ 의열단은 신채호가 작성한 조선 혁명 선언을 활동 지침으로 삼아 독립운동을 전개했습니다.

왜 틀렸지?

① 안창호와 양기탁을 중심으로 결성된 신민회는 일제에 의해 조작된 105인 사건으로 해체되었습니다.

② 고종의 밀지를 받아 조직된 독립 의군부는 복벽*주의를 내세우며 의병 전쟁을 준비했습니다.

③ 상하이에서 조직된 신한 청년당은 파리 강화 회의에 김규식을 대표로 파견했습니다.

*복벽: 물러났던 임금이 다시 왕위에 오름

4

② 의열단원 나석주는 무장 독립 투쟁의 일환으로 조선 식산 은행과 동양 척식 주식회사에 폭탄을 던졌습니다.

① 김규식은 파리 강화 회의에 파견되어 독립 청원서를 제출했습니다. 또, 광복 이후에는 남한만의 단독 선거에 반대하며 김구와 함께 남북 협상에도 참여했습니다.

③ 안창호는 양기탁 등과 함께 신민회를 결성하고, 미국에서는 흥사단을 조직해 국권 회복을 위한 노력을 했습니다.

④ 이육사는 일제의 식민 통치를 극복하려는 의지를 표현한 「광야」, 「절정」 등의 작품을 통해 일제의 탄압에 저항했습니다.

주제 52

1930년대 이후 일제의 민족 말살 통치와 전시 수탈

1 ④	2 ②	3 ①	4 ③

1

일제는 1930년대 이후 대륙 침략을 위해 한반도를 병참 기지화하고 중일 전쟁과 태평양 전쟁을 일으켰습니다. 1938년에는 국가 총동원법을 시행하고 전쟁 수행을 위해 한국의 인적 · 물적 자원을 수탈했습니다.

④ 일제는 황국 신민화 정책을 시행해 황국 신민 서사 암송을 강요했습니다(1937).

① 1910년대에 헌병 경찰제를 실시해 조선 곳곳에 일본 헌병 경찰을 배치했습니다.

② 1920년대에 민립 대학 설립 운동이 전개되었으나

일제는 이를 방해하기 위해 경성 제국 대학을 설립했습니다(1924).

③ 국채 보상 운동은 대구에서 처음 시작되어 전국적으로 확산된 운동으로 경제 주권을 되찾는 것을 목적으로 했습니다(1907).

2

일제는 1930~40년대에 민족 말살 통치를 시행했습니다. 이를 위해 황국 신민 서사를 만들어 학교나 직장뿐만 아니라 모임에서도 이를 암송하도록 했습니다.

② 일제는 민족 말살 통치의 일환으로 관공서를 비롯한 학교 학생들에게 신사 참배를 강요했습니다.

① 조선 광해군 때 공물 대신 쌀을 납부하도록 하는 대동법이 실시되었습니다(1608).

③ 전남 신안군 암태도에서 일제 강점기 최대의 소작 쟁의*가 발생했습니다(1923).

④ 개항 이후 개화 정책의 일환으로 박문국을 설치하고 최초의 근대 신문인 한성순보를 발행했습니다(1883).

*쟁의: 지주나 소작인 또는 사용자와 근로자 사이에서 일어나는 분쟁

3

중일 전쟁(1937)과 태평양 전쟁(1941)을 일으킨 일제는 전쟁 수행을 위해 한반도 병참 기지화 정책을 시행했습니다. 이에 따라 국가 총동원령을 선포하고(1938) 전쟁에 필요한 인적 · 물적 자원을 수탈했습니다.

① 일제는 학도 지원병 제도(1943), 징병제(1944) 등을 실시해 젊은이들을 전쟁터로 강제 징집*했습니다.

② 무단 통치기에 일제는 조선 태형령을 제정했습니다(1912).

③ 무단 통치기에 일제는 토지 조사 사업을 실시해 일정 기간 내 신고하지 않은 토지는 총독부에서 몰수했습니다(1912).

④ 무단 통치기에 일제는 강압적 통치를 목적으로 헌병 경찰 제도를 시행했습니다(1910).

*징집: 병역 의무자를 현역에 복무할 의무를 부과해 불러 모음

4

왜 정답일까?

③ 1936년 베를린 올림픽 대회 마라톤 경기에서 손기정이 1위를 차지했습니다.

왜 틀렸지?

① 나운규는 일제 강점기 때 활동한 영화인으로, 영화 「아리랑」을 제작했습니다.

② 남승룡 선수는 손기정 선수가 우승한 베를린 올림픽 마라톤 대회에서 3위를 차지했습니다.

④ 안창남은 우리나라 최초의 비행사로, 고국 방문 비행에서 1인승 비행기를 타고 서울 상공을 비행했습니다.

27일차

주제 53	1930년대 이후 무장 독립 투쟁과 한인 애국단

| 1 ③ | 2 ③ | 3 ④ | 4 ④ |

1

왜 정답일까?

③ 김구는 상하이에서 한인 애국단을 결성해 적극적인 투쟁 활동을 전개했습니다. 단원 이봉창은 일본 국왕이 탄 마차의 행렬에 수류탄을 던졌고, 윤봉길은 상하이 훙커우 공원에서 열린 일왕 생일 및 일본군 전승 축하 기념식에 폭탄을 던졌습니다.

왜 틀렸지?

① 북간도로 이주한 한인들이 대종교를 중심으로 중광단을 조직하고 항일 무장 투쟁을 전개했습니다.

② 안창호는 미국 샌프란시스코에서 국권 회복을 위한 민족 운동 단체인 흥사단을 조직했습니다.

④ 박용만이 미국 하와이에서 결성한 대조선 국민 군단은 독립군을 양성하고 무장 투쟁을 준비했습니다.

2

왜 정답일까?

③ 조선 의용대는 김원봉의 주도로 1938년 중국 국민당의 지원을 받아 중국 관내에서 결성된 최초의 한인 무장 조직입니다. 일부는 화북 지방으로 이동해 조선 의용대 화북 지대를 결성하고, 남은 일부는 충칭으로 이동해 한국 광복군에 합류했습니다.

왜 틀렸지?

① 조선 정부는 기존 5군영을 2군영으로 개편하고 신식 군대인 별기군을 설치했습니다.

② 김좌진이 이끄는 북로 군정서군은 일본군과의 청산리 전투에서 큰 승리를 거두었습니다.

④ 동북 항일 연군은 1936년 만주에서 활동하던 한국인과 중국인의 유격* 부대를 통합한 군사 조직입니다.

*유격: 적지나 전열 밖에서 그때그때 형편에 따라 적을 기습적으로 공격하는 일

3

왜 정답일까?

④ 한인 애국단 단원 윤봉길은 1932년 상하이 훙커우 공원에서 폭탄을 던져 일제에게 큰 타격을 주었습니다.

왜 틀렸지?

① 안창호는 양기탁 등과 함께 신민회를 결성하고 미국에서는 민족 운동 단체인 흥사단을 조직해 활동했습니다.

② 이육사는 일제의 식민 통치를 극복하려는 의지를 표현한 시 「광야」, 「절정」 등을 통해 일제에 저항했습니다.

③ 한용운은 독립운동가 겸 승려이자 시인으로 일제 강점기 때 『님의 침묵』을 출간해 저항 문학에 앞장섰고, 불교의 현실 참여를 주장했습니다.

4

왜 정답일까?

④ 일본은 만주 사변 이후 만주국을 세워 지배권을 행사했습니다. 이에 조선의 독립군들은 중국과 연합해 한중 연합 작전을 전개했습니다.

왜 틀렸지?

① 신간회는 민족주의 세력과 사회주의 세력이 연대해 결성한 조직입니다.

② 독립운동 단체들이 국민 대표 회의를 통해 임시 정부의 활동과 독립운동의 방법을 놓고 격론*을 벌였습니다.

③ 신민회가 항일 무장 투쟁을 위해 설립한 독립군 양성 학교인 신흥 강습소는 1919년 신흥 무관 학교로 명칭을 바꿨습니다.

*격론: 몹시 세차고 사나운 논쟁

주제 54	민족 문화 수호 운동			
1 ②	2 ②	3 ①	4 ④	

1

왜 정답일까?

② 일제 강점기 때 나운규는 영화 「아리랑」을 만들고 직접 배우로 출연했습니다. 「아리랑」은 3·1 운동 때 잡혀 일제의 고문으로 정신 이상자가 된 주인공 영진에 대한 이야기입니다. 단성사에서 개봉해 전국에서 큰 성공을 거뒀습니다. 또, 이는 한국 영화 발전과 민족 영화 제작이 활발해지는 계기가 되었습니다.

왜 틀렸지?

① 1930년대 영화 「미몽」은 양주남의 첫 작품으로 우리나라에서 현존하는 가장 오래된 영화입니다.

③ 영화 「자유 만세」는 1946년에 상영된 최인규의 작품으로, 광복 영화의 시작을 알렸습니다.

④ 영화 「시집 가는 날」은 이병일이 1954년 동아 영화사를 설립하고 만든 희극 작품입니다.

2

왜 정답일까?

② 한글 학자이자 독립운동가 주시경은 '언문'으로 천시받던 훈민정음을 '한글'로 이름 짓고, 국문 연구소에서 국어의 이해 체계 확립에 힘쓰며 국문법을 정리했습니다.

왜 틀렸지?

① 박승희를 중심으로 한 도쿄 유학생들이 민중 계몽을 위한 연극 단체 토월회를 결성하고 신극 운동을 전개했습니다.

③ 원불교는 근검절약, 협동, 단결 등을 바탕으로 개간 사업과 저축 운동을 적극적으로 장려했습니다.

④ 박은식은 민족사 연구에 몰두해 일본의 침략 과정을 다룬 『한국통사』를 저술했습니다.

3

 왜 정답일까?

천도교는 동학을 계승한 종교로 자주 독립 선언문을 발표했으며, 『개벽』, 『신여성』 등의 잡지를 발간했습니다.

① 방정환, 김기전 등이 주축이 된 천도교 소년회는 5월 1일을 어린이날로 제정하고 잡지 『어린이』를 발간했습니다.

 왜 틀렸지?

② 미국인 개신교 선교사 스크랜턴은 최초의 여성 교육 기관인 이화 학당을 설립해 근대적 여성 교육에 기여했습니다.

③ 나철, 오기호 등은 을사늑약 체결에 협력한 친일파 다섯 명을 암살하기 위해 자신회를 조직했습니다.

④ 만주 지역에서 천주교도를 중심으로 항일 무장 투쟁 단체인 의민단이 조직되었습니다.

4

 왜 정답일까?

④ 일제 강점기에 신채호는 『조선상고사』와 『조선사연구초』를 저술해 우리 고대 문화의 우수성과 독자성을 강조했습니다.

 왜 틀렸지?

① 고려 때 이승휴가 쓴 『제왕운기』는 단군의 고조선 건국 이야기를 시작으로 고려 충렬왕까지의 역사를 서사시로 저술했습니다.

② 조선 정조 때 안정복은 『동사강목』을 저술해 고조선부터 고려 말까지의 역사를 정리했습니다.

③ 조선 영조 때 이긍익이 저술한 『연려실기술』은 조선 시대의 정치와 문화 및 역사를 기사본말체로 기록한 역사서입니다.

여덟 번째 이야기 현대

28일차

주제 55	8 · 15 광복과 대한민국 정부 수립 과정

| 1 ④ | 2 ② | 3 ② | 4 ③ |

1

 왜 정답일까?

• 8 · 15 광복(1945.8.15.): 1945년 8월 15일 일제가 제2차 세계 대전에서 패망*하면서 우리나라가 식민지 통치에서 벗어났습니다.

• 대한민국 정부 수립(1948.8.15.): 5 · 10 총선거를 통해 구성된 제헌 국회에서 대통령, 부통령을 선출하면서 1948년 8월 15일에 대한민국 정부가 수립되었습니다.

④ 제헌 국회는 일제의 잔재*를 청산하기 위해 반민족 행위 처벌법을 제정했습니다. 이에 따라 반민족 행위 특별 조사 위원회가 구성되었습니다(1948.10.).

 왜 틀렸지?

①·②·③ 제1, 2차 미소 공동 위원회가 모두 결렬*되자 유엔 총회는 한반도에서 인구 비례에 따른 총선거 실시를 결정하고 유엔 한국 임시 위원단을 파견했습니다(1948.1.). 그러나 소련의 거부로 남한에서만 5 · 10 총선거가 실시되었습니다(1948.5.10.).

*패망: 싸움에 져서 망함

*잔재: 과거의 낡은 사고방식이나 생활 양식의 찌꺼기
*결렬: 교섭이나 회의 등에서 의견이 합쳐지지 않아 각각 갈라서게 됨

2

왜 정답일까?

이승만은 제1차 미소 공동 위원회가 결렬되고 북한에 사실상의 정부가 수립되자 1946년 6월 정읍에서 남한 단독 정부 수립을 주장했습니다.
② 김구와 김규식은 통일 정부 수립을 위해 평양에서 김일성과 남북 협상을 전개했으나 큰 성과를 거두지 못했습니다(1948).

왜 틀렸지?

① 한국 광복군은 충칭에서 대한민국 임시 정부의 직할 부대로 결성되었습니다(1940).
③ 모스크바 삼국(3국) 외상 회의는 미국·영국·소련 3개국 외상이 한반도의 신탁* 통치 문제를 다룬 회의입니다(1945).
④ 여운형은 조선 총독부로부터 행정권의 일부를 넘겨받아 조선 건국 준비 위원회를 결성했습니다(1945).

*신탁: 일정한 목적에 따라 재산의 관리와 정리를 남에게 맡기는 일

3

왜 정답일까?

② 광복 이후 개최된 모스크바 삼국(3국) 외상 회의의 결정에 따라 덕수궁 석조전에서 미소 공동 위원회가 개최되었습니다.

왜 틀렸지?

① 박정희 정부는 서울과 평양에서 7·4 남북 공동 성명*을 발표하고 남북 조절 위원회를 설치했습니다.
③ 조선 건국 동맹의 여운형은 광복 직후 조선 건국 준비 위원회를 결성했습니다.

④ 제헌 국회는 반민족 행위 처벌법을 제정하고 반민족 행위 특별 조사 위원회를 꾸렸습니다.

*성명: 어떤 일에 대한 자기의 입장이나 견해 또는 방침

4

왜 정답일까?

③ 제주 4·3 사건은 1948년 남한만의 단독 정부 수립에 반대한 남로당 제주도당의 무장 봉기를 미 군정과 경찰이 강하게 진압하고 민간인까지 죽이면서 발생한 사건입니다. 이후 2000년에 제주 4·3 사건 진상을 밝히고 희생자들의 명예를 회복하기 위한 특별법이 제정되면서 정부 차원의 진상 조사가 이루어졌습니다.

왜 틀렸지?

① 원산 총파업은 일제 강점기 때 발생한 최대 규모의 노동 운동입니다.
② 제암리 사건은 일본군이 수원(화성) 제암리의 주민들을 학살하고 교회당과 민가를 방화한 사건입니다.
④ 부산과 마산에서 박정희 정부의 유신 정권에 반대하는 시위가 일어나 부마 민주 항쟁이 시작되었습니다.

주제 56	이승만 정부와 6·25 전쟁		
1 ②	2 ③	3 ①	4 ②

1

왜 정답일까?

6·25 전쟁이 1년 여간 지속되자 개성 판문점에서 휴전 회담이 시작되었고(1951.7.) 약 2년간 지속되었습니다.
② 국군과 유엔군은 중공군 개입 이후 전쟁의 상황이 불리해지자 흥남 해상으로 철수 작전을 전개했습니다(1950.12.).

① 미 국무 장관인 애치슨이 한국을 미국의 태평양 방위선에서 제외한다는 내용의 선언을 발표했습니다(1950.1.). 이는 6 · 25전쟁의 원인이기도 합니다.
③ 이승만은 사사오입 논리로 초대 대통령에 한해 중임 제한을 철폐한다는 내용의 개헌안을 통과시켜 대통령 3선을 시도했습니다(1954).
④ 이승만 정부는 휴전 이후 한미 상호 방위 조약을 체결했습니다(1953).

2

이승만 정부는 1949년에 유상 매수, 유상 분배를 원칙으로 농지 개혁을 실시했으나 당시 재정의 부족으로 현금이나 현물 대신 지가 증권*을 지주에게 주고 농지를 매입했습니다.
③ 농지 개혁법을 통해 농사를 짓는 사람이 토지를 소유하도록 하자 자작농이 증가했습니다.

① 제헌 국회는 친일파를 청산하기 위해 반민족 행위 처벌법을 제정하고 반민족 행위 특별 조사 위원회를 구성했습니다.
② 서재필, 이상재 등의 주도로 조직된 독립 협회는 자주 국권, 자유 민권, 자강 개혁을 위한 정치 운동을 전개했습니다.
④ 농광 회사는 일제가 조선의 토지를 개간한다는 구실로 조선 땅을 침탈하려 하자 이에 맞서기 위해 설립되었습니다.

*지가 증권: 정부에서 매수한 토지의 보상금으로 지주에게 발행한 증권

3

6 · 25 전쟁은 1950년 북한의 불법 남침으로 발발했고 2년 여간 한반도 전체에서 전개되었습니다. 이로 인해 국토는 황폐화되고 산업 시설의 대부분이 파괴되었습니다. 특히 민간인의 피해가 심해 수많은 전쟁고아와 이산가족이 발생했습니다.
① 국군과 유엔군은 인천 상륙 작전을 시행해 전쟁의 상황을 역전시켰습니다(1950.9.15.).

② 모스크바 삼국(3국) 외상 회의에서 미국 · 영국 · 소련 3개국 외상이 한반도의 신탁 통치 문제를 논의했습니다(1945).
③ 미 국무 장관인 애치슨이 6 · 25 전쟁 직전 한국을 미국의 태평양 방위선에서 제외한다는 내용을 발표했습니다(1950.1.).
④ 제헌 국회는 일제의 잔재를 청산하고 민족정기를 바로잡기 위해 반민족 행위 처벌법을 제정했습니다(1948).

4

6 · 25 전쟁 때 임시 수도였던 부산을 비롯해 전국 지역에서 전쟁 중임에도 불구하고 곳곳에 천막 학교가 세워져 수업이 신행되었습니다.
② 6 · 25 전쟁 때 국군은 인천 상륙 작전의 성공으로 서울을 수복하고 압록강까지 진격했습니다.

① 김영삼 정부는 경제적 부정부패와 탈세를 뿌리 뽑기 위해 금융 실명제를 실시했습니다.
③ 전남 여수에 머물던 국방 경비대 일부 군인들이 제주 4 · 3 사건 진압 출동 명령을 거부하며 여수 · 순천 10 · 19 사건이 일어났습니다.
④ 광복 이후 여운형을 중심으로 최초의 건국 준비 단체인 조선 건국 준비 위원회가 조직되었습니다.

29일차

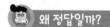

주제 57	민주주의의 시련

1 ①   **2** ④   **3** ③   **4** ③

1

왜 정답일까?

① 이승만 정권의 3·15 부정 선거에 항의해 대구 학생들이 2·28 민주 운동을 주도했습니다. 이후 마산 해변가에서 김주열 학생의 시신이 발견되자 대통령의 하야*를 요구하는 4·19 혁명이 전국적으로 확산되었습니다(1960).

왜 틀렸지?

② 6월 민주 항쟁 당시 시민들은 대통령 직선제 개헌 거부를 발표한 4·13 호헌 조치 철폐를 요구했습니다(1987).
③ 박정희 정부에 반발해 부산, 마산에서 민주 항쟁이 일어났습니다(1979). 이것은 유신 체제 붕괴의 계기가 됐습니다.
④ 전두환 신군부의 비상계엄 확대와 무력 진압에 항거*해 광주에서 5·18 민주화 운동이 일어났습니다(1980).

*하야: 관직이나 정계에서 물러남
*항거: 순종하지 아니하고 맞서서 반항함

2

왜 정답일까?

박정희 정부가 한일 국교 정상화를 추진하자 이에 반대하는 6·3 시위가 전개되어 정부는 비상 계엄령을 선포했습니다(1964).
④ 김대중 정부는 월드컵 역사상 첫 공동 개최였던 한일 월드컵 축구 대회를 개최했습니다(2002).

왜 틀렸지?

① 박정희 정부는 장기 집권을 위해 대통령의 3선 연임을 허용하는 6차 개헌을 통과시켰습니다(1969).
② 박정희 정부는 미국의 요청으로 베트남에 국군을 파병하면서 그 대가로 미국으로부터 경제적 지원을 받았습니다(1964~1973).
③ 박정희 정부는 정부 주도의 정책을 바탕으로 경제 개발 5개년 계획을 추진했습니다.

3

왜 정답일까?

이승만 정부 시기 반민족 행위 처벌법 제정에 따라 반민족 행위 특별 조사 위원회(반민특위)가 구성되었으나 제대로 된 친일파 청산을 실행하지 못하고 해체되었습니다.
③ 이승만은 자신의 대통령 3선을 위한 헌법 개정안이 부결*되자 사사오입 논리로 개헌안을 통과시켜 장기 집권을 시도했습니다(사사오입 개헌).

왜 틀렸지?

① 김영삼 정부는 경제적 부정부패와 탈세를 없애기 위해 금융 실명제를 실시했습니다.
② 노태우 정부는 북방 외교 정책을 추진해 한국·소련 수교가 이루어졌고, 사실상 적대국이었던 중국과의 수교도 성사되었습니다.
④ 김대중 정부는 개성 공단 건설 운영에 관한 합의서를 체결했고, 노무현 정부 시기인 2003년에 개성 공단 착공이 이루어졌습니다.

*부결: 의논한 안건을 받아들이지 않기로 결정함

4

왜 정답일까?

③ 박정희 정부가 김영삼을 국회의원직에서 제외한 것이 계기가 되어 부산과 마산에서 유신 정권에 반대하는 시위가 전개되었습니다(부마 민주 항쟁, 1979).

① 이승만의 장기 집권과 자유당 정권의 3 · 15 부정 선거에 저항해 4 · 19 혁명이 발발했습니다(1960).

② 전두환 정부 시기 박종철 고문치사 사건과 4 · 13 호헌 조치에 저항해 6월 민주 항쟁이 전국적으로 전개되었습니다(1987).

④ 전두환 신군부 세력의 비상계엄 확대에 항거해 광주에서 5 · 18 민주화 운동이 전개되었습니다(1980).

주제 58	민주주의의 발전		
1 ③	2 ③	3 ①	4 ③

1

🧒 왜 정답일까?

③ 1980년 5 · 18 민주화 운동 때 희생된 박기순, 윤상원을 추모하기 위한 노래인 「임을 위한 행진곡」은 한국 민주화 운동을 대표하는 민중가요가 되었습니다.

🧒 왜 틀렸지?

① 이승만의 장기 집권과 자유당 정권의 3 · 15 부정 선거에 저항해 4 · 19 혁명이 발발했습니다(1960).

② 박종철 고문치사 사건과 4 · 13 호헌 조치가 원인이 되어 발생한 6월 민주 항쟁이 전국적으로 확산되었습니다(1987).

④ 박정희는 장기 집권을 위해 대통령의 3선 연임을 허용하는 3선 개헌을 강행해 국회에서 변칙* 통과되었습니다.

*변칙: 원칙에서 벗어나 달라짐

2

🧒 왜 정답일까?

1987년 대학생 박종철의 고문 사망 사건이 발생하자 시민들은 호헌 철폐와 독재 타도 등의 구호를 내세우며 민주적인 헌법 개정을 요구했습니다.

③ 6월 민주 항쟁이 전국적으로 전개되자 결국 정부는 5년 단임의 대통령 직선제 개헌을 약속했습니다.

🧒 왜 틀렸지?

① 이승만과 자유당 정권의 3 · 15 부정 선거에 저항해 4 · 19 혁명이 발발했고, 이 결과 대통령이 하야했습니다.

② 박정희 정부 당시 한일 국교 정상화 회담이 진행되자 학생과 야당을 주축으로 이를 반대하는 6 · 3 시위가 전개되었습니다.

④ 광주에서 일어난 5 · 18 민주화 운동은 신군부가 공수 부대를 동원하자 광주 학생과 시민들이 시민군을 조직해 대항하면서 격화*되었습니다.

*격화: 격렬하게 됨

3

🧒 왜 정답일까?

전두환 정부 때인 1981년 9월 국제 올림픽 위원회 총회에서 서울이 1988년 하계 올림픽 개최지로 선정되었습니다.

① 전두환 정부가 국민들의 민주화 요구를 거부하고 4 · 13 호헌 조치를 발표하자 6월 민주 항쟁이 일어났습니다(1987).

🧒 왜 틀렸지?

② 박정희 정부는 미국의 요청으로 베트남에 국군을 파병했습니다(1964).

③ 광복 직후 모스크바 삼국(3국) 외상 회의(1945)에서 최대 5년간의 신탁 통치 협정이 결정되자 국내에서 반대 운동이 전개되었습니다.

④ 김영삼 정부는 한국 경제의 세계화를 위해 경제 협력 개발 기구(OECD)에 가입했습니다(1996).

4

박종철 고문치사 사건과 4 · 13 호헌 조치에 반발해 직선제 개헌과 민주 헌법 제정을 요구하는 시위가 전개되었습니다. 그러던 중 시위에 참여한 연세대 학생 이한열이 사망하자 시위가 더욱 격화되어 6월 민주 항쟁이 전국적으로 확산되었습니다(1987).

③ 6월 민주 항쟁으로 노태우가 국민의 민주화 요구를 받아들여 5년 단임의 대통령 직선제 내용을 중심으로 하는 개헌을 발표했습니다.

왜 틀렸지?

① 4 · 19 혁명 결과 이승만 대통령이 하야하고 하와이로 망명*했습니다.

② 박정희 대통령이 피살되는 10 · 26 사태가 이어지면서 유신 체제가 붕괴되었습니다.

④ 전두환 신군부의 비상계엄 확대에 반대해 광주에서 5 · 18 민주화 운동이 일어났습니다.

*망명: 혁명 또는 그 밖의 정치적인 이유로 자기 나라에서 박해를 받고 있거나 박해를 받을 위험이 있는 사람이 이를 피하기 위해 외국으로 몸을 옮김

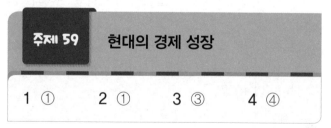

주제 59   **현대의 경제 성장**

1 ①	2 ①	3 ③	4 ④

1

왜 정답일까?

(가) 이승만 정부의 농지 개혁법(1949): 이승만 정부는 농지 개혁법을 제정해 유상 매수, 유상 분배를 원칙으로 농지 개혁을 실시했습니다.

(나) 전두환 정부의 3저 호황*(1986~1988): 전두환 정부 때 저금리, 저유가, 저달러의 3저 호황으로 물가가 안정되고 수출이 증가하면서 높은 경제 성장률을 기록했습니다.

① 박정희 정부 때 처음으로 수출 100억 달러를 달성했습니다(1977).

왜 틀렸지?

② 이명박 정부 때 아시아 국가 최초로 서울에서 G20 정상 회의를 개최했습니다(2010).

③ 노무현 정부는 미국과 자유 무역 협정(FTA)을 체결했습니다(2007).

④ 김영삼 정부는 경제 협력 개발 기구(OECD)에 가입해 한국 경제의 세계화에 기여했습니다(1996).

*호황: 모든 기업체의 활동이 정상 이상으로 활발한 상태

2

왜 정답일까?

① 1950년대에는 미국의 원조에 의존해 밀과 원당(설탕 원료), 면화를 중심으로 하는 삼백 산업이 크게 성장했습니다.

왜 틀렸지?

② 1970년대 박정희 정부는 중화학 공업을 중심으로 경제 성장을 이뤘으나 제2차 석유 파동으로 석유 가격이 크게 오르면서 경제 위기를 맞았습니다(1978~1980).

③ 1980년대 전두환 정부는 산업 구조 재편과 3저 호황으로 물가가 안정되고 수출이 증가해 높은 경제 성장률을 기록했습니다.

④ 1990년대 김영삼 정부 말 외환 위기를 극복하기 위해 국민들이 자발적으로 금 모으기 운동을 전개했습니다.

3

박정희 정부는 국토를 개발하기 위해 서울과 부산 간의 주요 도시를 경유하는 경부 고속 도로를 준공*했습니다 (1970).

③ 박정희 정부 때 제2차 경제 개발 5개년 계획을 통해 경공업과 수출을 중심으로 한 경제 발전을 추진했습니다(1967).

왜 틀렸지?

① 이명박 정부 때 아시아 국가 최초로 G20 정상 회의를 서울에서 개최했습니다(2010).

② 노무현 정부 때 미국과 한국 사이에 자유 무역 협정(FTA)이 체결되었습니다(2007).

④ 김영삼 정부 때 한국 경제의 세계화를 위해 경제 협력 개발 기구(OECD)에 가입했습니다(1996).

*준공: 공사를 다 마침

4

왜 정답일까?

④ 1960년대 급속한 산업화로 인해 노동자들은 낮은 임금과 열악*한 노동 환경에서 고통을 겪었습니다. 노동자 전태일은 분신*을 통해 이러한 비인간적인 노동 현실을 고발했습니다.

왜 틀렸지?

① 김주열 학생이 마산에서 3·15 부정 선거에 항거하는 시위에 참가했다가 시신으로 발견되어 4·19 혁명이 발발했습니다.

②·③ 1987년에 박종철 고문 사망 사건으로 인한 시위 도중 연세대 재학생 이한열이 최루탄에 맞아 사망하자 6월 민주 항쟁이 전국적으로 확대되었습니다.

*열악: 품질이나 능력, 시설 등이 매우 떨어지고 나쁨
*분신: 자기 몸을 스스로 불사름

주제 60   통일을 위한 노력

1 ①	2 ②	3 ②	4 ③

1

왜 정답일까?

김대중 정부는 베를린 자유대학 연설에서 흡수 통일보다는 남북이 화해와 협력을 통해 냉전을 종식*해야 한다는 햇볕 정책의 핵심적 내용을 발표했습니다.

① 김대중 정부 때 개성 공단 건설 운영에 관한 합의서를 체결했습니다.

왜 틀렸지?

②·③ 노태우 정부 당시 적극적인 북방 외교 정책을 통해 남북의 유엔 동시 가입과 남북 기본 합의서 채택, 한반도 비핵화 공동 선언이 이뤄졌습니다(1991).

④ 박정희 정부 시기 서울과 평양에서 7·4 남북 공동 성명이 발표되었습니다(1972).

*종식: 한때 매우 왕성하던 현상이나 일이 끝나거나 없어짐

2

왜 정답일까?

② 박정희 정부는 1972년 서울과 평양에서 '통일의 3대 원칙'을 비롯한 여러 가지 합의 사항을 담은 7·4 남북 공동 성명을 발표했습니다.

왜 틀렸지?

① 노태우 정부는 남북 기본 합의서를 채택했습니다.

③ 김대중 정부는 최초로 남북 정상 회담을 개최하고 6·15 남북 공동 선언을 발표했습니다.

④ 노무현 정부는 제2차 남북 정상 회담을 진행해 10·4 남북 정상 선언을 채택했습니다.

3

왜 정답일까?

- 남북 이산가족 최초 상봉(1985): 전두환 정부 때 서울과 평양에서 남북 이산가족 상봉이 최초로 이뤄졌습니다.
- 정주영의 소 떼 방북(1998): 김대중 정부 때 정주영 현대 그룹 명예 회장은 소 떼를 끌고 판문점을 통해 북한을 방문했습니다.
- ② 노태우 정부 때 적극적인 북방 외교 정책으로 남북한의 유엔 동시 가입을 이뤄냈고, 남북 기본 합의서를 채택했습니다(1991).

왜 틀렸지?

① 김대중 정부 시기 평양에서 최초의 남북 정상 회담을 개최하고 개성 공단 조성에 관해 합의했습니다 (2000).
③ 박정희 정부 시기 남북은 각각 서울과 평양에서 7·4 남북 공동 성명을 발표했으며 이때 남북 조절 위원회가 설치되었습니다(1972).
④ 김대중 정부 시기 평양에서 최초로 실시된 남북 정상 회담을 통해 6·15 남북 공동 선언이 발표되었습니다(2000).

4

왜 정답일까?

③ 김대중 정부 시기 평양에서 최초로 남북 정상 회담을 개최해 6·15 남북 공동 선언을 발표했습니다. 이를 통해 금강산 관광 사업의 활성화, 개성 공단 건설 운영에 관한 합의서 체결, 이산가족 상봉, 경의선 복원 등 남북 간 교류·협력 사업이 실현되었습니다.

왜 틀렸지?

① 박정희 정부 때 서울과 평양에서 7·4 남북 공동 성명을 발표하고 남북 조절 위원회가 설치되었습니다.
② 노태우 정부에서 적극적인 북방 외교 정책을 추진해 남북한의 유엔 동시 가입이 이뤄졌습니다.
④ 전두환 정부 때 서울과 평양에서 최초로 이산가족 상봉이 이뤄졌습니다.

SD에듀와 함께 꿈을 키워요!
www.sdedu.co.kr

매일 쓱 읽고 쏙 뽑아 싹 푸는 초등 한국사

개정1판1쇄 발행	2024년 04월 05일 (인쇄 2024년 02월 06일)
초 판 발 행	2022년 03월 03일 (인쇄 2021년 12월 30일)
발 행 인	박영일
책 임 편 집	이해욱
편 저	김세은 · 한국사수험연구소
편 집 진 행	이미림 · 박누리별 · 백나현
표 지 디 자 인	김지수
편 집 디 자 인	홍영란 · 곽은슬
그 린 이	유남영
발 행 처	(주)시대교육
공 급 처	(주)시대고시기획
출 판 등 록	제 10-1521호
주 소	서울시 마포구 큰우물로 75 [도화동 538 성지 B/D] 9F
전 화	1600-3600
팩 스	02-701-8823
홈 페 이 지	www.sdedu.co.kr
I S B N	979-11-383-6754-7 (63910)
정 가	19,000원

시대교육이 준비한
특별한 학생을 위한,
최상의 학습 시리즈

안쌤의 사고력 수학 퍼즐 시리즈

①
- 14가지 교구를 활용한 퍼즐 형태의 신개념 학습서
- 집중력, 두뇌 회전력, 수학 사고력 동시 향상

안쌤의 STEAM + 창의사고력
수학 100제, 과학 100제 시리즈

②
- 영재교육원 기출문제
- 창의사고력 실력다지기 100제
- 초등 1~6학년

안쌤과 함께하는
영재교육원 면접 특강

⑧
- 영재교육원 면접의 이해와 전략
- 각 분야별 면접 문항
- 영재교육 전문가들의 연습문제

스스로 평가하고 준비하는! 대학부설 · 교육청
영재교육원 봉투모의고사 시리즈

⑦
- 영재교육원 집중 대비 · 실전 모의고사 3회분
- 면접 가이드 수록
- 초등 3~6학년, 중등

※도서의 이미지와 구성은 변경될 수 있습니다.

수학이 쑥쑥! 코딩이 척척!
초등코딩 수학 사고력 시리즈

③
- 초등 SW 교육과정 완벽 반영
- 수학을 기반으로 한 SW 융합 학습서
- 초등 컴퓨팅 사고력＋수학 사고력 동시 향상
- 초등 1~6학년, 영재교육원 대비

④

안쌤의 수·과학 융합 특강
- 초등 교과와 연계된 24가지 주제 수록
- 수학사고력＋과학탐구력＋융합사고력 동시 향상

⑤

안쌤의 신박한 과학 탐구보고서 시리즈
- 모든 실험 영상 QR 수록
- 한 가지 주제에 대한 다양한 탐구보고서

영재성검사 창의적 문제해결력
모의고사 시리즈

⑥
- 영재교육원 기출문제
- 영재성검사 모의고사 4회분
- 초등 3~6학년, 중등

유튜브와 함께하는
초등 한국사

1 저자 김세은 선생님이 들려주는 한국사 이야기!

키워드를 짚어 주는 **핵심 쏙 영상**과 함께
쏙쏙싹 초등 한국사를 더 쉽고 더 재미있게!

선생님 유튜브 바로가기

2 엘리하이 강사 김경섭 선생님이 들려주는 한국사 이야기!

연표로 잇는 초등 한국사 **저자 김경섭 선생님**과
함께 역사의 흐름에 따른 주요한 사건을
짚어가며 직접 **연표**를 만들어 보아요!

선생님 유튜브 바로가기

  **온라인 경로**

1 유튜브 '역사로운 세니 생활' 채널 구독 ▶ '쏙쏙싹 초등 한국사' 검색 ▶ 무료 강의 시청
2 유튜브 'SD에듀' 채널 구독 ▶ '연표로 잇는 초등 한국사' 검색 ▶ 무료 강의 시청

1일차

선사 문화의 전개

❶ 구석기 시대

시기	약 70만 년 전
도구	뗀석기(주먹도끼, 찍개, 슴베찌르개)
경제	사냥, 고기잡이, 채집 생활
주거	동굴이나 강가의 막집
사회	평등 사회, 이동 생활
유적지	연천 전곡리, 공주 석장리

❷ 신석기 시대

시기	기원전 8,000년 전
도구	간석기, 갈돌과 갈판, 가락바퀴, 뼈바늘, 빗살무늬 토기
경제	농경과 목축 시작
주거	강가나 바닷가의 움집
사회	평등 사회, 정착 생활
유적지	서울 암사동, 양양 오산리, 제주 고산리

출제 **Point**

• 선사 시대의 유물 혹은 생활상에 대해 꼭 알아 두세요.
• 유물의 사진과 이름을 연결 지어 공부하세요.

1

다음 대회 참가자들이 그릴 장면으로 가장 적절한 것은?

◇◇◇ **시대 그림 그리기 대회**

◇◇◇ 시대 사람들은 불을 처음 사용하였고, 주로 동굴이나 강가의 막집에서 살았습니다. 이 시대 사람들의 생활 모습을 그림으로 그려 봅시다.

● 일시: 2021년 ○○월 ○○일 ○○시
● 장소: 연천 전곡리 유적
● 주최: □□문화재단

① 가락바퀴로 실을 뽑는 모습
② 반달 돌칼로 벼이삭을 따는 모습
③ 주먹도끼로 짐승을 사냥하는 모습
④ 거푸집으로 세형 동검을 만드는 모습

2

(가) 시대의 생활 모습으로 옳은 것은?

우리가 만들고 있는 것은 (가) 시대 사람들이 처음으로 사용했던 빗살무늬 토기예요. 이 토기로 당시 사람들은 식량을 저장하거나 조리하였지요.

① 가락바퀴를 이용하여 실을 뽑았다.
② 지배층의 무덤으로 고인돌을 만들었다.
③ 거푸집으로 비파형 동검을 제작하였다.
④ 철제 농기구를 사용하여 농사를 지었다.

3

(가) 시대에 처음 제작된 유물로 옳은 것은?

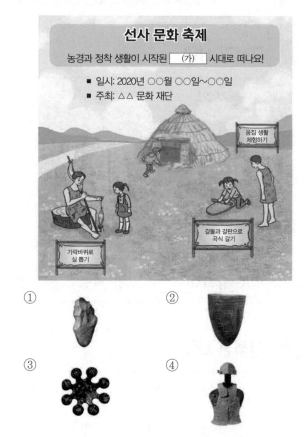

선사 문화 축제

농경과 정착 생활이 시작된 (가) 시대로 떠나요!

■ 일시: 2020년 ○○월 ○○일~○○일
■ 주최: △△ 문화 재단

움집 생활 체험하기

가락바퀴로 실 뽑기

갈돌과 갈판으로 곡식 갈기

① ② ③ ④

4

밑줄 그은 '이 시대'의 생활 모습으로 옳은 것은?

이 유물은 돌을 깨뜨려 만든 것으로, 이 시대 사람들이 처음으로 제작하였습니다. 사냥을 하거나 동물의 가죽을 벗기는 용도 등으로 사용되었습니다.

주먹도끼   찍개

① 철제 농기구로 농사를 지었다.
② 토기를 만들어 식량을 저장하였다.
③ 주로 동굴이나 막집에서 거주하였다.
④ 거푸집을 사용하여 청동기를 제작하였다.

청동기 시대에 등장한 우리나라 최초의 국가 고조선

① 청동기 시대

도구	반달 돌칼, 비파형 동검, 거친무늬 거울, 미송리식 토기, 민무늬 토기
경제	벼농사 시작, 밭농사 중심
주거	움집(지상 가옥화)
사회	• 계급 사회: 족장(군장) 등장 → 지배자의 무덤 고인돌 • 농업 생산력 증가로 사유 재산과 빈부 격차 발생 → 지배자와 피지배자
유적지	부여 송국리, 울주 검단리, 창원 덕천리

② 철기 시대

도구	세형 동검, 잔무늬 거울, 검은 간토기
경제	• 벼농사 확대 → 농업 생산력 증가, 철제 농기구 사용 • 중국과 교류 → 명도전, 오수전, 반량전 화폐 사용
주거	지상 가옥, 여(呂) 자형 · 철(凸) 자형 주거 형태
사회	계급 사회
유적지	창원 다호리, 제주 삼양동, 동해 송정동

③ 고조선

건국	• 기원전 2,333년 청동기 문화를 바탕으로 우리나라 최초의 국가 건국
정치	• 부왕, 준왕 때 왕권 강화(왕위 세습★) • 왕 밑에 상 · 대부 · 장군 등의 관직
경제	• 철기 문화 수용 • 중계 무역 발달
사회	• 범금 8조를 통해 사회 질서 유지 • 제정일치 사회: 단군(제사장) + 왕검(정치적 지도자)
변화	• 준왕을 몰아내고 위만이 권력을 잡음 • 한 무제의 공격으로 왕검성 함락 → 멸망(기원전 108년)

★세습: 재산이나 신분을 대대로 물려주고 물려받음

출제 Point

• 청동기 시대와 철기 시대는 선사 시대로 함께 살펴보세요.
• 고조선은 8조법에 대해 꼭 알아 두세요.

1 기본 55회 (가) 나라에 대한 설명으로 옳은 것은?

① 낙랑과 왜에 철을 수출하였다.
② 영고라는 제천 행사를 열었다.
③ 서옥제라는 혼인 풍습이 있었다.
④ 건국 이야기가 삼국유사에 실려 있다.

2 기본 51회 (가) 시대의 생활 모습으로 옳은 것은?

① 우경이 널리 보급되었다.
② 주로 동굴이나 막집에서 거주하였다.
③ 반달 돌칼을 사용하여 벼를 수확하였다.
④ 실을 뽑기 위해 가락바퀴를 처음 사용하였다.

3 기본 49회 다음 퀴즈의 정답으로 옳은 것은?

① 동예   ② 부여   ③ 고구려   ④ 고조선

4 기본 48회 (가) 시대의 생활 모습으로 옳은 것은?

① 우경이 널리 보급되었다.
② 비파형 동검을 제작하였다.
③ 철제 농기구를 사용하였다.
④ 주로 동굴과 막집에서 거주하였다.

주제 3

여러 나라의 성장

① 부여와 고구려

구분	부여	고구려
위치	만주 쑹화강 유역(고구려 북쪽)	동가강 유역 졸본 지방 → 국내성
정치	왕 밑에 가축의 이름을 딴 마가 · 우가 · 구가 · 저가 등의 가(加)들이 각각 사출도 지배	왕 밑에 상가 · 고추가 등의 대가들이 사자 · 조의 · 선인을 거느림
경제	농경과 목축	부경(집집마다 있는 작은 창고)
사회	영고(12월 제천 행사), 1책 12법★	동맹(10월 제천 행사), 서옥제

*1책 12법: 도둑에게 훔친 물건 가격의 12배를 갚게 하는 법

② 옥저와 동예

구분	옥저	동예
위치	함경도 동해안	강원도 북부 동해안
정치	읍군 · 삼로 등 군장이 통치	
경제	소금, 해산물 풍부	특산물인 단궁, 과하마, 반어피 등
사회	민며느리제, 가족 공동 무덤(골장제)	무천(10월 제천 행사), 책화

③ 삼한(마한 · 진한 · 변한)

위치	한상 남쪽 충청노, 경상노, 선라노	
정치	• 신지 · 읍차 등 군장이 통치 • 제정 분리 사회 • 제사장인 천군이 지배하는 신성 지역 소도 존재	
경제	• 벼농사 발달	• 철 풍부(변한 지역) → 낙랑과 왜 등에 수출
사회	계절제(5월 · 10월 제천 행사)	

출제 Point

• 여러 나라의 제천 행사, 풍습 등을 구분할 수 있어야 합니다.
• 지도에서 각 나라의 위치를 잘 기억해 두세요.

1 학생들이 공통으로 이야기하고 있는 나라에 대한 설명으로 옳은 것은?

한반도 남부에서 철기 문화를 바탕으로 발전하였어.

신지나 읍차 등의 지배자가 있었어.

씨뿌리기를 끝낸 5월과 추수를 마친 10월에 계절제를 지냈어.

① 서옥제라는 혼인 풍습이 있었다.

② 소도라고 불리는 신성 구역이 있었다.

③ 범금 8조를 만들어 사회 질서를 유지하였다.

④ 단궁, 과하마, 반어피 등의 특산물이 있었다.

2 학생들이 공통으로 이야기하고 있는 나라를 지도에서 옳게 찾은 것은?

마가, 우가, 저가, 구가 등이 별도로 사출도를 다스렸어.

12월에 영고라는 제천 행사를 열었어.

① (가) ② (나) ③ (다) ④ (라)

3 (가)에 들어갈 내용으로 옳은 것은?

퀴즈 다음 힌트를 종합하여 알 수 있는 나라는?

만주 쑹화강 유역의 평야 지대에 위치하였다.

도둑질한 자는 훔친 것의 12배로 갚게 하였다.

12월에 영고라는 제천 행사를 열었다.

(가)

마지막 힌트는 무엇일까?

① 소도라고 불리는 신성 지역이 있었다.

② 읍락 간의 경계를 중시한 책화가 있었다.

③ 범금 8조를 통해 사회 질서를 유지하였다.

④ 여러 가(加)들이 별도로 사출도를 주관하였다.

4 다음 자료에 해당하는 나라를 지도에서 옳게 고른 것은?

이 나라에는 여자가 열 살이 되기 전에 혼인을 약속하고, 신랑 집에서는 여자를 데려와 기른 후 성인이 되면 신부 집에 대가를 주고 며느리로 삼는 풍속이 있었다. 또한, 가족이 죽으면 뼈만 추려 보관하는 장례 풍속이 있었다.

① (가) ② (나) ③ (다) ④ (라)

2일차　주제 4
고구려의 성립과 발전

① 고구려의 건국과 성장

주몽	부여 이주민, 압록강 유역 백성들과 함께 졸본성을 중심으로 건국
태조왕	옥저·동예 정복, 요동 지방 공격
고국천왕	행정적 5부로 개편, 왕위 부자 상속제 수립, 진대법 실시(을파소 건의)
미천왕	서안평 점령, 요동 진출, 낙랑군을 한반도에서 쫓아냄
고국원왕	백제 근초고왕의 공격을 받아 평양성 전투에서 전사★
소수림왕	불교 공인, 태학 설립, 율령 반포

★전사: 전쟁에서 적과 싸우다 죽음

② 고구려의 발전

광개토 대왕	• 요동 및 만주 지역 정복 • 독자적 연호 영락 사용 • 신라에 침입한 왜를 물리침(호우명 그릇) → 금관가야 공격
장수왕	• 수도를 평양으로 옮김 → 남진★ 정책 • 백제 공격 → 백제 수도 한성 점령, 한강 유역 확보 • 광개토 대왕릉비, 충주 고구려비 건립

★남진: 남쪽으로 나아감

출제 Point

• 고구려 주요 국왕들의 업적을 꼭 알아 두세요.
• 고구려의 발전 과정을 살펴보세요.

1 (가)에 들어갈 내용으로 옳은 것은?

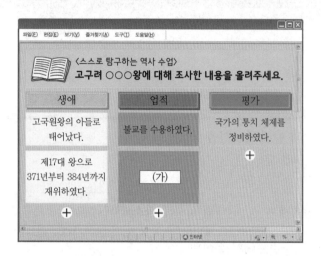

① 태학을 설립하였다.

② 병부를 설치하였다.

③ 화랑도를 정비하였다.

④ 웅진으로 천도하였다.

2 (가)에 해당하는 문화유산으로 옳은 것은?

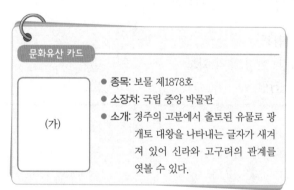

① 금동 연가 7년명 여래 입상

② 호우명 그릇

③ 철제 판갑옷과 투구

④ 산수무늬 벽돌

3 밑줄 그은 '제도'로 옳은 것은?

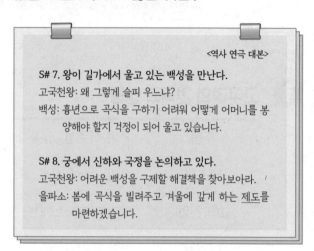

〈역사 연극 대본〉

S# 7. 왕이 길가에서 울고 있는 백성을 만난다.

고국천왕: 왜 그렇게 슬피 우느냐?

백성: 흉년으로 곡식을 구하기 어려워 어떻게 어머니를 봉양해야 할지 걱정이 되어 울고 있습니다.

S# 8. 궁에서 신하와 국정을 논의하고 있다.

고국천왕: 어려운 백성을 구제할 해결책을 찾아보아라.

을파소: 봄에 곡식을 빌려주고 겨울에 갚게 하는 제도를 마련하겠습니다.

① 의창　　② 환곡　　③ 사창제　　④ 진대법

4 (가)~(다)를 일어난 순서대로 옳게 나열한 것은?

고구려의 발전 과정

(가) 영락 연호 사용　(나) 태학 설립　(다) 평양 천도

① (가) - (나) - (다)　　② (가) - (다) - (나)

③ (나) - (가) - (다)　　④ (다) - (나) - (가)

주제 5
3일차 백제의 성립과 발전

❶ 백제의 건국과 성장

온조	• 한강 유역의 백성들과 고구려 유이민 세력의 연합 • 한강 유역 하남 위례성에서 건국
고이왕	6좌평 · 관리의 복색 제도 마련, 목지국 병합★, 율령 반포

★병합: 둘 이상의 단체나 나라를 하나로 합침

❷ 백제의 발전

근초고왕	• 마한 정복, 고구려 평양성 공격(고국원왕 전사) • 중국 요서 · 산둥 지방, 왜의 규슈 지방 진출(칠지도 하사★) • 역사서 『서기』 편찬★
침류왕	불교 수용
문주왕	고구려 장수왕의 공격으로 수도를 잃고 웅진(공주)으로 수도를 옮김
무령왕	• 22담로에 왕족 파견: 지방에 대한 통제 강화 • 무령왕릉: 무령왕과 왕비의 무덤, 중국 남조와 교류
성왕	• 사비(부여)로 수도를 옮김 • 국호 남부여 • 신라와 함께 한강 유역 공격 → 신라 진흥왕의 배신 → 관산성 전투에서 전사
무왕	• 서동요 설화의 주인공 • 익산에 미륵사 건립

★하사: 윗사람이 아랫사람에게 물건을 줌
★편찬: 여러 자료를 모아 정리하여 책을 만듦

출제 **Point**

• 백제 주요 국왕들의 업적을 꼭 알아 두세요.
• 백제와 관련된 문화유산을 기억해 두세요.

기본 52회

1 밑줄 그은 '이 왕'으로 옳은 것은?

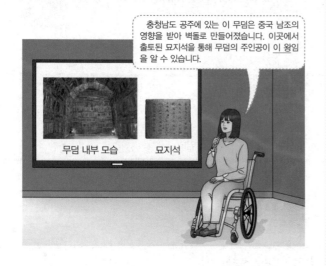

> 충청남도 공주에 있는 이 무덤은 중국 남조의 영향을 받아 벽돌로 만들어졌습니다. 이곳에서 출토된 묘지석을 통해 무덤의 주인공이 이 왕임을 알 수 있습니다.

무덤 내부 모습   묘지석

① 성왕   ② 고이왕   ③ 무령왕   ④ 근초고왕

기본 51회

2 (가)에 들어갈 문화유산으로 옳은 것은?

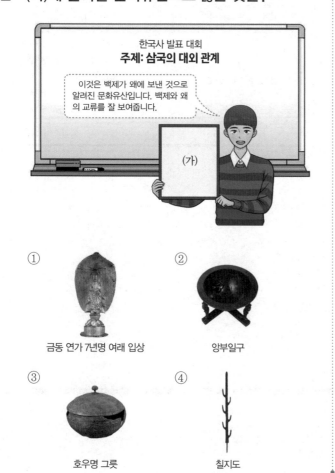

한국사 발표 대회
주제: 삼국의 대외 관계

> 이것은 백제가 왜에 보낸 것으로 알려진 문화유산입니다. 백제와 왜의 교류를 잘 보여줍니다.

(가)

①

금동 연가 7년명 여래 입상

②

앙부일구

③

호우명 그릇

④

칠지도

기본 50회

3 학생들이 공통으로 이야기하고 있는 왕으로 옳은 것은?

> 사비로 도읍을 옮겼어.
> 남부여로 국호를 바꿨어.
> 신라와 연합하여 한강 하류 지역을 되찾았어.

① 성왕   ② 무열왕
③ 근초고왕   ④ 소수림왕

기본 47회

4 (가) 국가에 대한 설명으로 옳은 것은?

> 이곳은 (가) 이/가 고구려의 공격을 받아 옮긴 도읍으로 당시에는 웅진성이라 불렸습니다. 2015년 유네스코 세계 유산으로 등재되었습니다.

공주 공산성

① 과거제를 도입하였다.
② 기인 제도를 실시하였다.
③ 지방에 22담로를 두었다.
④ 신분 제도인 골품제가 있었다.

3일차   주제 6

신라의 성립과 발전

1 신라의 건국과 성장

박혁거세	• 경주 지역의 백성들과 유이민 세력 연합 • 진한 중 하나인 사로국에서 시작
내물왕	• 김씨 왕위 계승 확립 • 왕호를 마립간으로 변경 • 광개토 대왕의 도움으로 왜의 침입을 물리침

2 신라의 발전

눌지왕	백제 비유왕과 나제(신라 · 백제) 동맹 결성
지증왕	• 국호 신라, 왕호 왕으로 변경 • 이사부를 보내 우산국 정복 • 우경 실시, 동시전★ 설치
법흥왕	• 연호 건원 • 병부 설치, 율령 반포 • 불교 공인(이차돈 순교) • 금관가야 정복
진흥왕	• 화랑도를 국가 조직으로 정비 • **정복 활동:** 한강 유역 확보, 대가야 정복, 함경도 지역까지 영토 확장 • 북한산 순수비, 단양 신라 적성비 건립
선덕 여왕	황룡사 9층 목탑 건립, 첨성대 건립

*동시전: 신라 때 경주의 시장을 관리하고 감독하는 기구

출제 Point

신라 주요 국왕들의 업적을 꼭 알아 두세요.

1 다음 가상 인터뷰에 등장하는 왕의 업적으로 옳은 것은?

① 국학을 설립하였다.
② 병부를 설치하였다.
③ 대가야를 정복하였다.
④ 독서삼품과를 실시하였다.

2 밑줄 그은 '나'의 업적으로 옳은 것은?

① 녹읍을 폐지하였다.
② 불교를 공인하였다.
③ 독서삼품과를 시행하였다.
④ 북한산에 순수비를 세웠다.

3 다음 사건이 일어난 시기를 연표에서 옳게 고른 것은?

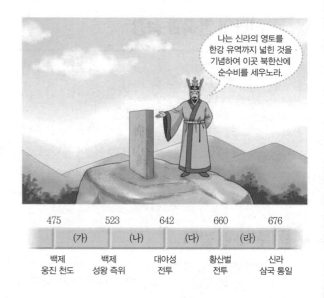

① (가)   ② (나)   ③ (다)   ④ (라)

4 다음 가상 인터뷰에 등장하는 왕으로 옳은 것은?

① 성왕   ② 법흥왕   ③ 지증왕   ④ 근초고왕

4일차

가야의 성립과 발전

1 전기 가야 연맹

성립	• 김수로왕이 금관가야 건국, 낙동강 하류 지역 차지 • 경상도 김해 지역의 금관가야가 연맹 주도
경제	• 철기 문화 발달: 금관, 말머리 가리개, 철제 투구, 갑옷 등 • 철(덩이쇠) 생산 → 중국, 왜, 낙랑에 수출
변화	고구려 광개토 대왕의 공격으로 금관가야 세력 약화

2 후기 가야 연맹

성립	고구려의 공격으로 금관가야 세력 약화 → 경상도 고령 지역의 대가야가 연맹 주도
멸망	금관가야는 신라 법흥왕, 대가야는 신라 진흥왕에 의해 멸망

3 가야 연맹의 변화

Point

출제

가야의 특징과 문화유산에 대해 살펴보세요.

기본 54회

1 (가) 나라에 대한 탐구 활동으로 가장 적절한 것은?

뚜벅뚜벅 역사 여행

김수로가 세운 (가) 의 역사

답사 일정

09:00 학교 출발

10:00~12:00
국립 김해 박물관 견학

12:00~13:00
맛있는 점심 식사

13:00~15:00
김해 대성동 고분군 및
박물관 답사

15:00 집으로!

① 사비로 천도한 이유를 파악한다.
② 우산국을 복속한 과정을 살펴본다.
③ 청해진을 설치한 목적을 조사한다.
④ 구지가가 나오는 건국 신화를 분석한다.

기본 51회

2 (가) 나라의 경제 상황에 대한 설명으로 옳은 것은?

초대합니다

창작 뮤지컬 '김수로왕과 허황옥'

알에서 태어나 (가) 을/를 건국하였다고 전해지는 김수로왕이 아유타국의 공주였던 허황옥을 만나 혼인하게 된 이야기를 한 편의 뮤지컬로 선보입니다. 많은 관람 바랍니다.

• 일시: 2021년 ○○월 ○○일 20:00
• 장소: 김해 대성동 고분군 앞 특설 무대

① 낙랑과 왜에 철을 수출하였다.
② 모내기법이 전국으로 확산하였다.
③ 물가 조절을 위해 상평창을 두었다.
④ 활구라고도 불린 은병을 제작하였다.

기본 49회

3 (가) 나라의 문화유산으로 옳지 <u>않은</u> 것은?

찬란한 철의 왕국,
(가) 특별전

500여 년의 역사를 만나다.

2020.○○.○○.~○○.○○.

①

금관

②

금동 대향로

③

말머리 가리개

④

기마인물형 뿔잔

초급 46회

4 밑줄 그은 '나라'에 대한 설명으로 옳은 것은?

한국사 건국 이야기 ○○편

김수로왕, 나라를 세우다

하늘에서 자주색 줄이 내려오자 촌장들이 그곳에 가보았더니 붉은 보자기에 싸인 금빛 상자가 보였어요. 상자 속에는 해처럼 둥근 황금 알 여섯 개가 들어 있었지요.

① 8조법으로 백성을 다스렸다.
② 영고라는 제천 행사를 열었다.
③ 김해 지역을 중심으로 성장하였다.
④ 화백 회의에서 중요한 일을 결정하였다.

4일차 · 주제 8 — 삼국의 대외 항쟁과 신라의 삼국 통일

① 수·당의 침략

살수 대첩	수 양제가 고구려 침략 → 고구려 을지문덕이 살수 대첩에서 승리
안시성 전투	당 태종이 고구려 침략 → 안시성 전투에서 고구려 승리

② 백제와 고구려의 멸망

백제의 신라 공격	백제 의자왕이 신라 공격 → 대야성 등 40여 개 성 점령
나당(신라·당) 동맹	김춘추를 고구려에 보내 지원 요청 → 고구려의 거절 → 당과 동맹 체결
백제 멸망	나당 연합군의 공격 → 신라 김유신과 백제 계백의 황산벌 전투 → 수도 사비성 함락 → 백제 멸망(660)
고구려 멸망	나당 연합군의 공격 → 수도 평양성 함락 → 고구려 멸망(668)

③ 백제와 고구려의 부흥 운동

구분	백제	고구려
중심인물	• 복신, 도침(주류성) • 흑치상지(임존성)	• 검모잠(한성) • 고연무(오골성)
전개 과정	왕자 부여풍을 왕으로 추대★ → 백강 전투 (일본의 지원) → 지도자의 다툼으로 실패	왕자 안승을 왕으로 추대 → 신라 문무왕이 안승을 보덕국 왕(금마저)으로 임명 → 지도자의 다툼으로 실패

★추대: 윗사람으로 떠받듦

④ 나당 전쟁과 신라의 삼국 통일

매소성·기벌포 전투	당이 나당 연합 배신(한반도 전체를 차지하려 함) → 매소성·기벌포 전투 → 신라 승리
삼국 통일	신라가 당을 몰아내고 삼국 통일(676)

출제 Point

- 삼국 통일의 전개 과정을 꼭 기억하세요.
- 백제와 고구려의 부흥 운동에 대해 알아 두세요.

1 다음 가상 일기의 밑줄 그은 '이 전투'로 옳은 것은?

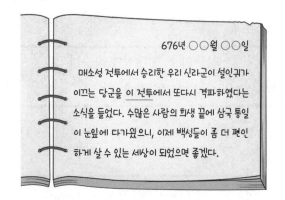

> 676년 ○○월 ○○일
>
> 매소성 전투에서 승리한 우리 신라군이 설인귀가 이끄는 당군을 이 전투에서 또다시 격파하였다는 소식을 들었다. 수많은 사람의 희생 끝에 삼국 통일이 눈앞에 다가왔으니, 이제 백성들이 좀 더 편안하게 살 수 있는 세상이 되었으면 좋겠다.

① 살수 대첩 ② 기벌포 전투
③ 안시성 전투 ④ 황산벌 전투

2 (가) 시기에 있었던 사실로 옳은 것은?

> 백제가 우리 신라의 여러 성을 빼앗았습니다. 군대를 파견하여 도와주십시오.
>
> 죽령 서북 땅은 본래 우리 것이니, 그곳을 돌려준다면 군사를 보내줄 것이오.

보장왕 / 김춘추 / 연개소문

(가)

> 이곳 황산벌에서 신라군에 맞서 죽을 각오로 싸우자!

계백

① 신라와 당이 동맹을 맺었다.
② 백제가 수도를 사비로 옮겼다.
③ 대가야가 가야 연맹을 주도하였다.
④ 고구려가 살수에서 수의 대군을 격파하였다.

3 다음에서 보도하고 있는 사건이 일어난 시기를 연표에서 옳게 고른 것은?

> 우리 고구려군이 당군에 맞서 치열하게 싸우고 있습니다. 당군이 성벽보다 높은 흙산을 쌓아 공략을 시도하고 있는데요. 성안에서도 방어 태세를 갖추고 있는 것으로 보입니다. 지금까지 안시성 전투 현장에서 전해드렸습니다.

391	427	554	612	668
	(가)	(나)	(다)	(라)
광개토 대왕 즉위	고구려 평양 천도	관산성 전투	살수 대첩	고구려 멸망

① (가) ② (나) ③ (다) ④ (라)

4 (가)에 해당하는 인물로 옳은 것은?

> 모집
> 고구려 부흥군은 당신을 원하고 있다!
>
> 고연무 장군이 압록강을 넘어 오골성을 공격했다지.
>
> 고구려 부흥을 위해 우리도 힘을 보태세.
>
> (가) 이/가 안승을 왕으로 세워 당에 대항한다네.

① 계백 ② 검모잠 ③ 김유신 ④ 흑치상지

5일차 **주제 9**
통일 신라의 발전과 사회 변화

1 통일 신라의 발전

문무왕	• 외사정* 파견: 지방 감시 • 나당 전쟁 승리 → 삼국 통일
신문왕	• 김흠돌의 난 진압 → 왕권 강화 • 9주 5소경 체제 정비 • 국학 설립
경덕왕	• 녹읍 부활 • 김대성이 불국사와 석굴암 건설
원성왕	독서삼품과: 국학의 학생들을 대상으로 유교 경전의 이해 수준에 따라 관리로 채용

*외사정: 신라 시대에 지방 관리를 감시하고 관찰하기 위해 중앙에서 파견한 관리

2 통치 체제 정비

중앙 행정 조직	• 집사부 중심: 집사부의 장관인 시중 권한 강화, 13부를 두어 행정 업무를 나눠서 처리 • 사정부: 감찰 기구
지방 행정 구역	• 9주: 주 아래 군 · 현을 두어 외사정 파견, 촌의 촌주가 실무 담당 • 5소경: 수도 경주의 지역적 치우침 보완
군사 제도	• 9서당: 중앙군 • 10정: 지방군

3 통일 신라의 사회 변화

왕권 약화	• 혜공왕: 진골 귀족들의 왕위 쟁탈전 • 김헌창의 난: 아버지 김주원이 왕위 쟁탈전에서 지자 불만을 품고 반란
농민 봉기	• 원종 · 애노의 난 • 적고적의 난
새로운 세력 등장	• 6두품: 최치원(당의 빈공과 합격, 진성 여왕에게 시무 10여 조 건의) • 호족: 장보고(완도에 청해진 설치, 해상 무역 주도)
새로운 사상 유행	• 불교 선종 유행: 호족들의 지원으로 성장 • 풍수지리설, 유학

출제 Point

• 통일 신라 신문왕과 원성왕의 업적에 대한 내용이 자주 출제되니 꼭 기억하세요.
• 통일 신라의 사회 변화와 주요 인물들에 대해 알아 두세요.

1 다음 퀴즈의 정답으로 옳은 것은?

한국사 퀴즈 대회

제시된 단계별 힌트를 종합하여 알 수 있는 인물은 누구일까요?

1단계 | 6두품 출신의 학자입니다.

2단계 | 당의 빈공과에 합격해 관직에 올랐습니다.

3단계 | 진성 여왕에게 시무책 10여 조를 올렸습니다.

300 310

① 설총   ② 이사부   ③ 이차돈   ④ 최치원

2 다음 책에 포함될 내용으로 가장 적절한 것은?

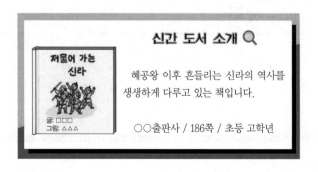

신간 도서 소개 🔍

저물어 가는 신라

혜공왕 이후 흔들리는 신라의 역사를 생생하게 다루고 있는 책입니다.

글: □□□
그림: △△△

○○출판사 / 186쪽 / 초등 고학년

① 갑신정변   ② 위화도 회군

③ 김헌창의 난   ④ 연개소문의 집권

3 (가)에 들어갈 내용으로 옳은 것은?

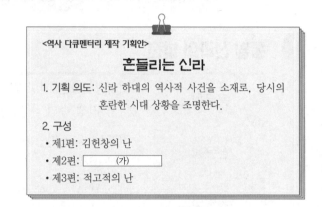

<역사 다큐멘터리 제작 기획안>

흔들리는 신라

1. 기획 의도: 신라 하대의 역사적 사건을 소재로, 당시의 혼란한 시대 상황을 조명한다.

2. 구성
• 제1편: 김헌창의 난
• 제2편: [(가)]
• 제3편: 적고적의 난

① 만적의 난   ② 홍경래의 난

③ 망이 · 망소이의 난   ④ 원종과 애노의 난

4 (가), (나) 사이의 시기에 있었던 사실로 옳은 것은?

(가) 헌덕왕 14년, 웅천주 도독 김헌창이 아버지 김주원이 왕위에 오르지 못함을 이유로 반란을 일으켜 국호를 장안, 연호를 경운이라 하였다.

(나) 진성왕 8년, 최치원이 시무 10여 조를 올리자 왕이 좋게 여겨 받아들이고 그를 아찬으로 삼았다.

① 원종과 애노가 봉기하였다.

② 김흠돌이 반란을 도모하였다.

③ 이사부가 우산국을 복속시켰다.

④ 을지문덕이 살수에서 대승을 거두었다.

주제 10

발해의 성립과 발전

① 발해의 건국

건국	• 고구려 장군 출신 대조영이 고구려 · 말갈 유민을 이끌고 동모산 지역에서 건국 • 고구려 계승: 일본에 보낸 국서에 고려 또는 고려국왕 명칭 사용, 고구려 문화와 비슷한 유물 · 유적(온돌, 석등, 치미, 이불병좌상, 연꽃무늬 수막새, 정혜 공주 묘 등)

② 발해의 발전과 멸망

무왕	• 장문휴의 수군을 보내 당의 산둥반도 공격 • 연호 인안 사용
문왕	• 연호 대흥 사용 • 수도를 상경 용천부로 옮김 • 당 · 신라와 친선 관계, 신라도(교통로) 개설 • 국립 대학 주자감 설치
선왕	• 요동 지역으로 진출 • 주변 국가로부터 해동성국이라고 불림(발해의 전성기)
멸망	거란의 침입을 받아 멸망(926)

③ 발해의 통치 체제

중앙 행정 조직	• 3성 6부: 당의 제도 수용, 운영 방식과 명칭은 독자적으로 시용 • 중정대(관리들의 비리 감시 · 관찰), 문적원(서적 관리)
지방 행정 구역	5경 15부 62주
군사 제도	• 중앙군: 10위, 왕궁과 수도 경비 • 지방군: 각 중요 지역에 부대 배치

출제 Point

• 발해의 특징에 대해 꼭 알아 두세요.
• 고구려의 영향을 받은 발해의 문화유산에 대해 살펴보세요.

기본 55회

1 (가) 국가에 대한 설명으로 옳은 것은?

> 이곳 옛 상경 용천부의 절터에는 높이 6.3m의 거대한 석등이 남아 있습니다. 이 석등을 통해 전성기에 해동성국이라 불렸던 (가) 의 융성한 불교 문화를 알 수 있습니다.

① 기인 제도를 실시하였다.
② 9주 5소경을 설치하였다.
③ 한의 침략을 받아 멸망하였다.
④ 대조영이 동모산에서 건국하였다.

기본 51회

2 다음 다큐멘터리에서 볼 수 있는 장면으로 가장 적절한 것은?

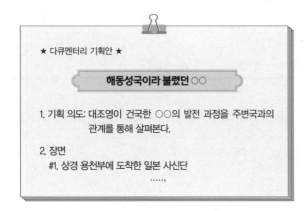

★ 다큐멘터리 기획안 ★

해동성국이라 불렸던 ○○

1. 기획 의도: 대조영이 건국한 ○○의 발전 과정을 주변국과의 관계를 통해 살펴본다.
2. 장면
  #1. 상경 용천부에 도착한 일본 사신단
  ······

① 6진을 개척하는 김종서
② 처인성에서 싸우는 김윤후
③ 당의 등주를 공격하는 장문휴
④ 정족산성에서 교전하는 양헌수

기본 50회

3 (가) 국가에 대한 설명으로 옳은 것은?

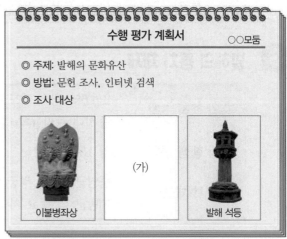

> 옛날 북쪽에 고구려, 서남쪽에 백제, 동남쪽에 신라가 있어서 이것을 삼국이라 하였다. 여기에는 마땅히 삼국사가 있어야 하고, 고려가 편찬하였으니 잘한 일이다.
> 고구려와 백제가 망한 다음에 남쪽에 신라, 북쪽에 (가) 이/가 있으니 이를 남북국이라 하였다. 여기에는 마땅히 남북국사가 있어야 하는데, 고려가 편찬하지 않은 것은 잘못이다.

① 지방에 22담로를 두었다.
② 전성기에 해동성국이라 불렸다.
③ 중앙군으로 9서당을 설치하였다.
④ 영락이라는 독자적 연호를 사용하였다.

기본 48회

4 (가)에 들어갈 문화유산으로 적절한 것은?

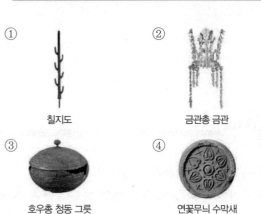

수행 평가 계획서 ○○모둠

◎ 주제: 발해의 문화유산
◎ 방법: 문헌 조사, 인터넷 검색
◎ 조사 대상

| 이불병좌상 | (가) | 발해 석등 |

① 칠지도
② 금관총 금관
③ 호우총 청동 그릇
④ 연꽃무늬 수막새

6일차

고대의 경제와 사회

① 고대의 경제

민정 문서 (신라 촌락 문서)	• 통일 신라 때 각 지역 촌주가 세금을 거두기 위해 3년마다 작성 • 토지 크기, 인구 수, 소와 말의 수 등 기록
통일 신라의 국제 무역	• 국제 무역항: 울산항, 완도 청해진 • 중국 진출: 신라방·신라촌(신라인 집단 거주지), 신라소(신라인 자치 기구), 적산 법화원 　(신라인 절) 등
통일 신라의 토지 제도	• 관료전: 귀족에게 준 토지, 수조권 지급 • 녹읍: 귀족들에게 준 토지(신문왕 때 폐지)
발해의 경제 활동	• 밭농사 중심, 목축(솔빈부의 말)과 수렵(모피·녹용 등) • 신라도, 일본도 등 교통로를 통해 국제 무역 전개

② 고대의 사회

고구려	제가 회의: 귀족 회의, 국가의 중요한 일 결정
백제	정사암 회의: 귀족 회의, 국가의 중요한 일 결정
신라	• 화백 회의: 귀족 회의, 국가의 중요한 일 결정 • 골품 제도: 신라의 신분 제도, 신분의 높낮이에 따라 관직·집 크기·옷 색 등을 제한

③ 남북국 시대의 교통로

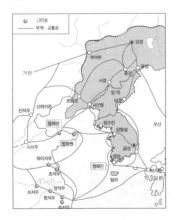

출제 Point

• 민정 문서(신라 촌락 문서)는 고대 경제에서 중요한 문제로 출제되니 꼭 기억하세요.
• 삼국의 귀족 회의와 골품 제도는 꼭 알아 두세요.

1 (가)에 들어갈 제도로 옳은 것은?

> 우리 신라에서는 (가) 때문에 큰 재주와 공이 있어도 진골이 아니면 승진에 제한이 있지 않은가?

> 그러게 말일세. 심지어 집의 크기도 제한하고 있지.

① 화랑도   ② 골품 제도
③ 화백 회의   ④ 상수리 제도

2 (가)에 들어갈 내용으로 옳은 것은?

> 이것은 신라 촌락 문서입니다. 이 문서에 대해 알고 있는 내용을 대화 창에 올려 주세요.

과거로 떠나는 역사 여행

ON 대화 창

👤 일본 도다이사 쇼소인에서 발견되었어요.

👤 서원경에 속한 촌을 비롯한 4개 촌락의 경제 상황이 기록되어 있어요.

👤 (가)

글쓰기

인터넷

① 단군의 건국 이야기가 수록되어 있어요.
② 병인양요 때 프랑스군에게 약탈당하였어요.
③ 유네스코 세계 기록 유산으로 등재되었어요.
④ 노동력 동원과 세금 징수를 위해 작성되었어요.

3 밑줄 그은 '이 나라'에 대한 설명으로 옳은 것은?

> 호암사에는 정사암이 있다. 이 나라에서 장차 재상을 의논할 때에 뽑을 만한 사람 서너 명의 이름을 써서 상자에 넣고 봉하여 바위 위에 두었다가, 얼마 후에 열어 보아 이름 위에 도장이 찍힌 자국이 있는 사람을 재상으로 삼았기 때문에 정사암이라고 하였다.
>
> － 『삼국유사』 －

① 22담로를 두었다.
② 국학을 설립하였다.
③ 진대법을 실시하였다.
④ 골품제라는 신분제가 있었다.

4 (가)에 해당하는 인물로 옳은 것은?

> 저는 지금 완도 청해진 유적 상공에 있습니다. (가) 은/는 이곳을 거점으로 삼아 해적을 소탕하고 당, 일본과의 해상 무역을 주도하였습니다.

① 원효   ② 설총   ③ 장보고   ④ 최치원

6일차

주제 12

고대의 불교와 문화유산

① 탑

익산 미륵사지 석탑 (백제)	부여 정림사지 오층 석탑 (백제)	경주 분황사 모전 석탑 (신라)	경주 감은사지(동서) 삼층 석탑 (통일 신라)

경주 불국사 삼층 석탑 (통일 신라)	경주 불국사 다보탑 (통일 신라)	양양 진전사지 삼층 석탑 (통일 신라)	구례 화엄사 사사자 삼층 석탑 (통일 신라)

② 불상

금동 연가 칠년명 여래 입상 (고구려)	서산 용현리 마애여래 입상 (백제)	경주 구황동 금제여래 좌상 (통일 신라)

③ 승려

원효	• 불교 대중화에 기여(『무애가』) • 『대승기신론소』 저술	• 일심 사상 주장
의상	• 화엄 사상, 관음 신앙 전파 • 『화엄일승법계도』 저술	• 부석사 건립
혜초	인도와 중앙아시아를 여행한 뒤 『왕오천축국전』 저술	

출제 Point

• 문화유산의 사진이 자주 출제되니 꼭 기억하세요.
• 승려의 주요 활동을 확인하세요.

기본 55회

1 학생들이 공통으로 이야기하는 문화유산으로 옳은 것은?

주제: 통일 신라의 석탑

경주 불국사 대웅전 앞에 있어.

2층 기단 위에 3층의 탑신을 세웠어.

탑을 보수하던 중 무구정광대다라니경이 발견되었지.

① ② ③ ④

기본 50회

2 (가) 인물에 대한 설명으로 옳은 것은?

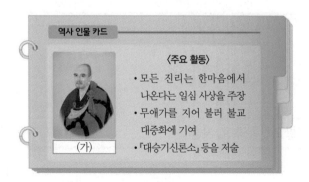

역사 인물 카드

〈주요 활동〉
• 모든 진리는 한마음에서 나온다는 일심 사상을 주장
• 무애가를 지어 불러 불교 대중화에 기여
• 『대승기신론소』등을 저술

(가)

① 세속 5계를 지었다.
② 십문화쟁론을 저술하였다.
③ 수선사 결사를 제창하였다.
④ 영주 부석사를 건립하였다.

기본 50회

3 (가)에 들어갈 문화유산으로 옳은 것은?

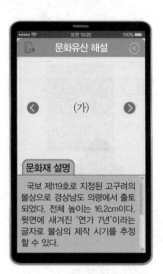

문화유산 해설

(가)

문화재 설명

국보 제119호로 지정된 고구려의 불상으로 경상남도 의령에서 출토되었다. 전체 높이는 16.2cm이다. 뒷면에 새겨진 '연가 7년'이라는 글자로 불상의 제작 시기를 추정할 수 있다.

① ② ③ ④

기본 47회

4 (가)에 해당하는 인물로 옳은 것은?

검색 결과입니다.

귀족 출신의 신라 승려로 당에 유학하였다. 귀국 후 낙산사 등 여러 절을 창건하고, 관음 신앙을 전파하였다. 신라에서 화엄종을 개창하였으며 화엄일승법계도를 남겼다.

(가) 에 대해 검색해 줘.

① 원효   ② 일연   ③ 의상   ④ 지눌

7일차

후삼국의 성립과 고려의 통일

① 후삼국의 성립

후백제 (900)	• 견훤이 완산주(전주)에서 후백제 건국 • 충청도 · 전라도 장악 • 중국의 오월, 후당과 외교 관계
후고구려 (901)	• 궁예가 송악(개성)에서 후고구려 건국 • 강원도 · 황해도 · 경기도 장악 • 나라 이름을 마진으로 바꾸었다가 다시 태봉으로 바꿈
고려 (918)	• 왕건이 궁예를 쫓아내고 송악(개성)에서 고려 건국 • 고구려 계승

② 고려의 후삼국 통일

공산 전투 (927)	• 후백제가 고려를 이긴 전투 • 고려의 김락, 신숭겸 등 전사
고창 전투 (930)	• 고려가 후백제를 이긴 전투 • 후삼국 통일의 바탕이 됨, 경상도 일대 장악
견훤 투항 (935)	견훤이 넷째 아들에게 왕위를 물려주려 함 → 첫째 아들 신검이 견훤을 금산사에 가둠 → 탈출한 견훤이 왕건에게 투항
신라 항복 (935)	• 신라 경순왕이 고려 왕건에게 항복 • 경순왕을 경주의 사심관으로 임명
일리천 전투 (936)	• 고려가 후백제를 이긴 전투 • 고려의 후삼국 통일

출제 **Point**

• 고려의 후삼국 통일 과정의 순서를 알아 두세요.
• 후삼국의 주요 인물(왕건, 견훤, 궁예)들을 기억하세요.

기본 55회

1 (가)~(다)를 일어난 순서대로 옳게 나열한 것은?

고려의 후삼국 통일 과정

(가) 공산에서 당한 패배를 드디어 이곳 고창에서 설욕하였노라.

(나) 국호를 고려라 하고 연호를 천수로 할 것이다.

(다) 이곳 일리천에서 신검의 군대를 격파하였도다.

① (가) - (나) - (다)   ② (가) - (다) - (나)
③ (나) - (가) - (다)   ④ (다) - (가) - (나)

기본 51회

2 다음 가상 뉴스에서 보도하고 있는 사건이 일어난 시기를 연표에서 옳게 고른 것은?

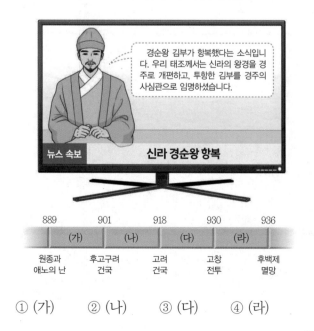

경순왕 김부가 항복했다는 소식입니다. 우리 태조께서는 신라의 왕경을 경주로 개편하고, 투항한 김부를 경주의 사심관으로 임명하셨습니다.

뉴스 속보   **신라 경순왕 항복**

889	901	918	930	936
	(가)	(나)	(다)	(라)
원종과 애노의 난	후고구려 건국	고려 건국	고창 전투	후백제 멸망

① (가)   ② (나)   ③ (다)   ④ (라)

기본 50회

3 밑줄 그은 '이 인물'에 대한 설명으로 옳은 것은?

신라 왕실의 후예로 알려진 이 인물은 양길의 부하가 되어 세력을 키웠다.

이후 그는 송악을 도읍으로 삼아 새로운 국가를 세웠다. 스스로를 미륵불이라 칭하였다.

① 훈요 10조를 남겼다.
② 청해진을 설치하였다.
③ 백제 계승을 내세웠다.
④ 국호를 태봉으로 바꾸었다.

기본 47회

4 다음 가상 영화에서 볼 수 있는 장면으로 적절하지 않은 것은?

6월 영화 상영작 안내

후삼국을 통일하라!

왕 건

감독 ○○○ 주연 △△

①
#1 진포에서 왜구를 물리치는 최무선

②
#2 왕위에서 쫓겨나는 궁예

③
#3 고려에 항복하는 경순왕

④
#4 일리천 전투에서 패배하는 신검

7일차

고려 초기 통치 체제 정비

① 고려 초기의 통치 체제 정비

태조	• 흑창 설치: 가난한 백성을 도움 • 역분전: 공신★들에게 지급한 토지	• 사심관 제도와 기인 제도★ 실시 • 『정계』, 『계료백서』, 훈요 10조
광종	• 노비안검법 실시 • 광덕, 준풍 등 독자적 연호 사용	• 과거 제도: 쌍기의 건의
성종	• 최승로의 시무 28조(유교 통치 이념) • 국립 대학 국자감 설치	• 12목 설치: 지방관 파견 • 의창 설치(흑창을 의창으로 바꿈)

★기인 제도: 호족의 자식을 수도 개경으로 데리고 와 지방의 호족 세력을 견제하기 위한 제도
★공신: 나라에 특별한 공을 세운 신하

② 중앙 행정 조직

2성 6부	중서문하성(국정 총괄)과 상서성(6부 관리) → 수상은 문하시중	
중추원	왕의 비서 기관, 군사 기밀(추밀)과 왕명 출납(승선) 담당	
도병마사	국방 문제 논의	중서문화성과 중추원의 관리인 재신과 추밀의 합의제로 운영
식목도감	법률 · 제도 제정	
대간	간쟁 · 봉박 · 서경권 행사	
삼사	화폐 · 곡식의 출납, 회계 담당	
어사대	감찰 기관, 관리들의 풍속 교정	

③ 지방 행정 구역

5도	• 일반 행정 구역	• 안찰사 파견
양계	• 북방 국경 지대, 군사 행정 구역	• 병마사 파견
주현과 속현	• 지방관이 파견된 주현보다 파견되지 않은 속현이 더 많음 • 향리가 실무 담당	
향 · 부곡 · 소	• 특수 행정 구역(차별 대우)	• 향 · 부곡 – 농업, 소 – 수공업

출제 Point

• 고려 초기 국왕의 업적은 많이 출제되니 꼭 기억해 두세요.
• 고려의 중앙 행정 조직과 지방 행정 구역에 대해 알아 두세요.

1 다음 상황 이후 일어난 사실로 옳은 것은?

① 상대등이 설치되었다.
② 12목에 지방관이 파견되었다.
③ 쌍기의 건의로 과거제가 실시되었다.
④ 웅천주 도독 김헌창이 반란을 일으켰다.

2 다음 상황이 있었던 국가의 지방 제도에 대한 설명으로 옳은 것은?

○ 공주 명학소의 망이·망소이 등이 무리를 모아서 봉기하자, 명학소를 충순현으로 승격하여 그들을 달래고자 하였다.

○ 사신을 따라 원에 간 유청신이 통역을 잘하였으므로, 그 공을 인정하여 그의 출신지인 고이부곡을 고흥현으로 승격하였다.

① 전국을 8도로 나누었다.
② 22담로에 왕족을 파견하였다.
③ 주요 지역에 5소경을 설치하였다.
④ 군사 행정 구역으로 양계를 두었다.

3 다음 퀴즈의 정답으로 옳은 것은?

① 삼사
② 어사대
③ 의정부
④ 도병마사

4 (가)에 들어갈 내용으로 옳은 것은?

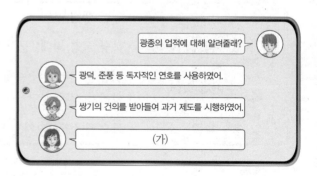

① 훈요 10조를 남겼어.
② 교정도감을 설치하였어.
③ 노비안검법을 실시하였어.
④ 12목에 지방관을 파견하였어.

8일차

주제 15
거란·여진의 침입과 극복

① 거란의 침입과 격퇴

배경	고려의 북진★ 정책, 거란과 대립(만부교 사건★), 정종 때 광군★ 조직
1차 침입 (993)	서희의 외교 담판으로 강동 6주 확보
2차 침입 (1010)	양규의 활약(흥화진 전투)
3차 침입 (1018)	강감찬이 귀주에서 거란 격퇴(귀주 대첩)
영향	• 초조대장경 제작 • 강감찬의 건의로 천리장성과 나성(개경) 건설

★북진: 북쪽으로 나아 감
★만부교 사건: 고려 태조 왕건이 거란에서 보낸 낙타를 만부교에 묶어 굶어 죽게 한 일
★광군: 거란의 침입에 대비하기 위해 만든 특수 부대

② 여진 정벌과 동북 9성 개척

여진 정벌	윤관의 별무반(신기군 · 신보군 · 항마군) 조직 → 동북 9성★ 축조
여진의 금 건국	여진이 금을 건국하고 고려에 군신 관계 요구 → 이자겸이 사대 요구 수용

★동북 9성: 윤관이 여진족을 물리치고 동북쪽 지역에 세운 9개의 성

출제 Point

• 서희의 외교 담판과 강감찬의 귀주 대첩에 대해 살펴보세요.
• 윤관의 별무반 설치는 자주 출제되니 꼭 알아 두세요.

1 (가) 인물의 활동으로 옳은 것은?

고려는 우리 거란과 국경을 접하고 있는데 왜 바다 건너 송을 섬기는가?

여진이 압록강 안팎을 막고 있기 때문에 귀국과 왕래하지 못하는 것이다. 여진을 내쫓고 우리 옛 땅을 돌려준다면 어찌 교류하지 않겠는가?

① 강동 6주를 확보하였다.
② 동북 9성을 축조하였다.
③ 화통도감을 설치하였다.
④ 4군과 6진을 개척하였다.

2 (가)에 들어갈 인물로 옳은 것은?

거란의 3차 침입 때 (가) 이/가 귀주에서 적의 대군을 격파하고 큰 승리를 거두었어요.

① 서희 ② 윤관 ③ 강감찬 ④ 최무선

3 (가) 인물의 활동으로 옳은 것은?

경의 건의에 따라 설치된 별무반을 거느리고 여진을 정벌하시오.

명을 받들겠습니다.

신기군 신보군 항마군

① 우산국을 정복하였다.
② 4군 6진을 설치하였다.
③ 강동 6주를 확보하였다.
④ 동북 9성을 축조하였다.

4 (가) 인물에 대한 설명으로 옳은 것은?

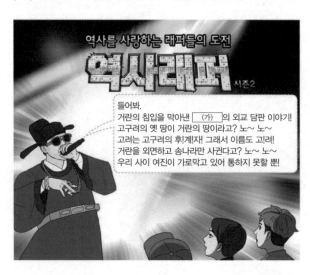

역사를 사랑하는 래퍼들의 도전
역사래퍼 시즌2

들어봐.
거란의 침입을 막아낸 (가) 의 외교 담판 이야기!
고구려의 옛 땅이 거란의 땅이라고? 노~ 노~
고려는 고구려의 후계쟈! 그래서 이름도 고려!
거란을 외면하고 송나라만 사귄다고? 노~ 노~
우리 사이 여진이 가로막고 있어 통하지 못할 뿐!

① 4군 6진을 개척하였다.
② 강동 6주를 획득하였다.
③ 동북 9성을 축조하였다.
④ 쌍성총관부를 공격하였다.

주제 16
8일차 이자겸의 난과 묘청의 서경 천도 운동

1 문벌 귀족 사회의 성립

성립	지방 호족, 6두품 유학자 출신이 여러 대에 걸쳐 중앙 고위 관직 차지
특징	• 과거와 음서★를 통해 관직 차지 • 전시과★와 공음전★ 혜택 • 왕실과 혼인 관계를 맺어 권력 장악

★음서: 귀족의 자식들이 과거 시험을 보지 않고도 관리가 될 수 있는 제도
★전시과: 고려의 관리에게 지급한 토지
★공음전: 고위 관리에게 지급한 토지로 자식에게 상속 가능

2 문벌 귀족 사회의 동요

이자겸의 난 (1126)	• 배경: 이자겸이 왕실의 외척★으로서 권력 차지, 왕과 갈등 • 전개: 이자겸이 반란 → 인종이 이자겸의 난 진압

묘청의
서경 천도 운동
(1135)
	• 배경: 인종의 문벌 귀족 견제, 개경파와 서경파 사이의 대립
	   – 개경파: 김부식, 금에 대한 사대 정책, 신라 계승 의식, 유교
	   – 서경파: 묘청·정지상, 서경 천도, 고구려 계승 의식, 풍수지리설
	• 전개: 묘청이 대위국이라는 이름으로(연호 '천개') 서경에서 반란 → 김부식이 진압

★외척: 어머니 쪽의 친척

출제 Point

• 묘청의 서경 천도 운동에 대해 꼭 공부하세요.
• 묘청의 서경 천도 운동을 진압한 김부식의 『삼국사기』에 대해 알아 두세요.

1 기본 54회 다음 가상 인터뷰에 나타난 사건으로 옳은 것은?

① 묘청의 난   ② 김흠돌의 난
③ 홍경래의 난   ④ 원종과 애노의 난

2 기본 49회 (가) 인물에 대한 설명으로 옳은 것은?

① 삼국사기를 편찬하였다.
② 금국 정벌을 주장하였다.
③ 화약 무기를 개발하였다.
④ 고려에 성리학을 소개하였다.

3 초급 41회 밑줄 그은 '이 책'으로 옳은 것은?

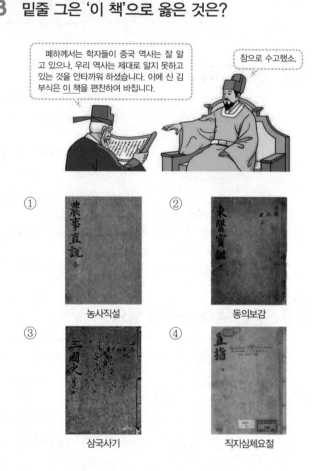

① 농사직설   ② 동의보감
③ 삼국사기   ④ 직지심체요절

4 초급 30회 (가)에 들어갈 내용으로 옳은 것은?

역사신문

제△△호   ○○○○년 ○○월 ○○일

■ 연속 기획 1부 **이자겸, 최고의 권력자가 되기까지**
고려 왕실과의 거듭된 혼인으로 세력을 키워 왔던 경원 이씨 집안은 대표적인 ___(가)___ 이다. 특히 이자겸은 예종과 인종에게 딸들을 시집보내어 최고의 권력자가 되었다.

■ 연속 기획 기사
2부 이자겸, 반란을 일으키다
3부 이자겸의 난, 어떻게 진압되었나

① 호족   ② 문벌 귀족
③ 진골 귀족   ④ 신진 사대부

9일차

주제 17

무신 정변과 농민 봉기

① 무신 정권의 성립

배경	문벌 귀족 중심, 무신 차별 대우
전개	정중부 · 이의방 등이 정변(1170) → 문신 제거, 의종 폐위*

*폐위: 왕이나 왕비 등의 자리를 없앰

② 최씨 무신 정권

최충헌	• 봉사 10조: 사회 개혁 정책 제시 • 교정도감: 나라의 정치를 총괄하는 최고 기구 • 도방: 삼별초와 함께 최씨 정권을 유지하는 군사적 기반
최우	• 정방: 모든 관직에 대한 인사권 장악 • 서방: 행정 실무 능력을 갖춘 문신 등용 • 삼별초: 좌별초 · 우별초 · 신의군으로 구성, 도방과 함께 최씨 정권 보호

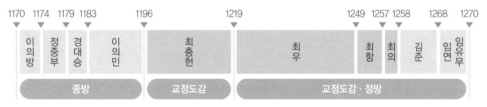

▲ 무신 정권의 집권자와 정치 기구

③ 농민 · 천민 봉기

농민 봉기	• 망이 · 망소이의 난: 특수 행정 구역인 공주 명학소에서 망이 · 망소이가 소 지역에 대한 차별 대우와 무거운 세금 부담에 반발 • 김사미 · 효심의 난: 청도와 울산을 중심으로 봉기, 경상도 전 지역으로 확대
천민의 신분 해방 운동	• 전주 관노의 난: 지방관의 수탈에 반발 • 만적의 난: 최충헌의 사노비인 만적이 주도(미리 알려지면서 실패)

출제 Point

• 무신 정권들이 설치한 기구에 대해 자세히 알아 두세요.
• 무신 정권 때 일어난 농민 봉기와 신분 해방 운동에 대해 공부하세요.

1 (가) 시기에 있었던 사실로 옳은 것은?

① 이자겸이 난을 일으켰다.
② 묘청이 서경 천도를 주장하였다.
③ 만적이 개경에서 봉기를 모의하였다.
④ 강감찬이 귀주에서 큰 승리를 거두었다.

2 (가) 시기에 있었던 사실로 옳은 것은?

① 김헌창이 난을 일으켰다.
② 최우가 정방을 설치하였다.
③ 묘청이 금 정벌을 주장하였다.
④ 서희가 강동 6주를 획득하였다.

3 다음 두 사건의 공통점으로 옳은 것은?

① 전주성을 점령하였다.
② 서경 천도를 주장하였다.
③ 무신 집권기에 발생하였다.
④ 청의 군대에 의해 진압되었다.

4 다음 만화 장면에 해당하는 사건으로 옳은 것은?

① 갑신정변
② 무신 정변
③ 원종과 애노의 난
④ 망이·망소이의 난

9일차

주제 18

몽골의 침입과 대몽 항쟁

① 몽골의 침입

배경	몽골 사신 저고여 피살 사건★
전개	• 1차 침입: 박서의 활약 • 2차 침입: 김윤후의 처인성 전투 승리 → 살리타 사살 • 5차 침입: 김윤후의 충주성 전투 승리 • 6차 침입: 충주 다인철소 주민들의 항전
영향	• 문화재 파괴: 초조대장경, 황룡사 구층 목탑 • 팔만대장경 제작

*저고여 피살 사건: 고려에 온 몽골 사신 저고여가 돌아가던 중 암살 당한 사건

② 삼별초의 항쟁

배경	몽골과 강화를 맺고 개경으로 다시 수도를 옮김, 무신 정권이 끝남
전개	개경으로 돌아가는 것에 반대 → 배중손·김통정 등이 삼별초를 이끌고 강화도, 진도(용장산성), 제주도(항파두리성)로 이동하며 대몽 항쟁 전개

▲ 몽골의 침입

Point

• 몽골의 침입 때 김윤후가 활약한 전투를 꼭 기억하세요.
• 삼별초 항쟁이 전개된 지역을 꼭 알아 두세요.

1 기본 54회
다음 외교 문서를 보낸 국가에 대한 고려의 대응으로 옳은 것은?

> 칸께서 살리타 등이 이끄는 군대를 너희에게 보내 항복할지 아니면 죽임을 당할지 묻고자 하신다. 이전에 칸께서 보낸 사신 저고여가 사라져서 다른 사신이 찾으러 갔으나, 너희들은 활을 쏘아 그를 쫓아냈다. 너희가 저고여를 살해한 것이 확실하니, 이제 그 책임을 묻고 있는 것이다.

① 이자겸이 사대 요구를 수용하였다.
② 서희가 소손녕과 외교 담판을 벌였다.
③ 김윤후 부대가 처인성에서 적장을 사살하였다.
④ 강감찬이 군사를 이끌고 귀주에서 크게 승리하였다.

2 기본 52회
(가)~(다)의 사건을 일어난 순서대로 옳게 나열한 것은?

항복은 없다! 우리 삼별초는 여기 진도에서 적에 맞서 끝까지 싸울 것이다.
(가)

공격하라! 이곳 귀주에서 거란군을 모두 물리쳐라.
(나)

우리 별무반은 여진을 정벌할 것이다. 나를 따르라!
(다)

① (가) – (나) – (다) ② (나) – (다) – (가)
③ (다) – (가) – (나) ④ (다) – (나) – (가)

3 기본 49회
다음 상황이 일어난 시기를 연표에서 옳게 고른 것은?

여기 충주성을 끝까지 지켜내면 신분을 가리지 않고 벼슬을 주겠다.

왜 노비 문서가 불타고 있다!

김윤후 장군 만세!

918		1019		1170		1270		1388
	(가)		(나)		(다)		(라)	
고려 건국		귀주 대첩		무신 정변		개경 환도		위화도 회군

① (가) ② (나) ③ (다) ④ (라)

4 초급 45회
(가)에 들어갈 문화유산으로 옳은 것은?

즐거운 전통 인쇄 체험
2019년 ○○월 ○○일 13:00~17:00

글씨가 새겨진 목판에 먹물을 바르고 종이를 덮어 톡톡 두드리니 글씨가 찍혀 나와요.

우리가 찍어 내고 있는 것은 (가) 내용의 한 부분이에요. (가) 은/는 고려 시대에 부처의 힘으로 몽골의 침략을 물리치려는 마음을 담아 만들어진 것입니다.

① 삼국사기 ② 팔만대장경
③ 직지심체요절 ④ 월인천강지곡

10일차

주제 19

원의 간섭과 공민왕의 개혁 정치

❶ 원 간섭기

내정 간섭	• 고려 왕실의 호칭과 관제 격하*: 조·종 → 왕, 도병마사 → 도평의사사, 중추원 → 밀직사, 어사대 → 감찰사 • 영토 상실: 쌍성총관부(철령 이북), 동녕부(자비령 이북), 탐라총관부(제주도) 설치 • 일본 원정 동원: 정동행성 설치 • 몽골풍 유행: 변발, 호복, 발립(원의 전통 모자) 등 • 공녀 요구
권문세족	• 원 간섭기에 새로운 지배층으로 등장 • 대농장 차지, 농민 수탈

*격하: 자격이나 등급, 지위의 격이 낮아짐

❷ 공민왕의 개혁 정치

반원 자주 정책	• 친원 세력 제거(기철 등) • 왕실 호칭 및 관제 복구, 정동행성 폐지 • 쌍성총관부 공격 → 철령 이북 땅 수복 • 몽골풍 금지
왕권 강화 정책	• 정방 폐지 • 신돈 등용, 권문세족 압박 • 전민변정도감 설치: 권문세족이 빼앗은 토지를 돌려주고 불법으로 노비가 된 자들을 양인으로 회복

출제 Point

• 원 간섭기 때의 변화에 대해 알아 두세요.
• 공민왕이 실시한 개혁 정책에 대해 공부하세요.

기본 52회

1 학생들이 공통으로 이야기하고 있는 왕의 업적으로 옳은 것은?

① 균역법을 시행하였다.
② 독서삼품과를 실시하였다.
③ 삼강행실도를 편찬하였다.
④ 철령 이북의 땅을 되찾았다.

기본 51회

2 (가) 시기에 있었던 사실로 옳은 것은?

① 별무반이 편성되었다.
② 김헌창이 난을 일으켰다.
③ 김부식이 삼국사기를 편찬하였다.
④ 지배층을 중심으로 변발과 호복이 유행하였다.

기본 49회

3 밑줄 그은 '이 시기'에 있었던 사실로 옳지 않은 것은?

① 정동행성이 설치되었다.
② 권문세족이 높은 관직을 독점하였다.
③ 여진 정벌을 위해 별무반이 편성되었다.
④ 결혼도감을 통해 여성들이 공녀로 보내졌다.

기본 47회

4 다음 조치가 내려진 시기를 연표에서 옳게 고른 것은?

① (가)　　② (나)　　③ (다)　　④ (라)

주제 20

10일차 신진 사대부의 성장과 위화도 회군

1 신진 사대부의 성장

배경	• 과거 시험을 통해 관리로 진출, 성리학 수용, 불교 비판 • 공민왕 때 권문세족을 비판하면서 성장
변화	권문세족이 인사권을 장악해 관직 진출이 제한되자 신흥 무인 세력과 손을 잡고 개혁 시도

2 홍건적과 일본 해적(왜구) 침입

홍건적의 침입	• 1차 침입: 서경 함락 → 이승경, 이방실 등이 물리침 • 2차 침입: 공민왕 안동 피난, 개경 함락 → 최영, 이성계 등이 물리침
일본 해적(왜구)의 침입	• 최영: 홍산 대첩 • 최무선: 화통도감 설치, 진포 대첩 • 이성계: 황산 대첩 • 박위: 쓰시마섬(대마도) 정벌
결과	최영, 이성계 등 신흥 무인 세력 성장

3 위화도 회군과 고려 멸망

위화도 회군	• 배경: 명이 철령 이북 땅 요구, 우왕과 최영이 이성계를 시켜 요동 정벌 시행 • 전개: 이성계가 4불가론을 제시하며 위화도에서 회군 • 결과: 우왕과 최영을 제거하고 창왕을 왕위에 올림, 정권 장악
과전법 시행	• 배경: 창왕을 왕위에서 끌어내리고 공양왕을 왕위에 올림 • 전개: 신진 사대부(조준, 정도전 등)의 주도로 토지 개혁 → 과전법 시행(경기도 지역 땅으로 한정, 전 · 현직 관리에게 토지 수조권 지급)
고려 멸망	공양왕을 왕위에서 끌어내리고 이성계가 왕이 되어 조선 건국

출제 Point

• 최무선의 업적에 대해 꼭 알아 두세요.
• 고려 멸망 과정을 기억하세요.

기본 52회

1 (가)에 들어갈 내용으로 옳은 것은?

① 비변사 혁파   ② 위화도 회군

③ 대전회통 편찬   ④ 훈민정음 창제

 기본 51회

2 (가)에 들어갈 내용으로 옳은 것은?

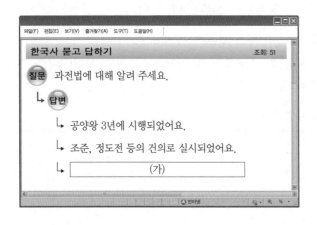

① 공인이 등장하는 배경이 되었어요.

② 토지 소유자에게 지계를 발급하였어요.

③ 전지와 시지를 품계에 따라 나누어 주었어요.

④ 전·현직 관리에게 토지의 수조권을 지급하였
    어요.

 기본 48회

3 (가)에 들어갈 학습 주제로 적절한 것은?

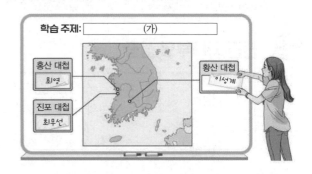

① 몽골의 침입과 항쟁

② 왜구의 침략과 격퇴

③ 여진 정벌과 동북 9성 축조

④ 서양 함대의 침입과 척화비 건립

기본 47회

4 다음 자료를 활용한 탐구 주제로 가장 적절한
것은?

> 우왕과 최영이 요동 공격을 결정하자 이성계가 이르기를, "지금 출병하는 것은 네 가지 이유로 불가합니다. 작은 나라가 큰 나라를 공격할 수 없는 것이 첫 번째요, 여름에 군사를 동원할 수 없는 것이 두 번째요, 왜구가 빈틈을 노릴 수 있는 것이 세 번째요, 장마철이어서 활은 아교가 풀어지고 질병이 돌 것이니 이것이 네 번째입니다."라고 하였다.

① 위화도 회군의 배경

② 동북 9성의 축조 과정

③ 훈련도감의 설치 목적

④ 고구려의 남진 정책 추진

11일차

고려의 경제와 사회

월   일   스토리북 048쪽

1 고려의 경제

화폐	성종 때 건원중보, 숙종 때 활구(은병), 해동통보, 삼한통보, 동국통보 등 제작
토지 제도	• 역분전: 태조 때 후삼국 통일 공신들을 위해 지급 • 전시과 – 시정 전시과(경종): 인품과 품계 기준, 전·현직 관리 　　　　　 – 개정 전시과(목종): 품계 기준, 전·현직 관리 　　　　　 – 경정 전시과(문종): 품계 기준, 현직 관리
국제 무역	• 국제 무역항 벽란도　　　　　　　• 송, 일본, 아라비아 상인 등과 무역
목화 전래	문익점이 원에서 목화씨를 가져 와 고려에 전해짐

2 고려의 사회

사회 제도	• 의창: 흉년에 빈민 구제(고구려의 진대법과 비슷) • 상평창: 물가 안정을 위한 기구(개경·서경·12목에 설치) • 동서 대비원: 의료 기구 • 혜민국: 의약 기구 • 구제도감·구급도감: 재해 시 임시 기관
여성의 지위	• 일반적으로 일부일처제 가족 형태 • 아들과 딸에게 재산 골고루 상속, 제사도 아들과 딸이 동등하게 부담 • 연령순으로 호적에 기재, 여성도 호주 가능 • 여성의 이혼·재혼 허용

▲ 고려의 무역 활동

출제 Point

• 숙종 때 발행한 화폐의 종류를 잘 알아 두세요.
• 고려의 사회 제도와 여성의 지위에 대해 기억하세요.

기본 54회

1 (가)에 들어갈 내용으로 옳은 것은?

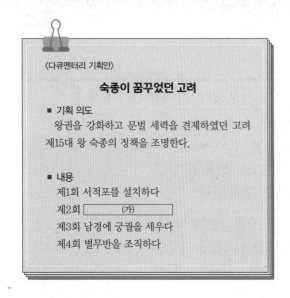

〈다큐멘터리 기획안〉

숙종이 꿈꾸었던 고려

■ 기획 의도
왕권을 강화하고 문벌 세력을 견제하였던 고려 제15대 왕 숙종의 정책을 조명한다.

■ 내용
제1회 서적포를 설치하다
제2회   (가)
제3회 남경에 궁궐을 세우다
제4회 별무반을 조직하다

① 규장각을 설치하다
② 해동통보를 제작하다
③ 노비안검법을 실시하다
④ 쌍성총관부를 공격하다

기본 54회

2 교사의 질문에 대한 학생의 답변으로 옳지 <u>않은</u> 것은?

고려의 사회 모습에 대해 말해 볼까요?

① 의창이 운영되었습니다.
② 팔관회가 개최되었습니다.
③ 골품제가 실시되었습니다.
④ 여성이 호주가 될 수 있었습니다.

기본 51회

3 (가)에 해당하는 작물로 옳은 것은?

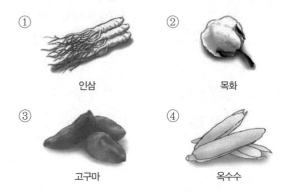

문익점이 원에 갔다가 돌아오는 길에 (가) 을/를 보고 씨 10개를 따서 가져 왔다. 진주에 와서 절반을 정천익에게 주고 기르게 하였으나 단 한 개만 살아남았다. 가을에 정천익이 그 씨를 따니 100여 개나 되었다.

① 인삼
② 목화
③ 고구마
④ 옥수수

기본 47회

4 다음 발표에 해당하는 국가의 경제 상황으로 옳은 것은?

주제: ○○의 화폐

뒷면에 한자로 동국이라는 글자를 새겨 넣은 것이 특징입니다.

은으로 만들어졌으며, 활구라고도 불렸습니다.

건원중보   은병

① 벽란도가 국제 무역항으로 번성하였다.
② 담배 등 상품 작물이 재배되었다.
③ 관청에서 물품을 조달하는 공인이 활동하였다.
④ 시장을 감독하기 위한 동시전이 설치되었다.

11일차

주제 22

고려의 불교와 문화유산

1 승려

의천	교종을 중심으로 선종 통합 노력, 천태종 창시, 교관겸수★ 주장
지눌	수선사 결사 운동, 정혜쌍수 · 돈오점수 주장
요세	백련사 결사 운동, 법화 신앙 강조
혜심	유불 일치설★ 주장

★교관겸수: 이론과 실천의 수행 강조
★유불 일치설: 유교와 불교가 하나임을 주장

2 탑과 불교 건축

평창 월정사 팔각 구층 석탑		개성 경천사지 십층 석탑	
안동 봉정사 극락전	영주 부석사 무량수전	예산 수덕사 대웅전	봉산 성불사 응진전

3 불상

하남 하사창동 철조 석가여래 좌상	영주 부석사 소조여래 좌상	논산 관촉사 석조 미륵보살 입상
안동 이천동 마애여래 입상	파주 용미리 마애이불 입상	

출제 Point

- 고려의 불교 문화유산을 잘 기억하세요.
- 고려 승려들 중 의천과 지눌은 특히 자주 출제되니 꼭 기억하세요.

1 다음 퀴즈의 정답으로 옳은 것은?

> 이 인물은 정혜결사를 조직하였으며, 선과 교를 함께 닦아야 한다는 정혜쌍수를 주장하였습니다. 보조국사라고도 하는 이 인물은 누구일까요?

한국사 퀴즈 대회

① 지눌   ② 요세   ③ 혜초   ④ 원효

2 (가)에 들어갈 문화유산으로 옳은 것은?

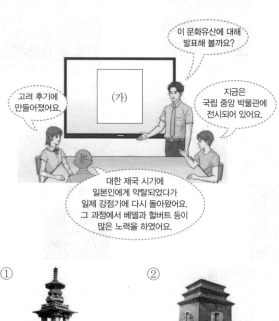

> 이 문화유산에 대해 발표해 볼까요?

> 고려 후기에 만들어졌어요.

(가)

> 지금은 국립 중앙 박물관에 전시되어 있어요.

> 대한 제국 시기에 일본인에게 약탈되었다가 일제 강점기에 다시 돌아왔어요. 그 과정에서 베델과 헐버트 등이 많은 노력을 하였어요.

① 불국사 다보탑

② 분황사 모전 석탑

③ 정림사지 오층 석탑

④ 경천사지 십층 석탑

3 (가)~(다) 불상을 만들어진 순서대로 옳게 나열한 것은?

한국의 석조 불상

(가)
서산 용현리 마애 여래 삼존상

(나)
경주 석굴암 본존불상

(다)
파주 용미리 마애 이불 입상

① (가) - (나) - (다)   ② (가) - (다) - (나)
③ (다) - (가) - (나)   ④ (다) - (나) - (가)

4 (가)에 들어갈 문화유산으로 옳은 것은?

문화유산 안내

문화재 검색 | 종목별 | 지역별 | 내주변 검색

(가)

기본 정보 | 상세 설명

국보 제18호로 지정된 고려 시대의 목조 건축물이며 경상북도 영주에 소재하고 있다. 배흘림기둥과 주심포 양식이 특징이며 아미타불이 모셔져 있다.

①
전등사 대웅전

②
부석사 무량수전

③
금산사 미륵전

④
법주사 팔상전

주제 23
조선의 건국과 통치 체제 정비

① 조선의 건국

태조 이성계	• 조선 건국(1392) • 한양 천도: 한반도 가운데에 위치, 교통 편리, 방어 유리 • 도시 계획: 경복궁(왕이 거처하는 궁궐), 종묘(왕의 조상들에게 제사), 사직단(땅과 곡식의 신에게 제사)
정도전	• 재상 중심 정치 주장 • 억불★ 정책 주장, 요동 정벌 추진 • 『조선경국전』★, 『불씨잡변』★ 등 저술

★억불: 불교를 억제함
★『조선경국전』: 정도전이 지은 법전(오늘날의 헌법)
★『불씨잡변』: 성리학의 입장에서 불교를 비판하는 책

② 통치 체제의 확립

중앙 행정 조직	• 의정부: 최고 국정 총괄 기관
	• 6조: 정책 집행 기관
	• 승정원: 왕의 비서 기관(왕명 출납)
	• 삼사(3사)
	  – 사헌부: 관리의 비리 감찰
	  – 사간원: 간쟁(정사 비판), 서경권 행사
	  – 홍문관: 왕의 자문 역할, 경연 주관
	• 의금부: 왕명에 의한 특별 사법 기구, 중대 범죄 담당
	• 한성부: 수도의 행정·치안 담당
	• 춘추관: 역사서 편찬 및 보관

지방 행정 구역	• 8도: 중앙에서 관찰사·암행어사 파견 • 군·현: 수령 권한 강화, 향리 권한 약화 • 특수 행정 구역(향·부곡·소) 폐지 • 유향소: 수령 자문, 향리 비리 감시, 지방 풍속 교화★

★교화: 가르치고 이끌어 좋은 방향으로 나아가게 함

출제 Point

• 조선의 건국 과정을 묻는 문제가 자주 출제되니 조선이 어떻게 세워졌는지 흐름을 파악하세요.
• 태조 때 정도전이 어떠한 일을 했는지 살펴보세요.

1 기본 51회 다음 학생이 생각하고 있는 기구로 옳은 것은?

조선의 중앙 정치 기구 중 하나였어.

왕명의 출납을 담당하였어.

6명의 승지가 있었어.

① 사간원 ② 사헌부 ③ 승정원 ④ 홍문관

2 기본 50회 (가)에 들어갈 기구로 옳은 것은?

이번에 (가) 의 교리에 임명되셨다고 들었습니다. (가) 에 대해 알려주세요.

궁궐 내의 서적을 관리하고 왕의 각종 자문에 응하는 기구입니다. 사헌부, 사간원과 함께 삼사로 불립니다.

① 승정원 ② 어사대 ③ 집사부 ④ 홍문관

3 기본 47회 (가)에 해당하는 인물로 옳은 것은?

오늘 (가) 이 조선경국전을 지어 바쳤으니 말과 비단, 백은을 상으로 내려주도록 하라.

분부대로 거행하겠습니다.

태조

① 송시열 ② 정도전 ③ 정약용 ④ 홍대용

4 초급 45회 (가) 인물이 한 일로 옳은 것은?

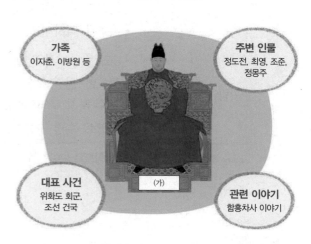

가족
이자춘, 이방원 등

주변 인물
정도전, 최영, 조준, 정몽주

대표 사건
위화도 회군, 조선 건국

(가)

관련 이야기
함흥차사 이야기

① 4군 6진을 개척하였다.
② 수도를 한양으로 옮겼다.
③ 삼정이정청을 설치하였다.
④ 노비안검법을 실시하였다.

주제 24

12일차

조선 전기 주요 국왕의 업적

1 조선 전기 주요 국왕의 업적

태종	• 즉위 과정: 두 차례 왕자의 난을 일으켜 왕위 차지 • 6조 직계제 시행 → 왕권 강화 • 사간원 독립, 사병 철폐, 호패법 실시 • 주자소 설치(계미자 주조) • 신문고 설치: 백성의 억울함을 직접 들어주기 위해 설치
세종	• 의정부 서사제 시행 • 집현전 설치 • 4군 6진 설치, 쓰시마섬 정벌(이종무) • 훈민정음 창제 · 반포 • 『삼강행실도』, 『농사직설』, 『칠정산』, 『향약집성방』 등 편찬 • 전분 6등법과 연분 9등법 시행
세조	• 계유정난: 조카 단종을 몰아내고 왕위에 오름, 사육신★ 처형 • 6조 직계제 시행 → 왕권 강화 • 집현전과 경연 제도 폐지 • 직전법 실시
성종	• 『경국대전』 완성 · 반포 • 홍문관 설치, 경연 강화 • 『악학궤범』, 『동국통감』, 『동국여지승람』 등 편찬

*사육신: 세조 때 단종을 다시 왕위에 올리려 했던 여섯 명의 신하(성삼문, 박팽년 등)

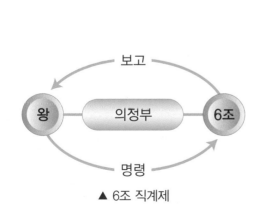

▲ 6조 직계제

▲ 의정부 서사제

Point

조선 전기 주요 왕들의 업적을 구분할 수 있도록 기억하세요.

1 (가)에 들어갈 내용으로 옳은 것은?

두 차례 왕자의 난을 통해 집권한 조선의 제3대 왕에 대해 말해 볼까요?

6조 직계제를 실시하였어요.

(가)

① 직전법을 제정하였어요.
② 호패법을 시행하였어요.
③ 장용영을 설치하였어요.
④ 척화비를 건립하였어요.

2 기본 50회 (가)에 들어갈 책으로 옳은 것은?

○○ 박물관

(가)

충신, 효자, 열녀의 이야기를 담아 세종 때 편찬된 책

효자 최루백이 아버지의 묘를 지켰어요.

① 동의보감
② 악학궤범
③ 삼강행실도
④ 용비어천가

3 기본 48회 (가)에 들어갈 내용으로 옳은 것은?

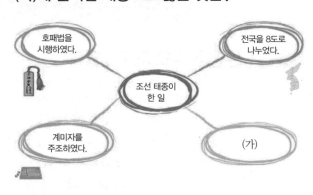

호패법을 시행하였다.

전국을 8도로 나누었다.

조선 태종이 한 일

계미자를 주조하였다.

(가)

① 균역법을 시행하였다.
② 직전법을 실시하였다.
③ 5군영 체제를 완성하였다.
④ 6조 직계제를 시행하였다.

4 초급 44회 다음 가상 인터뷰에 등장하는 왕의 업적으로 옳은 것은?

훈민정음을 창제하신 목적에 대해 말씀해 주세요.

백성들이 글을 쉽게 읽고 자신의 생각을 글자로 표현할 수 있게 하기 위함입니다.

① 규장각을 설치하였다.
② 농사직설을 편찬하였다.
③ 경국대전을 완성하였다.
④ 백두산정계비를 세웠다.

13일차 사림의 등장과 사화 발생

1 훈구파와 사림파

구분	훈구파(관학파)	사림파(사학파)
배경	급진 개화파 사대부 → 세조 때 권력 장악	온건 개혁파 사대부 → 지방 세력
특징	부국강병★ 추구, 고위 관직 차지	왕도 정치★·향촌 자치 추구
사상	성리학 이외의 사상에 관대	성리학 이외의 사상 배척
영향	15세기 문물 정비	16세기 이후 성리학 발달

*부국강병: 나라를 부유하게 만들고 군대를 강하게 함
*왕도 정치: 인간의 도덕적 도리를 바탕으로 나라를 다스리는 것(유학에서 이상적으로 여기는 정치)

2 사림의 성장과 사화 발생

사림의 성장	성종이 훈구 세력을 견제하기 위해 사림 등용 → 훈구파와 사림파의 갈등 심화
무오사화 (연산군, 1498)	김종직의 제자인 김일손이 사초(조선왕조실록의 원고)에 김종직의 조의제문(수양 대군을 비판한 글)을 적음 → 훈구파들이 이를 문제 삼아 사림파 탄압
갑자사화 (연산군, 1504)	연산군 어머니 폐위와 관련된 훈구파와 사림파 제거
기묘사화 (중종)	중종반정으로 연산군을 몰아낸 중종이 반정 공신을 견제하기 위해 사림 등용 → 사림파 조광조가 개혁 주장(현량과 실시, 소격서 폐지, 향약 실시, 위훈 삭제★ 주장) → 훈구파의 반대, 조광조를 비롯한 사림파 피해
을사사화 (명종)	윤원형(소윤)과 윤임(대윤)의 외척 간의 권력 다툼 과정에서 훈구와 사림 세력 모두 피해

*위훈 삭제: 중종반정 때 공이 없으면서 공신으로 이름이 올라간 훈구파의 명단을 삭제하자는 조광조의 주장

출제 Point

• 사화의 발생 순서와 원인을 반드시 살펴보세요.
• 조광조의 활동에 대해 알아 두세요.

1 다음 인물에 대한 설명으로 옳은 것은?

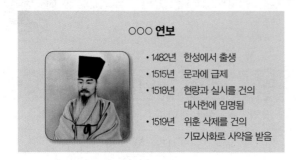

○○○ **연보**

- 1482년 한성에서 출생
- 1515년 문과에 급제
- 1518년 현량과 실시를 건의 대사헌에 임명됨
- 1519년 위훈 삭제를 건의 기묘사화로 사약을 받음

① 거중기를 설계하였다.
② 조선경국전을 저술하였다.
③ 소격서 폐지를 주장하였다.
④ 만권당에서 원의 학자들과 교류하였다.

3 (가)에 들어갈 내용으로 옳은 것은?

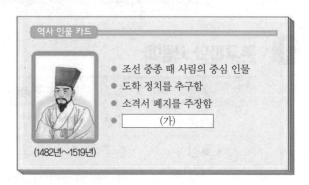

역사 인물 카드

- 조선 중종 때 사림의 중심 인물
- 도학 정치를 추구함
- 소격서 폐지를 주장함
- (가)

(1482년~1519년)

① 성학집요를 저술함
② 백운동 서원을 건립함
③ 현량과 실시를 건의함
④ 시헌력 도입을 주장함

2 (가)에 들어갈 내용으로 옳은 것은?

만화로 보는 조선 시대 주요 사건

– 학습 목표: (가) 을/를 한 장면의 만화로 표현할 수 있다.
– 활동 내용

〈1모둠〉 훈구 사림
〈2모둠〉 조의제문을 사초에 넣었다니! 이극돈
〈3모둠〉 김종직이 죽을하아버지 세조를 능멸하다니! 연산군

① 경신환국　　　② 무오사화
③ 인조반정　　　④ 임오군란

4 다음 자료를 활용한 탐구 활동으로 가장 적절한 것은?

　　조광조가 귀양 간 지 한 달 남짓 되어도 왕의 노여움은 아직 풀리지 않았으나, 그를 죽이자고 청하는 사람이 없으므로 흔쾌히 결단하지 못하였다. 생원 황이옥 등이 상소하여 조광조를 헐뜯었다. 왕이 상소를 보고 곧 조광조 등에게 사약을 내리고, 황이옥 등을 칭찬하며 술을 내려 주라고 명하였다.

① 기해 예송의 결과를 조사한다.
② 기묘사화의 전개 과정을 살펴본다.
③ 훈련도감의 설치 목적을 알아본다.
④ 임술 농민 봉기의 배경을 분석한다.

13일차 주제 26

임진왜란

1 임진왜란

배경	도요토미 히데요시가 일본 통일 → 군사를 이끌고 조선 침략
전쟁 초기	부산진성, 동래성 함락 → 충주 탄금대 전투 패배(신립) → 선조의 의주 피란 → 한양 함락 → 명에 지원군 요청
전개 과정	• 이순신(수군): 옥포 해전, 한산도 대첩 승리 • 의병의 활약: 홍의 장군 곽재우 등 • 조명(조선·명) 연합군이 평양성 탈환★ • 행주 대첩: 권율이 행주산성에서 일본군을 물리침 • 진주 대첩: 김시민이 진주성에서 일본군을 물리침 • 유성룡: 훈련도감 설치, 『징비록』 저술
정유재란	휴전 이후 일본이 다시 침입 → 칠천량 해전 패배(원균) → 이순신의 명량·노량 해전 승리 → 일본 철수
영향	• 국내: 신분제가 흔들림, 국토 황폐화 • 국외: 일본 에도 막부 성립, 명 국력 쇠퇴, 여진 후금 건국

▲ 임진왜란의 전개 과정

★탈환: 빼앗겼던 것을 도로 찾음

2 임진왜란 이후 일본과의 관계

기유약조	에도 막부의 요청으로 국교 재개★, 왜관 설치
통신사 파견	일본에 조선 문화 전파, 일본 문화 발전에 영향을 줌

★재개: 중단했다가 다시 시작함

출제 Point

• 임진왜란의 전개 과정을 꼭 기억하세요.
• 임진왜란 때 활약한 인물들에 대해 꼭 알아 두세요.

기본 52회

1 (가) 인물에 대한 설명으로 옳은 것은?

이곳은 안동에 있는 병산 서원으로 (가) 의 학문과 업적을 기리기 위한 곳입니다. 그는 임진왜란이 일어났을 때 훈련도감 설치를 건의하기도 하였습니다.

① 징비록을 저술하였다.
② 4군 6진을 개척하였다.
③ 서경 천도를 주장하였다.
④ 대동여지도를 제작하였다.

기본 52회

2 밑줄 그은 '사절단'으로 옳은 것은?

이것은 일본 에도 막부의 요청으로 조선이 파견한 공식 외교 사절단에 관한 기록물입니다. 이 기록물을 통해 양국이 우호 관계 구축과 유지를 위해 노력하였다는 것을 알 수 있습니다.

① 보빙사   ② 연행사   ③ 영선사   ④ 통신사

기본 50회

3 (가) 시기에 있었던 사실로 옳은 것은?

이곳 탄금대에서 배수진을 치고 적을 섬멸하라! 신립

(가)

칠천량에서는 패배했지만 아직 우리에게는 열두 척의 배가 남아 있다! 이순신

① 최영이 홍산에서 왜구를 물리쳤다.
② 강감찬이 귀주에서 거란을 격퇴하였다.
③ 권율이 행주산성에서 대승을 거두었다.
④ 김윤후가 처인성에서 적을 막아내었다.

기본 48회

4 (가) 전쟁 중에 있었던 사실로 옳은 것은?

진주성에서 진주 목사 김시민의 지휘 아래 관군과 백성들이 일본군에 맞서 싸우고 있습니다. 곽재우 등이 이끄는 의병 부대도 성 밖에서 이를 지원하고 있는데요. 이 전투가 일본의 침략으로 시작된 (가) 의 흐름에 어떤 영향을 미칠지 관심이 모아지고 있습니다.

진주성에서 지열한 전투 중

① 천리장성이 축조되었다.
② 권율이 행주산성에서 승리하였다.
③ 황룡사 9층 목탑이 불타 없어졌다.
④ 윤관이 별무반 편성을 건의하였다.

주제 27

14일차 광해군의 중립 외교와 인조반정

① 광해군의 정치

전후 복구 사업	• 북인이 권력 장악, 광해군 즉위 • 전쟁 이후 복구 정책: 성곽 수리, 군사 훈련, 허준의 『동의보감』 편찬, 5대 사고 정비 등
중립 외교	• 배경: 명 세력 약화 → 여진이 부족 통일 후 후금 건국 → 명의 군사 지원 요청 • 중립 외교: 명과 후금 사이에서 중립 추구 → 명의 요청에 따라 강홍립의 군대를 보내지만 상황이 불리해지면 후금에 항복하도록 함
대동법	• 배경: 공납의 폐단(방납) • 전개: 광해군 때 선혜청을 설치해 경기도에서 시험적으로 시행 → 점차 전국으로 확대, 숙종 때 평안도와 함경도를 제외하고 전국에서 실시 • 내용: 토산물을 토지 기준으로 부과, 토산물 대신 쌀·삼베나 무명·동전 등으로 납부(대체로 토지 1결당 미곡 12두) → 농민 부담 감소 • 영향: 국가에서 현물이 필요할 때 관청에서 공가★를 미리 받아 필요한 물품을 사서 납부하는 공인 등장, 상품 수요가 증가함에 따라 지방의 장시 발달

▲ 대동법 시행

*공가: 예전에 나라에 바치던 공물의 값

② 인조의 정치

| 인조반정 | • 배경: 북인의 권력 장악으로 서인이 정치에서 소외, 광해군의 중립 외교, 인목 대비 폐위★, 영창 대군 살해★
• 전개: 서인 주도로 광해군 폐위, 인조 즉위
• 결과: 서인의 주장에 따라 친명배금★ 정책 |

*인목 대비 폐위: 선조의 왕비이자 광해군의 새어머니로, 광해군과 북인에 의해 폐위됨
*영창 대군 살해: 광해군의 동생으로, 왕권 안정을 위해 살해됨
*친명배금: 인조반정을 주도한 서인이 명에 대한 의리를 지키고 후금을 배척하자고 주장한 정책

출제 Point

• 광해군의 중립 외교 정책에 대해 자세히 알아 두세요.
• 광해군이 폐위되고 인조가 즉위한 배경과 과정에 대해 기억하세요.

1 (가) 왕의 재위 기간에 있었던 사실로 옳은 것은?

이곳은 제주 행원 포구입니다. 인조반정으로 폐위되어 강화도 등지로 유배되었던 (가) 은/는 이후 이곳을 통해 제주도로 들어와 유배 생활을 이어가다가 생을 마감하였습니다.

① 집현전이 설치되었다.
② 비변사가 폐지되었다.
③ 대동법이 시행되었다.
④ 4군 6진이 개척되었다.

2 (가)에 들어갈 장면으로 가장 적절한 것은?

① 서경으로 수도를 옮기고 금나라를 정벌하자!

② 요동 정벌은 불가하다. 개경으로 회군하라.

③ 광해군이 유배 가는 모습을 보니 세상 참 덧없군.

④ 나 이종무가 대마도를 정벌하러 왔다.

3 다음 퀴즈의 정답으로 옳은 것은?

한국사 골든벨

제시된 단계별 힌트를 통해 알 수 있는 제도는 무엇일까요?

1단계	선혜청에서 주관
2단계	특산물 대신 쌀, 베, 동전으로 납부
3단계	토지 결수를 기준으로 공납을 부과

① 과전법　② 균역법　③ 대동법　④ 영정법

4 (가) 왕의 정책으로 옳은 것은?

이곳은 명과 후금 사이에서 중립 외교를 펼쳤던 (가) 와/과 왕비의 묘야.

왕이 묻힌 곳인데 왜 능이 아닌 묘라고 부르는 걸까?

(가) 은/는 인조반정으로 왕의 자리에서 쫓겨났기 때문이야.

① 대전회통을 편찬하였다.
② 삼정이정청을 설치하였다.
③ 초계문신제를 실시하였다.
④ 대동법을 처음 시행하였다.

14일차

주제 28
청의 침략과 효종의 북벌론

1 정묘호란과 병자호란

정묘호란 (1627)	• 배경: 친명배금 정책(후금을 배척하고 명과 친하게 지냄) • 전개: 후금이 조선 공격 → 인조는 강화도로 피란, 관군과 의병(정봉수, 이립 등)의 활약 • 결과: 후금과 형제 관계를 맺고 강화 체결

병자호란
(1636)
	• 배경: 후금이 나라 이름을 청으로 고치고 군신 관계 요구 →
	  조선에서 주전론(싸우자)과 주화론(화해하자) 대립 → 주전
	  론 의견대로 청의 요구 거부
	• 전개: 청이 조선 공격 → 인조는 남한산성으로 피란 → 강화
	  도로 피란 간 왕족과 신하들이 청에 붙잡히자 항복
	• 결과: 삼전도의 굴욕★(청과 군신 관계를 맺고 강화 체결),
	  두 왕자(소현 세자와 봉림 대군)와 신하들이 인질로 끌려감

▲ 삼전도비

*삼전도의 굴욕: 인조가 삼전도에서 청나라 황제에게 무릎을 꿇고 항복

2 병자호란 이후 청과의 관계

북벌 운동	• 배경: 병자호란 때 청에 인질로 끌려갔던 봉림 대군이 효종으로 즉위 → 청에 복수 다짐 • 전개: 효종이 북벌론을 주장한 송시열, 이완 등과 함께 청 정벌 계획 추진 → 군대 양 성, 성곽 수리 등 • 결과: 효종의 갑작스러운 죽음으로 북벌을 실천하지 못함
나선 정벌	• 배경: 효종 때 청과 러시아 사이에 국경 다툼 발생 → 청이 조선에 군사 지원 요청 • 결과: 효종이 두 차례에 걸쳐 조총 부대를 파견하면서 러시아를 물리침
북학론	• 청의 선진 문물을 받아들여 나라를 강하게 하자는 주장 • 홍대용, 박제가 등 북학파들이 주도

출제 **Point**

• 정묘호란과 병자호란에 대해 꼭 알아 두세요.
• 효종의 북벌 운동과 나선 정벌에 대해 살펴보세요.

1 (가)에 들어갈 내용으로 옳은 것은?

효종에 대해 조사한 것을 이야기해 볼까?

병자호란 이후 소현 세자와 함께 청나라 심양에 볼모로 잡혀갔다 왔어.

왕으로 즉위하고 나서 (가)

① 북벌을 추진했어.
② 경복궁을 중건했어.
③ 중립 외교를 펼쳤어.
④ 대전통편을 만들었어.

2 (가)에 들어갈 인물로 옳은 것은?

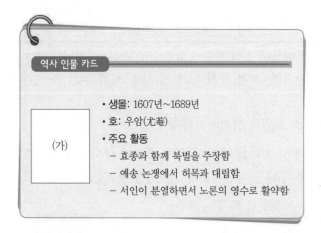

역사 인물 카드

(가)

- 생몰: 1607년~1689년
- 호: 우암(尤菴)
- 주요 활동
  - 효종과 함께 북벌을 주장함
  - 예송 논쟁에서 허목과 대립함
  - 서인이 분열하면서 노론의 영수로 활약함

① 박지원

②  송시열

③ 정몽주

④ 채제공

3 다음 상황 이후에 일어난 사실로 옳은 것은?

왕이 세자와 신하들을 거느리고 삼전도에 이르렀다. …… 용골대 등이 왕을 인도하여 들어가 단 아래 북쪽을 향해 설치된 자리로 나아가도록 요청하였다. 청인(淸人)이 외치는 의식의 순서에 따라 왕이 세 번 절하고 아홉 번 머리를 조아리는 예를 행하였다.

① 송시열이 북벌론을 주장하였다.
② 조광조가 위훈 삭제를 주장하였다.
③ 광해군이 인조반정으로 폐위되었다.
④ 곽재우가 의령에서 의병을 일으켰다.

4 밑줄 그은 '전쟁' 중에 있었던 사실로 옳은 것은?

명은 우리에게 부모의 나라입니다. 청에 맞서 끝까지 싸워야 합니다.

척화파

전쟁을 지속하는 것보다 청의 요구를 받아들여 나라를 보존하는 것이 옳습니다.

주화파

① 화통도감이 설치되었다.
② 김시민이 진주성에서 항전하였다.
③ 인조가 남한산성으로 피란하였다.
④ 황룡사 구층 목탑이 불타 없어졌다.

주제 29

15일차 예송 논쟁

① 예송 논쟁

구분	기해 예송 (1차 예송)		갑인 예송 (2차 예송)	
시기	1659년		1674년	
배경	효종(현종의 아버지) 사망		효종의 부인(현종의 어머니) 사망	
자의 대비의 상복 기간	남인	효종을 첫째 아들로 대우 → 3년복 주장	남인	효종의 부인을 첫째 며느리로 대우 → 1년복 주장
	서인	효종을 둘째 아들로 대우 → 1년복 주장	서인	효종의 부인을 둘째 며느리로 대우 → 9개월복 주장
결과	서인(송시열) 승리		남인(윤휴, 허목) 승리	

출제 Point

• 현종 때 효종과 효종의 부인이 사망한 이후 예송 논쟁이 벌어진 이유에 대해 알아보세요.

• 예송 논쟁이 진행되면서 권력을 잡은 각 붕당에 대해 알아 두세요.

1 (가), (나) 사이의 시기에 있었던 사실로 옳은 것은?

> (가) 대비의 명으로 인조가 즉위하였다. 광해군을 폐위시켜 강화로 내쫓고 이이첨 등을 처형한 다음 전국에 대사령을 내렸다.
>
> (나) 영조가 '두루 원만하고 치우치지 않음이 군자의 공정한 마음이요, 치우치고 두루 원만하지 못함이 소인의 사사로운 마음이다.'라는 내용을 담은 탕평비를 성균관 입구에 세우게 하였다.

① 예송이 발생하였다.
② 3포 왜란이 일어났다.
③ 경국대전이 완성되었다.
④ 정동행성이 설치되었다.

2 교사의 질문에 대한 학생의 답변으로 옳지 <u>않은</u> 것은?

> 현종 때 있었던 두 차례의 예송에 대해 발표해 볼까요?
>
> ① 서인과 남인이 예법을 둘러싸고 대립한 것이에요.
> ② 조광조 일파가 축출되는 결과를 가져왔어요.
> ③ 자의 대비가 상복을 입는 기간이 문제가 되었어요.
> ④ 효종과 효종비가 죽은 뒤 각각 일어났어요.

3 다음 대화 이후에 있었던 사실로 옳은 것은?

> 얼마 전 돌아가신 선왕을 장자의 예로 대우하여, 자의 대비께서는 3년복을 입으셔야 합니다. — 남인
>
> 아니지요. 선왕은 둘째 아들이니 장자의 예를 적용할 수 없습니다. 자의 대비께서는 1년복을 입으셔야 합니다. — 서인

① 무오사화가 일어났다.
② 한양으로 천도하였다.
③ 병자호란이 발발하였다.
④ 경신환국이 발생하였다.

4 (가)에 들어갈 내용으로 옳지 <u>않은</u> 것은?

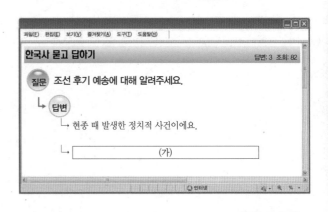

> 파일(F) 편집(E) 보기(V) 즐겨찾기(A) 도구(T) 도움말(H)
>
> **한국사 묻고 답하기** 답변: 3 조회: 82
>
> 질문 조선 후기 예송에 대해 알려주세요.
>
> 답변
> └ 현종 때 발생한 정치적 사건이에요.
> └ (가)

① 예를 둘러싼 논쟁이라는 뜻이에요.
② 조의제문의 내용이 빌미가 되었어요.
③ 효종 사후와 효종비 사후에 일어났어요.
④ 자의 대비의 복상 기간이 문제가 되었어요.

15일차 주제 30

붕당 정치의 변질과 환국 발생

① 붕당 정치의 전개

개념	여러 개의 붕당(오늘날의 정당)이 서로 견제와 협력을 통해 정치 운영
형성과 분열	이조 전랑 임명 문제를 두고 서인(심의겸)과 동인(김효원)으로 나눠 짐 → 정여립 모반 사건(기축옥사)을 구실로 서인이 동인 공격 → 동인이 북인과 남인으로 분열 → 경신환국 때 남인에 대한 처벌 문제를 놓고 서인이 대립하며 노론★과 소론★으로 분열

★노론: 송시열 중심, 대의명분 존중, 민생 안정 강조
★소론: 윤증 중심, 실리 중시, 적극적 북방 개혁 주장

② 환국

의미	정치권력을 주도하던 붕당이 교체되면서 정치 상황이 급격하게 바뀌는 상황
경신환국 (1680)	• 배경: 남인의 대표 허적이 궁중의 기름 천막(유악)을 숙종이 허락 없이 사용한 사건 • 결과: 서인이 정권 장악
기사환국 (1689)	• 전개: 숙종이 장희빈의 아들을 세자로 책봉하려 함 → 서인 반대, 남인 찬성 • 결과: 숙종이 남인의 손을 들어주며 장희빈이 왕비가 됨(인현 왕후 폐위) → 남인이 정권 장악
갑술환국 (1694)	• 전개: 서인이 인현 왕후 복위 운동 전개 • 결과: 숙종이 인현 왕후에게 마음이 다시 돌아서면서 인현 왕후는 복위되고 서인의 손을 들어주면서 서인이 정권 장악

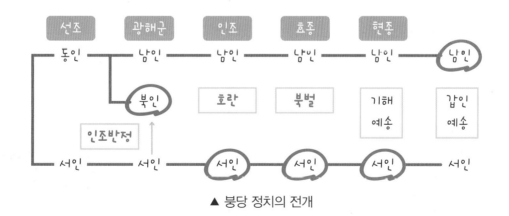

▲ 붕당 정치의 전개

출제 Point

붕당의 개념을 이해하고 환국의 발생 과정을 순서대로 꼭 알아 두세요.

기본 54회

1 (가) 시기에 있었던 사건으로 옳은 것은?

① 무오사화 ② 병자호란
③ 경신환국 ④ 임술 농민 봉기

기본 47회

2 다음 대화 이후에 전개된 사실로 옳은 것은?

① 기묘사화가 일어났다.
② 신진 사대부가 등장하였다.
③ 수양 대군이 권력을 장악하였다.
④ 사림이 동인과 서인으로 나뉘었다.

중급 44회

3 다음 논쟁이 전개된 이후의 사실로 옳은 것은?

효종 대왕께서는 둘째 아들이시므로, 대왕대비께서는 1년 간 복상을 하여야 합니다.

효종 대왕께서는 왕위를 계승하셨으므로 장자에 준한다고 보아, 대왕대비께서는 3년 간 복상을 하여야 합니다.

송시열   허목

① 정여립 모반 사건이 일어났다.
② 경신환국으로 서인이 집권하였다.
③ 친원 세력인 기철 등이 숙청되었다.
④ 외척 간의 다툼으로 을사사화가 발생하였다.

중급 41회

4 다음 대화 이후에 있었던 사실로 옳은 것은?

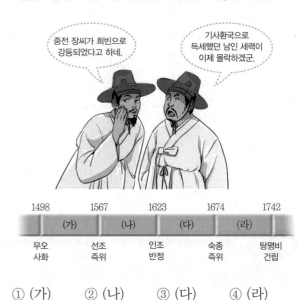

중전 장씨가 희빈으로 강등되었다고 하네.

기사환국으로 득세했던 남인 세력이 이제 몰락하겠군.

1498		1567		1623		1674		1742
	(가)		(나)		(다)		(라)	
무오 사화		선조 즉위		인조 반정		숙종 즉위		탕평비 건립

① (가) ② (나) ③ (다) ④ (라)

16일차

주제 31
영조와 정조의 탕평책과 개혁 정치

① 영조의 탕평책과 개혁 정치

탕평책	• 탕평책에 동의하는 인물(탕평파) 등용(노론과 소론의 균형) • 탕평 교서 발표, 탕평비 건립 • 왕권 강화: 산림의 존재 부정, 붕당의 근거지인 서원 정리, 이조 전랑의 권한(후임자 추천권) 약화
개혁 정치	• 균역법 시행: 농민의 군역 부담 감소(1년에 2필 → 1필) • 가혹한 형벌 폐지, 신문고★ 부활, 청계천 준설 • 『속대전』(조선의 법령을 통합해 통치 체제 정비), 『동국문헌비고』 등 편찬

★신문고: 조선 시대에 궁궐의 문에 달아 백성들이 억울한 일을 하소연할 때 치게 하던 북

② 정조의 탕평책과 개혁 정치

배경	아버지 사도 세자의 죽음을 계기로 시파(사도 세자 지지)와 벽파(영조 지지)의 갈등 발생
탕평책	적극적인 탕평책 실시 → 노론, 소론 외에 남인도 등용
개혁 정치	• 수원 화성 건설: 정조의 이상 정치를 실현하기 위한 상징적 도시, 건설 공사 때 정약용이 제작한 거중기 사용 • 장용영 설치: 국왕 친위 부대 • 규장각 설치: 왕실 도서관, 정책 및 학술 연구 기관, 서얼 출신 유득공·박제가·이덕무 등을 규장각 검서관으로 등용 • 초계문신제 실시: 규장각에서 유능한 인재 재교육 • 신해통공 실시: 육의전을 제외한 시전 상인의 금난전권 폐지 • 『대전통편』(조선의 문물제도와 통치 규범 정리), 『무예도보통지』 등 편찬

출제 Point

영조와 정조의 정책 내용과 왕을 꼭 연결 지어 공부하세요.

기본 55회

1 (가) 왕이 실시한 정책으로 옳은 것은?

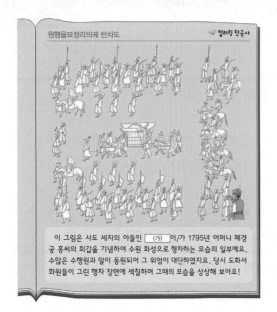

원행을묘정리의궤 반차도 ◈ 컬러링 한국사

이 그림은 사도 세자의 아들인 (가) 이/가 1795년 어머니 혜경 궁 홍씨의 회갑을 기념하여 수원 화성으로 행차하는 모습의 일부예요. 수많은 수행원과 말이 동원되어 그 위엄이 대단하였지요. 당시 도화서 화원들이 그린 행차 장면에 색칠하며 그때의 모습을 상상해 보아요!

① 경복궁을 중건하였다.
② 대마도를 정벌하였다.
③ 장용영을 창설하였다.
④ 탕평비를 건립하였다.

기본 52회

2 (가) 왕의 업적으로 옳지 않은 것은?

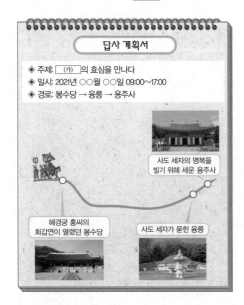

답사 계획서

◈ 주제: (가) 의 효심을 만나다
◈ 일시: 2021년 ○○월 ○○일 09:00~17:00
◈ 경로: 봉수당 → 융릉 → 용주사

사도 세자의 명복을 빌기 위해 세운 용주사

혜경궁 홍씨의 회갑연이 열렸던 봉수당

사도 세자가 묻힌 융릉

① 장용영을 설치하였다.
② 금난전권을 폐지하였다.
③ 농사직설을 편찬하였다.
④ 초계문신제를 실시하였다.

기본 50회

3 다음 비석을 세운 왕의 업적으로 옳은 것은?

이 건물 안에 있는 비석은 탕평비입니다. '두루 원만하고 치우치지 않음이 군자의 공정한 마음이요. 치우치고 두루 원만하지 못함이 소인의 사사로운 마음이다.'라는 글이 새겨져 있습니다.

① 비변사를 혁파하였다.
② 속대전을 편찬하였다.
③ 나선 정벌을 단행하였다.
④ 백두산정계비를 건립하였다.

기본 48회

4 다음 학생이 생각하고 있는 기구로 옳은 것은?

유득공, 박제가와 같은 서얼 출신 인재들이 검서관으로 등용되었어.

이 기구에 소장된 고금도서집성의 기기도설을 참고하여 수원 화성을 축조했어.

왕실 도서관이자 학문 연구 기관으로 정조의 개혁 정치를 뒷받침했어.

① 규장각 ② 성균관 ③ 집현전 ④ 홍문관

16일차 주제 32 세도 정치와 농민 봉기

① 세도 정치의 배경과 특징

배경	정조 사망 이후 왕권 약화 → 순조, 헌조, 철종 3대에 걸쳐 소수의 외척 가문(안동 김씨, 풍양 조씨 등)이 권력 독점
특징	• 비변사를 중심으로 소수 가문이 권력과 이권 독점 → 의정부와 6조 유명무실★화 • 삼정의 문란 심화(탐관오리가 수취 제도를 악용해 농민 수탈), 매관매직 성행 → 농민 반란을 불러일으킴

★유명무실: 이름만 그럴듯하고 실속은 없음

② 세도 정치 시기 농민 봉기

홍경래의 난 (1811, 순조)	• 배경: 평안도 지역에 대한 차별 대우, 세도 정치로 인한 삼정의 문란 • 전개 과정: 몰락 양반 홍경래가 평안도 가산에서 봉기 주도 → 농민·노동자 등 참여 → 청천강 이북 지역 장악 → 관군에 의해 진압
임술 농민 봉기 (1862, 철종)	• 배경: 경상 우병사 백낙신의 횡포, 세도 정치로 인한 삼정의 문란 • 전개 과정: 몰락 양반 유계춘 주도로 진주에서 봉기 → 전국 확산 → 안핵사 박규수 파견, 삼정의 문란을 시정하기 위한 삼정이정청 설치(근본적인 문제를 해결하지 못함)

출제 Point

• 세도 정치 시기의 특징과 이 시기에 발생한 농민 봉기에 대해 알아 두세요.
• 홍경래의 난, 임술 농민 봉기의 특징과 전개 과정을 구분할 수 있도록 학습하세요.

기본 52회

1 다음 사건에 대한 정부의 대책으로 옳은 것은?

① 소격서를 폐지하였다.
② 직전법을 실시하였다.
③ 척화비를 건립하였다.
④ 삼정이정청을 설치하였다.

기본 51회

2 다음 격문이 작성된 시기의 상황으로 옳은 것은?

> 평서대원수는 급히 격문을 띄우노니 관서 지역의 모든 사람
> 들은 들으라. …… 조정에서는 관서 지역을 썩은 흙과 같이
> 버렸다. 심지어 권세가의 노비들도 관서 사람을 보면 반드시
> '평안도 놈'이라고 한다. 어찌 억울하고 원통하지 않겠는가.

① 무신들이 정권을 장악하였다.
② 신식 군대인 별기군이 창설되었다.
③ 최치원이 시무 10여 조를 건의하였다.
④ 수령과 향리의 수탈로 삼정이 문란하였다.

기본 49회

3 밑줄 그은 '봉기' 이후 정부의 대책으로 옳은 것은?

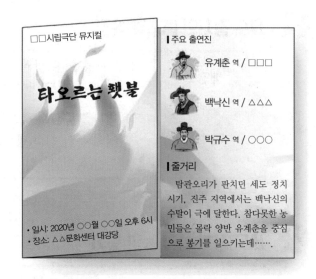

① 흑창을 두었다.
② 신해통공을 실시하였다.
③ 삼정이정청을 설치하였다.
④ 전민변정도감을 운영하였다.

기본 47회

4 밑줄 그은 '거사'에 대한 설명으로 옳은 것은?

① 강화도 초지진에서 항전하였다.
② 서경 천도와 금국 정벌을 주장하였다.
③ 제물포 조약이 체결되는 결과를 가져왔다.
④ 서북 지역민에 대한 차별에 반발하여 일어났다.

17일차

주제 33

실학의 발전과 새로운 사상의 등장

1 실학의 발달

농업 중심주의 실학자	유형원	• 『반계수록』 등 • 균전론(신분에 따라 토지 차등 분배) 주장
	이익	• 『성호사설』 등 • 한전론(매매할 수 없는 토지인 영업전 설정) 주장 • 나라를 좀먹는 여섯 가지 폐단 지적(노비 제도, 과거 제도, 문벌 제도, 사치와 미신, 승려, 게으름), 붕당의 폐단 비판
	정약용	• 여전론(토지 공동 경작, 노동에 따른 분배), 정전제 주장 • 『목민심서』, 『경세유표』 등 저술
상공업 중심주의 실학자	유수원	• 『우서』 등 • 상공업 진흥과 사농공상★의 직업적 평등과 전문화 주장
	홍대용	• 『임하경륜』, 『의산문답』 등 • 지전설, 무한 우주론 주장, 중국 중심의 성리학적 세계관 비판
	박지원	• 『열하일기』 등 • 수레 · 선박 이용과 서양 문물 도입 주장 • 「양반전」, 「허생전」 등의 소설 → 양반의 위선과 무능 비판
	박제가	• 『북학의』 등 • 수레 · 선박 이용과 청 문물 수용, 상공업 육성, 소비 강조

★사농공상: 선비(士), 농민(農民), 공장(工匠), 상인(商人)을 이르는 말

2 새로운 사상 등장

동학	• 경주 출신 양반 최제우가 유교 · 불교 · 민간 신앙을 결합해 창시(1860) • 시천주 · 인내천 사상(인산 평등), 신분 실서 부성 → 최제우 처형 • 2대 교주 최시형이 교세 확장, 교리를 정리한 『동경대전』, 『용담유사』 간행
천주교	• 학문 형태인 서학으로 수용 → 18세기 후반 남인 실학자들에 의해 신앙으로 수용 • 탄압: 조상에 대한 제사 거부, 평등 사상 전파로 탄압 → 신해박해(윤지충 순교), 신유박해(이승훈 순교), 황사영 백서 사건★ 등 • 인간 평등, 내세 사상으로 하층민, 중인, 부녀자들 사이에서 확산

★황사영 백서 사건: 신유박해 이후 황사영이 베이징 선교사에게 군대를 요청하는 편지를 보내다가 발각된 사건

기본 55회

1 (가)에 들어갈 인물로 옳은 것은?

○○○님이 천안 (가) 과학관에 있습니다.
21시간 전 · 충청남도 천안시 · 🌐

조선 후기 지전설과 무한 우주론을 주장한 과학 사상가이자 실학자인 담헌 (가) 을/를 기리는 과학관을 다녀왔다. 다양한 체험 활동을 하며 …… 더 보기

👍 △△△님 외 38명   댓글 7개

① 박제가   ② 이순지   ③ 장영실   ④ 홍대용

기본 51회

2 밑줄 그은 '개혁안'의 내용으로 옳은 것은?

이곳은 유형원이 학문 연구와 저술에 힘썼던 전라북도 부안군 우반동의 반계 서당입니다. 그는 이곳에 머물면서 다양한 개혁안을 담은 반계수록을 저술하였습니다.

① 균전제 실시
② 정혜결사 제창
③ 훈련도감 창설
④ 전민변정도감 설치

기본 51회

3 (가)에 들어갈 종교로 옳은 것은?

동경대전

경전

최제우 — 창시자 — (가) — 주요 사상 — 시천주, 인내천

① 동학   ② 대종교   ③ 원불교   ④ 천주교

기본 50회

4 다음 인물에 대한 설명으로 옳은 것은?

역사 인물을 찾아서

• 조선 후기 실학자 · 문장가
• 생몰: 1737년~1805년
• 호: 연암
• 주요 활동
  - 「양반전」, 「허생전」 저술
  - 수레와 선박의 이용 등을 강조

① 몽유도원도를 그렸다.
② 열하일기를 저술하였다.
③ 사상 의학을 정립하였다.
④ 대동여지도를 제작하였다.

17일차

조선 후기 경제와 사회·문화

1 조선 후기 수취 체제의 변화

영정법(인조)	풍흉에 관계없이 전세를 토지 1결당 쌀 4두로 고정
대동법(광해군)	• 공납의 폐단을 해결하기 위해 시행 • 특산물 대신 쌀, 베, 동전 등으로 납부
균역법(영조)	1년에 2필씩 내던 군포를 1필로 줄임

2 상품 화폐 경제 발달

상업 발달	• 시전 상인, 국가로부터 대가를 받고 물품을 납부하는 공인(→ 도고★로 성장) 활동 • 보부상(장시 발달), 사상 발달
화폐 경제	• 숙종 때 상평통보 유통 • 전황 발생: 화폐를 재산 축적에 사용해 시중에 유통되는 화폐가 부족해지는 현상

★도고: 독점적 도매 상인

3 조선 후기 사회 변화

신분제 동요	• 양반층 분화: 임진왜란 이후 공명첩, 족보 위조 등으로 양반 수 증가 • 서얼: 통청 운동(상소 운동) 전개 • 상민: 공명첩 등으로 신분 상승 • 노비 감소: 순조 때 공노비 해방

4 조선 후기 문화의 새 경향

서민 문화	• 판소리, 탈춤 유행 → 양반 비판·풍자 • 한글 소설, 사설 시조 유행
회화	• 진경산수화 유행(정선의 「인왕제색도」, 「금강전도」) • 풍속화: 김홍도의 「씨름」, 「서당」 등, 신윤복의 「단오풍정」, 「월하정인도」 등
건축	김제 금산사 미륵전, 구례 화엄사 각황전, 보은 법주사 팔상전 등

출제 Point

• 조선 후기의 경제·사회·문화의 변화에 대해 알아 두세요.
• 조선 전기나 고려의 경제·사회·문화와 비교하며 공부하세요.

기본 55회

1 다음 직업이 등장한 시기의 사회 모습으로 옳은 것은?

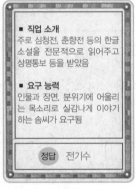

(앞면)　　　　　　　　(뒷면)

① 변발과 호복이 유행하였다.
② 판소리와 탈춤이 성행하였다.
③ 골품에 따라 일상생활을 규제하였다.
④ 특수 행정 구역인 향과 부곡이 있었다.

기본 49회

2 다음 특별전에서 볼 수 있는 작품으로 옳은 것은?

① 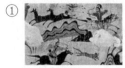 수렵도

②  인왕제색도

③  몽유도원도

④ 고사관수도

기본 48회

3 (가)에 들어갈 내용으로 옳지 <u>않은</u> 것은?

① 내상이 일본과의 무역을 주도했어.
② 벽란도에서 송과의 무역이 이루어졌어.
③ 관청에 물품을 조달하는 공인이 활동했어.
④ 정기 시장인 장시가 전국 각지에서 열렸어.

기본 48회

4 다음 퀴즈의 정답으로 옳은 것은?

① 납속책
② 사창제
③ 영정법
④ 호포제

17-04

18일차

주제 35 월 일 스토리북 082쪽

흥선 대원군의 개혁과 통상 수교 거부 정책

1 흥선 대원군의 개혁 정책

왕권 강화	• 세도 정치 기구 비변사 폐지 → 의정부, 삼군부 기능 부활
	• 경복궁 중건: 공사비를 마련하기 위해 당백전 발행, 원납전★ 강제 징수
	• 서원 정리: 서원이 면세 혜택으로 폐단을 일으키자 전국 47개소만 남기고 철폐
	• 법전 『대전회통』, 『육전조례』 편찬
삼정의 문란 개혁	• 사창제 시행: 환곡의 폐단을 바로잡기 위해 자치적으로 마을 창고를 운영하게 함
	• 호포제 실시: 군정의 문란을 해결하기 위해 양반에게도 군포 징수(군포를 집집마다 부과)

*원납전: 경복궁 중건을 위한 기부금

2 통상 수교 거부 정책

병인박해 (1866.1.)	• 프랑스 선교사를 통한 프랑스와의 교섭 실패 → 천주교 탄압 여론 심화
	• 흥선 대원군이 프랑스 신부와 천주교 신도 처형
제너럴 셔먼호 사건 (1866.7.)	미국 상선 제너럴 셔먼호가 평양 대동강에서 통상 요구 → 평안도 관찰사 박규수와 평양 관민이 통상을 거부하며 배를 불태움
오페르트 도굴 사건 (1868)	• 독일 상인 오페르트가 흥선 대원군의 아버지 남연군 묘 도굴 시도 → 실패
	• 결과: 서양에 대한 배척, 통상 수교 거부 정책 강화

3 병인양요와 신미양요

병인양요 (1866.9.)	• 배경: 병인박해
	• 전개: 프랑스 함대가 강화도 침략 → 한성근(문수산성), 양헌수(정족산성) 부대의 활약 → 프랑스군 격퇴, 외규장각 의궤 등 약탈
신미양요 (1871)	• 배경: 제너럴 셔먼호 사건
	• 전개: 미국 함대가 강화도 침략, 통상 요구 → 어재연 부대가 광성보에서 항전
척화비 건립	신미양요 직후 종로와 전국 각지에 척화비 건립 → 서양과의 통상 수교 거부 의지

출제 **Point**

• 흥선 대원군이 실시한 개혁 정책에 대해 알아 두세요.
• 서양의 침략으로 발생한 여러 사건과 양요들은 사건의 발생 배경과 전개 과정, 결과를 함께 공부하세요.

기본 55회

1 (가) 시기에 있었던 사실로 옳은 것은?

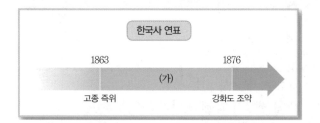

한국사 연표

1863   1876
        (가)
고종 즉위   강화도 조약

①  신미양요

②  보빙사 파견

③  황룡촌 전투

④ 만민 공동회 개최

기본 51회

2 (가) 인물이 집권한 시기의 사실로 옳은 것은?

소식 들었는가? 이제 우리 양반에게도 군포를 걷겠다는군.

어쩌겠는가. 조정이 왕의 아버지인 (가) 의 위세에 눌려 모든 일이 그의 뜻대로 되고 있으니 말일세.

① 장용영이 창설되었다.
② 척화비가 건립되었다.
③ 청해진이 설치되었다.
④ 칠정산이 편찬되었다.

기본 49회

3 밑줄 그은 '이 사건'의 배경으로 옳은 것은?

지금 보고 있는 것은 양헌수 장군이 이 사건 당시 정족산성에서 프랑스군과 벌인 전투를 기록한 문헌입니다.

정족산성 접전 사실

① 병인박해가 일어났다.
② 영국이 거문도를 점령하였다.
③ 오페르트가 남연군 묘를 도굴하려 하였다.
④ 서인 정권이 친명배금 정책을 추진하였다.

기본 47회

4 다음 다큐멘터리에서 볼 수 있는 장면으로 가장 적절한 것은?

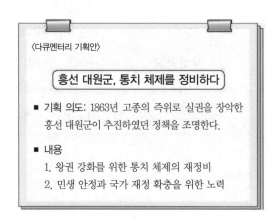

〈다큐멘터리 기획안〉

흥선 대원군, 통치 체제를 정비하다

■ 기획 의도: 1863년 고종의 즉위로 실권을 장악한 흥선 대원군이 추진하였던 정책을 조명한다.

■ 내용
1. 왕권 강화를 위한 통치 체제의 재정비
2. 민생 안정과 국가 재정 확충을 위한 노력

① 서원 철폐에 반대하는 양반
② 배재 학당에서 공부하는 학생
③ 탕평비 건립을 바라보는 유생
④ 만민 공동회에서 연설하는 백정

18일차

주제 36

개항과 개화 정책 추진

1 개항과 불평등 조약 체결

개항 배경	흥선 대원군 하야, 통상 개화론 대두, 운요호 사건★
강화도 조약 (조일 수호 조규)	• 최초의 근대적 조약, 불평등 조약 • 내용: 부산 · 원산 · 인천 개항, 해안 측량권 허용, 개항장에서의 치외 법권★
조일 무역 규칙	양곡 무제한 유출, 일본 수출입 상품에 대한 무관세 조항
조미 수호 통상 조약	• 배경: 김홍집이 소개한 황준헌(황쭌셴)의 『조선책략』 → 미국과 수교 필요성 강조 • 내용: 거중 조정★, 치외 법권, 최혜국 대우★ 인정

★운요호 사건: 일본이 조선을 개항시키기 위해 군함을 파견해 강화도, 영종도를 침략한 사건
★치외 법권: 외국인이 다른 나라의 영토에 있으면서도 그 나라 국내법의 적용을 받지 않는 권리
★거중 조정: 제3자가 양국의 분쟁을 조정하는 것
★최혜국 대우: 조약을 체결한 나라가 상대국에 대해 가장 유리한 혜택을 받는 나라와 동등한 대우를 하는 것

2 개화 정책 추진

기구 개편	통리기무아문 설치(개화 정책 담당, 1880), 12사(개화 정책 실무 행정 담당)
군제 개편	• 5군영 → 2영(무위영, 장어영) • 신식 군대인 별기군 설치
해외 시찰단 파견	• 수신사: 강화도 조약 체결 이후 일본에 파견(1차 수신사 김기수, 2차 수신사 김홍집) • 조사 시찰단: 일본의 근대적 발전 시찰 • 영선사: 청의 근대적 무기 제조법 · 군사 훈련법 습득(김윤식) → 귀국 후 기기창 설치 • 보빙사: 조미 수호 통상 조약 체결 이후 미국에 파견

3 위정척사 운동

1860년대	• 통상 개화 반대 운동, 척화주전론 • 중심인물: 이항로, 기정진 등
1870년대	• 개항 반대 운동 • 최익현의 왜양일체론: 서양의 문물을 받아들인 일본도 서양과 마찬가지로 오랑캐라는 주장
1880년대	• 개화 반대 운동 • 영남 만인소(이만손, 홍재학 등)

출제 Point

• 개항 이후 체결된 각 불평등 조약들의 내용을 구분할 수 있어야 합니다.
• 정부의 개화 정책에 대한 위정척사 운동의 전개 내용을 시기별로 기억하세요.

기본 54회

1 (가)에 들어갈 사절단으로 옳은 것은?

이것은 (가) 의 대표 민영익이 미국 대통령에게 전한 국서의 한글 번역문입니다. 이 문서에는 두 나라가 조약을 맺어 우호 관계가 돈독해졌으므로 사절단을 보낸다는 내용 등이 담겨 있습니다.

① 수신사　　　　　② 보빙사
③ 영선사　　　　　④ 조사 시찰단

기본 52회

2 (가)~(다) 학생이 발표한 내용을 일어난 순서대로 옳게 나열한 것은?

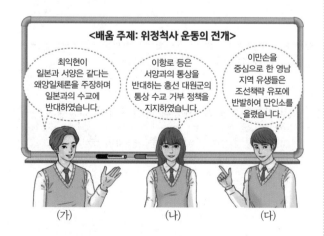

<배움 주제: 위정척사 운동의 전개>

최익현이 일본과 서양은 같다는 왜양일체론을 주장하며 일본과의 수교에 반대하였습니다. (가)

이항로 등은 서양과의 통상을 반대하는 흥선 대원군의 통상 수교 거부 정책을 지지하였습니다. (나)

이만손을 중심으로 한 영남 지역 유생들은 조선책략 유포에 반발하여 만인소를 올렸습니다. (다)

① (가) - (나) - (다)
② (가) - (다) - (나)
③ (나) - (가) - (다)
④ (다) - (가) - (나)

기본 50회

3 (가)에 들어갈 내용으로 옳은 것은?

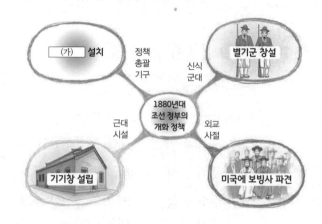

(가) 설치 / 정책 총괄 기구

별기군 창설 / 신식 군대

1880년대 조선 정부의 개화 정책

기기창 설립 / 근대 시설

미국에 보빙사 파견 / 외교 사절

① 교정청
② 군국기무처
③ 도평의사사
④ 통리기무아문

기본 49회

4 (가) 조약 이후에 있었던 사실로 옳은 것은?

주제: (가) 의 체결

조선책략의 내용이 유포되고 청이 적극적으로 알선하여 조약이 체결되었습니다.

서양 국가와 맺은 최초의 근대적 조약이었습니다.

조선책략

조약 체결 장면

① 보빙사가 파견되었다.
② 별기군이 창설되었다.
③ 탕평비가 건립되었다.
④ 통리기무아문이 설치되었다.

1 임오군란(1882)

배경	정부의 개화 정책, 신식 군대 별기군과 구식 군대 차별 대우
전개	구식 군인의 봉기 → 선혜청과 일본 공사관 습격 → 흥선 대원군 재집권(개화 정책 중단, 통리기무아문 폐지, 5군영 부활) → 민씨 세력의 요청으로 청군 개입, 군란 진압 → 민씨 세력 재집권, 흥선 대원군을 청으로 압송
결과	• 청의 내정 간섭 시작: 청군 주둔, 내정 고문 마젠창 · 외교 고문 묄렌도르프 파견 • 조청 상민 수륙 무역 장정 체결: 청 상인의 내지 통상권 규정 • 제물포 조약 체결: 일본 정부에 배상금 지불, 일본 공사관에 경비병 주둔

2 갑신정변(1884)

배경	임오군란 이후 청의 내정 간섭, 급진 개화파와 민씨 세력의 갈등
전개	급진 개화파(김옥균 · 박영효 등)가 우정총국 개국 축하연 자리에서 정변 → 민씨 세력 살해, 개화당 정부 수립, 14개조 개혁 정강 발표 → 청군에 의해 진압, 일본군 철수, 3일 만에 실패
14개조 개혁 정강	• 정치: 흥선 대원군 송환 요구, 청에 대한 조공 폐지, 내각 중심제 주장 • 경제: 국가 재정 호조 일원화 • 사회: 문벌 폐지, 능력에 따른 인재 등용
결과	• 청의 내정 간섭 심화: 민씨 세력 재집권, 개화 세력 약화 • 한성 조약 체결: 일본에 배상금 지급, 일본 공사관 신축 비용 부담 • 톈진 조약 체결: 청일 양국 군대 공동 철수와 향후 파병 시 상호 통보 약속

출제 Point

• 임오군란과 갑신정변의 발생 배경과 전개 과정에 대해 알아 두세요.
• 임오군란과 갑신정변의 결과로 체결된 조약들의 내용을 공부하세요.

1 (가)에 들어갈 사건으로 옳은 것은?

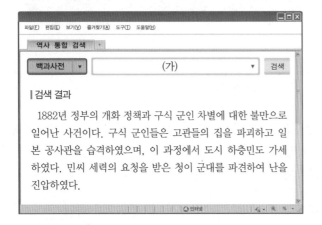

| 파일(F) | 편집(E) | 보기(V) | 즐겨찾기(A) | 도구(T) | 도움말(H) |

역사 통합 검색

백과사전 ▼ | (가) | ▼ | 검색

┃검색 결과

　　1882년 정부의 개화 정책과 구식 군인 차별에 대한 불만으로 일어난 사건이다. 구식 군인들은 고관들의 집을 파괴하고 일본 공사관을 습격하였으며, 이 과정에서 도시 하층민도 가세하였다. 민씨 세력의 요청을 받은 청이 군대를 파견하여 난을 진압하였다.

① 임오군란
② 삼국 간섭
③ 거문도 사건
④ 임술 농민 봉기

3 밑줄 그은 '거사'로 옳은 것은?

나는 개화 정책을 강력하게 추진하기 위해 1884년 이곳 우정총국의 개국 축하연을 이용해서 거사를 감행하였습니다. 이후 새로운 정부를 구성하였으나 청군의 개입으로 3일 만에 실패로 끝이 났습니다.

① 갑신정변
② 을미사변
③ 임오군란
④ 아관 파천

2 (가) 사건에 대한 설명으로 옳은 것은?

이 책은 개화 정책에 반발하여 구식 군인들이 일으킨 ┃(가)┃ 당시 일본 공사가 쓴 보고서를 정리한 것입니다. 책에는 ┃(가)┃ (으)로 인한 일본 측의 피해 등이 기록되어 있습니다.

전보 조선사건

① 청군의 개입으로 진압되었다.
② 조선책략이 유입되는 결과를 가져왔다.
③ 우금치에서 일본군과의 전투가 벌어졌다.
④ 우정총국 개국 축하연에서 정변이 일어났다.

4 (나) 사건에 대한 설명으로 옳은 것은?

근대 역사의 현장

　　우정총국은 1884년 근대 우편 업무를 도입하기 위해 세워졌다. 그러나 개화당이 이곳에서 열린 개국 축하연을 기회로 삼아 ┃(나)┃ 을/를 일으켜 한동안 우편 업무가 중단되었다. 그 후 1895년 우체사가 설치되어 관련 업무가 재개되었다.

현재 복원된 모습
(서울시 종로구 소재)

① 구본신참을 개혁 원칙으로 내세웠다.
② 한성 조약이 체결되는 계기가 되었다.
③ 외규장각 도서가 약탈당하는 결과를 가져왔다.
④ 사태 수습을 위해 박규수가 안핵사로 파견되었다.

19일차

동학 농민 운동

1 동학 농민 운동의 전개 과정

고부 농민 봉기	고부 군수 조병갑의 횡포 → 전봉준 주도로 고부 관아 습격 → 신임 군수 임명, 농민군 자진 해산
제1차 봉기	백산 봉기 → 안핵사 이용태의 동학교도 탄압 → 전봉준을 비롯한 농민군 봉기 → 백산 집결, 4대 강령, 격문 발표(보국안민★, 제폭구민★) → 황토현·황룡촌 전투에서 관군에 승리 → 전주성 점령
전주 화약	• 정부의 요청으로 청군 파병 → 톈진 조약을 구실로 일본군도 파병 → 정부와 농민군의 전주 화약 체결(농민군 자진 해산), 집강소 설치(폐정 개혁 실시), 정부는 교정청을 설치하고 개혁 시도 • 폐정 개혁안: 탐관오리 처벌, 신분제 철폐, 봉건적 악습 폐지 등
제2차 봉기	• 배경: 일본의 경복궁 점령, 청일 전쟁 • 전개 과정: 동학 농민군 재봉기 → 논산 집결(전봉준의 남접과 손병희의 북접 연합) → 공주 우금치 전투에서 동학 농민군 패배 → 전봉준 체포

★보국안민: 나랏일을 돕고 백성을 편안하게 함
★제폭구민: 포악한 것을 물리치고 백성을 구원함

2 동학 농민 운동의 의의

성격	• 반봉건: 신분제·사회 개혁 요구 • 반외세: 일본 침략과 내정 간섭에 저항
영향	• 농민군의 요구 중 일부(신분제 폐지, 과부 재가 허용 등)가 갑오개혁에 반영 • 잔여 세력이 활빈당 등을 조직해 항일 의병 투쟁 참여

▲ 동학 농민 운동의 전개 과정

출제 Point

• 동학 농민 운동의 전개 과정을 일어난 순서대로 기억하세요.
• 동학 농민 운동의 중심인물과 내용, 특징에 대해 알아 두세요.

1 다음 사건에 대한 설명으로 옳은 것은?

백산 집결 → 황룡촌 전투

전주성 점령 → 우금치 전투

① 외규장각 도서가 약탈되었다.
② 집강소를 설치하여 폐정 개혁을 추진하였다.
③ 홍의 장군 곽재우가 의병장으로 활약하였다.
④ 서북인에 대한 차별이 원인이 되어 일어났다.

2 다음 가상 편지의 (가)에 들어갈 기구로 옳은 것은?

사랑하는 딸에게

아빠는 농민군의 일원으로 나라와 백성을 구하기 위해 싸우고 있단다. 전주에서 정부와 화해하고 우리가 (가) 을/를 설치하여 탐관오리를 처벌하는 등의 활동을 할 때에는 새로운 세상이 머지않아 보였어. 그런데 일본이 군대를 동원하여 궁궐을 점령하고 조정을 압박하니 농민군이 다시 나서게 되었지. 우리의 무기는 비록 변변치 못하지만 전봉준 장군을 중심으로 단결하여 기세는 하늘을 찌르고 있단다.
네 모습이 무척 그립구나. 아빠가 곧 집으로 돌아갈 터이니 엄마 말씀 잘 듣고 건강히 지내렴.
아빠가

① 기기창
② 집강소
③ 도평의사사
④ 통리기무아문

3 (가)에 대한 설명으로 옳은 것은?

□□신문

제△△호　　2019년 ○○월 ○○일

(가) 의 국가 기념일, 5월 11일로 지정되다

정부는 농민군이 황토현에서 관군을 물리친 5월 11일(음력 4월 7일)을 국가 기념일로 지정하였다.
(가) 은/는 1894년 제폭구민과 보국안민을 기치로 부패한 정치를 개혁하고 외세에 맞서 싸우기 위해 봉기한 사건이다.

황토현 전적비

① 별기군을 창설하는 계기가 되었다.
② 대구에서 시작하여 전국으로 확산되었다.
③ 조선 총독부의 탄압과 방해로 실패하였다.
④ 집강소를 중심으로 폐정 개혁안을 실천하였다.

4 밑줄 그은 '이 운동'의 전개 과정에서 있었던 일로 옳지 <u>않은</u> 것은?

사진 속 모습은 이 운동을 주도한 전봉준이 재판을 받기 위해 이송되는 장면입니다.

① 집강소가 설치되었다.
② 한성 조약이 체결되었다.
③ 백산에서 4대 강령이 발표되었다.
④ 농민군이 황토현에서 승리를 거두었다.

20일차 주제 39 갑오개혁과 을미개혁

① 제1차 갑오개혁(1894.7.)

배경		• 일본군의 경복궁 무력 점령, 민씨 정권 붕괴 → 흥선 대원군 섭정, 김홍집 내각 수립 • 군국기무처 설치: 갑오개혁을 추진하기 위한 초법적 기구
내용	정치	개국 기년 사용, 왕실과 정부 사무 분리(궁내부와 의정부 설치), 6조를 8아문으로 개편, 과거제 폐지, 경무청 설치
	경제	재정의 일원화(탁지아문), 은 본위 화폐 제도, 조세의 금납화, 도량형 통일
	사회	신분제 폐지, 과부 재가 허용, 조혼 금지, 고문 · 연좌제 폐지

② 제2차 갑오개혁(1894.12.)

배경		• 청일 전쟁에서 승기를 잡은 일본, 2차 김홍집 · 박영효 연립 내각 수립, 군국기무처 폐지 • 홍범 14조 발표: 개혁의 기본 방향
내용	정치	의정부 · 8아문을 7부로 개편, 지방 행정 구역을 8도에서 23부로 개편, 사법권 · 행정권 분리(재판소 설치)
	경제	탁지아문 아래 관세사 · 징세사 설치
	사회	교육 입국 조서 → 한성 사범 학교, 외국어 학교 관제 반포

③ 을미개혁(1895)

배경	• 삼국 간섭(러시아 · 프랑스 · 독일)으로 일본이 요동반도를 청에 반환 • 을미사변(명성 황후 시해) → 김홍집 내각의 개혁 추진
내용	• 건양 연호 사용, 태양력 사용, 단발령 시행 • 군사: 친위대, 진위대 설치
결과	• 을미의병: 을미사변과 단발령에 저항 • 아관 파천으로 개혁 중단

출제 Point

• 개항 이후 실시한 근대적 개혁의 내용에 대해 공부하세요.
• 개혁의 내용과 시기를 구분해 알아 두세요.

1 밑줄 그은 '개혁'의 내용으로 옳지 <u>않은</u> 것은?

역사 용어 카드

군국기무처

1894년 6월 의정부 산하에 설치되어 개혁을 추진하였던 정책 의결 기구이다. 총재는 영의정 김홍집이 겸임하였다. 약 3개월 동안 신분제 폐지, 조혼 금지 등 약 210건의 안건을 심의하고 통과시켰다.

① 지계를 발급하였다.
② 과거제를 폐지하였다.
③ 도량형을 통일하였다.
④ 연좌제를 금지하였다.

2 (가)에 들어갈 기구로 옳은 것은?

주제: 갑오 · 을미개혁

1. 제1차 갑오개혁: [(가)]을/를 중심으로 개혁을 추진하여 과거제, 노비제, 연좌제 등 폐지
2. 제2차 갑오개혁: 홍범 14조 반포, 지방 행정 조직을 23부로 개편, 교육 입국 조서 반포
3. 을미개혁: 태양력 채택, 건양 연호 사용, 단발령 실시

① 정방
② 교정도감
③ 군국기무처
④ 통리기무아문

3 다음 사건이 일어난 시기를 연표에서 옳게 고른 것은?

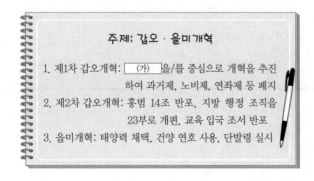

아침 7시가 될 무렵 왕과 세자는 궁녀들이 타는 가마를 타고 몰래 궁을 떠났다. 탈출은 치밀하게 계획된 것이었다. 1주일 전부터 궁녀들은 몇 채의 가마를 타고 궐문을 드나들어서 경비병들이 궁녀들의 잦은 왕래에 익숙해지도록 했다. 그래서 이른 아침 시종들이 두 채의 궁녀 가마를 들고 나갈 때도 경비병들은 특별히 신경쓰지 않았다. 왕과 세자는 긴장하며 러시아 공사관에 도착했다.
– F. A. 매켄지의 기록 –

1863		1871		1884		1895		1904
	(가)		(나)		(다)		(라)	
고종 즉위		신미 양요		갑신 정변		을미 사변		러일 전쟁

① (가)   ② (나)   ③ (다)   ④ (라)

4 (가) 시기에 있었던 사실로 옳은 것은?

① 당백전이 발행되었다.
② 동시전이 설치되었다.
③ 속대전이 편찬되었다.
④ 태양력이 채택되었다.

20일차

독립 협회와 대한 제국

1 독립 협회

배경	• 아관 파천 이후 친러 내각 수립 • 독립신문 창간: 서재필 주도, 자주 독립 · 자유 민권 사상 고취
창립(1896)	모화관을 독립관으로 개조, 조선 시대에 청의 사신을 맞던 영은문 터에 독립문 건립
활동	• **자주 국권 운동**: 절영도 조차 요구 저지, 한러 은행 폐쇄, 고종 환궁 요구, 만민 공동회 개최 • **자유 민권 운동**: 기본권 운동(언론 · 출판 · 집회 · 결사의 자유) • **자강 개혁 운동**: 중추원 관제 개편을 통한 의회 설립 운동, 관민 공동회 개최(박정양 내각의 대신 참여) → 헌의 6조(국권 수호, 민권 보장, 정치 개혁 등) 채택
해산	고종의 해산 명령, 황국 협회를 동원해 강제 해산

2 대한 제국 수립과 광무개혁 추진

대한 제국 수립	고종이 경운궁으로 환궁 → 대한 제국 선포(연호 광무, 1897) → 환구단에서 황제 즉위식 거행
광무개혁	• 복고주의, 구본신참★, 점진적 개혁 • 대한국 국제 반포(1899), 전국을 13도로 개편 • 원수부(황제의 군사 지휘권 장악) • 양전 사업(지계 발급, 근대적 토지 소유권 확립 시도), 상공업 진흥 노력

★구본신참: 옛것을 기본으로 삼고 새것을 참고함

 Point

독립 협회의 활동과 광무개혁의 내용에 대해 알아 두세요.

1 (가)에 들어갈 단체의 활동으로 옳은 것은?

오늘 신문에 (가) 이/가 종로에서 만민 공동회를 열어 러시아 군사 교관 철수를 요구했다는 기사가 실렸네.

지난 기사에는 러시아의 절영도 조차 요구를 반대했다는 내용이 실렸었지요.

① 태극 서관을 운영하였다.
② 독립문 건립을 주도하였다.
③ 고종 강제 퇴위를 반대하였다.
④ 국채 보상 운동을 지원하였다.

2 (가) 단체의 활동으로 옳은 것은?

우리 대조선국이 독립국이 되어 세계 여러 나라와 어깨를 나란히 하니, 우리 동포 이천만이 오늘날 맞이한 행복이다. 여러 사람의 의견으로 (가) 을/를 조직하여 옛 영은문 자리에 독립문을 새로 세우고, 옛 모화관을 고쳐 독립관이라 하고자 한다. 이는 지난날의 치욕을 씻고 후손들에게 본보기를 보여 주고자 함이다.

① 형평 운동을 전개하였다.
② 만민 공동회를 개최하였다.
③ 한국 광복군을 창설하였다.
④ 한글 맞춤법 통일안을 제정하였다.

3 (가)에 들어갈 문화유산으로 옳은 것은?

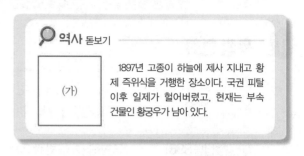

🔍 역사 돋보기

(가) 1897년 고종이 하늘에 제사 지내고 황제 즉위식을 거행한 장소이다. 국권 피탈 이후 일제가 헐어버렸고, 현재는 부속 건물인 황궁우가 남아 있다.

① 종묘
② 광혜원
③ 사직단
④ 환구단

4 밑줄 그은 '이 단체'에 대한 설명으로 옳은 것은?

문화유산 입체 모형 발표회

독립문은 청의 사신을 맞이하던 영은문이 있던 자리에 자주 독립의 의지를 드높이고자 이 단체가 건립하였습니다.

① 집강소를 설치하였다.
② 서재필 등이 설립하였다.
③ 한국 광복군을 창설하였다.
④ 물산 장려 운동을 주도하였다.

21일차 주제 41 을사늑약과 국권 피탈

1 러일 전쟁 발발(1904~1905)

배경		일본이 뤼순 항의 러시아 함대 선제 공격
한일 의정서 (1904.2.)		일본이 군사 전략상 요지 사용
제1차 한일 협약 (1904.8.)		재정 고문 메가타, 외교 고문 스티븐스 파견 → 내정 간섭
영향	가쓰라-태프트 밀약	일본의 한국 지배와 미국의 필리핀 지배를 서로 인정
	제2차 영일 동맹	영국이 한국에 대한 일본의 독점적 지배권 인정
	포츠머스 조약	러시아가 일본의 한국 지배권 인정

2 일제의 국권 침탈 과정

을사늑약 (제2차 한일 협약, 1905)	• 내용: 일본이 대한 제국의 외교권 박탈, 통감부 설치(초대 통감 이토 히로부미 부임) • 저항: 을사늑약 무효 선언, 만국 평화 회의에 헤이그 특사(이상설, 이준, 이위종) 파견 → 이를 구실로 고종 강제 퇴위, 상소 운동, 민영환 자결
한일 신협약 (정미 7조약, 1907)	• 일본인 차관 배치 → 행정권 장악 • 대한 제국 군대 해산
한일 병합(1910)	일진회의 합방 청원서 제출 → 이완용, 데라우치의 병합 조약 발표

출제 Point

일제가 국권을 침탈하는 과정에서 체결한 각 조약의 내용과 체결 순서를 구분할 수 있도록 공부하세요.

기본 55회

1 밑줄 그은 '특사'에 대한 설명으로 옳은 것은?

그는 1907년 만국 평화 회의에 특사로 파견되었어.

이상설, 이위종도 함께 활동했었지.

여기가 이준 열사가 묻힌 곳이구나.

① 서양에 파견된 최초의 사절단이었다.
② 조선책략을 국내에 처음 소개하였다.
③ 기기국에서 무기 제조 기술을 배우고 돌아왔다.
④ 을사늑약의 부당함을 전 세계에 알리고자 하였다.

기본 51회

2 밑줄 그은 '새 조약'에 대한 설명으로 옳은 것은?

> 나인영은 진술하기를 "광무 9년 11월에 우리 대한 제국의 외교권을 일본에 넘겨준 새 조약은 일본의 강제에 따른 것으로 황제 폐하가 윤허하지 않았고, 참정대신이 동의하지도 않았습니다. 슬프게도 5적 이지용, 이근택, 박제순 등이 제멋대로 가(可)하다고 쓰고 속여 2천만 민족을 노예로 내몰았습니다."라고 하였다.

① 운요호 사건을 계기로 체결되었다.
② 최혜국 대우를 처음으로 규정하였다.
③ 통감부가 설치되는 결과를 가져왔다.
④ 외국과 맺은 최초의 근대적 조약이었다.

기본 49회

3 (가)~(다)를 일어난 순서대로 옳게 나열한 것은?

(가)	(나)	(다)

역사 신문 / 박승환 대대장, 군대 해산에 항의하며 순국하다

역사 신문 / 헤이그 특사, 을사늑약의 부당성을 폭로하다

역사 신문 / 고종, 일본에 의해 강제 퇴위되다

① (가) – (나) – (다)
② (가) – (다) – (나)
③ (나) – (다) – (가)
④ (다) – (가) – (나)

기본 47회

4 (가) 조약의 내용으로 옳은 것은?

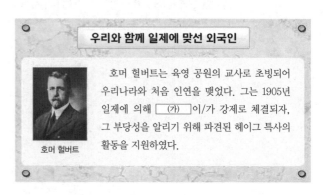

우리와 함께 일제에 맞선 외국인

호머 헐버트는 육영 공원의 교사로 초빙되어 우리나라와 처음 인연을 맺었다. 그는 1905년 일제에 의해 [(가)]이/가 강제로 체결되자, 그 부당성을 알리기 위해 파견된 헤이그 특사의 활동을 지원하였다.

호머 헐버트

① 외교권 박탈
② 천주교 포교 허용
③ 화폐 정리 사업 실시
④ 대한 제국 군대 해산

항일 의병 운동과 애국 계몽 운동

1 항일 의병 운동과 의열 투쟁

을미의병(1895)	• 배경: 을미사변, 단발령 • 유인석, 이소응 등 유생 의병장 주도 • 일본군과 관리, 일본 거류민 공격 • 고종의 해산 권고로 자진 해산
을사의병(1905)	• 배경: 을사늑약 체결 • 의병장: 최익현(쓰시마섬에서 순국), 민종식, 신돌석(평민 출신)
정미의병(1907)	• 배경: 고종 강제 퇴위, 대한 제국 군대 강제 해산 • 해산 군인이 가담하며 의병 조직 발전 • 전국 의병 연합 부대 13도 창의군 결성(총대장 이인영, 참모장 허위) • 서울 진공 작전(1908): 서울 근교까지 진격했으나 실패
의열 투쟁	• 나철·오기호의 5적 암살단 조직 → 을사늑약을 체결한 을사 오적 처단 시도 • 이재명의 이완용 암살 시도(명동 성당) • 전명운·장인환의 스티븐스 사살(샌프란시스코, 1908) • 안중근의 이토 히로부미 사살(만주 하얼빈, 1909)

2 애국 계몽 운동

보안회 (1904)	일제의 황무지 개간권 요구 저지
헌정 연구회 (1905)	• 친일 단체인 일진회에 대항해 조직 • 입헌 군주제 수립을 통한 민권 확대 주장
대한 자강회 (1906)	고종 강제 퇴위 반대 운동
신민회 (1907)	• 조직: 안창호, 양기탁 등이 비밀 결사 형태로 조직 • 목적: 국권 회복, 공화 정체 국민 국가 수립 지향, 실력 양성 추진, 무장 독립 투쟁 준비 • 활동: 대성 학교, 오산 학교 설립을 통해 민족 교육, 평양에 자기 회사 운영, 대한매일신보를 통해 국민 계몽 활동, 만주 삼원보에 독립운동 기지 건설 및 신흥 무관 학교 설립 • 해체: 일제가 조작한 105인 사건으로 조직 와해(1911)

출제 Point

• 각 시기별 의병 운동의 내용을 구분할 수 있도록 공부하세요.
• 일제의 국권 침탈에 저항한 의열 투쟁 활동과 애국 계몽 운동 단체의 활동을 꼭 알아 두세요.

1 밑줄 그은 '이 단체'로 옳은 것은?

이 사진에 대해 설명해 주세요.

일제가 조작한 105인 사건으로 끌려가는 애국지사들을 찍은 사진입니다. 이 사건을 계기로 안창호, 양기탁 등이 비밀리에 결성한 <u>이 단체</u>가 와해되었습니다.

① 보안회
② 신민회
③ 대한 자강회
④ 헌정 연구회

2 (가) 인물의 활동으로 옳은 것은?

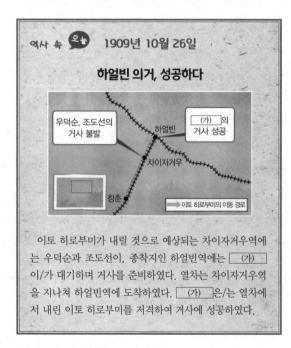

역사 속 오늘 1909년 10월 26일

하얼빈 의거, 성공하다

우덕순, 조도선의 거사 불발 — 하얼빈 — (가) 의 거사 성공

차이자거우

창춘

→ 이토 히로부미의 이동 경로

이토 히로부미가 내릴 것으로 예상되는 차이자거우역에는 우덕순과 조도선이, 종착지인 하얼빈역에는 (가) 이/가 대기하며 거사를 준비하였다. 열차는 차이자거우역을 지나쳐 하얼빈역에 도착하였다. (가) 은/는 열차에서 내린 이토 히로부미를 저격하여 거사에 성공하였다.

① 동양 평화론을 집필하였다.
② 영남 만인소를 주도하였다.
③ 조선 의용대를 창설하였다.
④ 헤이그에 특사로 파견되었다.

3 교사의 질문에 대한 학생의 답변으로 옳은 것은?

화면의 사진은 1907년 영국 기자 매켄지가 의병들을 취재하면서 찍은 것입니다. 당시 의병 활동에 대해 말해 볼까요?

① 13도 창의군을 결성하였어요.
② 정부에 헌의 6조를 건의하였어요.
③ 백산에 집결하여 4대 강령을 발표하였어요.
④ 곽재우, 고경명 등이 의병장으로 활약하였어요.

4 (가)에 들어갈 인물로 옳은 것은?

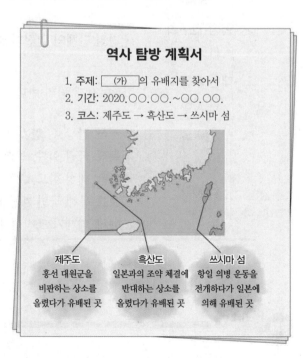

역사 탐방 계획서

1. 주제: (가) 의 유배지를 찾아서
2. 기간: 2020.○○.○○.~○○.○○.
3. 코스: 제주도 → 흑산도 → 쓰시마 섬

제주도
흥선 대원군을 비판하는 상소를 올렸다가 유배된 곳

흑산도
일본과의 조약 체결에 반대하는 상소를 올렸다가 유배된 곳

쓰시마 섬
항일 의병 운동을 전개하다가 일본에 의해 유배된 곳

① 허위
② 신돌석
③ 유인석
④ 최익현

주제 43

22일차 열강의 경제 침탈과 경제적 구국 운동

1 열강의 경제적 이권 침탈

개항 이후 경제 상황	• 개항 초기: 일본 상인의 무역 독점(거류지 무역, 약탈 · 중계 무역) • 임오군란 이후: 청 · 일 양국 상인의 경쟁(조청 상민 수륙 무역 장정, 조일 통상 장정) • 청일 전쟁 이후: 일본 상인의 무역 독점
일본의 경제 침탈	• 화폐 정리 사업: 재정 고문 메가타 주도, 백동화와 상평통보를 일본 제일 은행권으로 교체 → 조선 상인 파산, 금 본위 화폐 제도 실시 • 토지 약탈: 군용지 및 철도 부지 약탈, 동양 척식 주식회사
열강의 이권 침탈	• 철도 부설권: 경인선(미국 → 일본), 경의선(프랑스 → 일본), 경부선(일본) • 광산 채굴권: 운산 금광(미국), 은산 금광(영국) • 삼림 채벌권: 압록강 · 두만강 · 울릉도 삼림 채벌권(러시아)

2 경제적 구국 운동

방곡령 (1889, 1990)	• 배경: 개항 이후 일본으로 곡물 유출 → 곡물 가격 폭등, 식량난 • 전개: 함경도와 항해도 지방관이 방곡령 선포 → 한 달 전에 미리 통보하지 않았다는 이유로 일본이 항의, 손해 배상 요구 → 방곡령 철회, 배상금 지불
독립 협회의 이권 수호 운동	러시아 절영도 조차 요구 저지, 한러 은행 폐쇄, 프랑스 · 독일의 광산 채굴권 요구 반대
보안회	황무지 개간권 요구 반대 운동(1904)
국채 보상 운동 (1907)	• 배경: 일제의 차관 강요 • 전개: 대구에서 서상돈 · 김광제 등의 주도 → 국채 보상 기성회 설립(서울) → 대한매일신보, 황성신문 등 언론 기관의 지원 • 결과: 통감부의 탄압으로 실패
기타 상회사 설립	• 각종 상회사 설립: 대동 상회(평양), 장통회사(서울) 등 합자 회사★ • 황국 중앙 총상회(1898): 시전 상인 조직, 철시 투쟁 • 은행 설립: 조선 은행, 한성 은행, 대한 천일 은행 등 • 혜상공국(1883): 정부가 설립한 보부상 보호 단체

★합자 회사: 회사를 경영하기 위해 두 사람 이상이 자본을 한데 모은 기업 형태

출제 Point

• 개항 이후 일본과 서양 열강들의 이권 침탈 내용을 알아 두세요.
• 경제적 이권 침탈에 대항한 각종 단체의 경제적 구국 운동에 대해 공부하세요.

기본 51회

1 다음 검색창에 들어갈 용어로 옳은 것은?

오전 11:10

검색

통합 검색 백과사전 웹문서 동영상 이미지 •••

연관 검색어 ⌃

• 조일 통상 장정   • 함경도
• 배상금   • 조병식

백과사전

조선의 지방관이 직권으로 그 지방에서 생산된 곡식을 타지방이나 타국으로 유출하는 것을 금하는 조치를 말한다. 개항 후 함경도와 황해도에서 시행되기도 하였다. ……

〇〇 백과

① 단발령   ② 방곡령   ③ 삼림령   ④ 회사령

기본 50회

2 (가)에 들어갈 내용으로 옳은 것은?

이것은 대구에 세워진 국채 보상 운동 기념비입니다. 이 민족 운동에 관한 내용을 대화창에 올려 주세요.

과거로 떠나는 역사 여행

ON 대화창

🙎 국채 보상 기성회가 주도했어요.

🙍 당시 여성들은 비녀와 가락지를 모아 성금으로 내기도 했어요.

🙎   (가)

글쓰기 |

① 근우회의 후원으로 확산되었어요.
② 조선 총독부의 방해로 실패했어요.
③ 김홍집 등이 중심이 되어 활동했어요.
④ 대한매일신보 등 언론의 지원을 받았어요.

기본 48회

3 다음 대화가 이루어진 시기에 볼 수 있는 모습으로 적절한 것은?

러시아와 전쟁을 하고 있는 일본이 군수 물자 수송을 위해 경부선 철도 건설을 서두르고 있다네요.

한창 농사일로 바쁜 시기에 마을 남자들을 강제로 끌고 가 고된 일을 시키면서 임금을 제대로 주지 않고 있어요.

① 조총으로 무장한 훈련도감 군인
② 황국 신민 서사를 암송하는 학생
③ 치안 유지법 위반으로 구속된 독립운동가
④ 일본의 황무지 개간권 요구에 반대하는 보안회 회원

기본 47회

4 다음 주장을 펼친 단체로 옳은 것은?

일본은 황무지 개간권 요구를 철회하라!

조그마한 땅도 절대 넘겨줄 수 없다!

종로상

휴업

① 권업회   ② 근우회   ③ 보안회   ④ 토월회

22일차 · 주제 44 근대 언론과 문물

1 근대 문물

근대 시설	박문국, 기기창, 전환국
통신	전신, 전화(궁궐 안에 최초로 가설, 1898), 우편(우정국 설치)
전기	경복궁 건청궁에 최초로 전등 가설(1887), 한성 전기 회사
교통	• 전차: 서대문~청량리 간 노선 가설(1899) • 철도: 경인선(노량진~제물포, 1899), 경부선(1905), 경의선(1906)
의료	• 광혜원(1885): 최초의 근대식 병원, 알렌, 이후 제중원으로 이름을 바꿈 • 종두법 실시(지석영): 천연두 예방 노력
건축	독립문, 명동 성당, 덕수궁 중명전, 덕수궁 석조전

2 근대 언론 기관

한성순보	순 한문, 박문국에서 발행, 최초의 근대적 신문, 관보 성격(정부 정책 홍보)
독립신문	서재필 창간, 우리나라 최초의 민간 신문, 한글과 영문판 발행, 민권 의식 향상
황성신문	국한문 혼용, 양반 · 지식인 대상, 장지연의 「시일야방성대곡」 게재
제국신문	순 한글, 서민 · 부녀자 대상, 민중 계몽
대한매일신보	영국인 베델과 양기탁이 창간, 국채 보상 운동 지원
만세보	천도교 기관지

3 근대 교육 기관

원산학사(1883)	우리나라 최초의 근대적 사립 학교, 함경도 덕원 주민들이 설립
동문학(1883)	정부에서 세운 통역관 양성소(영어 교육)
육영 공원(1886)	헐버트 등 미국인 교사 초빙, 상류층 자제에게 근대적 학문 교육
이화 학당(1886)	개신교 선교사 스크랜튼이 설립한 최초의 여성 사립 학교, 근대적 여성 교육

출제 Point

• 근대 교통 · 건축 · 교육 기관 등을 알아 두세요.
• 근대적 교육 기관의 각 특징에 대해 공부하세요.

1 (가)에 들어갈 근대 교육 기관으로 옳은 것은?

1886년 신입생 모집

영재들이여
신학문을 가르치는 공립 학교
(가) 으로 오라!

1. 선발 인원: 35명
2. 지원 자격
  – 좌원: 7품 이하 젊은 현직 관리
  – 우원: 15~20세의 양반 자제
3. 교과목: 영어, 수학, 자연 과학 등
4. 교사: 헐버트, 길모어, 벙커 등

① 서전서숙　　② 배재 학당
③ 육영 공원　　④ 이화 학당

2 (가)에 해당하는 신문으로 옳은 것은?

(가) 에 대해 검색해 줘.

검색 결과입니다.
서재필이 중심이 되어 창간한 신문입니다. 민중 계몽을 위해 순 한글로 발행하였으며, 외국인을 위해 영문판도 함께 제작하였습니다.

 ① 독립신문
② 제국신문

 ③ 해조신문
 ④ 대한매일신보

3 (가)에 해당하는 신문으로 옳은 것은?

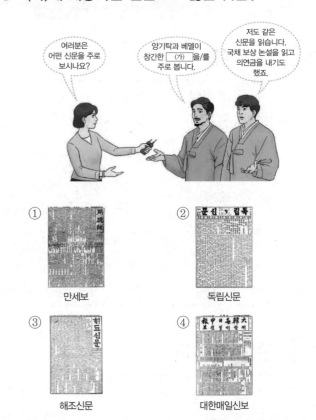

여러분은 어떤 신문을 주로 보시나요?

양기탁과 베델이 창간한 (가) 을/를 주로 봅니다.

저도 같은 신문을 읽습니다. 국채 보상 논설을 읽고 의연금을 내기도 했죠.

① 만세보
② 독립신문
③ 해조신문
④ 대한매일신보

4 (가)에 해당하는 신문으로 옳은 것은?

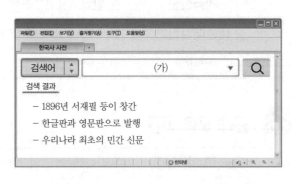

한국사 사전

검색어

(가)

검색 결과
– 1896년 서재필 등이 창간
– 한글판과 영문판으로 발행
– 우리나라 최초의 민간 신문

① 독립신문
② 제국신문
③ 해조신문
④ 대한매일신보

23일차

1910년대 일제의 무단 통치와 경제 수탈

① 1910년대 무단 통치(헌병 경찰 통치)

식민 통치 기구 설치	• 조선 총독부: 일제 식민 통치의 중추 기관(입법 · 사법 · 행정 및 군 통수권 장악) • 중추원: 총독부 자문 기구(친일파 구성)
무단 통치 내용	• 헌병 경찰 제도: 헌병이 경찰 업무 수행, 즉결 처분권 • 조선 태형령(1912): 일제가 조선인에 한해 정식 재판 없이 태형 실시 가능 • 공포 분위기 조성: 일반 관리와 학교 교사까지 제복을 입고 칼을 차게 함 • 기본권 박탈: 언론 · 출판 · 집회 · 결사의 자유 박탈, 한글 신문 폐간 • 교육 정책: 제1차 조선 교육령(보통 · 실업 교육 위주, 일본어 교육, 사립 학교 · 서당 탄압)

② 1910년대 경제 수탈

토지 조사 사업	• 목적: 식민 통치에 필요한 재정 확보, 한국의 토지 약탈 • 내용: 임시 토지 조사국 설치(1910), 토지 조사령 공포(1912), 신고주의(토지 소유자가 정해진 기일 내에 토지를 신고해야 소유권 인정) • 결과: 빼앗은 토지를 동양 척식 주식회사나 일본인에게 헐값으로 팔아넘김, 식민지 지주제 강화, 소작농의 권리 상실(관습적 경작권 상실), 농민 몰락
회사령 (1910)	• 목적: 한국인 회사 설립 억제 • 내용: 총독의 허가로 회사 설립
기타 자원 침탈	조선 어업령(1911), 삼림령(1911), 임야 조사령(1918), 조선 광업령(1915), 전매제 시행 등

출제 Point

• 1910년대 일제가 실시한 무단 통치 정책을 다른 시대의 정책과 구분해 공부하세요.
• 1910년대 일제가 실시한 경제 수탈 정책의 내용을 알아 두세요.

1 (가)에 들어갈 기구로 옳은 것은?
기본 55회

저는 지금 일제 식민 통치의 최고 기구였던 [(가)] 청사 철거 현장에 나와 있습니다. 정부는 광복 50주년을 맞아 '역사 바로 세우기' 사업의 일환으로 이번 철거를 진행한다고 밝혔습니다.

① 조선 총독부
② 종로 경찰서
③ 서대문 형무소
④ 동양 척식 주식회사

3 (가)에 들어갈 사진으로 옳은 것은?
기본 52회

사진으로 보는 일제 강점기 - 1910년대 -
헌병 경찰 / 칼을 휴대한 교사 / (가)

①  별기군
②  토지 조사 사업
③  산미 증식 계획
④  강제 공출

2 (가)~(다)를 일어난 순서대로 옳게 나열한 것은?
기본 54회

일제 강점기 시행 법령
(가) 조선 태형령 실시 / (나) 치안 유지법 제정 / (다) 국가 총동원법 공포

① (가) - (나) - (다)
② (가) - (다) - (나)
③ (나) - (가) - (다)
④ (다) - (나) - (가)

4 밑줄 그은 '시기'에 볼 수 있는 모습으로 가장 적절한 것은?
기본 51회

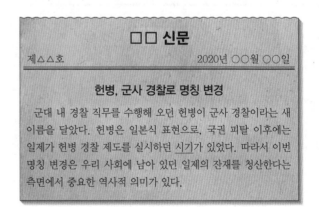

□□ 신문
제△△호　　　2020년 ○○월 ○○일
헌병, 군사 경찰로 명칭 변경
군대 내 경찰 직무를 수행해 오던 헌병이 군사 경찰이라는 새 이름을 달았다. 헌병은 일본식 표현으로, 국권 피탈 이후에는 일제가 헌병 경찰 제도를 실시하던 시기가 있었다. 따라서 이번 명칭 변경은 우리 사회에 남아 있던 일제의 잔재를 청산한다는 측면에서 중요한 역사적 의미가 있다.

① 제복을 입고 칼을 찬 교사
② 브나로드 운동에 참여하는 학생
③ 조선책략 유포에 반발하는 유생
④ 치안 유지법 위반으로 구속된 독립운동가

주제 46

23일차

1910년대 국내외 항일 운동

① 1910년대 국내 항일 민족 운동

독립 의군부 (1912)	• 고종의 밀명으로 의병장 임병찬이 비밀리에 조직 • 복벽주의★, 조선 총독에 국권 반환 요구 서신 발송 시도
대한 광복회 (1915)	• 박상진, 김좌진 등이 대구에서 결성한 군대식 조직 • 공화정체 근대 국가 수립 목표, 군자금 마련 및 친일파 처단 활동

*복벽주의: 왕이 다스리는 국가를 다시 세우겠다는 것으로, 공화주의와 반대되는 논리

② 1910년대 국외 항일 민족 운동

만주	서간도	• 이회영 · 이동녕 등이 서간도 개척 • 한인 자치 기관 경학사(부민단) 설립, 안창호 등이 신민회 조직(1907), 신흥 강습소 (→ 신흥 무관 학교)를 설립해 독립군 양성
	북간도	• 대종교 신자들을 중심으로 항일 무장 단체인 중광단(→ 북로 군정서) 결성 • 서전서숙(이상설), 명동 학교(김약연) 설립 → 민족 교육 실시
중국 관내		상하이 신한 청년당 → 파리 강화 회의에 김규식을 대표로 파견
연해주		• 블라디보스토크에 한인 거주지 신한촌 건설 • 권업회(1911): 기관지 권업신문 발행 • 대한 광복군 정부(1914): 이상설 · 이동휘, 무장 독립 투쟁 준비
미주		• 대한인 국민회(1910) · 흥사단(1913): 샌프란시스코에서 안창호 등 주도 • 대조선 국민 군단(1914): 하와이에서 박용만 등이 주도, 군사 훈련 • 숭무 학교: 멕시코 이주민들이 설립, 독립군 양성, 무장 투쟁 준비

출제 Point

• 1910년대 항일 운동 단체와 그 활동에 대해 알아 두세요.
• 국외 항일 운동 단체 관련 문제는 지역과 단체를 연결할 수 있도록 공부하세요.

1 (가) 지역에서 있었던 독립운동에 대한 설명으로 옳은 것은?

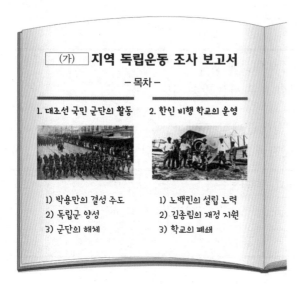

① 서전서숙이 세워졌다.
② 권업회가 조직되었다.
③ 신흥 강습소가 설립되었다.
④ 대한인 국민회가 결성되었다.

3 (가)에 해당하는 인물로 옳은 것은?

① 김규식
② 안창호
③ 여운형
④ 이동휘

2 밑줄 그은 '이 단체'로 옳은 것은?

① 대한 광복회
② 조선어 학회
③ 조선 형평사
④ 한인 애국단

4 (가)에 들어갈 내용으로 옳은 것은?

① 동문학
② 배재 학당
③ 신흥 강습소
④ 한성 사범 학교

24일차 주제 47

3·1 운동과 대한민국 임시 정부

① 3·1 운동(1919)

배경	윌슨의 민족 자결주의★, 무오 독립 선언(1918), 도쿄 2·8 독립 선언 등
전개	민족 대표 33인이 태화관에서 독립 선언서 발표, 자진 체포 → 탑골 공원에서 학생·시민들의 독립 선언서 낭독, 서울 시내로 시위 확산 → 상인·노동자 참여로 전국 확산 → 국외 확산
일제의 탄압	• 헌병 경찰과 군대를 동원해 무력으로 진압 • 유관순 순국, 화성 제암리 학살 사건
의의 및 영향	• 우리 역사상 최대 규모의 민족 운동 • 일제 식민 통치 방식이 무단 통치에서 문화 통치로 변화 • 대한민국 임시 정부 수립의 계기 • 중국의 5·4 운동 등에 영향

★민족 자결주의: 한 민족이 다른 민족이나 국가의 간섭을 받지 않고 자신의 정치적 운명을 스스로 결정하는 권리를 실현하려는 사상

② 대한민국 임시 정부

수립 (1919)	• 배경: 3·1 운동 이후 조직적인 독립운동 필요성 대두 • 과정: 여러 임시 정부(연해주–대한 국민 회의, 상하이–대한민국 임시 정부, 서울–한성 정부) 존재 → 상하이에 통합된 대한민국 임시 정부 수립 • 형태: 삼권 분립에 입각한 민주 공화정(임시 대통령 이승만, 국무총리 이동휘)
활동	• 연통제(국내 비밀 행정 조직), 교통국(통신 기관, 이륭양행★에 설치), 독립 공채(독립운동 자금 모금) • 외교 활동: 워싱턴 구미 위원부, 파리 위원부(→ 김규식을 파리 강화 회의에 대표로 파견) • 문화: 기관지 독립신문 간행, 임시 사료 편찬 위원회 설치 →『한일 관계 사료집』발간 • 군사: 직할 부대 광복군 사령부, 광복군 총영, 육군 주만 참의부 조직
국민 대표 회의 (1923)	• 배경: 이승만의 위임 통치 청원서 제출에 대한 비판과 독립운동 방법을 두고 내부 갈등 • 내용: 창조파(새로운 정부 수립 주장, 신채호 등)와 개조파(임시 정부 개편·실력 양성 주장, 안창호 등)의 대립 → 회의 결렬 • 결과: 임시 정부 세력 분열, 이승만 탄핵 및 2대 대통령 박은식 선출(1925), 국무령 중심 내각 책임제 개헌(1925), 국무 위원 중심 집단 지도 체제로 개헌(1927)

★이륭양행: 중국 안동에서 아일랜드계 영국인 조지 루이스 쇼가 운영한 무역 회사

출제 Point

• 3·1 운동의 발생 배경과 전개 과정, 영향에 대해 꼭 알아 두세요.
• 대한민국 임시 정부가 수립된 계기를 꼭 알아 두어야 하며, 활동 내용과 변화 과정도 함께 공부하세요.

기본 55회

1 (가) 민족 운동에 대한 설명으로 옳은 것은?

이것은 1919년에 일어난 [(가)]의 지역별 시위 현황을 표기한 지도입니다. 이 자료를 통해 우리 민족이 일제의 무단 통치에 맞서 전국적으로 독립운동을 전개하였음을 확인할 수 있습니다.

지역별 시위 건수

총 1,798건

《출처: 국사편찬위원회 한국사데이터베이스》

① 개혁 추진을 위해 집강소가 설치되었다.
② 조선 물산 장려회를 중심으로 전개되었다.
③ 대한민국 임시 정부 수립의 계기가 되었다.
④ 신간회의 지원을 받아 민중 대회가 추진되었다.

기본 52회

2 다음 상황이 일어난 시기를 연표에서 옳게 고른 것은?

나는 충격적인 사건이 발생한 제암리에 와 있다. 이곳에서 일본군은 교회에 마을 사람들을 모이게 하고 사격을 가한 후 불을 질렀다고 한다.

스코필드

1875		1897		1910		1932		1945
	(가)		(나)		(다)		(라)	
운요호 사건		대한 제국 수립		국권 피탈		윤봉길 의거		8·15 광복

① (가)　　② (나)　　③ (다)　　④ (라)

기본 51회

3 밑줄 그은 '만세 시위'에 대한 설명으로 옳은 것은?

이것은 친일파 이완용의 경고문입니다. 탑골 공원 등에서 독립 선언서를 낭독하는 것으로 시작된 학생과 시민들의 만세 시위가 전국으로 확산하자, 그 열기를 꺾을 목적으로 작성되었습니다.

조선 독립을 외치는 것이 허언, 망동이라고 유지인사들이 계속 말해도 깨닫지를 못하니 …… 망동을 따르면 죽거나 다치게 될 것이니 이것이 바로 삶 중에서 죽음을 구함이 아닌가.

① 순종의 인산일에 전개되었다.
② 만주, 연해주, 미주 등지로 확산하였다.
③ 일제의 황무지 개간권 요구를 철회시켰다.
④ 러시아의 내정 간섭과 이권 침탈을 규탄하였다.

기본 49회

4 (가)의 활동으로 옳지 않은 것은?

이것은 1919년 [(가)] 직원들이 청사 앞에서 찍은 사진입니다. [(가)]은/는 3·1 운동을 계기로 상하이에서 수립되어 독립을 위한 다양한 활동을 전개하였습니다.

① 연통제를 실시하였다.
② 독립 공채를 발행하였다.
③ 신흥 강습소를 설립하였다.
④ 한일 관계 사료집을 발간하였다.

24일차

주제 48

월   일   스토리북 110쪽

1920년대 일제의 문화 통치와 경제 수탈

① 1920년대 문화 통치(민족 분열 통치)

배경	3 · 1 운동, 국제 여론 악화 → 무단 통치의 한계 인식
목적	친일파 양성, 우리 민족의 분열
내용과 실상	• 문관 총독 임명 가능 → 실제로는 한 번도 임명되지 않음 • 헌병 경찰 제도 폐지, 보통 경찰 제도 실시, 조선 태형령 폐지 → 경찰관 · 경찰서 증가, 고등 경찰제 실시, 치안 유지법★ 제정(1925) • 언론 · 출판 · 집회 · 결사의 자유 일부 허용 → 신문 검열 강화, 기사 삭제 및 정간 · 폐간 • 교육 기회 확대, 제2차 조선 교육령 제정 → 고등 · 전문 교육 기회 제한, 민립 대학 설립 억제(경성 제국 대학 설립) • 한국인의 참정권 확대 → 의결권이 없는 단순 자문 기구에 불과, 친일 인사나 일본인으로 구성
영향	일제 식민 지배를 인정하는 범위 안에서 자치론, 민족 개조론 등의 주장 등장 → 민족 분열

★치안 유지법: 일제가 독립운동이나 사회주의를 탄압하기 위해 제정한 법률

② 1920년대 경제 수탈

산미 증식 계획 (1920~1934)	• 배경: 일본의 급격한 공업화로 도시 노동자 증가 → 식량 부족 → 한국에서 쌀 수탈 • 내용: 품종 개량, 비료 사용 확대, 수리 시설 확충, 개간 등으로 쌀 생산량 증대 추진 → 각지에 수리 조합 조직, 토지 개량 사업 실시 • 결과: 만주 잡곡 수입 등 식량 사정 악화(쌀 증산량이 목표에 못 미쳤으나 수탈량은 증가), 화전민 · 도시 빈민 증가 등 농민 몰락(수리 조합비, 품종 개량비 등을 농민에게 전가, 지주들의 소작료 인상), 농업 구조 변화(쌀 중심 단작형 농업 구조)
회사령 폐지 (1920)	허가제에서 신고제로 전환(일본 독점 자본 침투를 쉽게 하려는 목적) → 일본 기업 국내 진출
관세 철폐 (1923)	값싼 일본 제품 수입 증가 → 한국인 회사 타격

출제 **Point**

• 1920년대 실시된 경제 수탈 정책을 다른 시기와 구분할 수 있도록 공부하세요.
• 문화 통치가 실시된 배경과 주요 법령에 대해 알아 두세요.

기본 55회

1 밑줄 그은 '이 정책'으로 옳은 것은?

이 사진은 일제 강점기 일본으로 반출하기 위해 쌀을 쌓아 놓은 군산항의 모습입니다. 일제는 자국의 식량 문제를 해결하기 위하여 1920년부터 조선에 <u>이 정책</u>을 실시하여 수많은 양의 쌀을 수탈해 갔습니다.

① 회사령 ② 농지 개혁법

③ 산미 증식 계획 ④ 토지 조사 사업

기본 51회

2 (가)에 들어갈 정책으로 옳은 것은?

(가) 에 대해 검색해 줘.

검색 결과입니다.

· 정의
일제가 조선을 자국의 식량 공급 기지로 만들기 위해 1920년부터 추진한 농업 정책

· 시행 배경
일제는 급격한 공업화와 농촌의 황폐화로 자국의 식량 사정이 악화하자, 조선을 이용하여 식량 부족 문제를 해결하려 하였다.

① 미곡 공출제

② 새마을 운동

③ 산미 증식 계획

④ 토지 조사 사업

기본 50회

3 (가)~(다)를 일어난 순서대로 옳게 나열한 것은?

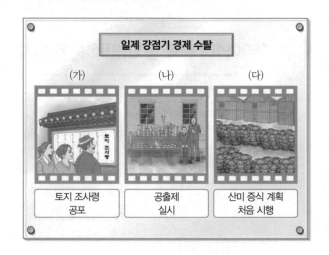

일제 강점기 경제 수탈

(가) / (나) / (다)

토지 조사령 공포 / 공출제 실시 / 산미 증식 계획 처음 시행

① (가) - (나) - (다)

② (가) - (다) - (나)

③ (나) - (가) - (다)

④ (다) - (나) - (가)

초급 46회

4 밑줄 그은 '이 정책'으로 옳은 것은?

군산항에 왜 이렇게 많은 쌀이 쌓여 있나요?

군산은 일제 강점기 쌀을 수탈해 실어가던 주요 항구였어요. 1920년부터 시행한 <u>이 정책</u>으로 쌀 생산량은 늘어났지만 이보다 더 많은 쌀이 일본으로 유출되었지요.

쌀이 쌓여 있는 군산항

① 대동법 ② 방곡령

③ 산미 증식 계획 ④ 토지 조사 사업

25일차

주제 49
실력 양성 운동과 사회 운동

1 실력 양성 운동

물산 장려 운동	• 배경: 회사령 폐지 이후 일본 기업의 한국 진출 → 민족 자본을 통한 실력 양성 도모 • 조만식, 이상재 등의 주도로 평양에서 물산 장려회 조직(1920) → 서울에서 조선 물산 장려회 조직(1923) → 전국으로 확산(자작회·토산 애용 부인회 등 조직) • 활동: '내 살림 내 것으로', '조선 사람 조선 것' 등의 구호, 국산품 애용, 근검저축, 금주·금연 운동 전개 • 결과: 일제의 탄압과 방해로 실패, 기업가에 의해 토산품 가격 상승(사회주의 계열의 비난)
민립 대학 설립 운동	• 이상재 등의 주도로 서울에서 조선 민립 대학 기성회 조직 • 활동: '한민족 1천만이 한 사람이 1원씩' 구호를 내세워 모금 운동 전개 • 결과: 조선 총독부의 탄압과 방해로 실패, 일제가 경성 제국 대학 설립(1924)
문맹 퇴치 운동	• 문자 보급 운동: 조선일보 주도, 『한글 원본』 발간, '아는 것이 힘, 배워야 산다' 구호 • 브나로드 운동: 동아일보 주도, '배우자, 가르치자, 다 함께 브나로드' 구호, 농촌 계몽 운동

2 사회적 민족 운동

농민 운동	• 암태도 소작 쟁의(1923): 소작료 인하, 소작권 이전 요구 • 조선 농민 총동맹 결성(1927) → 소작 쟁의 전개	생존권 투쟁 성격(1920년대) → 항일 투쟁 성격 강화(1930년대)
노동 운동	• 노동 조합 결성: 조선 노동 공제회(1920), 조선 노동 총동맹(1927) → 노동 쟁의 전개 • 원산 총파업(1929): 라이징 선 석유 회사에서 일본인 감독의 한국인 구타 사건 → 임금 인상, 노동 조건 요구 개선 요구 • 평양 을밀대 지붕에서 노동자 강주룡의 임금 삭감 반대 농성(1931)	
소년 운동	• 천도교 세력(김기전·방정환) 주도 → 천도교 소년회 조직 • 어린이날 제정, 잡지 『어린이』 발간	
형평 운동	• 백정에 대한 사회적 차별 철폐 주장 • 백정들이 진주에서 조선 형평사 조직(1923) → 전국적 조직으로 발전	

출제 Point

• 3·1 운동 이후 1920년대에 국내에서 전개된 실력 양성 운동에 대해 꼭 알아 두세요.
• 사회 운동에 관련된 주요 단체와 사건을 공부하세요.

1 (가)에 들어갈 자료로 옳은 것은?

일제 강점기에 백정들이 저울처럼 평등한 사회를 만들고자 일으켰던 운동을 기념하는 탑이야.

이것은 이 운동을 주도한 단체의 포스터야. 저울을 뜻하는 글자를 볼 수 있어.

(가)

①

②

③

④

2 다음 자료에 나타난 사건으로 옳은 것은?

라이징 선 석유 회사는 조선인을 구타한 일본인 감독을 파면하라!

8시간 노동제를 실시하라!

영상으로 만나는 1920년대

최저 임금제를 확립하라!

① 6 · 3 시위
② 새마을 운동
③ 원산 총파업
④ 제주 4 · 3 사건

3 다음 자료의 민족 운동에 대한 설명으로 옳은 것은?

> 물산 장려에 대한 운동의 새로운 풍조가 시작된 이래로 …… 반드시 토산으로 원료를 삼아 학생모, 중절모 등을 제조하는 것이 좋겠다. …… 현재 인도에서는 간디캡이 크게 유행한다는데 간디 씨가 발명. 제조한 순 인도산의 재료로 순 인도인이 만든 모자라고 한다.

① 대한매일신보의 후원을 받았다.
② 평양에서 시작하여 전국으로 확산하였다.
③ 황국 중앙 총상회를 중심으로 전개되었다.
④ 독립문 건립을 위한 모금 활동이 추진되었다.

4 밑줄 그은 '이 운동'으로 옳은 것은?

이 동상의 주인공은 무슨 일을 하셨나요?

'내 살림 내 것으로'라는 표어 등을 내세운 이 운동을 주도했어요.

오두산 통일 전망대

① 브나로드 운동
② 문자 보급 운동
③ 물산 장려 운동
④ 민립 대학 설립 운동

25일차

주제 50

민족 유일당 운동과 만세 운동

1 민족 유일당 운동

배경	• 사회주의 계열 약화: 치안 유지법(1925)으로 사회주의 탄압, 지주 · 자본가 중심의 민족 주의 세력과 갈등 • 민족주의 계열 분화: 일제에 타협적인 자치론★ 확산(이광수의 『민족적 경륜』)
활동	• 조선 민흥회(1926): 비타협적 민족주의 계열이 사회주의 세력과 연합 모색 • 정우회 선언(1926): 사회주의 세력이 비타협적 민족주의 세력과의 제휴 필요성 강조

★자치론: 일본의 주권을 인정하고 내정에 대한 조선의 자치권을 회복하자는 주장

2 신간회

결성	• 국내 민족 유일당 운동 → 비타협적 민족주의 계열과 사회주의 계열이 연대(1927) • 합법적 조직, 회장 이상재 · 부회장 홍명희 • 3대 강령: 민족의 정치적 · 경제적 · 사회적 각성 촉구, 기회주의 배격, 민족 대단결 • 근우회 결성(1927): 민족주의 계열과 사회주의 계열 여성들의 연합, 신간회의 자매단체, 여성 계몽 활동, 잡지 『근우』 발간
활동	• 민중 계몽 활동, 노동 · 농민 · 청년 · 여성 · 형평 운동 지원 • 광주 학생 항일 운동 지원: 진상 조사단 파견, 대규모 민중 대회 계획(무산)
해소	일제의 탄압, 내부의 이념 대립, 사회주의 계열이 협동 전선 포기 → 신간회 해소(1931)
의의	사회주의 세력과 비타협적 민족주의 세력의 민족 협동 전선 단체

3 만세 운동

6 · 10 만세 운동 (1926)	• 사회주의 세력과 학생 주도(도중에 사회주의 세력이 발각되어 학생 주도로 전개) • 전개: 순종의 인산일을 기점으로 학생들이 만세 시위 전개 → 시민 참여 • 의의: 민족 유일당 운동의 계기(민족주의와 사회주의 계열의 연합 시도)
광주 학생 항일 운동 (1929)	• 배경: 민족 차별, 식민지 교육에 저항 • 전개: 한일 학생 간 충돌 → 전국으로 시위 확산 → '식민지 교육 철폐', '한국인 본위의 교육' 등의 구호, 동맹 휴학 전개 • 의의: 3 · 1 운동 이후 최대 규모의 항일 민족 운동

출제 Point

• 1920년대 중반 국내에 사회주의가 유입된 이후 민족 유일당 운동의 전개 과정에 대해 살펴보세요.
• 신간회와 관련된 문제가 주로 출제되니 결성 배경과 활동 내용 등을 꼭 공부하세요.

1 기본 55회 다음 대화가 이루어진 시기를 연표에서 옳게 고른 것은?

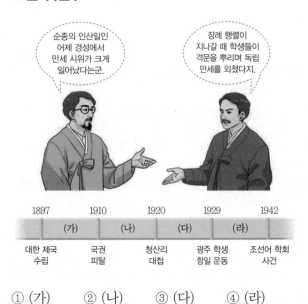

① (가)   ② (나)   ③ (다)   ④ (라)

2 기본 52회 (가)에 들어갈 내용으로 옳은 것은?

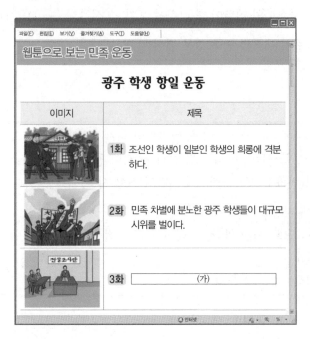

① 통감부가 설치되다.
② 2·8 독립 선언서를 작성하다.
③ 일제가 치안 유지법을 공포하다.
④ 신간회 등이 지원하여 전국으로 확산되다.

3 기본 51회 (가)에 들어갈 단체로 옳은 것은?

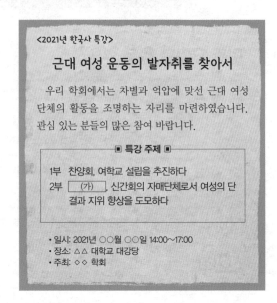

① 권업회   ② 근우회   ③ 보안회   ④ 송죽회

4 기본 47회 (가) 단체의 활동으로 옳은 것은?

① 독립 공채를 발행하였다.
② 정부에 헌의 6조를 건의하였다.
③ 한글 맞춤법 통일안을 발표하였다.
④ 광주 학생 항일 운동에 조사단을 파견하였다.

26일차
1920년대 무장 독립 전쟁과 의열 투쟁

1 1920년대 국외 무장 독립 투쟁

봉오동 전투 (1920.6.)	대한 독립군(홍범도)이 군무도독부, 국민회군 등과 연합해 봉오동에서 일본군에 승리
청산리 대첩 (1920.10.)	• 북로 군정서(김좌진)가 대한 독립군 등과 연합 • 일제의 훈춘 사건* 조작 → 만주 지역에 일본 군대 파견 → 청산리 일대에서 독립군 승리
간도 참변 (1920)	봉오동 전투 · 청산리 대첩 패배에 대한 일본군의 보복 → 간도 지역 한인 무차별 학살
자유시 참변 (1921)	간도 참변 이후 대한 독립군단 러시아 자유시로 이동 → 러시아군의 공격

*훈춘 사건: 봉오동 전투에서 패배한 일본군이 중국 마적단과 모의해 고의로 일본 관공서를 습격하게 한 뒤 이를 독립군의 소행으로 몰아 만주 지역 군대 파견의 명분으로 삼은 사건

2 독립군 재정비

3부 성립	자유시 참변 이후 만주로 이동한 독립군들이 조직 재정비 → 참의부, 정의부, 신민부
미쓰야 협정 (1925)	독립군 탄압을 위해 일제가 만주 군벌과 협정 체결 → 독립군 체포 · 인도 합의
3부 통합 운동	혁신 의회(북만주)와 국민부(남만주)로 통합

3 의열단

결성(1919)	김원봉 등이 주도해 만주 지린성에서 조직
초기 활동	• 조선 혁명 선언: 신채호가 작성한 의열단의 활동 지침, 민중 직접 혁명 주장 • 의거: 부산 경찰서 폭탄 투척(박재혁, 1920), 조선 총독부 폭탄 투척(1921, 김익상), 종로 경찰서 폭탄 투척(김상옥, 1923), 동양 척식 주식회사 · 조선 식산 은행 폭탄 투척(나석주, 1926) 등
활동 방향 전환	• 배경: 개별적 폭력 투쟁의 한계 인식 → 조직적 무장 투쟁의 필요성 • 김원봉과 난원들이 황푸 군관 학교에 입학해 군사 훈련 이수 • 난징에 조선 혁명 간부 학교 설립(1932) → 독립군 양성

출제 Point

• 1920년대 국외에서 벌어진 봉오동 전투와 청산리 대첩의 중심인물과 단체를 알아 두세요.
• 의열단 소속 단원들의 주요 의거들을 공부하세요.

1 밑줄 그은 '전투'가 일어난 시기를 연표에서 옳게 고른 것은?

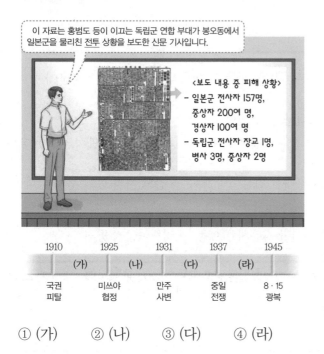

이 자료는 홍범도 등이 이끄는 독립군 연합 부대가 봉오동에서 일본군을 물리친 전투 상황을 보도한 신문 기사입니다.

〈보도 내용 중 피해 상황〉
- 일본군 전사자 157명, 중상자 200여 명, 경상자 100여 명
- 독립군 전사자 장교 1명, 병사 3명, 중상자 2명

1910	1925	1931	1937	1945
(가)	(나)	(다)	(라)	

| 국권 피탈 | 미쓰야 협정 | 만주 사변 | 중일 전쟁 | 8·15 광복 |

① (가) ② (나) ③ (다) ④ (라)

2 (가)에 들어갈 전투로 옳은 것은?

이달의 독립운동가

만주 지역에서 무장 독립 투쟁에 힘쓴

박영희

1896~1930

신흥 무관 학교 교관 및 북로 군정서 사관 연성소 학도단장으로 활동하였다. 1920년 10월에는 북로 군정서군, 대한 독립군 등으로 구성된 독립군 연합 부대가 일본군과 10여 차례 교전을 벌여 승리하였던 (가) 에 참여하였다.

① 쌍성보 전투　② 영릉가 전투
③ 청산리 전투　④ 대전자령 전투

3 (가) 단체에 대한 설명으로 옳은 것은?

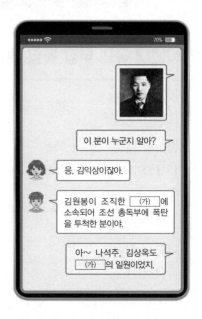

이 분이 누군지 알아?

응, 김익상이잖아.

김원봉이 조직한 (가) 에 소속되어 조선 총독부에 폭탄을 투척한 분이야.

아~ 나석주, 김상옥도 (가) 의 일원이었지.

① 105인 사건으로 해체되었다.
② 고종의 밀지를 받아 결성되었다.
③ 파리 강화 회의에 대표를 파견하였다.
④ 조선 혁명 선언을 활동 지침으로 삼았다.

4 (가)에 들어갈 인물로 옳은 것은?

호외요! 호외!
의열단원 (가) 이/가 조선 식산 은행과 동양 척식 주식회사에 폭탄을 던졌다!

① 김규식

② 나석주

③  안창호

④ 이육사

1930년대 이후 일제의 민족 말살 통치와 전시 수탈

1 1930년대 이후 민족 말살 통치

황국 신민화 정책	• 내선일체, 일선 동조론: 조선과 일본은 본래 하나라는 주장, 일본의 신민으로 정체성을 바꾸려 함 • 황국 신민 서사 암송 강요, 신사 참배, 궁성 요배★, 창씨개명 강요
민족 교육 금지	제3차 조선 교육령(1938): 한국어 · 한국사 교육 금지, 일본어 사용 강요
언론 탄압	• 손기정 선수 일장기 말소 사건(1936) • 조선일보 · 동아일보 등 신문 폐간(1940)

★궁성 요배: 일본 천황이 있는 동쪽 방향으로 절하는 것

2 1930년대 이후 일제의 경제 수탈

농촌 진흥 운동 (1932~1940)	• 배경: 경제 대공황으로 농민 몰락, 소작 쟁의 확산 • 전개: 조선 농지령 제정(1934) → 농민 저항 무마, 농촌 통제 시도 • 내용: 스스로 어려움을 벗어나는 '자력갱생' 강조 등
병참 기지화 정책	• 전쟁 수행에 필요한 물자 조달을 위해 한반도를 병참 기지화, 식민지 공업화 • 남면북양 정책: 일본의 공업 원료 확보를 위해 남부에 면화 재배, 북부에 양 사육 강요

3 일제의 전시 동원 체제

국가 총동원법 (1938)	일제가 전쟁 수행에 필요한 인적 · 물적 자원을 수탈하기 위해 제정
인적 수탈	• 국민 징용령(1939), 여자 정신 근로령(1944): 국외 공장, 탄광 등에 강제로 노동력 동원 • 육군 지원병제(1938), 학도 지원병(1943), 징병제(1944): 전쟁에 병력 동원 • 일본군 '위안부': 여성들을 군 '위안부'로 강제 동원해 성 착취
물적 수탈	• 산미 증식 계획 재개: 군량미 확보를 위해 식량 수탈 • 미곡 공출제: 농가에 공출량을 강제로 할당해 쌀 수탈 • 전쟁 물자 공출: 무기 생산에 필요한 농기구 · 식기 등 쇠붙이 공출, 국방 헌금 강요

출제 Point

• 1930년대 이후 일제의 민족 말살 통치에 관한 내용에 대해 꼭 알아 두세요.
• 일제가 전쟁을 수행하기 위해 실시한 제도의 내용을 공부하세요.

기본 55회

1 교사의 질문에 대한 학생의 답변으로 옳은 것은?

이것은 중일 전쟁 발발 이후 일제가 본격적인 전시 체제 구축을 위해 제정한 법령입니다. 이 법령이 시행된 시기에 있었던 사실에 대해 말해 볼까요?

제1조 본 법에서 국가 총동원이란 전시에 국방 목적 달성을 위해 국가의 전력을 가장 유효하게 발휘하도록 인적, 물적 자원을 통제 운용하는 것을 가리킨다.

제8조 정부는 전시에 국가 총동원상 필요한 경우에는 칙령이 정하는 바에 따라 물자의 생산, 수리, 배급, 양도 기타 처분, 사용, 소비, 소지 및 이동에 관하여 필요한 명령을 할 수 있다.

① 헌병 경찰제가 실시되었어요.
② 경성 제국 대학이 설립되었어요.
③ 국채 보상 운동이 전개되었어요.
④ 황국 신민 서사의 암송이 강요되었어요.

기본 52회

2 다음 상황이 나타난 시기에 볼 수 있는 모습으로 옳은 것은?

황국 신민 서사를 외우지 못하는 국민학교 학생은 제국 신민이 될 자격이 없어!

① 대동법 시행에 반대하는 지주
② 신사 참배를 강요당하는 청년
③ 암태도 소작 쟁의에 참여하는 농민
④ 박문국에서 한성순보를 발간하는 관리

기본 49회

3 다음 법령이 제정된 이후 시행된 일제의 정책으로 옳은 것은?

제4조 정부는 전시에 국가 총동원상 필요한 경우에는 칙령이 정하는 바에 따라 제국 신민을 징용하여 총동원 업무에 종사시킬 수 있다.

제8조 정부는 …… 물자의 생산, 수리, 배급, 양도, 그 밖의 처분, 사용, 소비, 소지 및 이동에 관하여 필요한 명령을 할 수 있다.

① 징병제를 실시하였다.
② 조선 태형령을 제정하였다.
③ 토지 조사령을 공포하였다.
④ 헌병 경찰제를 시행하였다.

기본 48회

4 (가)에 들어갈 인물로 옳은 것은?

① 나운규 ② 남승룡 ③ 손기정 ④ 안창남

1930년대 이후 무장 독립 투쟁과 한인 애국단

1 1930년대 무장 독립 전쟁

한중 연합 작전	• 한국 독립군: 북만주 혁신 의회(한국 독립당) 산하 군사 조직, 총사령관 지청천, 중국 호로군과 연합 → 쌍성보 전투(1932) · 대전자령 전투(1933) 승리 → 중국 관내로 이동, 지청천과 일부 세력은 한국 광복군에 합류 • 조선 혁명군: 남만주 국민부(조선 혁명당) 산하 군사 조직, 총사령관 양세봉, 중국 의용군과 연합 → 영릉가 전투(1932) · 흥경성 전투(1933) 승리 → 양세봉 사망 이후 세력 약화
중국 관내 항일 투쟁	• 민족 혁명당: 김원봉을 중심으로 결성 → 조선 민족 혁명당으로 개편 → 조선 민족 전선 연맹 결성(1937) • 조선 의용대(1938): 김원봉 조직, 중국 관내 최초의 한인 무장 부대, 일부는 조선 의용대 화북 지대 결성

2 한국 광복군

창설	• 중일 전쟁 이후 충칭으로 이동한 독립군을 바탕으로 조직(1940), 총사령관 지청천 • 김원봉의 조선 의용대 세력 일부 합류(1942) → 군사력 강화
활동	• 태평양 전쟁 발발 직후 연합국 일원으로 대일 선전 포고(1941) • 영국군의 요청으로 인도 · 미얀마 전선 파견 • 국내 진공 작전: 미국 전략 정보국(OSS)과 협력해 국내 정진군 조직 → 갑작스러운 일제의 패망으로 실현하지 못함

3 한인 애국단

조직	대한민국 임시 정부의 침체를 극복하기 위해 김구가 상하이에서 조직(1931)
활동	• 이봉창 의거(1932): 도쿄에서 일왕 마차에 폭탄 투척 → 상하이 사변*에 영향 • 윤봉길 의거(1932): 상하이 홍커우 공원에서 일본군 전승 기념식장에 폭탄 투척 → 일제 고관들 처단 → 대한민국 임시 정부에 대한 중국 국민당 정부의 지원 계기

*상하이 사변(1932): 중국 내 반일 감정이 고조된 가운데, 상하이에서 일본인과 중국인 사이에 발생한 무력 충돌 사건을 계기로 일제가 상하이를 침략한 사건

출제 Point

• 1930년대 이후 국외에서 한중 연합 작전으로 전개된 무장 투쟁은 독립군 단체와 전투, 인물을 구분해 공부하세요.
• 한인 애국단의 이봉창 · 윤봉길 의거에 대해 헷갈리지 않고 구분할 수 있도록 알아 두세요.

1 (가)에 들어갈 단체로 옳은 것은?

1931년 김구는 항일 의열 단체인 (가) 을 조직하였습니다.

단원 이봉창은 1932년 1월 도쿄에서 일왕이 탄 마차를 향해 수류탄을 던졌습니다.

단원 윤봉길은 1932년 4월 상하이 훙커우 공원 에서 일본군 주요 인사 등을 처단하였습니다.

① 중광단

② 흥사단

③ 한인 애국단

④ 대조선 국민 군단

2 (가)에 들어갈 군사 조직으로 옳은 것은?

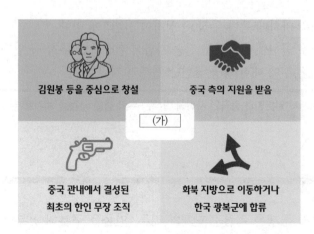

김원봉 등을 중심으로 창설

중국 측의 지원을 받음

(가)

중국 관내에서 결성된 최초의 한인 무장 조직

화북 지방으로 이동하거나 한국 광복군에 합류

① 별기군   ② 북로 군정서

③ 조선 의용대   ④ 동북 항일 연군

3 (가)에 들어갈 인물로 옳은 것은?

독립운동가 정보 검색

인물 ▼ (가) 🔍 검색

검색 결과

주요 활동

1932년 상하이 훙커우 공원에서 열린 일왕 생일 및 상하이 사변 승전 축하 기념식 단상에 폭탄을 투척하여 일본군 장성과 고위 관리를 처단함.

관련 사진

의거 현장   현장에서 발견된 도시락 폭탄

① 안창호   ② 이육사

③ 한용운   ④ 윤봉길

4 교사의 질문에 대한 답변으로 옳은 것은?

일제는 만주 사변을 일으키고 지도에 표시된 것과 같이 자신들의 꼭두각시 정권인 만주국을 세웠습니다. 이 지역에서 독립운동을 펼치던 세력은 당시 일제의 만주 침략에 어떻게 대응하였을까요?

■ 만주국의 영역

치치하얼

하얼빈

창춘 지린 옌지

① 신간회를 결성하였습니다.

② 국민 대표 회의를 소집하였습니다.

③ 신흥 무관 학교를 설립하였습니다.

④ 한중 연합 작전을 전개하였습니다.

27일차

주제 54

민족 문화 수호 운동

① 국학 연구

국어 연구	국문 연구소 (1907)	• 학부에 설치된 한글 연구 기관, 주시경(한힌샘) · 지석영 등 주도 • 한글 · 국문법 정리, 국어 이해 체계 확립
	조선어 연구회 (1921)	• 이윤재, 최현배 등 주도 • 잡지 『한글』 간행, 가갸날 제정
	조선어 학회 (1931)	• 한글 맞춤법 통일안 • 표준어 제정, 『우리말 큰사전』 편찬 시작 • 조선어 학회 사건★(1942)으로 강제 해산
국사 연구	배경	• 일제의 식민 사관 • 조선사 편수회 → 『조선사』 간행
	민족주의 사학	• 박은식: '국혼' 강조, 『한국통사』 · 『한국독립운동지혈사』 저술 • 신채호: '낭가 사상' 강조, 『독사신론』 · 『조선상고사』 · 『조선사연구초』 저술
	사회 경제 사학	• 유물 사관★을 바탕으로 함 • 백남운: 『조선사회경제사』 저술 → 식민 사관의 정체성론 비판
	실증주의 사학	• 이병도 · 손진태: 진단 학회 조직, 『진단학보』 발간

★조선어 학회 사건: 총독부에서 조선어 학회를 독립운동 단체로 간주해 회원 상당수를 구속한 사건
★유물 사관: 경제적 · 물질적 관계를 역사 발전과 사회 현상의 원동력으로 보는 마르크스주의 역사관

② 문학과 예술

문학	• 1920년대: 사회주의 영향으로 신경향파 문학 등장, 카프(KAPF) 결성, 저항 문학 • 1930년대 이후: 심훈의 「그날이 오면」, 윤동주의 「서시」, 이육사의 「광야」, 「절정」 등
예술	• 영화: 나운규의 「아리랑」(1926) • 연극: 토월회(1923) → 신극 운동

③ 종교 단체

불교	사찰령 폐지 운동(1911)
개신교	신사 참배 거부 운동
천도교	어린이 · 여성 운동, 『개벽』 · 『어린이』 · 『신여성』 잡지 간행, 만세보 발행
대종교	단군 숭배를 통한 민족의식 고취, 만주에서 중광단 조직(→ 북로 군정서)
천주교	만주에서 의민단 조직
원불교	박중빈 창시, 금주 · 단연, 새생활 운동 전개

출제 **Point**

• 일제 강점기 민족의식의 고취를 위한 국어 · 국사 연구의 주요 인물과 단체, 저서를 공부하세요.
• 일제 강점기 문화 · 예술 및 종교 단체의 활동을 구분할 수 있도록 알아 두세요.

1 밑줄 그은 '영화'의 제목으로 옳은 것은?

> 아~ 눈물 없이 볼 수 없는 영화를 잘 보셨습니까? 순사에게 끌려가는 주인공 영진의 모습은 잊을 수가 없습니다. 여기 단성사에서 다시 뵙기를 바라며 안녕히 가십시오.

나운규(영진 역)

① 미몽   ② 아리랑
③ 자유 만세   ④ 시집 가는 날

2 다음 인물의 활동으로 옳은 것은?

> 나는 오랜 시간 한글 연구에 힘썼지요. 한글 보급을 위해 순우리말로 한힌샘이라는 호를 사용하였어요. 별명은 주보따리입니다. 큰 보자기에 책을 싸서 여러 학교에 강의를 다녔기 때문에 얻게 되었지요.

① 토월회를 결성하여 신극 운동을 펼쳤다.
② 국문 연구소 위원으로 국문법을 정리하였다.
③ 원불교를 창시하고 새생활 운동을 전개하였다.
④ 일제의 침략 과정을 다룬 한국통사를 저술하였다.

3 (가)에 들어갈 내용으로 옳은 것은?

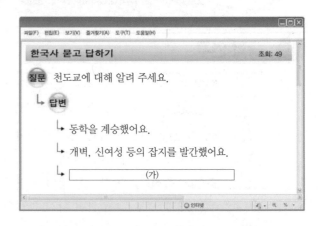

파일(F) 편집(E) 보기(V) 즐겨찾기(A) 도구(T) 도움말(H)

한국사 묻고 답하기   조회: 49

질문 천도교에 대해 알려 주세요.

↳ 답변

↳ 동학을 계승했어요.

↳ 개벽, 신여성 등의 잡지를 발간했어요.

↳ _____(가)_____

인터넷

① 어린이날 제정에 기여했어요.
② 여성 교육을 위해 이화 학당을 설립했어요.
③ 을사오적 처단을 위해 자신회를 결성했어요.
④ 항일 무장 투쟁 단체인 의민단을 조직했어요.

4 밑줄 그은 '이 책'으로 옳은 것은?

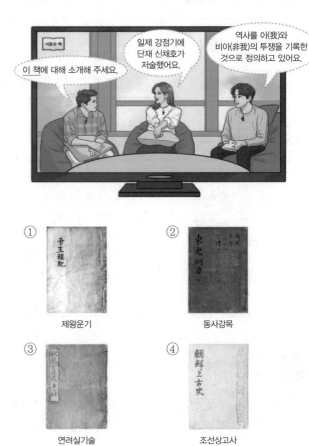

> 이 책에 대해 소개해 주세요.

> 일제 강점기에 단재 신채호가 저술했어요.

> 역사를 아(我)와 비아(非我)의 투쟁을 기록한 것으로 정의하고 있어요.

① 제왕운기
② 동사강목
③ 연려실기술
④ 조선상고사

28일차

주제 55
8·15 광복과 대한민국 정부 수립 과정

❶ 8·15 광복 전후 상황

광복 직전 건국 준비 활동	조선 건국 동맹(1944): 국내에서 여운형 주도로 사회주의자와 민족주의자가 함께 결성
8·15 광복과 이후 상황	• 광복(1945.8.15.): 연합군 승리로 일본의 항복 선언, 우리 민족의 끈질긴 독립운동 • 38도선을 경계로 미국은 남한을, 소련은 북한을 분할 점령 → 미 군정 시작 • 조선 건국 준비 위원회(1945.8.): 조선 건국 동맹 세력을 중심으로 여운형·안재홍 등이 주도 • 모스크바 삼국(3국) 외상 회의(1945.12.): 조선 임시 민주주의 정부 수립, 미소 공동 위원회 설치, 최대 5년간의 신탁 통치 결정

❷ 대한민국 정부 수립 과정

제1차 미소 공동 위원회 (1946.3.)	덕수궁 석조전에서 개최, 임시 정부에 참여할 단체의 범위를 두고 대립 → 결렬
이승만의 정읍 발언(1946.6.)	남한만의 단독 정부 수립 주장
좌우 합작 운동	• 주도: 김규식, 여운형 → 미 군정의 지원 • 좌우 합작 7원칙 발표
유엔의 남한 단독 선거 결정	제2차 미소 공동 위원회 결렬 → 미국이 한반도 문제를 유엔에 상정 → 유엔이 인구 비례에 의한 남북 총선거 실시 결정 → 유엔 소총회에서 남한 단독 총선거 실시 결정(1948.2.)
단독 정부 수립 반대 운동	• 남북 협상(1948.4.): 김구와 김규식이 평양에서 남북 지도자 회의 개최 → 협상 실패 • 제주 4·3 사건(1948): 제주도의 좌익 세력과 일부 주민이 남한 단독 선거에 반대해 무장 봉기 → 미 군정의 무력 진압으로 민간인 희생 • 여수·순천 10·19 사건(1948): 제주 4·3 사건 진압 명령을 거부한 군인들이 여수·순천 지역 점령 → 이승만 정부의 진압
5·10 총선거 (1948.5.)	우리나라 최초의 민주적 보통 선거, 제헌 국회 구성
대한민국 정부 수립 (1948.8.15.)	• 제헌 헌법 공포: 삼권 분립, 4년 임기의 대통령 중심제 채택 • 대통령 이승만·부통령 이시영 선출 → 유엔 총회에서 대한민국을 한반도 유일의 합법 정부로 승인

출제 Point

• 광복 전후의 국제 사회의 상황과 회담에 대해 알아 두세요.
• 대한민국 정부 수립 과정을 순서대로 공부하세요.

기본 55회

1 (가)에 들어갈 사진으로 옳지 <u>않은</u> 것은?

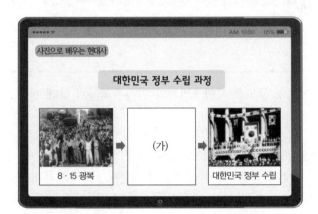

① 5 · 10 총선거 실시

② 유엔 한국 임시 위원단 내한

③ 제1차 미소 공동 위원회 개최

④ 반민족 행위 특별 조사 위원회 활동

기본 51회

2 다음 발언 이후에 전개된 사실로 옳은 것은?

미소 공동 위원회가 결렬된 이후 다시 열릴 기미가 보이지 않습니다. 통일 정부가 수립되길 원했으나 뜻대로 되지 않으니, 남방만이라도 임시 정부 혹은 위원회를 조직하고, 38도선 이북에서 소련이 물러가도록 세계에 호소해야 합니다.

이승만

① 한국 광복군이 창설되었다.
② 김구가 남북 협상을 추진하였다.
③ 모스크바 삼국 외상 회의가 개최되었다.
④ 여운형이 조선 건국 준비 위원회를 결성하였다.

기본 48회

3 밑줄 그은 '위원회'로 옳은 것은?

이곳 덕수궁 석조전에서는 모스크바 3국 외상 회의에서 결정된 한반도의 임시 민주 정부 수립 문제를 협의하기 위해 위원회가 열렸습니다.

① 남북 조절 위원회
② 미소 공동 위원회
③ 조선 건국 준비 위원회
④ 반민족 행위 특별 조사 위원회

기본 47회

4 (가)에 들어갈 사건으로 옳은 것은?

이 조형물은 (가) 때 희생된 주민들을 추모하기 위해 만들어진 거란다. (가) 당시 남한만의 단독 선거에 반대하는 무장대와 이를 진압하려는 토벌대 간에 무력 충돌이 있었거든. 그 과정에서 수많은 주민이 희생되었지. 2000년에 진상 규명 등에 관한 특별법이 공포되었단다.

① 원산 총파업　② 제암리 사건
③ 제주 4 · 3 사건　④ 부마 민주 항쟁

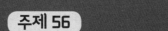

28일차 주제 56

이승만 정부와 6 · 25 전쟁

① 이승만 정부 시기 제헌 국회 활동

친일파 청산 노력	• 반민족 행위 처벌법(1948): 제헌 국회에서 친일파 처벌을 위해 제정 • 반민족 행위 특별 조사 위원회(반민특위): 이승만 정부의 비협조적 태도(국회 프락치 사건★) → 반민특위 해체(1949), 친일파 청산 노력 좌절
농지 개혁법 (1949)	유상 매수 · 유상 분배 원칙
귀속 재산 처리법 (1949)	일제가 남긴 재산(일본인 소유 공장 · 주택 등)을 민간인에게 싼 가격으로 불하★

★국회 프락치 사건: 반민 특위 소속 국회의원 중 일부가 공산당과 몰래 관계를 가졌다는 혐의로 체포 · 구속된 사건
★불하: 국가 또는 공공 단체의 재산을 개인에게 파는 것

② 6 · 25 전쟁

애치슨 선언 (1950.1.)	미국 국무 장관 애치슨이 미국의 극동 방위선에서 한반도와 대만을 제외한다는 내용 발표 → 전쟁 발발의 배경이 됨
전쟁 발발	북한의 불법 남침(1950.6.25.) → 서울 함락 → 국군이 낙동강 유역까지 후퇴, 정부의 부산 피란 → 유엔군 참전 결정
전세 역전	맥아더 유엔군 사령관의 인천 상륙 작전 전개(9.15.) → 서울 수복(9.28.)
중공군 개입	국군과 유엔군이 38도선을 넘어 압록강까지 진격 → 중국 공산군 참전 → 흥남 철수 작전 → 서울 재함락(1 · 4 후퇴, 1951.1.4.) → 38도선 일대에서 치열한 공방전 전개
정전 협정	소련이 유엔에 정전 회담 제의 → 유엔군 · 북한군 · 중국군 간 회담 전개 → 전쟁 포로 송환 문제로 협상 지연 → 이승만 정부의 반공 포로 석방★ → 정전 협정 체결(1953.7.)
전쟁의 영향	• 한미 상호 방위 조약 체결(1953.10.): 한미 간 경제 및 군사 원조에 관한 협정 • 인적 · 물적 피해: 인명 피해, 남북 적대 관계 심화, 전 국토 황폐화, 산업 시설 파괴, 식량 및 생필품 부족 • 남북 독재 체제 강화: 남한(이승만 장기 집권 및 반공 체제 강화), 북한(김일성 독재 체제 강화)

★반공 포로 석방: 회담 과정에서 북송을 거부하는 반공 포로에 대한 처리 문제를 협의 중이었으나 이승만이 유엔이나 미국과 아무런 상의 없이 일방적으로 반공 포로 석방

출제 Point

• 이승만 정부 시기 제헌 국회가 시행한 정책들을 공부하세요.
• 6 · 25 전쟁의 전개 과정을 순서대로 꼭 알아 두세요.

1 기본 55회 밑줄 그은 '이 전쟁' 중에 있었던 사실로 옳은 것은?

> 이것은 이 전쟁 중인 1951년 11월 판문점 인근에서 열기구를 띄우려는 모습을 촬영한 사진입니다. 이 열기구는 휴전 회담이 진행되던 당시 판문점 일대가 중립 지대임을 표시하기 위한 것이었습니다.

① 애치슨 선언이 발표되었다.
② 흥남 철수 작전이 전개되었다.
③ 사사오입 개헌안이 가결되었다.
④ 한미 상호 방위 조약이 체결되었다.

3 기본 49회 (가) 전쟁 중에 있었던 사실로 옳은 것은?

숫자로 본 [(가)]

전쟁 기간	이산가족
1950년~1953년	약 10,000,000여 명
민간인 사망	전쟁고아
655,000명 이상	약 100,000여 명

① 인천 상륙 작전이 전개되었다.
② 모스크바 3상 회의가 개최되었다.
③ 미국이 애치슨 선언을 발표하였다.
④ 반민족 행위 처벌법이 제정되었다.

2 기본 51회 (가) 정책에 대한 설명으로 옳은 것은?

> 정부가 [(가)]을/를 실시하면서 발급한 지가 증권입니다. 당시 재정이 부족했던 정부는 지주에게 현금 대신 이것을 지급하고 농지를 매입하였습니다. 그리고 이 농지를 농민들에게 유상으로 분배하였습니다.

이것은 무엇인가요?

① 친일파 청산을 목적으로 하였다.
② 서재필, 이상재 등이 주도하였다.
③ 자작농이 증가하는 계기가 되었다.
④ 농광 회사가 설립되는 배경이 되었다.

4 기본 47회 밑줄 그은 '전쟁' 중에 있었던 사실로 옳은 것은?

> 임시 수도인 부산을 비롯한 곳곳에 천막 학교가 세워져 전쟁 중에도 뜨거운 열기 속에 수업이 진행되었습니다.

피란 중에도 천막 학교 운영

① 금융 실명제가 실시되었다.
② 인천 상륙 작전이 전개되었다.
③ 여수·순천 10·19 사건이 일어났다.
④ 조선 건국 준비 위원회가 조직되었다.

주제 57

29일차 민주주의의 시련

1 이승만 정부의 장기 집권 시도

발췌 개헌 (1952)	• 과정: 자유당 창당 → 국회 토론 없이 헌법 개정안 통과(6·25 전쟁 중) • 결과: 대통령 직선제, 국회 양원제 등 절충 → 제2대 대통령 선거에서 이승만 당선(1952)
사사오입 개헌 (1954)	• 과정: 헌법 개정안이 1표 차로 부결되었으나 자유당이 사사오입 논리로 통과시킴 • 내용: 초대 대통령에 한해 중임 제한 철폐 • 결과: 제3대 대통령 선거에서 이승만 당선(1956)
독재 체제 강화	진보당 사건(1958), 보안법 파동(1958), 경향신문 폐간(1959)

2 4·19 혁명과 장면 내각 수립

4·19 혁명 (1960)	• 배경: 이승만 자유당 정권의 3·15 부정 선거 • 전개: 부정 선거 규탄 시위, 마산에서 김주열 사망 → 시위 확산 → 이승만 하야 • 결과: 허정 과도 정부 수립 → 내각 책임제, 양원제 국회 개헌
장면 내각 수립	대통령 윤보선, 국무총리 장면 선출

3 박정희 정부

5·16 군사 정변 (1961)	• 박정희 등 군인 세력이 권력 장악 → 국가 재건 최고 회의, 중앙정보부 설치 • 제5차 개헌(1962): 대통령 직선제, 국회 단원제 개헌 → 대통령 박정희 당선
한일 국교 정상화 (1965)	6·3 시위 전개(굴욕적 대일 외교 반대) → 비상계엄령 선포 → 한일 협정 체결
베트남 파병	미국의 요청으로 베트남 파병, 브라운 각서 체결(1966) → 베트남 특수(경제 발전)
3선 개헌(1969)	대통령 3회 연임 허용 → 박정희 장기 집권
유신 체제	• 유신 헌법(1972): 통일 주체 국민 회의에서 대통령 간선제(임기 6년), 대통령의 긴급 조치권, 국회 해산권, 국회의원 1/3 추천권 → 대통령 장기 독재 가능 • 유신 반대 투쟁: 개헌 청원 100만인 서명 운동(1973), 3·1 민주 구국 선언(1976), YH 무역 사건★(1979), 부마 민주 항쟁(1979)
10·26 사태	중앙정보부장 김재규가 박정희 살해 → 유신 체제 붕괴

*YH 무역 사건: 신민당사에서 부당 폐업에 항의한 노동자들의 농성이 발생하자 야당 총재 김영삼을 제명한 사건

출제 Point

• 4·19 혁명의 발생 배경과 결과를 공부하세요.
• 이승만 정부와 박정희 정부 시기 헌법 개정 내용을 꼭 알아 두세요.

기본 55회

1 (가) 민주화 운동에 대한 설명으로 옳은 것은?

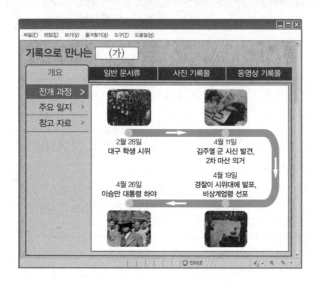

① 3·15 부정 선거에 항의하였다.
② 4·13 호헌 조치 철폐를 요구하였다.
③ 유신 체제가 붕괴하는 계기가 되었다.
④ 신군부의 비상계엄 확대에 반대하였다

기본 51회

2 밑줄 그은 '정부' 시기의 사실로 옳지 <u>않은</u> 것은?

① 3선 개헌안이 통과되었다.
② 베트남에 국군이 파병되었다.
③ 경제 개발 5개년 계획이 추진되었다.
④ 한일 월드컵 축구 대회가 개최되었다.

기본 50회

3 (가) 정부 시기에 있었던 사실로 옳은 것은?

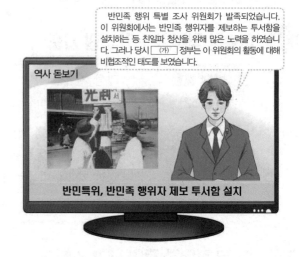

① 금융 실명제를 실시하였다.
② 중국, 소련 등과 수교하였다.
③ 사사오입 개헌안을 가결하였다.
④ 개성 공단 건설 사업을 실현하였다.

기본 50회

4 다음 대화에 나타난 민주화 운동으로 옳은 것은?

① 4·19 혁명　　② 6월 민주 항쟁
③ 부마 민주 항쟁　　④ 5·18 민주화 운동

29일차

주제 58

민주주의의 발전

① 전두환 정부와 5·18 민주화 운동

신군부 집권	• 12 · 12 사태(1979): 전두환 · 노태우 등 신군부 세력이 쿠데타를 일으켜 정권 장악 • 서울의 봄(1979.12.~1980.5.): 신군부에 저항해 대규모 민주화 시위 전개 → 신군부의 계엄령 선포
5 · 18 민주화 운동(1980)	• 전개: 광주에서 민주화 시위 전개 → 계엄군의 발포 → 계엄군에 대항해 시민군 조직 → 계엄군의 무력 진압으로 많은 희생자 발생 • 의의: 1980년대 민주화 운동의 원동력, 관련 기록물이 유네스코 세계 기록 유산으로 등재
전두환 정부	• 강압 정책: 국가 보위 비상 대책 위원회 설치, 언론 기본법 제정, 언론 통폐합, 삼청 교육대★ 운영 • 유화 정책: 야간 통행금지 해제, 해외 여행 자유화, 프로 야구 출범, 과외 전면 금지, 대학 졸업 정원제

*삼청 교육대: 사회 정화를 명목으로 내세워 시민들을 수용한 군대식 기관

② 6월 민주 항쟁

전개	대통령 직선제 개헌 운동 → 박종철 고문치사 사건 발생, 정부의 4 · 13 호헌 조치 발표 → 전국적으로 민주화 시위 전개 → 시위 도중 이한열이 최루탄에 맞아 사망 → '호헌 철폐, 독재 타도' 구호로 6월 민주 항쟁 전개(1987)
결과	• 6 · 29 민주화 선언: 헌법 개정(5년 단임의 대통령 직선제 개헌)

③ 현대 정부의 정책

노태우 정부	서울 올림픽 대회 개최(1988), 국민 연금 제도, 북방 외교 추구
김영삼 정부	지방 자치제 전면 실시, '역사 바로 세우기' 운동
김대중 정부	국민 기초 생활 보장법, 국가 인권 위원회 설립, 한일 월드컵 축구 대회 개최(2002)
노무현 정부	호주제★ 폐지, 행정 수도 이전, 혁신 도시 건설 등 지혁 균형 발전 정책 추진

*호주제: 한 집의 가장을 중심으로 가족 구성원의 출생 · 혼인 · 사망 등을 기록하는 법

출제 Point

• 5 · 18 민주화 운동과 6월 민주 항쟁의 발생 배경과 전개 과정, 결과에 대해 알아 두세요.
• 현대 각 정부 시기의 정책을 구분할 수 있도록 공부하세요.

기본 54회

1 (가)에 들어갈 민주화 운동으로 옳은 것은?

다른 나라의 민주화 운동에서도 불리는 이 노래에 대해 설명해 주시겠습니까?

이 노래는 들불야학 설립자 박기순과 (가) 당시 전남도청에서 계엄군에 의해 희생된 시민군 대변인 윤상원의 영혼결혼식에 헌정되었던 곡입니다. 노래에 담긴 민주주의에 대한 열망이 다른 나라 사람들에게도 공감을 얻고 있는 것으로 보입니다.

① 4 · 19 혁명
② 6월 민주 항쟁
③ 5 · 18 민주화 운동
④ 3선 개헌 반대 운동

기본 52회

2 다음 자료로 알 수 있는 민주화 운동에 대한 설명으로 옳은 것은?

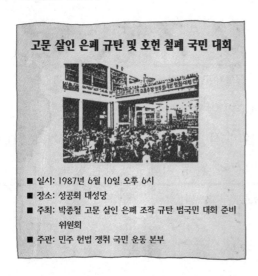

고문 살인 은폐 규탄 및 호헌 철폐 국민 대회

■ 일시: 1987년 6월 10일 오후 6시
■ 장소: 성공회 대성당
■ 주최: 박종철 고문 살인 은폐 조작 규탄 범국민 대회 준비 위원회
■ 주관: 민주 헌법 쟁취 국민 운동 본부

① 대통령이 하야하는 결과를 가져왔다.
② 굴욕적인 한일 국교 정상화에 반대하였다.
③ 5년 단임의 대통령 직선제 개헌을 이끌어냈다.
④ 전개 과정에서 시민군이 자발적으로 조직되었다.

기본 49회

3 다음 뉴스가 보도된 시기의 사실로 옳은 것은?

어제 독일 바덴바덴에서 열린 IOC 총회에서 서울이 일본 나고야를 52대 27로 누르고 1988년 올림픽 개최지로 결정되었습니다.

88 올림픽, 서울 개최 결정

① 6월 민주 항쟁이 일어났다.
② 베트남에 국군을 파병하였다.
③ 신탁 통치 반대 운동이 전개되었다.
④ 경제 협력 개발 기구(OECD)에 가입하였다.

기본 47회

4 (가) 민주화 운동에 대한 설명으로 옳은 것은?

답사 계획서

△학년 △반 이름: △△△

• 주제: (가)
• 날짜: 2020년 ○○월 ○○일
• 답사 장소

장소	사진	설명
구 남영동 치안본부 대공분실		박종철 학생이 물고문을 당한 끝에 사망한 장소
이한열 기념관		경찰이 쏜 최루탄에 맞아 사망한 이한열 학생의 민주 항쟁을 기념하기 위한 장소
대한성공회 서울주교좌 성당		'박종철군 고문 살인 은폐 · 조작 규탄 및 민주 헌법 쟁취 범국민 대회'가 개최된 장소

① 대통령이 하야하는 결과를 가져왔다.
② 유신 체제가 붕괴되는 계기가 되었다.
③ 5년 단임의 대통령 직선제 개헌을 이끌어냈다.
④ 신군부의 비상계엄 확대에 반대하여 일어났다.

30일차

주제 59

현대의 경제 성장

① 이승만 정부

전후 원조 경제	• 한미 원조 협정(1948): 농산물 · 소비재 산업 원료(면, 설탕, 밀가루) 중심 원조 • 삼백 산업 발달(제분 · 제당 · 면방직 공업)
결과	• 식량 부족 문제 해결, 농산물 가격 하락으로 농가 경제 타격 • 원조 방식 변화: 1950년대 말부터는 무상 원조에서 유상 차관으로 점차 전환

② 박정희 정부

제1 · 2차 경제 개발 계획 (1962~1971)	• 경공업 중심, 노동 집약적 산업(가발 · 섬유 산업), 베트남 특수에 힘입어 고도 성장 • 경부 고속 도로 개통(1970) • 한계: 열악한 노동 환경, 저임금 문제 → 전태일이 근로 기준법 준수를 요구하며 분신(1970)
제3 · 4차 경제 개발 계획 (1972~1981)	• 중화학 공업 중심, 6대 전략 업종(철강 · 비철금속 · 화학 · 기계 · 조선 · 전자) 선정 • 포항 제철소 준공(1973), 수출액 100억 달러 달성(1977), 제1 · 2차 석유 파동(1973, 1978) • 한계: 저임금 · 저곡가 정책과 노동 운동 탄압, 지역 불균형, 재벌 중심 경제 구조, 정 경 유착
새마을 운동	• 농촌 근대화 표방, 근면 · 자조 · 협동 강조 • 한계: 유신 체제 유지에 이용

③ 1980년대 이후

전두환 정부	3저 호황(저금리 · 저유가 · 저달러)으로 물가 안정, 수출 증가
김영삼 정부	• 금융 실명제(1993): 대통령 긴급 명령으로 실시 • 세계 무역 기구(WTO) 가입, 경제 협력 개발 기구(OECD) 가입(1996) • 외환 위기 → 국제 통화 기금(IMF)에 구제 금융 지원 요청
김대중 정부	노사정 위원회 설치, 금 모으기 운동 등 → 외환 위기 극복
노무현 정부	• 칠레와 자유 무역 협정(FTA) 체결(2004), 한미 자유 무역 협정(FTA) 체결(2007) → 이명박 정부 때 발효(2012) • 아시아 · 태평양 경제 협력체(APEC) 정상 회의 개최(2005)

출제 Point

• 외환 위기와 극복 과정에 대해 알아 두세요.
• 각 정부 시기에 추진된 경제 정책을 구분 지어 공부하세요.

기본 54회

1 (가), (나) 사이의 시기에 있었던 사실로 옳은 것은?

> (가) 마침내 국회에서 유상 매수, 유상 분배를 원칙으로 하는 농지 개혁법이 통과되어 공포일부터 실시될 예정이다. 이 법이 실시되면 지주와 소작인을 구분하는 기존의 관념도 점차 사라질 것으로 보인다.
>
> (나) 유가 및 금리 하락, 달러화 약세 등 '3저(低)'의 호재가 찾아왔다. 제2차 석유 파동이 발생한지 7년여 만에 맞이한 이 기회를 놓치지 않고 잘 대응한다면, 경제 성장의 커다란 전기를 마련할 수 있을 것으로 기대된다.

① 수출 100억 달러를 처음 달성하였다.
② G20 정상 회의를 서울에서 개최하였다.
③ 미국과 자유 무역 협정(FTA)을 체결하였다.
④ 경제 협력 개발 기구(OECD)에 가입하였다.

기본 48회

2 (가)~(라)에 들어갈 내용으로 적절한 것은?

> **<2020년 하계 한국사 특강>**
>
> ### 대한민국 경제의 발자취
>
> 우리 연구소에서는 대한민국의 경제 상황을 시기별로 살펴보는 온라인 특강을 준비하였습니다. 관심 있는 분들의 많은 참여를 부탁드립니다.
>
> **■ 특강 주제 ■**
>
> 제1강 1950년대, (가)
> 제2강 1960년대, (나)
> 제3강 1970년대, (다)
> 제4강 1980년대, (라)
>
> • 일시: 2020년 ○○월 ○○일 10:00~17:00
> • 주관: ○○○○ 연구소
> • 신청: 홈페이지 공지 사항 참조

① (가) - 삼백 산업과 원조 경제 체제
② (나) - 중화학 공업의 육성과 석유 파동
③ (다) - 산업 구조의 재편과 3저 호황
④ (라) - 외환 위기 발생과 금 모으기 운동

기본 55회

3 다음 연설문을 발표한 정부 시기의 경제 상황으로 옳은 것은?

> 우리 민족의 숙원이던 경부 간 고속 도로의 완전 개통을 보게 된 것을 국민 여러분들과 더불어 경축해 마지않는 바입니다. 이 길은 총 연장 428km로 우리나라의 리(里) 수로 따지면 천 리하고도 약 칠십 리가 더 되는데, 장장 천릿길을 이제부터 자동차로 4시간 반이면 달릴 수 있게 됐습니다. …… 이 고속 도로가 앞으로 우리나라 국민 경제의 발전과 산업 근대화에 여러 가지 큰 공헌을 하리라고 믿습니다.

① 서울에서 G20 정상 회의가 개최되었다.
② 한미 자유 무역 협정(FTA)이 체결되었다.
③ 제2차 경제 개발 5개년 계획이 추진되었다.
④ 경제 협력 개발 기구(OECD)에 가입하였다.

기본 48회

4 (가)에 해당하는 인물로 옳은 것은?

> ## ○○신문
>
> 제△△호   1970년 11월 14일 토요일
>
> **평화 시장 재단사, 병원서 끝내 숨져**
>
> 13일 오후 2시경 서울 청계천 부근 평화 시장에서 기업주의 근로기준법 준수를 요구하는 노동자들의 시위가 벌어졌다. 그 과정에서 온 몸에 기름을 뒤집어쓰고 분신한 (가) 이 병원으로 옮겨졌으나 끝내 사망하였다.

①
김주열

②
박종철

③
이한열

④
전태일

30일차

주제 60
통일을 위한 노력

1 남북 대화의 시작

이승만 정부	반공 강조, 북진 통일 주장, 평화 통일론 탄압(진보당 사건)
박정희 정부	• 제1차 남북 적십자 회담(1971): 이산가족 문제 협의 • 7·4 남북 공동 성명(1972): 자주·평화·민족 대단결의 3대 통일 원칙 합의 → 합의 사항 추진을 위해 남북 조절 위원회 설치
전두환 정부	• 민족 화합 민주 통일 방안 제시(1982): 민족 통일 협의회 구성 • 최초의 남북한 이산가족 고향 방문 및 예술 공연단 교환(1895)

2 남북 관계의 진전

노태우 정부	• 적극적인 북방 외교 추진: 남북 유엔 동시 가입(1991) • 남북 기본 합의서 채택(1991): 남북 정부 간 최초의 공식 합의서, 상호 불가침·교류와 협력 확대 협의 → 한반도 비핵화 공동 선언 발표(1991)
김영삼 정부	• 한민족 공동체 통일 방안 제시: 화해·협력, 남북 연합, 통일 국가의 3단계 통일 방안 제시 • 북한 경수로 원자력 발전소 건설 사업 지원
김대중 정부	• 대북 화해 협력 정책 추진(햇볕 정책): 정주영의 소 떼 방북, 금강산 해로 관광 사업 • 제1차 남북 정상 회담(2000): 6·15 남북 공동 선언 발표, 경의선 복구 사업 시작, 개성 공단 조성 합의, 이산가족 상봉 및 면회소 설치 합의
노무현 정부	• 대북 화해 협력 정책 계승 • 제2차 남북 정상 회담(2007): 10·4 남북 공동 선언 발표, 개성 공단 착공, 금강산 육로 관광 시작

출제 Point

각 정부 시기의 대북 정책 변화와 통일 정책에 대해 공부하세요.

기본 54회

1 다음 내용을 발표한 정부의 통일 노력으로 옳은 것은?

북한의 무력 도발을 절대 용납하지 않는다. 우리도 북한을 해치거나 흡수 통일을 추구하지 않는다. 남북이 화해·협력하자. 이것이 바로 우리가 추구하는 햇볕 정책의 핵심이며 냉전 종식을 위한 주장입니다.

역사의 현장

2000년 3월, 베를린 자유대학

① 개성 공단 조성에 합의하였다.
② 남북 기본 합의서를 채택하였다.
③ 남북한이 유엔에 동시 가입하였다.
④ 7·4 남북 공동 성명을 발표하였다.

기본 52회

2 (가)에 들어갈 내용으로 옳은 것은?

파일(F) 편집(E) 보기(V) 즐겨찾기(A) 도구(T) 도움말(H)

기록으로 보는 남북 회담

1972 | 1991 | 2000 | 2007

(가)

개요 >
배경 및 진행 경과 >
주요 기록물 >

남북한 당국이 통일 방안에 관한 합의를 서울과 평양에서 동시에 발표하였다. 남북한의 당국자들이 비밀리에 상호 방문한 끝에 남과 북은 자주, 평화, 민족 대단결의 통일 원칙에 합의하였고, 통일 문제 해결을 위한 남북 조절 위원회를 구성·운영하기로 하였다.

① 남북 기본 합의서
② 7·4 남북 공동 성명
③ 6·15 남북 공동 선언
④ 10·4 남북 정상 선언

기본 49회

3 (가) 시기에 있었던 사실로 옳은 것은?

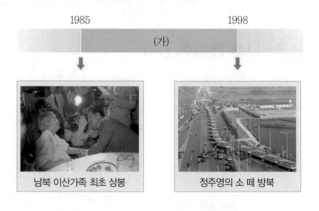

1985   1998

(가)

남북 이산가족 최초 상봉 | 정주영의 소 떼 방북

① 개성 공단 조성에 합의하였다.
② 남북 기본 합의서가 채택되었다.
③ 남북 조절 위원회가 설치되었다.
④ 6·15 남북 공동 선언이 발표되었다.

기본 47회

4 밑줄 그은 '정부'의 통일 노력으로 옳은 것은?

2000년 ○○월 ○○일 ○요일   날씨 ☀

제목: 남북 정상 회담이 처음 열린 날

오늘 김대중 대통령과 북한 김정일 국방위원장이 평양에서 만났다. 어른들은 너무나 감격적인 날이라고 좋아하셨다. 정부는 앞으로 북한과의 교류를 더욱 많이 할 것이라고 한다. 북한에 있는 내 또래들을 하루 빨리 만나고 싶다.

① 남북 조절 위원회를 개최하였다.
② 남북한이 유엔에 동시 가입하였다.
③ 6·15 남북 공동 선언을 발표하였다.
④ 최초로 남북 간 이산가족 상봉을 성사시켰다.